Professionalisierung durch Reflexion
in der Lehrerbildung

Waxmann Verlag GmbH
Steinfurter Straße 555, 48159 Münster
info@waxmann.com

Studien zur International und Interkulturell Vergleichenden Erziehungswissenschaft

herausgegeben von

Wilfried Bos, Dortmund
Marianne Krüger-Potratz, Münster
Jürgen Henze, Berlin
Sabine Hornberg, Bayreuth
Botho von Kopp, Frankfurt (Main)
Hans-Georg Kotthoff, Freiburg
Knut Schwippert, Hamburg
Dietmar Waterkamp, Dresden
Peter J. Weber, München

Band 12

Waxmann 2012
Münster / New York / München / Berlin

Bianca Roters

Professionalisierung durch Reflexion in der Lehrerbildung

Eine empirische Studie an einer deutschen
und einer US-amerikanischen Universität

Waxmann 2012
Münster / New York / München / Berlin

Bibliografische Informationen der Deutschen Nationalbibliothek
Die Deutsche Nationalbibliothek verzeichnet diese Publikation in
der Deutschen Nationalbibliografie; detaillierte bibliografische
Daten sind im Internet über http://dnb.d-nb.de abrufbar.

Gedruckt mit freundlicher Unterstützung
der Hans-Böckler-Stiftung.

Dissertation der Universität Bielefeld,
Fakultät Erziehungswissenschaft, 2011

**Studien zur International und Interkulturell
Vergleichenden Erziehungswissenschaft, Bd. 12**
ISSN 1612-2003
ISBN 978-3-8309-2662-7

© Waxmann Verlag GmbH, Münster 2012

www.waxmann.com
info@waxmann.com

Umschlaggestaltung: Plessmann Design, Ascheberg
Gedruckt auf alterungsbeständigem Papier,
säurefrei gemäß ISO 9706

Printed in Germany

Vorwort

We shall not cease from exploration
and the end of all our exploring
will be to arrive at where we started
and know the place for the first time.

(T. S. Eliot 1974)

Kurz vor Fertigstellung des Buchmanuskriptes sandte mir ein Freund das Buch „Denken Sie selbst" von Vince Ebert (2008) zu. Schon am ersten Abend nahm ich das Buch in die Hand und siehe da, es ging u.a. auch um Wissenschaft an sich:

> Ich bin ein großer Fan der Wissenschaften. Denn im Gegensatz zu Ideologien, Religionen oder Weltanschauungen bringen sie den Menschen nicht bei, was sie denken sollen, sondern wie sie denken sollen. Denken Sie also lieber selbst. Denn Nichtdenken heißt glauben müssen, was andere sagen (Ebert 2008: 216).

Die Arbeit an dieser Dissertation hat mich zum Denken gebracht: zum Denken an, zum Nachdenken über, zum Zweifeln an, zum Überdenken, zum Denken über das Denken… – das Denken hört nie auf!

An dieser Stelle danke ich meinen Weggefährten, allen voran Ralf Reimholz, Antonia Scholkmann, Lars Reichelt, Judith Ricken, Karsten Brill und Marius Rönn, die mir sowohl während der Promotionszeit als auch auf der Zielgeraden jede Unterstützung (ich sage nur: intellektuelles Sparring und technischer Support!) zukommen ließen!

Besonders möchte ich auch meinen wissenschaftlichen Betreuern und Gutachtern danken: Frau Prof. Dr. Barbara Koch-Priewe, Herrn Prof. Dr. Günter Nold und Frau Prof. Dr. Sabine Andresen. Sie haben diese Arbeit durch kritisch-konstruktive und fachliche Diskussionen sehr bereichert.

Mein Dank gilt auch den Probanden in Deutschland und den USA, die an dieser Untersuchung teilgenommen haben. Ohne ihre Bereitschaft und Offenheit wäre eine solche Arbeit nicht zustande gekommen.

Ganz besonders möchte ich auch der Hans-Böckler-Stiftung danken. Über weite Strecken gewährte sie mir durch das Promotionsstipendium die hilfreiche Unterstützung, diese Arbeit erfolgreich zu Ende bringen zu können. Dadurch wurden die Auslandsaufenthalte, die Teilnahme an Konferenzen im In- und Ausland und nicht zuletzt diese Publikation durch die Gewährung eines Druckkostenzuschusses ermöglicht.

Den Kollegiaten und Betreuern aus dem Promotionskolleg „Wissensmanagement und Selbstorganisation im Kontext hochschulischer Lehr- und Lernprozesse" an der TU Dortmund möchte ich für die anregenden und herausfordernden Diskussionen danken – wir haben die Interdisziplinarität mit ihren Herausforderungen gelebt!

Auch die Kolleginnen und Kollegen in der Fachdidaktik Englisch an der TU Dortmund möchte ich an dieser Stelle nicht unerwähnt lassen. Wie wäre die Promotionszeit ohne eure anregenden Diskussionen, manchmal auch bis in die Abendstunden, gewesen?

Dank gilt auch meinen Freunden sowie meiner Familie, die diese Promotionsphase begleitet haben. Besonderer Dank gilt meinem Lebenspartner und meiner Mutter, die mich auf diesem Weg immer tatkräftig unterstützten.

Neuss, 2012
Bianca Roters

Inhalt

1 Einleitung: Ausgangslage und Forschungsziele der Arbeit

Die Tatsache, dass die Lehrerbildung in Deutschland im gesellschaftlichen Diskurs in den letzten Jahren verstärkt ins Zentrum des Interesses rückt, wird durch verschiedene Faktoren beeinflusst. Die Ergebnisse der internationalen Vergleichsstudien[1] entfachten mit der Publikation der jeweiligen Ergebnisse eine Diskussion über die Leistungen der SuS[2] und deren Verbesserung. Das Schulsystem geriet mehr und mehr in eine Situation öffentlichen Drucks: „Für vielfältige Krisenerscheinungen wird das Schulsystem, werden Lehrer verantwortlich gemacht, zugleich sollten gesellschaftliche Problemlagen von den Schulen und den Lehrern bearbeitet und, wenn möglich, beseitigt werden" (Terhart 2000a: 77). Um diesen komplexen Anforderungen gerecht zu werden, müssen Lehrer[3] entsprechend ausgebildet werden: Eine fundierte fachwissenschaftliche Ausbildung wird ergänzt durch eine pädagogisch-fachdidaktische Perspektive, mit der sich die angehenden Lehrer im Hinblick auf ihr eigenes Handeln auseinandersetzen müssen. Durch diese Forderungen geriet auch die Lehrerausbildung in den Fokus der Aufmerksamkeit. Für Oelkers (2001) ist das derzeitige Interesse leicht erklärbar:

> Die Lehrerbildung wird für die Defizite der Schule verantwortlich gemacht und gleichzeitig beauftragt, Abhilfe bereitzustellen. Die Defizite sind nicht neu, aber verstärkt sichtbar, seitdem Leistungsmessungen und Evaluationen zu Instrumenten der Schulentwicklung geworden sind (Oelkers 2001: 151).

Wirksame und funktionierende Ausbildungsstrukturen gelten als notwendige Voraussetzung zur Erreichung der formulierten Anforderungen an Lehrende. Zu nennen wären hier neben fachlicher Kompetenz auch Methoden- und Diagnosekompetenz. Allen Anforderungen ist gemein, dass eine hohe Reflexionsfähigkeit

---

1 In den Kontext der *large-scale-assessment studies*, an denen sich Deutschland beteiligt hat, fallen vor allem PISA 2000, 2003, 2006 & 2010 (*Programme for International Student Assessment*), PIRLS (*Progress in International Reading Literacy Study*) und TIMSS II & III (*Trends in International Mathematics and Science Study*).

2 Im Folgenden wird, sobald Schülerinnen und Schüler adressiert sind, die Abkürzung SuS verwendet.

3 Wenn möglich, wird in dieser Arbeit ein geschlechtsneutraler Begriff wie Lehrende oder Studierende verwendet. Der leichteren Lesbarkeit wegen wird auf die Ausdrucksweise der weiblichen Form oder den Binnenmajuskel verzichtet.

benötigt wird. Reflexionsfähigkeit garantiert zwar per se keinen besseren Unterricht, ermöglicht jedoch berufliche Weiterentwicklung (vgl. Kansanen 2000: 149–150).

Ein Blick über den nationalen Tellerrand zeigt, dass die Argumentationslinie, schlechtere Leistungen der SuS mit der Ausbildung der Lehrer in einen kausalen Zusammenhang zu setzen, auch in den USA ähnlich geführt wird. Trotz struktureller Differenzen in den jeweiligen Bildungssystemen gibt es ähnliche Entwicklungstendenzen. Die in dieser Arbeit vorgestellten Fallstudien über eine deutsche und eine US-amerikanische Universität (vgl. Teil 5 und Teil 6) sollen deshalb als Reflexionsanlass dienen, die Lehrerbildung in Deutschland, insbesondere in Nordrhein-Westfalen, einem kritischen, professionsorientierten Blick zu unterziehen. Erst durch einen kulturkontrastiven Vergleich, der die Vor- und Nachteile bestimmter Ausbildungssysteme in den Blick nimmt, ohne pauschal ein System zu bevorzugen, kann ein *learning from others* (vgl. Larcher & Oelkers 2004: 130) möglich werden. Da eine Analyse der Lehrerbildung ohne eine Berücksichtigung des bildungspolitischen Kontextes nicht sinnvoll ist (vgl. Radtke 2004: 99), werden zusätzlich zu den universitären Fallstudien jüngste bildungspolitische Entwicklungen skizziert (vgl. Teil 2).

Vermieden werden soll eine unreflektierte Übertragung der Forschungsergebnisse aus den USA auf die deutsche Situation; allein schon auf der Ebene der Begrifflichkeiten wäre dies nur eingeschränkt möglich, wie Kapitel 1.2 zeigen wird. Die Interpretation der in dieser Arbeit zu analysierenden Daten wird die kulturellen und situationsspezifischen Rahmenbedingungen der beforschten Universitäten berücksichtigen. Aus der Analyse von Tendenzen der Lehrerausbildung in den USA können sich neue Fragen im Hinblick auf die deutsche Situation ergeben. Die Verfasserin dieser Untersuchung folgt hier der Argumentation von Larcher & Oelkers (2004):

> Der nachstehende Beitrag versteht sich nicht als Beitrag zur ‚Internationalisierung' der Lehrerbildung, sondern als Vergleich der heutigen Problemanalysen und Reformtendenzen in verschiedenen nationalen Systemen. Der Beitrag geht aus von den Entwicklungen der Lehrerbildung in den Vereinigten Staaten, die in verschiedenen Hinsichten maßgebend gewesen sind und es auch weiterhin sein werden (Larcher & Oelkers 2004: 130).

Ein aktueller Fokus der anglo-amerikanischen Lehrerbildungsforschung bezieht sich auf eine empirische Analyse der Ausbildungsstrukturen (vgl. vor allem die

Arbeiten von Darling-Hammond 2006). Dieser Blick auf die Institution Universität ist vor dem Hintergrund der jüngsten politischen Entwicklungen in den USA, vor allem unter dem *No Child Left Behind Act* und dem verstärkten finanziellen wie politischen Druck auf die Lehrerausbildung zwar nicht verwunderlich, jedoch in dieser Form im deutschen Diskurs eher selten.[4] Nach Ansicht der Verfasserin steht Deutschland erst am Anfang einer Entwicklung in Richtung einer Rechenschaftsablegung (*Accountability*) des Schulsystems, der einzelnen Schule, ja sogar der einzelne Lehrer, während die Diskussion in den USA bereits seit fast drei Jahrzehnten geführt wird[5] (vgl. Sachs 1997: 263–264). Zu berücksichtigen ist weiterhin, dass der professionstheoretische Diskurs bislang hauptsächlich in den Erziehungswissenschaften und eher marginal in der Fremdsprachenlehrerbildung geführt wurde. Diese Lücke will die hier vorliegende Arbeit unter Bezugnahme vor allem auf den US-amerikanischen Professionalisierungsdiskurs schließen.

Die anglo-amerikanische Lehrerausbildungsforschung wendet sich verstärkt den Bedingungen für eine alle Phasen übergreifende erfolgreiche Professionalisierung zu. Folgende Grundannahmen bestimmen die professionstheoretischen Ausführungen: Der Lehrberuf ist ein professioneller Beruf, der ähnliche Muster aufweist wie der der Ärzte, vor allem eine lange Ausbildungszeit und komplexes Handeln in Unsicherheit. Entscheidungen werden auf rationaler Basis getroffen; schulische Praxis wird reflektiert, um der Unsicherheit zu begegnen. Eine empirische Überprüfung, inwieweit diese Ansätze ihren eigenen Anspruch, die Reflexionsfähigkeit angehender Lehrern zu erhöhen, einlösen, steht jedoch noch aus, unter anderem aufgrund der methodischen Schwierigkeit, Reflexion zu operationalisieren (s. Abschnitt 3.2.4).

Aus professionstheoretischer Sicht gilt Reflexion als grundlegende Fähigkeit, Wissen und Handeln problemorientiert zu begegnen (vgl. z.B. Schön 1983) und entsprechend weiterzuentwickeln. Erst im Zusammenspiel zwischen prakti-

---

4   Die Anfang 2008 angekündigte PISA-Studie der OECD für Hochschulen löste auch unter Bildungsforschern deutlichen Unmut aus. Ein Ergebnis ist, dass Deutschland nicht an der sogenannten „PISA-Studie für Lehrer" teilnehmen wird. Jedoch führte die Gewerkschaft „Erziehung und Wissenschaft" eine Schulleitungs- und Lehrkräftebefragung (TALIS) durch, deren erste Ergebnisse nun vorliegen. Ein wichtiger Teil der Professionalisierung von Lehrkräften, die die Autoren nennen, sind Fortbildungsmaßnahmen, die mehrheitlich von Lehrkräften gewünscht werden (vgl. Demmer & von Saldern 2010: 49ff.).

5   Einschränkend muss erwähnt werden, dass im Zeitraum der Entwicklung der hier vorgestellten Fallanalysen sich der deutsche erziehungswissenschaftliche Diskurs insofern veränderte, als Begriffe wie *Accountability* erstmalig auch als Titel entsprechender Panels, beispielsweise auf dem DGfE-Kongress in Dresden 2008, zu finden waren.

schem Handeln und theoretischer Reflexion ist die Entwicklung von Professionalität möglich (Korthagen 2002, Schön 1983). Reflexivität bezieht sich dabei auch
auf eine rationale, theoretisch begründete und empirisch abgesicherte Argumentation. Reflexive Prozesse dienen also der konstruktiven und systematischen Auseinandersetzung mit theoretischem Wissen und praktischem Erfahrungswissen.
Um die oben erwähnten komplexen Anforderungen an Lehrende zu bewältigen,
ist Reflexion notwendig und über einen längeren Zeitraum zu entwickeln. Beginnen kann dieser Prozess bereits in der ersten, universitären Ausbildungsphase.
Dazu sollten Studierende entsprechende Lern- und Reflexionsgelegenheiten erhalten, Lehrerausbilder dagegen ihre Erwartungen und Lernziele transparent
machen. In einem solchen Professionalisierungsmodell wird Lehrerbildung als
kontinuierliches Entwicklungsprojekt verstanden.

Die universitären Lern- und Reflexionsgelegenheiten werden in dieser Arbeit
aus einer zweifachen Perspektive beleuchtet: Einerseits sollen die Studierenden
über empirische Forschung einen kritisch-distanzierten Blick auf das System
Schule entwickeln (dies ist Bestandteil des zu erwerbenden Wissens), andererseits aber auch durch empirische Forschung ihre eigene Praxis bzw. ihr eigenes
Lehrerhandeln weiterentwickeln (dies ist Bestandteil des zu entwickelnden Kön-
nens). Durch die Durchführung kleiner empirischer Forschungsprojekte werden die in der universitären Ausbildung anzubahnenden Lehrerfunktionen um
eine forschende Haltung gegenüber schulischer Praxis erweitert, um so die eigene Professionalisierung voranzubringen: „Vor allem die Befähigung, eigenen
und fremdgestalteten Unterricht zu beobachten, zu analysieren und zu bespre-
chen, muss den Lehrenden auf Meta-Ebenen von den ersten Erfahrungen in
den schulpraktischen Studien [...] vermittelt werden" (Angermann 2005: 95).
Eine forschend-reflexive Haltung zur (eigenen) Praxis führe dazu, dass sich die
eigene Lehrtätigkeit nicht wissenschaftsfern (weiter-)entwickelt. Damit verbunden ist die Annahme, dass über forschende Lernprozesse Reflexionskompetenz
erworben werden könne (vgl. Fichten 2010: 159).
    Es stellt sich die Frage, worin sich diese forschend-reflexive Haltung äußert und
inwieweit diese empirisch ermittelt werden kann. Da bisher keine empirischen
Methoden zur Erfassung der Reflexion in der Handlung selbst entwickelt wurden,
bietet sich eine inhaltsanalytische Untersuchung der studentischen Reflexion
a posteriori an. Zugrunde liegende Annahme eines solchen Vorgehens ist, dass
die Studierenden in einer reflexiv-forschend orientierten Lehrerbildung in ihren

schriftlichen Reflexionen eher Handlungsalternativen und Begründungszusammenhänge zu unterrichtlichen Situationen aufzeigen können.

In dieser Studie werden deshalb die Inhaltsbereiche studentischer Reflexionen analysiert, die unterschiedliche Facetten von Unterricht abdecken. Auf der Basis dieser Analyse werden hochschuldidaktische Empfehlungen für ein reflexives Professionalisierungskonzept gegeben, das die Lehrerbildung als kontinuierlichen individuellen Entwicklungsprozess begreift, der alle Ausbildungsphasen beinhaltet und im beruflichen Handeln fortgeführt wird.

Aus den bisherigen Überlegungen ergibt sich das Analysemodell, das in dieser Arbeit zugrunde gelegt wird (vgl. Abbildung 1.1).

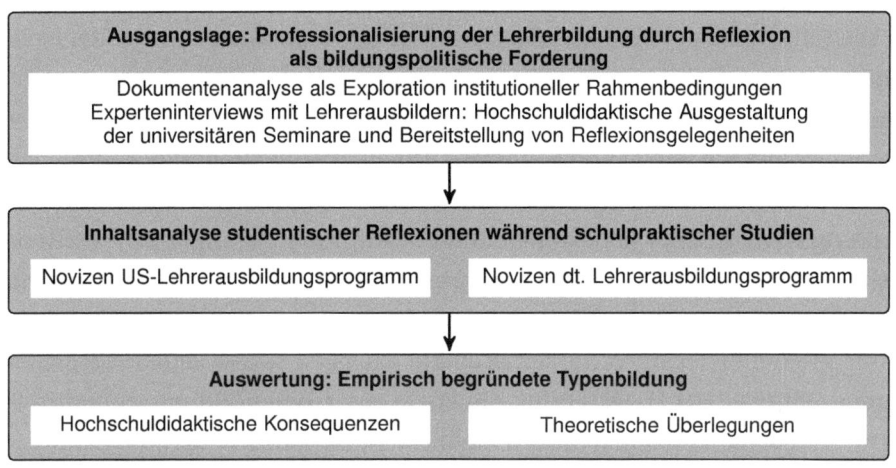

Abbildung 1.1: Analysemodell der vorliegenden Untersuchung

1.1 Aufbau der Arbeit

Zunächst werden in Teil 1 die Ausgangslage der vorliegenden Studie sowie relevante Begrifflichkeiten zum Professionalisierungsdiskurs dargestellt. Im Anschluss daran erfolgt in Teil 2 die Analyse der Professionalisierungsdiskurse in Deutschland und den USA. Es wird gezeigt, dass Reflexion in beiden Diskursen eine bildungspolitische Forderung ist, die sich auf unterschiedliche Weise äußert. Daraus werden unterschiedliche institutionelle und hochschuldidaktische Konsequenzen gezogen, wie der Vergleich der Lehrerbildung in Deutschland und den USA zeigen wird (vgl. Kapitel 2.3). Folgende Fragen waren bei der Analyse der Professionalisierungsdiskurse untersuchungsleitend: Welche Rolle spielt das Konstrukt Reflexion auf diskursiver und empirischer Ebene in der Lehrerbildung? Inwieweit begünstigt studentische Forschung[6] Reflexion?

Teil 3 entwickelt vor dem Hintergrund der Erkenntisse aus der Expertenforschung und ausgewählten handlungstheoretischen Ansätzen das untersuchungsleitende Konzept der hier vorliegenden Studie. Dabei wird auch auf bestehende empirische Studien zum Konstrukt Reflexion Bezug genommen. Es wird, indem ein theoretisches Konstrukt entwickelt wird, gezeigt, dass Reflexion ein wichtiges Merkmal von Professionalität und gleichsam Kern der Professionalisierung ist (vgl. Abschnitt 3.2.4). Teil 3 endet mit der Formulierung der Forschungsfragen (s. S. 154).

Die Fallstudien der beiden Lehrerausbildungsprogramme an einer deutschen und einer US-amerikanischen Universität werden in Teil 5 und Teil 6 vorgestellt. Die Ergebnisse basieren auf einer Dokumentenanalyse und einer Inhaltsanalyse der Interviews mit den Lehrerausbildern. Dem Konstrukt Reflexion kommt dabei eine besondere Bedeutung zu und wird in dieser Studie für eine empirische Überprüfung studentischer Reflexionen unter bestimmten Bedingungen (Lern- und Reflexionsgelegenheiten) zu einer bestimmten Phasen ihrer Professionalisierung (schulpraktische Studien) erfassbar gemacht. Die Ergebnisse der Inhaltsanalyse studentischer Reflexionen werden in einem nächsten Schritt länderübergreifend dargestellt (vgl. Teil 7). Dies erfolgt in Form einer Typenbildung studentischer Reflexionen, die sich durch unterschiedliche Reflexionsniveaus auszeichnen. In Teil 8 erfolgt die Synthese der empirischen Befunde zu den Fallstudien der beiden Lehrerausbildungsprogramme an einer deutschen und einer US-amerikanischen Universität. Die vorliegende Arbeit zeigt schlussendlich Forschungsdesiderata auf (vgl. Kapitel 8.2), verfeinert das Konstrukt Reflexion und schließt mit Empfehlungen zur Entwicklung studentischer Reflexionsfähigkeit im Rahmen einer phasenübergreifenden Professionalisierung ab (vgl. Kapitel 8.3).

Vorab einige formale Hinweise: Es werden so weit wie möglich deutschsprachige Begriffe verwendet; ist dies nicht möglich, wird eine adäquate Übersetzung der Termini vorgenommen. Sollte auch dies nicht möglich sein, wird der Begriff im englischen Original verwendet, um seine Bedeutung in seinem kulturellen und

---

6   Da im anglo-amerikanischen Diskurs der Begriff „forschendes Lernen" nicht gebräuchlich ist,
     sondern stattdessen eine allgemeinere Formulierung wie studentische Forschung (*student research*)
     verwendet wird, wird letzterer Begriff in dieser Arbeit hauptsächlich verwendet, es sei denn, es gibt
     einen expliziten Bezug zum deutschen Diskurs.

wissenschaftlichen Kontext nicht zu verfälschen. Englische Begriffe, die nicht übersetzt wurden, werden kursiv im Text angezeigt. Zitate im englischen Original wurden nicht übersetzt. Weiterhin werden die Begriffe Lehrerbildung und Lehrerausbildung nach folgendem Schema verwendet: Sobald das US-System diskutiert wird, wird der Begriff „Ausbildung" verwendet, sowohl aus kulturellen als auch historischen Gründen. Der Begriff „Lehrerausbildung" suggeriert Training und grenzt sich deshalb gegen den Begriff „Lehrerbildung" ab, der, aus einer humanistischen Tradition kommend, einen Bildungsbegriff in den Vordergrund stellt. Deshalb wird für das deutsche Lehrerbildungssystem der Begriff „Lehrerbildung" gewählt, um die bildungstheoretische Tradition, die hinter diesem Terminus steckt, deutlich zu machen. Eine ähnliche Argumentation wird auch im anglo-amerikanischen Sprachraum mit dem Unterschied zwischen *training* und *education* verfolgt, wie Ur (2007) ausführt: „Many prefer teacher education, since training can imply unthinking habit formation and an over-emphasis on skills and techniques, while the professional teacher needs to develop theories, awareness of options, and decision-making abilities – a process which seems better defined by the word education" (Ur 2007: 3). Die Verfasserin dieser Untersuchung hat die Hypothese, dass in naher Zukunft aufgrund sprachlicher und bildungspolitischer Entwicklungen die beiden Begriffe austauschbar sein könnten.

1.2 Begriffsdefinitionen: Profession und Professionalisierung im deutschen und anglo-amerikanischen Diskurs

Um die Professionalisierungsdebatte sowohl im deutschen als auch US-amerikanischen Kontext analytisch zu betrachten, ist zunächst eine Begriffsklärung notwendig, die die jeweiligen deutschen Begriffe (in Klammern das jeweils üblicherweise verwendete englische Pendant) Profession (*profession*), Professionalität (*professionalism*) und Professionalisierung (*professionalization*) in ihren kulturellen Kontext einbettet. Dabei ist grundsätzlich festzustellen, dass die Übernahme der englischen Begriffe in den deutschen Kontext weder eine reine Übersetzung noch eine Modifizierung für den deutschen Diskurs darstellt, wie dies schon mit der Übernahme des Begriffes *professionalization* in die deutsche Soziologie in den 50er Jahren des letzten Jahrhunderts der Fall war (vgl. Schwänke 1988: 13). Dies spricht auch heute gegen eine schlichte Übernahme der englischen Begrifflichkeiten in den deutschen Diskurs. Mit Larcher und Oelkers lässt sich argumentieren:

> Das Datenproblem lässt sich gutwillig und weniger gutwillig erklären. Zum einen besteht die Schwierigkeit, die zentralen Konzepte der nationalen Ausbildungen begrifflich zu vereinheitlichen. *Education, training* oder *professionalization* können nicht einfach mit den deutschen Begriffen ‚Bildung‘, ‚Ausbildung‘ oder ‚Professionalisierung‘ gleichgesetzt werden. Daraus folgt, dass auch im semantischen Feld Anstrengungen in der Klärung der Begrifflichkeit geleistet werden müssen, wenn vergleichende Studien mehr sein sollen als die Beschreibung von locker aufeinander bezogenen Konglomeraten (Larcher & Oelkers 2004: 129).

Der folgende Abschnitt skizziert deshalb die Entwicklung der zentralen Begriffe Profession, Professionalität und Professionalisierung im deutschen wie im anglo-amerikanischen Diskurs, um anschließend länderspezifische Unterschiede deutlich zu machen. Die dabei dargestellten historischen Entwicklungen der Begrifflichkeiten sind insofern wichtig, als sie den Rahmen bilden, vor dem die Vorstellung einer Lehrerbildung als kontinuierlicher Prozess der Professionalisierung in beiden Diskursen nachvollziehbar wird.

Profession

Auch wenn es semantische Ähnlichkeiten zwischen den Begriffen Profession, Professionalität und Professionalisierung zu geben scheint, sind ihr Entstehungszusammenhang und ihre Verwendung im Diskurs differenziert zu betrachten (vgl. Ausführungen bei Nittel 2000). Im Folgenden werden deshalb die Begriffe Profession und Professionalisierung von Begriffen wie Arbeit und Beruf abgegrenzt, um auf der Basis dieser Begriffsklärungen ihre Bedeutung für den Lehrberuf als Profession herausarbeiten zu können.

Das Wort „Profession" lässt sich auf das lateinische Verb „profiteri" zurückführen, das übersetzt „erklären", aber auch „öffentlich bekennen" bedeutet. Insbesondere die zweite Bedeutung des Wortes scheint insofern passend, als Berufe, die als Professionen bezeichnet werden, einen nach außen, also an die Gesellschaft gerichteten Kommunikationsakt beinhalten und weitere spezifische Eigenschaften in Abgrenzung zu anderen Berufen aufweisen, wie im Folgenden gezeigt werden wird.

In seiner in Anlehnung an Luhmanns systemtheoretische Analyse des Professionsbegriffs interpretiert Stichweh (Stichweh 1992) eine Profession vor dem

Hintergrund des luhmanschen Gesellschaftsmodells. Ursprung von Professionen sind demnach die „Ständegesellschaft, wo sie als Wissen- und Ethikkorporationen vor allem sachthematische Relevanz hätten" (Tiefel 2004: 36). Eine Veränderung der Professionen wurde durch den Übergang zur modernen Gesellschaft eingeläutet (vgl. Combe & Helsper 1997a: 13). In seiner berufssoziologischen Analyse formuliert Stichweh einen standespolitischen Abgrenzungsmechanismus (vgl. Rapold 2006: 20). Nur traditionelle Berufe gelten deshalb als Profession: Richter, Ärzte und akademisch gebildete Geistliche. Diese Berufsgruppen zeichnen sich dadurch aus, dass eine gesellschaftlich anerkannte akademische Ausbildung vorausgesetzt werden kann. Bei diesen klassischen Professionen kommen noch die Tradierung und wissenschaftliche Einbettung in universitäre Strukturen und Traditionen hinzu, die auf Prozeduren und Mechanismen basieren, durch die Berufsnovizen, Laien und andere Personen an die jeweilige Thematik der Profession herangeführt werden. Der Grad der Institutionalisierung über akademische Ausbildungswege gilt deshalb als ein Merkmal einer Profession.

Eine erste Typologisierung zur Definition des Professionsbegriffes erstellt Hesse 1972. In der Tradition der soziologischen Begriffsbildung stehend grenzt er den Professionsbegriff zunächst von anderen Begriffen wie Arbeit und Beruf ab. Arbeit gilt dann als nicht erwerbsmäßig betriebene Tätigkeit. Im Gegensatz dazu beschreibt der Begriff Beruf die Ausübung einer auf Erwerb ausgerichtete Tätigkeit. Sobald ein gewisser Grad an Ausbildung und Spezialisierung nötig ist, um einen bestimmten Beruf ausüben zu können, sind Experten gefragt, um diesem nachgehen zu können. In letzterem Aspekt, der Spezialisierung durch Experten, unterscheidet sich der Berufsbegriff vom Professionsbegriff. Diese berufssoziologische Unterscheidung zwischen Beruf und Profession fungiert durch ihren Fokus auf die „Formulierung und Institutionalisierung von (pädagogischen) Berufsbildern und ihrer Legitimation durch entsprechende Zertifikate" (Rapold 2006: 20) als Abgrenzungsmechanismus zum Erhalt des eigenen Standes. Dieser Argumentation folgend wäre das einigen Professionen zugeschriebene Prestige, das gleichzeitig ein höheres Einkommen als in anderen Berufen ermöglicht, durch die Normierungen der Professionsgemeinschaft selbst konstruiert und nicht ihrem eigentlichen Status eines Experten für bestimmte Wissensbereiche geschuldet. Darin liegt eine Kritik an denjenigen Gruppen, die sich um Professionalisierung bemühen, begründet.

In Abgrenzung zur Arbeit, die auf Reproduktion ausgerichtet ist, ist die Funktion der Profession häufig gesamtgesellschaftlich orientiert. Die den klassischen

Professionen, insbesondere der Medizin, unterstellte Orientierung am Gemein-wohl führe zu einer Kontrolle der Zugangsvoraussetzungen über Ausbildungs-modi und Standards, da die „Habitualisierung der Selbstkontrolle des einzelnen Berufsinhabers [...] eine gewisse Unabhängigkeit gegenüber der Einschätzung und Beurteilung der Leistungen von außen" (Combe & Helsper 1997b: 9–10) ermöglicht. Dieses Alleinstellungsmerkmal der Profession kann wiederum zu besonderen Problemkonstellationen führen, zu deren Lösung das Wissen von Experten notwendig scheint (vgl. Combe & Helsper 1997a). Das Wissen der Exper-ten wird wissenschaftlich fundiert in der Ausbildung vermittelt und beschreibt damit den Weg der Professionalisierung hin zu Professionalität, die, zumindest anteilig, auf das Gemeinwohl ausgerichtet ist (vgl. Gehrmann 2006: 609).

Als Merkmale einer Profession im deutschen Diskurs können also folgende Ele-mente genannt werden: ein gewisses Maß an gesellschaftlichem Ansehen, eine lang andauernde, nahezu ausschließlich akademisch-wissenschaftliche Ausbil-dung im Rahmen eines formal strukturierten Wissens- und Regelsystems, die Organisation des Berufsstandes, der gleichzeitig auch als Interessenvertretung gilt, eine ausgeprägte persönliche und sachliche Gestaltungsfreiheit in der Tätig-keit sowie die Ausprägung einer Berufsethik. Wenn nun als Referenzrahmen zur Bestimmung einer Profession die Gesellschaft genommen wird, wird neben der akademischen Ausbildung die Ausrichtung auf das Gemeinwohl als beobachtba-re und/oder gefühlte Leistung der Angehörigen einer Profession als ein weiteres Merkmal einer Profession betrachtet (vgl. auch Nittel 2000: 18).

Profession

Die im Englischen übliche Unterscheidung zwischen den Begriffen *job, occu-pation/vocation* und *profession* lässt sich nur bedingt adäquat ins Deutsche übersetzen. Als *job* werden alle Tätigkeiten bezeichnet, die häufig nur temporär ausgeübt werden und die vor allem keine Ausbildung voraussetzen. Mit dem deutschen Begriff „Beruf" am ehesten vergleichbar ist der Begriff *occupation*, „während es für *profession* kein angemessenes Äquivalent gibt – am nächsten kommt noch der Begriff des ‚freien Berufs'" (Schwänke 1988: 14). In der anglo-amerikanischen Soziologie ist weiterhin umstritten, inwieweit sich der Begriff *professions* von dem der *occupations* abgrenzt. Deshalb verwendet Freidson auch eher den Begriff *occupation* als *profession* (vgl. Freidson 2001: 13). Durch die an Universitäten und Bildungsinstitutionen stattfindende Tradierung des

Wissens wird ein Wissenskanon der *profession* etabliert (vgl. auch Argumentation der Berufssoziologie bei Freidson 2001: 92). Aus strukturfunktionalistischer
Sicht (vgl. auch Larson 1977) sind *professions* das „Gegenstück zu dem bislang
üblichen Aufstiegsprojekt. [...] Wesentliche Bedingungen für den Erfolg des Prozesses [sind] eine Gesellschaft mit wenig Staat und eine für die Anstöße aus der
Praxis offene Universität" (Daheim 1992: 23).

Auch im englischsprachigen Kontext bezeichnet der Begriff *professions* freie
Berufe, die einen Schwerpunkt auf Expertise im Sinne einer Akkumulierung und
Strukturierung von spezialisiertem Wissen im Rahmen einer längeren akademischen Ausbildung legen. Unter Bezugnahme auf die umfassende Darstellung
zur Professionalisierung des Lehrerberufs von Myron Lieberman (Lieberman
1956: 2–5) lässt sich der Begriff der *professions* folgendermaßen definieren: Eine
spezielle und vor allem auch im Vergleich zu anderen Berufen längere Ausbildung, eine Betonung der intellektuellen Fähigkeiten und Fertigkeiten, die für eine
erfolgreiche Berufsübung benötigt werden und an entsprechenden Institutionen
ausgebildet werden, bilden gleichsam den Kern der *professions*. Gleichzeitig wird
eine Dienstleitung an der sozialen Gemeinschaft erbracht, die von einem von der
professionellen Gemeinschaft verfassten ethischen Code getragen wird. Das den
professions zugeschriebene Maß an Selbstlosigkeit gegenüber ihrer Zielgruppe
werde, wie Hörmann (2006) argumentiert, unterschätzt: Diese Selbstlosigkeit
geschieht nicht ausschließlich nur aus „Güte": *Professionalists* verdienen im
Allgemeinen deutlich mehr als der Durchschnitt der Bevölkerung (vgl. Hörmann
2006: 97). Die in diesem Kontext getätigten Arbeiten sind als Dienstleistung zu
bezeichnen, die wiederum, bedingt durch Ausbildungsstrukturen und Abgren-
zungsmechanismen, eine Monopolisierung der Berufsausübung darstellen.

Professionalität und Professionalisierung

Die professionellen Gemeinschaften spielen im Prozess der Professionalisierung,
der zur Ausbildung von Professionalität führt, eine wichtige Rolle. Für Mulder
et al. (2009) liegt vor allem in der Meinungsbildung der Professionsmitglieder
ein Kernelement von Professionalität: „Professionalität lässt sich also als der von
den Organen einer Profession definierten Anspruch an das Handeln und die
Voraussetzungen seiner *professionals* definieren" (Mulder et al. 2009: 402).

Während eine Profession bestimmte Merkmale aufweist und darüber in einem soziologischen Sinne systematisiert wird, vor allem in Abgrenzung zum
Konzept des Berufes, beinhaltet Professionalisierung eine Prozesskomponente,

einen Prozess der Verwandlung eines Berufes in eine Profession (vgl. Hörmann 2006: 97). Dabei kann zwischen der individuellen Ebene der Professionalisierung im Sinne des Aufbaus von Professionalität und einer Professionalisierung auf kollektiver Ebene einer professionellen Gemeinschaft unterschieden werden. Für Schwänke (1988) ist Professionalisierung die „Herausbildung eines neuen Berufs und die damit verbundene Umwandlung einer theoretischen Wissenschaft zu einer anwendungsbezogenen" (Schwänke 1988: 13).

Ein zentrales Element im Professionalisierungsprozess auf kollektiver Ebene ist der Zusammenschluss der Mitglieder zu einer losen Gemeinschaft, die als öffentlicher Repräsentant der Profession als Interessenvertretung agiert und sich um die Weiterbildung ihrer Mitarbeiter kümmert. Das entstehende Spannungsfeld zwischen einerseits gemeinschaftlichen Interessen und denen eines Individuums scheint nicht einfach auflösbar zu sein und damit einer weiteren Institutionalisierung und Formalisierung bestimmter Strukturen, bsp. der Ausbildung, im Wege zu stehen. Ein weiterer Faktor, der den Professionalisierungsprozess verzögern kann, ist der möglicherweise langwierige oder komplizierte Meinungsbildungsprozess der einzelnen Mitglieder einer Profession. Stichweh argumentiert in diesem Zusammenhang, dass innerhalb von Professionen „Individualpraktiker" agieren: „Professionen tolerieren nur in engen Grenzen formalisierte interne Hierarchien [...]. Die Präferenz der Professionen geht in die Richtung des Individualpraktikers" (Stichweh 2005: 35–36).

Die Wissensbestände einer Profession werden im Prozess der Professionalisierung gebildet, indem das Wissen einer Profession systematisiert wird. Dies erfolgt zum Teil in den jeweiligen Berufsverbänden. Hier handelt es sich jedoch nicht um Wissen, das leicht zugänglich ist, dessen Muster lediglich angeeignet werden müssen. Stattdessen sind die

> Zusammenhänge des Wissens, die im Zuge der Professionalisierung entwickelt werden, [...] vielmehr kausal differenziert, nach ursächlichen Elementen und nach abhängigen aufgegliedert. Die Systematisierung wird vorgetrieben zur Theorie. [...]. Die Professionalisierung bringt mit sich Wissen auch über die Gründe des Problems und der Problemlösung. Dieser Teil der Professionalisierung könnte dementsprechend mit dem Zeichen der ‚Verwissenschaftlichung' belegt werden (Hartmann 1972: 41).

Diese theoretische Untermauerung des Professionswissens und seine Einbettung in den wissenschaftlichen Kontext über die Grade der Akademisierung führen dazu, dass Professionalisierung in diesem Verständnis als ein exklusiver Prozess wirkt, der über Zugangskontrollen und Wissenssystematisierung gesteuert wird. Deshalb wurde, so Stichweh (2005), den klassischen Professionen Theologie, Medizin und Rechtswissenschaften auch ein hoher gesellschaftlicher Status zugeschrieben, denn: „Das Wissen, das sie verwalteten, war sogar das mit dem höchsten Prestige ausgestattete Wissen der zeitgenössischen Gesellschaft, weil es das einzige war, das wissenschaftlichen Status reklamieren konnte" (Stichweh 2005: 31). Aufgrund ihres speziellen Wissens wird Professionellen auch eine spezifische Handlungskompetenz zugeschrieben, die es ihnen ermöglicht, Probleme der Praxis wissenschaftlich reflektiert zu bearbeiten. Stichweh argumentiert, dies geschehe „dadurch, dass sie die Berufsidee reflexiv handhaben, also das Wissen und das Ethos eines Berufs bewusst kultivieren, kodifizieren, vertexten und damit in die Form einer akademischen Lehrbarkeit überführen" (Stichweh 1997: 51). Die dahinter liegende Annahme eines Zusammenhangs zwischen Wissen und Handeln bildet gleichsam den Kern von Professionalität, die in der Konsequenz weder alleinig auf fachliches Wissen, intuitives Handeln oder erfahrungsbasiertes Handeln beschränkt ist (vgl. Nittel 2000: 70–71), sondern sich im Zusammenspiel der jeweiligen Komponenten zeigt.

Im Vergleich zu den in Deutschland klassisch gelehrten Wissenstraditionen Rechtswissenschaften, Medizin und Theologie, die bis weit ins 19. Jahrhundert den Begriff der Profession belegt haben (vgl. Combe & Helsper 1997b: 14–15), wird der Begriff der „Professionalisierung" erstmalig 1967 mit der Lehrerbildung in Deutschland in Verbindung gebracht (vgl. Schwänke 1988: 8).

Professionalism und *Professionalization*

Erstmalig führte Houle die Unterscheidung zwischen *Professionalism* und *Professionalization* ein (vgl. Houle 1980: 24–31), indem er argumentiert, dass eher traditionelle Vorstellungen von Professionalismus statisch seien, wären innovative Ansätze wie Professionalisierung ein dynamisches Element in sich bergen.

Abott argumentiert, dass *Professionalism* die Institutionalisierung von Expertise sei: „Professionalism has been the main way of institutionalizing expertise in industrialized countries" (Abbott 1988). Auch in Abbotts Definition bedeutet *Professionalism* die Erreichung eines Status. Dagegen bezieht sich *Professionalization* auf die kontinuierliche Weiterentwicklung einer Profession. Die Institutionalisierung von Expertise, die Bestandteil von Abbotts Professionalisierungsansatz ist, setzt ein Konzept voraus, das in den Ausbildungsinstitutionen umgesetzt werden kann. Der für diesen Prozess notwendige Wissenskanon lässt sich zwar festlegen, jedoch erscheint es schwierig, objektive Kriterien zur Erfassung eben dieses Wissenskanons aufzustellen (vgl. Freidson 2001: 153). Über mehrstufige Kooperations- und Abstimmungsprozesse kann jedoch eine gemeinsame Ausgangsposition etabliert werden. Die sich an diese Abstimmungsprozesse anschließende Wissenskodifizierung kann als ein Element einer erfolgreichen Professionalisierungsstrategie gesehen werden (vgl. auch Forderung des Carnegie Forum on Education and the Economy & Task Force on Teaching as a Profession 1986: 65). Sinn und Zweck der Institutionalisierung der Expertise ist nicht nur die Möglichkeit der Tradierung, sondern auch der Konservierung von Wissen, um einer möglichen Tendenz zur Deprofessionalisierung (vgl. Hesse 1972: 126) entgegenzuwirken. Es lässt sich mit Hesse (1972) feststellen, dass „'Professionalization' [...] nur als ein in ständiger Wechselwirkung zwischen wissenschaftlicher Forschung und partikularen Interessen dienender Sozialtechnik verlaufender Prozess zu begreifen [ist]" (Hesse 1972: 59). Houle (1980) argumentiert, dass Professionen eine forschende Haltung (*mode of inquiry*) benötigen, um sich kontinuierlich an die sich stetig verändernden Bedingungen anzupassen:

> Changing social conditions or the invention of new processes often require a profession to establish a basically new theory or methodology of practice. The decision makers of the profession (sometimes stimulated or assisted by outside opinion) must use the mode of inquiry, sometimes in an elaborate and complex fashion, to identify the essential nature of the new methods or theory and explore the ramifications of its application, thus education themselves to both aspects (Houle 1980: 33).

Die Ausbildungsinstitutionen selbst werden als eine Station einer fortlaufenden Professionalisierung gesehen, die es den Angehörigen der Profession erlaubten, ohne externe Kontrolle ihren Beruf auszuüben: „I use the word ‚professionalism' to refer to the institutional circumstances in which the members of the occupations rather than consumers or managers control work" (Freidson 2001: 12). Die vor allem durch Institutionalisierungsprozesse entstehende relative Autonomie in der Ausübung der *professions* kann als ein Merkmal für eine erfolgreiche *professionalization* gesehen werden.

Die durch Professionalisierungsbestrebungen entstehende Institutionalisierung von Wissen wird gesteuert durch Interessenverbände und -vertretungen, die häufig auf nationaler Ebene agieren. Professionalisierung findet damit nicht nur auf der individuellen Ebene als persönliche Weiterbildung (*individual professional development*), sondern auch auf aggregierter Ebene von Gruppen (vgl.

Mieg 2006) statt (*professionalism as increase of professional competence and status of a group*; siehe Diskussion bei Hoyle 1982). Dieser Strukturierung der unterschiedlichen Professionalisierungsebenen folgt auch Abbott (Abbott 1988), der jedoch noch zwischen den einzelnen Professionen unterscheidet und am Beispiel der Entwicklung der Medizin in den USA die spezifische Gruppendynamik und auftretende Ausgrenzungsprozesse an den Rändern professioneller Organisationen erläutert. Jede Interessenvertretung ist sowohl Ausdruck ihrer Organisationsfähigkeit als auch politisches Instrument zur Durchsetzung beruflicher Interessen (vgl. Freidson 1986). Im Professionalisierungsprozess durch die Interessenverbände entwickelt sich eine zweifache Dynamik. Einerseits wirken die Interessenverbände nach innen, indem sie über ihre Vertreter an den Universitäten und anderen institutionalisierten Ausbildungsstätten die Entwicklung und die fortlaufende Institutionalisierung der Expertise der Profession vorantreiben, andererseits prägen sie auch den äußeren Eindruck, da die Interessenverbände bestimmen, welche Eigenschaften ein professioneller Experte innehat und welche Werte, Normen und ggf. auch Gehaltsforderungen damit verbunden sein könnten.[7]

Goodlad (Goodlad 1991) analysiert in seiner Arbeit die Elemente des Professionalisierungsprozesses im Lehrberuf in den USA: Sein Professionalisierungskonzept sieht folgende Elemente vor: die Festlegung relevanter Wissensaspekte für den Lehrberuf durch die professionelle Gemeinschaft, die Entwicklung entsprechender Curricula und Unterstützungsmaßnahmen für Berufsanfänger. Seiner Meinung nach kann der Lehrberuf in den USA erst dann als eine Profession gelten, wenn er als solche anerkannt wird, jedoch nicht, wenn die Hauptakteure sich selbst so bezeichnen: „A vocation is not a profession because those in it choose to call it one. It must be recognized as such" (Goodlad 1991: 29). Ein Schwerpunkt für Goodlad liegt in der Entwicklung demokratischer Strukturen in Schule und Erziehung: „A robust, renewing democracy requires the presence of a well-educated public" (Goodlad 2008: 9). Damit wird in Goodlads Konzept Professionalisierung mit der Entwicklung demokratischer Strukturen in Schule und Ausbildung in Verbindung gebracht.

Insgesamt gesehen stehen im US-Professionalisierungsdiskurs vor allem die Kodifizierung des professionellen Wissens und die externe Anerkennung des

---

7 Ein Beispiel für eine solche Dynamik ist das *National Board of Professional Teaching Standards* (NBPTS), das in Kapitel 2.2 näher erläutert wird.

Lehrberufs als Profession im Vordergrund. Dabei spielt die professionellen Gemeinschaft in den Professionalisierungsbestrebungen eine große Rolle.

Verwendung der Begriffe im deutschen und anglo-amerikanischen Professionalisierungsdiskurs

Die Analyse der begrifflichen Gemeinsamkeiten und Unterschiede der Professionalisierungsdiskurse in Deutschland und den USA hat gezeigt, dass Begriffe wie Profession und Professionalisierung in ihrem jeweiligen kulturellen und historischen Kontext betrachtet werden sollten. Tabelle 1.1 stellt zusammenfassend die Gemeinsamkeiten im deutschen und anglo-amerikanischen Diskurs dar.

Tabelle 1.1: Verwendung der Begriffe ‚Profession‘, ‚Professionalität‘ und ‚Professionalisierung‘ im deutschen und anglo-amerikanischen Diskurs

Vergleichsaspekte Professionalisierungsdiskurse	Deutschland	USA
Merkmale einer Profession	Kontrolle der Zugangsvoraussetzungen über Ausbildungsmodi Orientierung am Gemeinwohl und Schwerpunkt auf eine gesellschaftlich anerkannte akademische Ausbildung	Akademische Ausbildung, Kontrolle der Zugangsvoraussetzungen über Standards Dienstleitung an der sozialen Gemeinschaft, geringe gesellschaftliche Anerkennung Von der professionellen Gemeinschaft verfasster ethischer Code
Professionalität als statisches Konzept	Identifikation von Merkmalen und Anspruch an das Handeln des Einzelnen	Institutionalisierung von Expertise
Professionalisierung als dynamische Entwicklung	Kein gemeinsamer Wissenskanon von den Mitgliedern der Berufsgruppen kodifiziert Prozess der Umwandlung in eine anwendungsbezogene Wissenschaft	Rolle der professionellen Gemeinschaft: Forschungsaktivitäten, Definition eines Wissenskanons, forschende Haltung gegenüber der eigenen Profession

Tabelle 1.1 zeigt, dass sich die beiden Diskurse hinsichtlich der Definition einer Profession nicht grundsätzlich unterscheiden.

Hinsichtlich des Professionalitätsbegriffs gibt es insofern einen Unterschied zwischen den beiden Diskursen, als im deutschen Diskurs der Fokus auf dem Individuum und dem Anspruch an sein Handeln liegt, während im anglo-amerikanischen Diskurs Professionalität eher durch die Institutionalisierung von Expertise in entsprechenden Ausbildungsinstitutionen erreicht werden soll. Diese

Ausbildunginstitionen gelten als eine Station auf dem Weg der Professionalisierung.

Ein Grund für die unterschiedliche Konnotation des Professionalitätsbegriffes in beiden Diskursen könnte in der Rolle des Staates in beiden Ländern liegen. Dies ist den unterschiedlichen Bildungsstrukturen und historisch gewachsenen Professionalisierungsdiskursen (vgl. auch Larson 1990) geschuldet:

> The driving force for the development of continental professions was primarily the growth of the state. [...]. A typical Anglo route, by contrast, was the formation of a monopolistic practitioner group [...]. An occupation became a high-status profession by forming itself apart from the state (Collins 1990: 16).

Für den US-amerikanischen Diskurs kann also festgehalten werden, dass im Prozess der Professionalisierung eine Abgrenzung vom Staat erfolgt, da eigene Interessensvertretungen gebildet werden.

Das Thema der Professionalisierung wird im anglo-amerikanischen Diskurs sehr ausführlich behandelt, sowohl im Hinblick auf die Forschung wie auch auf die Aktivitäten der Berufsverbände, die die Professionalisierung ihrer Berufsgruppe vorantreiben, wie Schwänke schon vor 20 Jahren konstatierte (Schwänke 1988: 29). Im Gegensatz zum anglo-amerikanischen Professionalisierungsdiskurs bezieht sich der deutsche Begriff zum jetzigen Stand nicht die Entwicklung einer Wissenskodifizierung durch die professionellen Gemeinschaften, wie dies in den USA der Fall ist. Die Autonomie der professionellen Gemeinschaften im anglo-amerikanischen Diskurs zeigt sich darin, dass sie auf die Professionen organisatorischen und inhaltlichen Einfluss nehmen können. Im deutschen Kontext äußert sich die Autonomie durch staatliche organisierte und definierte Ausbildungsstrukturen. Dem Staat kommt damit in den beiden Diskursen eine unterschiedliche Rolle zu: Während finanzielle Autonomie der Lehrer in Deutschland über den Beamtenstatus gesichert scheint, ist sie in den USA in diesem Maße nicht vorhanden, da Lehrer zwar Angestellte eines Schulbezirks sind, aber leichter kündbar sind (vgl. Analyse der Reformvorschläge in Teil 2 und Fallstudien über Universitäten in Teil 5 und Teil 6).

Ein weiterer Unterschied zwischen den Diskursen liegt in der Kontextualisierung der Begriffe, die jeweils andere Konnotationen nach sich ziehen. Aus US-amerikanischer Perspektive gelten deutsche Lehrer durch ihre relative Autonomie des Handelns traditionell bereits als *professionals*, wie folgendes Zitat verdeutlicht: „[Those countries] have traditionally tended to treat teachers as professionals, responsible for providing their students with knowledge and skills governed by local or even personal judgments about what is most important for students to know and be able to do" (Tatto 2006: 239).

Die Verwendung der Begriffe im deutschen und US-amerikanischen Diskurs wirft einige Fragen auf. Einerseits werden in beiden untersuchten Ländern Professionen nach dem Grad der Autonomie ihres Handelns bestimmt, andererseits können Prozesse der Standardisierung, Kanonisierung und Rechenschaftsablegung, wie dies vor allem in den USA in den letzten 25 Jahren verstärkt umgesetzt wurde, zu einer Einschränkung des Handlungsspielraums führen.

In der hier vorliegenden Arbeit wird der Professionalisierungsbegriff unter folgender Perspektive verwendet (vgl. Tabelle 1.2): Studierende befinden sich in der universitären Lehrerbildung, insbesondere in den schulischen Praxisphasen, zu einem bestimmten Zeitpunkt ihrer individuellen (berufs-)biografische Professionalisierung. Professionalisierung ist ein individueller Prozess der beruflichen Entwicklung, der neben der Aneignung professionellen Wissens auch durch Reflexion befördert wird, um kontinuierlich das eigene Handeln weiterzuentwickeln (vgl. Abschnitt 3.2.4). In dieser Arbeit spielt deshalb die Rolle der professionellen Gemeinschaft am Professionalisierungsprozess nur eine untergeordnete Rolle.

Die hier vorliegende Studie schließt an das Konzept des Lehrberufs als Profession (vgl. u.a. Terhart 2001) und der Lehrerbildung als phasenübergreifende Professionalisierung an. Damit folgt diese Arbeit nicht der Annahme, dass der Lehrberuf eine Semi-Profession sei, wie Kritiker der Professionalisierungsstrategie behaupten, da sich, wie Blömeke (2002) die Kritik zusammenfasst, angeblich die Lehrerbildung nicht auf ein „gesichertes Berufswissen stützen [könne], keine kontinuierliche Kontrolle der Qualität ihrer Arbeit stattfinde und sie in ihrem Handeln nicht autonom seien" (Blömeke 2002: 22).

Um die in Teil 3 vorgestellten theoretischen Ansätze zur Lehrerprofessionalität in den bildungspolitischen Diskurs einordnen zu können, werden im folgenden Teil 2 Reformvorschläge zur Lehrerbildung in Deutschland und den USA vorgestellt, um am Ende des Kapitels begriffliche und theoretische Schlussfolgerungen zum Professionalisierungsdiskurs in Deutschland und den USA ziehen zu können.

Tabelle 1.2: Grundlage der Begrifflichkeiten für die vorliegende Untersuchung

Profession aus einer **soziologischen Perspektive**	• Charakteristika eines Berufs • Erfüllung einer sozialen Funktion und Verantwortung (Orientierung am Gemeinwohl) • Lange, spezialisierte und akademische Ausbildung • Systematisch organisierte Wissensbestände und hohe Expertise • Autonomie in der Ausübung der Profession • Organisation über Berufsverbände
Professionalisierung als **kollektive Aktivität der Berufsverbände**	• Entwicklung eines Berufs zur Profession durch Erfüllung oben genannter Kriterien einer Profession • Forschungsaktivitäten der Profession: Festlegung eines gemeinsamen Wissenskanons und Definition professioneller Handlungskompetenz • (Bildungs-)politische Aktivitäten durch Berufsgruppen, z.B. Standardisierung
Professionalisierung als **individuelle (berufs-)biografische Entwicklung**	• Individueller Prozess der Entwicklung beruflichen Wissens und Könnens • Wissenschaftliche fundierte akademische Ausbildung • Persönlicher Gestaltungsspielraum bei Ausübung der Tätigkeit • Gewisses Maß an gesellschaftlicher Anerkennung des Einzelnen

2 Überblick: Lehrerbildung in Deutschland und den USA

Der nun folgende Teil 2 hat zum Ziel, Schwerpunkte und Tendenzen in den Reformvorschlägen zur Lehrerbildung in Deutschland und den USA zu identifizieren. Dabei wird gezeigt, dass die aus den Reformschvorschlägen resultierenden Konsequenzen vor allem die Lehrerausbildung in den USA geprägt und fundamental verändert haben. In jüngster Zeit lassen sich auch deutliche strukturelle Veränderungen der Lehrerbildung in Deutschland in beiden Phasen beobachten. Diese Aspekte werden in Tabelle 2.1 erneut aufgegriffen. Übergreifendes Ziel dieses Kapitels ist die Darstellung und Analyse der Professionalisierungsdiskurse in Deutschland und den USA.

Die Reformvorschläge zur Entwicklung der Lehrerbildung in Deutschland und den USA wurden auf der Basis der folgenden heuristischen Kriterien untersucht: Theorie-Praxis-Relation, Verhältnis Erziehungswissenschaft und Fachdidaktik, studentische Forschung/forschendes Lernen und Reflexion. Es wird beispielhaft gezeigt, dass in allen Reformvorschlägen Begriffe wie studentische Forschung und Reflexion zwar genannt werden, aber weder (erziehungswissenschaftliche und/oder fachdidaktische) Inhaltsbereiche noch der Zeitpunkt der Reflexion expliziert werden. Auch lassen die Reformvorschläge hochschuldidaktische Umsetzungsmöglichkeiten vermissen, obwohl das forschende Lernen im Sinne eines empirisch-wissenschaftlichen Arbeitens bereits im Strukturplan für das Bildungswesen 1970[8] gefordert wurde. Darüber hinaus wird im deutschen Diskurs hin-

---

8   Der Strukturplan für das Bildungswesen aus dem Jahre 1970 beeinflusste die Bildungspolitik der 1970er Jahre maßgeblich (vgl. Bildungskommission des Deutschen Bildungsrates 1973: 13). In der Argumentation des Strukturplanes ist die Universität Ort der Forschung, d.h. der Ort, an dem die Forschungserkenntnisse generiert und in die Praxis transferiert werden.
    Die Praxisphasen in der Lehrerbildung sollen eine zweifache Funktion erfüllen. Einerseits bieten sie die Möglichkeit, erste Unterrichtserfahrungen zu sammeln, andererseits soll aber auch die theoriebegleitete Analyse und Reflexion der beobachteten Praxis, und zwar unter Berücksichtigung der Erkenntnisse aus denen an der Lehrerbildung beteiligten Disziplinen (Fachdidaktik als Teil der Fachwissenschaften, Psychologie, Soziologie und Politologie) ermöglicht werden. Um dies zu ermöglichen, sollen die einzelnen Ausbildungsbereiche (theoretischen Studien) den verschiedenen Formen der Praxis zugeordnet werden: „[Es muss ...] eine Einführung in die Methoden der Beobachtung und Analyse von Unterrichts- und Erziehungssituationen sowie von Fallstudien angeboten werden [...]" (Bildungskommission des Deutschen Bildungsrates 1973: 223). Die Analyse der schulischen Praxis soll durch eine Anwendung der Methoden der empirischen Sozialwissenschaft erfolgen.

sichtlich des Verhältnisses zwischen Erziehungswissenschaft und Fachdidaktik
sowie zwischen Universität und Schule viel gefordert und wenig expliziert. Da der
US-Professionalisierungsdiskurs, wie gezeigt wird, deutlich früher begann, lassen sich daraus Anregungen für hochschuldidaktische Umsetzungmöglichkeiten
ableiten.

Die in diesem Teil der Untersuchung vorgenommene kontrastive Vorgehensweise ermöglicht die Darstellung der Rahmenbedingungen der in dieser Studie
untersuchten beiden Lehrerausbildungsprogramme. Dabei gibt es diskursive
Ähnlichkeiten zwischen bildungspolitischen Vorschlägen und Maßnahmen in
den USA und den nach dem sogenannten „PISA-Schock" eingeleiteten Veränderungen in Deutschland, z.B. Standardisierung, Fragen des *Outputs* im Bildungssystem und *Accountability*. Unter Berücksichtigung der strukturellen Unterschiede der beiden Lehrerausbildungssysteme soll dieser Vergleich zeigen, dass in den
bildungspolitischen Diskursen in beiden untersuchten Ländern ähnliche Tendenzen vorliegen und dadurch thematische Schwerpunkte identifiziert werden
können. So begannen die fundamentalen Veränderungen im US-Bildungssystem
bereits Anfang der 1980er Jahre, während in Deutschland die ersten Ergebnisse
der PISA-Untersuchungen und nachfolgende Reformvorschläge die schulische
Ausbildung und etwas später auch die Lehrerbildung erneut in den Fokus rück-
ten. Da die dieser Arbeit vorgestellte empirische Studie an einer Universität in
Nordrhein-Westfalen durchgeführt wurde, wird auf dieses Bundesland in der Darstellung der Lehrerbildung in Deutschland ein besonderer Schwerpunkt gelegt;
gleichzeitig werden wichtige Impulse und Vorschläge zur Lehrerbildung in den
letzten zehn Jahren und zur Entwicklung der Standards im gesamtdeutschen
bildungspolitischen Diskurs berücksichtigt.

2.1 Jüngste Reformvorschläge für die Lehrerbildung in Deutschland

Die heutige Struktur der Lehrerbildung in Deutschland[9] ist historisch gewachsen
und unterscheidet sich vor allem in ihrer zweiphasigen Ausbildungsstruktur von
vielen anderen Ländern. Als staatlich organisiertes Ausbildungssystem gilt für

---

9   Verwiesen sei hier auch auf weitere Überblicksdarstellungen zur Lehrerbildung: Geschichte der
     Lehrerbildung (Sandfuchs 2004), Struktur der Lehrerbildung (Terhart 2004) sowie Klassifikation von
     Reformmodellen zur Lehrerbildung unter besonderer Berücksichtigung der Aspekte Polyvalenz und
     Professionalisierung (Schützenmeister 2002).

alle Lehramtsstudiengänge eine Regelstudienzeit zwischen 7 und 9 Semestern.[10]
Grundsätzlich erfolgt die Ausbildung in zwei Phasen: universitäre Erstausbildung und Referendariat (je nach Bundesland 18 bis 24 Monate). Daran schließt
sich die dritte Phase der beruflichen Tätigkeit an. In der ersten Phase werden je
nach angestrebtem Lehramt zwei bis drei Fachwissenschaften (inklusive Fachdidaktik) studiert und um einen erziehungswissenschaftlichen Anteil ergänzt.
Hinzu kommen schulpraktische Studien, je nach Bundesland variiert auch hier
die Bezeichnung, die Organisation sowie der Umfang der praktischen Anteile im
Lehramtsstudium. Das anschließende Referendariat wird von den staatlichen Studienseminaren betreut und endet mit dem Zweiten Staatsexamen. Die formale
Lehrbefähigung wird durch den Nachweis des Ersten und Zweiten Staatsexamens
erteilt. Die besondere Struktur der deutschen Lehrerbildung in drei Phasen (universitäre Erstausbildung, Referendariat, Berufsphase) macht eine zusätzliche
Koordinierung der bildungspolitischen Entscheidungen notwendig. Gleichzeitig
unterliegen die Hochschuleinrichtungen der akademischen Selbstverwaltung
und genießen einen gewissen Grad der Autonomie.[11]

Wie alle anderen Bildungsbereiche auch, liegt die Lehrerbildung in der Verantwortung der einzelnen Bundesländer.[12] Über die Ständige Konferenz der
Kultusminister der Länder in der Bundesrepublik Deutschland (KMK) sowie das
Bundesministerium für Bildung und Forschung (BMBF) wird auf nationaler Ebene ein Mindestmaß an Einheitlichkeit erzeugt. Diese Institutionen haben jedoch
lediglich Koordinations- und keine Verwaltungsaufgaben (vgl. Óhidy 2007: 29).
Der Erfolg der jeweiligen Empfehlungen der KMK hängt letztlich davon ab, wie
die einzelnen Bundesländer die Vorschläge umsetzen. Durch diese Struktur gibt
es keine umfassende bundesgesetzliche bildungspolitische Regelung oder eine
nationale Organisation, die der Steuerung der Bildungspolitik gewidmet ist.[13]

---

10   Eine Angleichung der unterschiedlichen Lehramtsstudiengänge in verschiedenen Schulformen
      soll in Nordrhein-Westfalen mit der Reformierung der Lehrerbildung ab WS 2010/2011 erfolgen.
      In Hamburg, Bremen und Mecklenburg-Vorpommern wurden die Regelstudienzeiten einheitlich
      festsetzt (vgl. Empfehlungen der Hochschulrektorenkonferenz 1998).
11   In Nordrhein-Westfalen wurde die Autonomie der Hochschulen durch das am 1.7.2007 in Kraft
      getretene Hochschulfreiheitsgesetz ausgeweitet. Dadurch sind Hochschulen nur noch vom Land
      getragene, rechtsfähige Körperschaften des öffentlichen Rechts in der Trägerschaft des Landes (vgl.
      Óhidy 2007: 32).
12   Dieser Umstand lässt sich zum Teil auch durch die Dezentralisierungsmaßnahmen der Alliierten
      nach dem Zweiten Weltkrieg erklären.
13   Zu erwähnen wäre hier jedoch das Institut für Qualitätsentwicklung im Bildungswesen (IQB) in
      Berlin. Es übernimmt zwar keine Steuerungsfunktion, überprüft jedoch die Implementierung der
      Bildungsstandards, zu denen sich mit dem Beschluss der Kultusministerkonferenz vom 4. Dezember
      2003 die Bundesländer verpflichtet haben, und entwickelt diese auf der Basis empirischer Ergeb-

Im nun folgenden Abschnitt werden in chronologischer Reihenfolge die wichtigsten Reformvorschläge zur Lehrerbildung in der letzten Dekade vorgestellt.[14]

2.1.1 Hochschulrektorenkonferenz „Empfehlungen zur Lehrerbildung" (1998)

Nach zwei Jahrzehnten, in denen die Lehrerbildung weniger stark im Fokus der bildungspolitischen Reformbemühungen stand, markiert die Hochschulrektorenkonferenz (HRK) mit ihren „Empfehlungen zur Lehrerbildung" vom 02.11.1998 den Beginn einer Diskussion über die Qualität der Lehrerbildung, die bis heute anhält.

Die Arbeitsgruppe der Hochschulrektorenkonferenz konzentrierte sich in ihrer Bestandsaufnahme vor allem auf die inhaltliche Ausgestaltung der Lehrerbildung und machte von dort aus den Brückenschlag zur zweiten Ausbildungsphase und dem Lernort Schule. Es wird zwischen einer Berufs*befähigung*, die in der universitären Erstausbildung erworben wird, und einer Berufs*fertigkeit*, die in der zweiten Ausbildungsphase begonnen wird, unterschieden. Die praktischen Anteile im Studium dienen in diesem Vorschlag zur „Prüfung der Studierenden im Hinblick auf die persönliche Eignung für den angestrebten Lehramtsberuf [...], [können jedoch nicht] Berufsfertigkeit vermitteln" (Hochschulrektorenkonferenz 1998). Eine solche Prüfung der Eignung solle auch über erste Unterrichtserfahrungen erfolgen, die in den Praktikumsschulen von den Mentoren beobachtet und ausgewertet werden. Jedoch sieht die Arbeitsgruppe hier ein deutliches Defizit, das es zu überwinden gelte. Entsprechend schlägt sie vor, „praktische Elemente der Selbstbewährung und -kontrolle vorzusehen und eine ausreichende Einbeziehung in die Unterrichtsvor- und -nachbereitung durch die Lehrkräfte der Schule (Mentoren) zu gewährleisten" (Hochschulrektorenkonferenz 1998), um Studierenden möglichst früh Gelegenheit zu geben, ein professionelles Selbstverständnis zu entwickeln. Auch eine engere Kooperation zwischen den Ausbildungsphasen solle zur Ausbildung eines professionellen Selbstverständnisses beitragen; dennoch sollen beide Abschnitte nicht unnötig vermischt werden. Die Arbeitsgruppe fordert deshalb, die „Kluft zwischen theoretischer Ausbildung und

---

nisse weiter. Eine nationale Testagentur wie beispielsweise das *Office for Standards in Education, Children's Services and Skills* (Ofsted) in Großbritannien gibt es in Deutschland bislang nicht.

14 Eine Darstellung nach Institutionen, Kommissionen und Gruppierungen erscheint für den deutschen Diskurs insofern nicht sinnvoll, als durch eine solche Darstellung die wechselseitigen Bezüge der jeweiligen Reformvorschläge nicht deutlich werden.

Anforderungen im Referendariat bzw. in der Schulpraxis, die offenbar auch durch Praktika bzw. schulpraktische Studien während des Studiums nicht nennenswert verringert wird" (Hochschulrektorenkonferenz 1998), zu schließen. Eine engere Kooperation zwischen schulischer Praxis und universitärer Ausbildung ermögliche auch den Lehrern der Sekundarstufe II, ihre SuS besser auf ein mögliches Studium vorzubereiten und gleichzeitig Weiterbildungsangebote an den Hochschulen wahrzunehmen.

Mit Blick auf die inhaltliche Ausgestaltung der Lehrerbildung plädiert die Arbeitsgruppe der HRK für eine bessere institutionelle Abstimmung zwischen den an der Lehrerbildung beteiligten Fächern, auch wenn die strukturellen Bedingungen insbesondere an großen Universitäten dies erschweren könnten. Die Fachdidaktik solle in eine noch stärker forschende Disziplin ausgebaut werden und eine entsprechende Anerkennung ihrer Forschungsleistungen erhalten (vgl. Hochschulrektorenkonferenz 1998). Langfristig könne man so auch den wissenschaftlichen Nachwuchs stärker in die Didaktik des Fachs einbinden und die oben erwähnte Kluft zwischen den Inhalten der universitären Erstausbildung und der Schulpraxis über entsprechende Forschungsprojekte zu überbrücken versuchen. Gleichzeitig würden diese Forschungsvorhaben eine berufsspezifische Professionalisierung der Lehrerbildung vorantreiben. Eine weitere Trennung zeige sich laut HRK im Verhältnis zwischen Fachdidaktik und Erziehungswissenschaft, die nur wenig kooperierten und ihre integrative Funktion der Anbindung der Didaktik an die wissenschaftliche Fachkultur nur selten übernehmen würden. Den Lehramtsstudierenden fehle dadurch der institutionelle Ort, dem sie sich zuordnen könnten.

Auch wenn die Arbeitsgruppe der Hochschulrektorenkonferenz die Professionalisierung der Lehrerbildung zu unterstützen scheint, da sie eine enge organisatorische und inhaltliche Abstimmung zwischen den Ausbildungsphasen fordert, wird ein Ausbildungssystem, das auf Polyvalenz ausgerichtet ist und in dem die Entscheidung für den Lehrberuf erst später im Studium getroffen werden muss, unterstützt (vgl. Hochschulrektorenkonferenz 1998). Nach dem vierten bzw. fünften Semester soll nach Ansicht der Arbeitsgruppe lediglich ein Fachpraktikum absolviert werden, um die Berufswahl und die Eignung für den Lehrberuf zu überprüfen. Um dieses Fachpraktikum belegen zu dürfen, sollten die Studierenden durch die Zwischenprüfung ihre Fähigkeit in den gewählten Fächern unter Beweis gestellt haben. Die Länge des vorgestellten Fachpraktikums könne variieren, sogar bis hin zu einem ganzen Praxissemester (inklusive späterer Anrechnung auf das Referendariat).

2006 gibt die Hochschulrektorenkonferenz weitere Empfehlungen zur „Zukunft der Lehrerbildung in den Hochschulen" heraus, deren Schwerpunkt sich auf die konsequente Umsetzung der Studiengangsreformen in Bachelor und Master beziehen und in ihren Grundzügen an die Vorschläge aus dem Jahre 1998 anknüpfen. Darüber hinaus plädiert die HRK für eine „Stufung der Ausbildung in aufeinander bezogene Phasen an Hochschulen, im Vorbereitungsdienst und in der Berufspraxis" (Hochschulrektorenkonferenz 2006: 6). Die Polyvalenz des Bachelors solle beibehalten werden; im Master jedoch mehr Praxisanteile und mehr Kooperation und eine engere Verzahnung zwischen den Ausbildungsphasen im Vordergrund stehen. Es ginge aber nicht um einen reinen Ausbau der Praxisphasen, sondern um eine forschende Auseinandersetzung mit der schulischen Praxis (vgl. Hochschulrektorenkonferenz 2006: 14), die wiederum neue Lehr- und Lernformen notwendig mache. Hinsichtlich der Entwicklung von Reflexionskompetenz spricht sich die Hochschulrektorenkonferenz dafür aus, dass die einzelnen Disziplinen, die an der universitären Lehrerbildung beteiligt sind, unterschiedliche Aufgaben wahrnehmen sollen. Es sei Aufgabe der Fachwissenschaft, den Studierenden nicht nur fachliches Wissen zu vermitteln, sondern auch eine analytisch-kritische Reflexionsfähigkeit anzubahnen. Der Fachdidaktik käme dagegen die Rolle der Entwiclung fachbezogener Reflexion zu, während die Bildungswissenschaften den Studierenden Methoden der Selbst- und Fremdevaluation vermitteln sollen (vgl. Hochschulrektorenkonferenz 2006: 14).

Die Hochschulrektorenkonferenz spricht sich für die Wahrung der Wissenschaftlichkeit in der Lehrerbildung aus (vgl. Hochschulrektorenkonferenz 2006: 6). Auch die Kooperation zwischen Hochschullehrern und Mentoren in den Schulen könne in den Praxisphasen ausgebaut werden (vgl. Hochschulrektorenkonferenz 2006: 14). In den Empfehlungen der Hochschulrektorenkonferenz ist die Rolle der Fachwissenschaften eindeutig: Stärkere Einbindung der Lehrerbildung in den Fachwissenschaften, Entwicklung fachlicher Kompetenz als Aufgabe der ersten Phase, Entwicklung von Kerncurricula sowie eine stärkere Kompetenzorientierung auch im Hinblick auf das spätere Berufsfeld. Lehrerausbildungsprogramme sollen nach den üblichen Akkreditierungsverfahren anerkannt werden. Dies führe zwar zu einer Teilnahme eines Vertreters des Staates, jedoch nicht im Sinne eines Vetorechtes, mit dem die Beschlüsse der Akkreditierungskommission unterwandert werden könnten: „Ein Vetorecht des Staatsvertreters [...] wird nicht akzeptiert. Es widerspricht dem Grundsatz eines vom direkten staatlichen Einfluss unabhängigen Verfahrens der Akkreditierung" (Hochschulrektorenkonferenz 2006: 18).

Zusammenfassend lässt sich feststellen, dass die Hochschulrektorenkonferenz die Struktur der Lehrerbildung durch eine Umstellung auf Bachelor/Master-Studiengänge in ihren Grundsätzen verändern will. Durch die Umsetzung der Studiengangsreformen wird der Einfluss der Hochschulen als Entscheidungsträger für Reformen in der Lehrerbildung gestärkt. Die Hochschulrektorenkonferenz spricht sich mit Blick auf die Theorie-Praxis-Relation für einen Ausbau der schulpraktischen Studien und die Einführung eines Fachpraktikums aus. Die Zweiphasigkeit der Lehrerbildung solle beibehalten werden. Sie fordert eine verstärkte Kooperation zwischen den Akteuren der beiden Phasen der Lehrerbildung und den beteiligten Institutionen. Dabei solle die Fachdidaktik zu einer empirisch-forschenden Disziplin ausgebaut werden und stärker mit den Bildungswissenschaften kooperieren. Die Fachwissenschaften sollen sich mehr in die Lehrerbildung einbringen. Die Hochschulrektorenkonferenz betont die akademische Ausbildung und die Wissenschaftlichkeit der Lehrerbildung als ein Element der Professionalisierung. Es sei Aufgabe der ersten Phase, eine forschende Haltung zur Praxis zu vermitteln. Hinsichtlich der Reflexion der Studierenden sollen alle an der Lehrerbildung beteiligten Disziplinen dezidierte Aufgaben übernehmen, sodass Reflexionsfähigkeit aus verschiedenen fachlichen Perspektiven entwickelt werden kann: Ausbildung einer analytisch-kritischen Reflexionsfähigkeit in den Fachwissenschaften, Entwicklung einer fachbezogener Reflexion in der Fachdidaktik sowie Aneignung von Methoden der Selbst- und Fremdevaluation in den Bildungswissenschaften[15].

2.1.2 KMK-Kommission „Perspektiven der Lehrerbildung in Deutschland" (1999)

Die KMK-Kommission „Perspektiven der Lehrerbildung in Deutschland" (1999) setzte sich aus Experten aus Wissenschaft und Bildungsadministration zusammen (vgl. Terhart 2000a: 10), die gemeinsam eine Stellungnahme zur Lehrer-

---

15 Im Reformvorschlag von 2006 bezeichnet die Hochschulrektorenkonferenz die Erziehungswissenschaft als Bildungswissenschaft.

bildung in allen drei Phasen formulierten. Auf der Basis eines Leitbildes für den Lehrerberuf, das von der Kommission selbstkritisch auch als normativ bezeichnet wird, identifiziert die Kommission das Lehren als Kernkompetenz im Sinne der „Planung, Organisation, Gestaltung und Reflexion von Lehr- und Lernprozessen" (Terhart 2000a: 48). Die grundsätzliche Tendenz des Berichtes ist der qualitative Ausbau und die Modifizierung bestehender Strukturen, weniger eine grundsätzliche Neuausrichtung der Lehrerbildung. Ausgehend von der Kritik an den bestehenden Strukturen (fehlendes Leitbild, kein Kerncurriculum, Zersplitterung der Studienelemente, unklare Rolle der Fachdidaktik) konstatiert der Abschlussbericht auch eine fehlende Kooperation zwischen erster und zweiter Phase, die sich in einer fehlenden Abstimmung von Zielen und Inhalten äußere. Im Abschlussbericht der KMK wird deshalb für die erste Phase ein Zukunftsbild unter dem Titel „Das Ende der Beliebigkeit" vorgestellt, das folgende Vorschläge zur Veränderung macht (vgl. auch Terhart 2000a: 10): Abbau der marginalisierten Stellung der Lehrerbildung innerhalb der Fachbereiche, Ausrichtung der Studienanteile am Berufsfeld als wichtiges Element der Professionalisierung, keine ausschließliche Ausrichtung an den fachlichen Disziplinen, Stärkung der Fachdidaktik als Verbindungselement zwischen dem zugehörigen Fach und der Erziehungswissenschaft. Mit Blick auf die schulpraktischen Studien fordert der Bericht einen Bezug zu Theorie und Forschung. Es geht also nicht um eine reine Erhöhung der Praxisanteile im Studium zur Einübung berufspraktischer Routinen, sondern um die Entwicklung eines distanzierten, theoretisch abgesicherten und empirisch fundierten Blicks auf das Praxisfeld Schule. Entsprechend soll die Struktur der Zweiphasigkeit beibehalten werden, indem deren Stärken ausgebaut werden und die beteiligten Institutionen weiterentwickelt werden.

Hinsichtlich möglicher Elemente der Professionalisierung fordert die Kommission ein Studienmodell, in dem die an der Lehrerbildung beteiligten Disziplinen von Studienbeginn an parallel studiert und stärker als bisher am zukünftigen Berufsfeld ausgerichtet werden, um die konstatierte Beliebigkeit in der Wahl der Inhalte des Lehramtsstudiums einzuschränken (vgl. Terhart 2000a: 16). Abhilfe könne auch ein Kerncurriculum für Erziehungswissenschaften[16], Fachwissen-

---

16 Mittlerweile erscheint das Kerncurriculum Erziehungswissenschaften für pädagogische Bachelor-Studiengänge in Buchformat und gilt als Konsens zwischen dem Vorstand der DGfE und den einzelnen Sektionen. Es soll als Ausgangspunkt für die Entwicklung eines Kerncurriculums für Lehramtsstudiengänge genommen werden und wird kontinuierlich überarbeitet. 2010 wurde die zweite Auflage vorgelegt (Deutsche Gesellschaft für Erziehungswissenschaft 2010).

schaften und Fachdidaktik[17] schaffen. Die zu belegenden Kurse im Studium
sollen am Kerncurriculum ausgelegt sein. In diesem Prozess kommt der Fachdidaktik eine integrative Rolle zwischen fachlicher Ausbildung, die als fundiert
und positiv bewertet wird, und pädagogisch-didaktischer Ausbildung, an der
es nach Einschätzung der Kommission mangelt, zu (vgl. Terhart 2000a: 20). Die
Zentren für Lehrerbildung sollen die Aufgaben übernehmen, die unterschiedlichen beteiligten Disziplinen zu koordinieren und „quer zur herkömmlichen
Fakultätsstruktur die Belange der Lehrerbildung vertreten" (Terhart 2000a: 20).
Gleichzeitig solle die Fachdidaktik ausgebaut werden, damit sie ihre „integrie-
rende Sichtweise" (Timmerhaus 2001: 83) in der Zusammenarbeit mit anderen
Disziplinen nutzen könne. Mit der Besetzung von Professuren für Fachdidaktik
könne auch der Forschungsbezug ausgebaut werden.

Aus professionstheoretischer Sicht ist die Verbindung der unterschiedlichen
wissenschaftlichen Kompetenzen (aus erziehungswissenschaftlicher, fachwissenschaftlicher, fachdidaktischer Perspektive gedacht) die Basis für professionelles
Handeln im Lehrberuf. Deshalb sollte auch die erste Phase der Lehrerbildung
darauf ausgelegt sein, die unterschiedlichen Wissensbestände sinnvoll zu verbinden. Rahmenvorgaben in Form von Standards fördern die Entwicklung der
„wissens-, reflexions- und übungsgestützte[n] professionelle[n] Kompetenz sowie
deren Umsetzung" (Terhart 2000a: 105–106). Neben der Aneignung von Wissen
und dem Sammeln von Erfahrungen kommt der Reflexionsfähigkeit hier eine
besondere Bedeutung zu. Die Umsetzung dieser Bereiche führe zur Entwicklung
beruflicher Expertise (vgl. Terhart 2000a: 106).

Da die Kommission weiterhin die Zweiphasigkeit der Lehrerbildung befürwortet, kommt den schulischen Praktika eine besondere Rolle zu, und zwar im
Hinblick auf die Ausbildung einer forschenden Haltung: „Praxis bedeutet ebenso
den Aufbau von Praxiswissen, zum Beispiel durch angeleitete Beobachtungen
oder durch das forschende Lernen innerhalb von Lehr- und Forschungsprojekten" (Terhart 2000a: 69). Aus fachdidaktischer wie auch erziehungswissenschaft-

---

17   Die Gesellschaft für Fachdidaktik legte 2004 einen Entwurf für ein Kerncurriculum Fachdidaktik vor,
      das als Orientierungsrahmen für alle Fachdidaktiken gelten soll. Es umfasst folgende Kompeten-
      zen: Fähigkeit zur Reflexion über die Bedeutung und Entwicklung des Faches bzw. der beteiligten
      Fächer, Fähigkeit zur Reflexion von Grundstrukturen des Kommunikationsprozesses zwischen
      Fachwissenschaft, fachdidaktischer Forschung und bildungsinteressierter Öffentlichkeit, Fähigkeit
      zur Erkundung und kritischen Analyse von fachbezogenen Praxisfeldern, Planungs- und Umset-
      zungsfähigkeit von fachlichen Erkenntnissen in ausgewählte Praxisbereiche sowie deren kritische
      Überprüfung und Weiterentwicklung, fachbezogene Kommunikations- und Vermittlungskompe-
      tenz (vgl. Gesellschaft für Fachdidaktik 2004: 2).

licher Perspektive sollen die Studierenden in den Praktika Gelegenheit haben, schulische Praxis vor dem Hintergrund des bereits erworbenen theoretischen Wissens zu reflektieren. Erst dann können die Studierenden theoretisch begründete Situationsanalysen ihres eigenen professionellen Handelns übernehmen. Funktion der schulpraktischen Studien ist es damit nicht, berufspraktische Routinen zu entwickeln. Die inhaltliche Ausgestaltung dieser integrativen Praktika soll weiterhin in der Verantwortung der Universität liegen. Auf der Basis des an der Universität erworbenen wissenschaftlichen Wissens sollen in der zweiten Ausbildungsphase berufspraktische Handlungskompetenz erworben und erste berufliche Routinen entwickelt werden. Die vorgeschlagenen Verbesserungen der Lehrerbildung seien laut KMK-Kommission jedoch erst dann gewinnbringend umzusetzen, wenn gleichzeitig die Lehrerbildung selbst zum Gegenstand empirischer Forschung gemacht würde, beispielsweise durch eine flächendeckende Evaluation der Wirksamkeit der Lehrerbildung.

Auch die zweite Phase der Lehrerbildung wurde von der Kommission analysiert und bewertet. Hervorgehoben wird die fehlende oder häufig nur schwach entwickelte Kooperation zwischen erster und zweiter Phase, die sich auch darin äußere, dass die grundsätzlichen Zielperspektiven der jeweiligen Phasen unverbunden nebeneinander stehen (vgl. Terhart 2000a: 28). Es sei momentan alleinig in der Veranwortung der Studierenden, die jeweiligen Wissensbestände und praktischen Erfahrungen sinnvoll zu integrieren. Notwendig sei deshalb auch eine Qualifizierung der Hauptseminar- und Fachleiter in den Bereichen Erwachsenenbildung, Management, Evaluation und Schulforschung. Im Hinblick auf die Funktion der einzelnen Ausbildungsphasen geht die Kommission von einer unaufhebbaren Differenz zwischen Theorie und Praxis aus (vgl. Terhart 2000a: 114), die in jeder Phase jeweils spezifische Ausprägungen zeigt. Die erste Phase diene der Entwicklung von theoretischem Wissen, das reflexiv durchdrungen wird. In der zweiten Phase komme die Entwicklung und Reflexion berufspraktischer Kompetenzen hinzu, die an die zuvor erlernten theoretischen Wissensbestände zurückgebunden werden sollen. Die dritte Phase ist der Ausbildung berufspraktischer Routinen und Sicherheit gewidmet.

Der Bericht der KMK-Kommission spricht sich für eine Professionalisierung über alle Phasen hinweg aus. Dabei komme jeder Phase eine dezidierte Rolle und Funktion zu. Professionalisierung in diesem Sinne bedeutet einen kontinuierlichen Ausbau der beruflichen Fähigkeiten über alle Phasen hinweg (vgl. Terhart 2000a: 26). Dadurch werde der Disparität der einzelnen Phasen begegnet. Nicht die Studierenden, sondern alle an der Professionalisierung beteiligten Akteure in allen Phasen seien für die Erfüllung des Anspruchs an Professionalisierung verantwortlich. Die grundsätzlichen Strukturen der Lehrerbildung sollen bestehen bleiben, vor allem auch die Zweiphasigkeit; stattdessen sollen inhaltliche und organisatorische Modifikationen der einzelnen Strukturelemente (Verhältnis Erziehungswissenschaft und Fachdidaktik, schulpraktische Studien, Kooperation zwischen erster und zweiter Phase) Professionalisierung ermöglichen.

Insgesamt gesehen erhalte die Lehrerbildung nach Meinung der Kommission in den Fächern zu wenig Aufmerksamkeit (vgl. auch Argumentation bei Merzyn 2004: 38), auch wenn das fachliche Niveau im internationalen Vergleich als besonders hoch angesehen wird (vgl. auch Timmerhaus 2001: 82).

Es lässt sich zusammenfasssend feststellen, dass der Bericht der KMK-Kommission die Rolle der universitären Lehrerbildung darin sieht, die Studierenden dahingehend auszubilden, dass sie in schulpraktische Studien eine forschenden Haltung und nicht berufspraktische Routinen entwickeln. Die Fachdidaktik solle als Verbindungselement zwischen den Fachwissenschaften und der Erziehungswissenschaft fungieren und stärker kooperieren. Bestehende Strukturen sollen erhalten bleiben. Die KMK-Kommission erachtet die Entwicklung eines distanzierten, theoretisch-abgesicherten und empirisch fundierten Blicks als ein Ziel der schulpraktischen Studien, ohne dies jedoch näher zu spezifizieren. In der universitären Ausbildung soll theoretisches Wissen aus fachdidaktischer und erziehungswissenschaftlicher Perspektive reflektiert werden, um das eigene Handeln zu reflektieren und theoretisch begründen zu können. Der Ausbildung von Reflexionsfähigkeit kommt im Bericht der KMK-Kommission vor allem in schulpraktischen Studien eine besondere Rolle zu.

2.1.3 Empfehlungen zur Weiterentwicklung der Lehrerbildung in Hamburg (2000)

In zeitlicher Nähe zum Bericht der KMK-Kommission „Perspektiven der Lehrerbildung in Deutschland" erschien der Bericht der Hamburger Kommission Lehrerbildung (HKL), die 1999 von der Senatorin für Schule, Jugend, und Berufsbildung sowie der Senatorin für Wissenschaft und Forschung eingesetzt worden war. Ähnlich wie der zuvor erschienene KMK-Bericht geht auch dieser Bericht zunächst von einer Kritik an den bestehenden Strukturen der Lehrerbildung aus: Beliebiges Ausbildungsangebot, fehlendes Kerncurriculum in den Fächern, zersplitterte Strukturen und fehlende gemeinsame Zielsetzung, die sich darin äußere, dass „auch keine gemeinsame Verantwortung [bestehe] [...]. Zu diesem Zweck votiert die Kommission für den Aufbau geeigneter Leitungs- und Kooperationsstrukturen" (Keuffer & Oelkers 2001: 13–14; vgl. auch S. 46 und S. 75). Auch die fehlende Kooperation zwischen erster und zweiter Phase wird bemängelt. Deshalb wird die Bildung phasenübergreifender Sozietäten vorgeschlagen, die für die Weiterentwicklung des fachlichen Angebots in der Lehrerbildung zuständig sein sollen (vgl. Keuffer & Oelkers 2001: 83). Die Mitglieder der fächer- und themenorientierten Sozietäten sollen aus allen an der Lehrerbildung beteiligten Phasen bestehen, sodass ein Organ der Kooperation und der gemeinsamen fächerübergreifenden Koordination geschaffen wird. Die Kommission erachtet es als notwendig, prioritäre Themen für die Lehrerbildung zu bestimmen, die sich auf die Bereiche Neue Medien, Umgang mit kultureller und sozialer Heterogenität sowie Schulentwicklung erstrecken (vgl. Keuffer & Oelkers 2001: 127ff.). Diese Themen können entweder in die fachlichen Curricula oder in fächerübergreifende Angebote, beispielsweise in den Sozietäten, integriert werden. Neue organisatorische Strukturen und Themen machten auch Leistungsvereinbarungen zwischen den jeweiligen Akteuren notwendig (vgl. Keuffer & Oelkers 2001: 14–15). Um den neuen Bedingungen gerecht zu werden, sollen im Rahmen der studienbegleitenden Prüfungsorganisation neue Elemente der Leistungsbewertung eingeführt werden, die auch die Prozesskomponente der Ausbildung berücksichtigen.

In den Fachwissenschaften sollen Kerncurricula, die verbindliche Standards für die jeweiligen Fächer darstellen sollen, entwickelt werden. Inhaltlich sollen nicht ausschließlich Wissensgebiete aufgezählt werden. Stattdessen sollen „möglichst konkret Fragestellungen und Problemfelder einzelner Forschungsrichtungen oder Disziplinen [benannt werden], soweit diese zu den fachlichen und erziehungswissenschaftlich-didaktischen Anforderungen der Lehrerbildung passen" (Keuffer & Oelkers 2001: 48). Der Anspruch an eine stärkere Professionalisierung der Lehrerbildung wird auch in folgenden Forderungen deutlich (vgl. Keuffer & Oelkers 2001: 31): Institutionelle Verankerung der Fachdidaktik im Fachbereich Erziehungswissenschaft, Ausbau der Fachdidaktik und Erziehungswissenschaft sowie eine Stärkung der jeweiligen Anteile in den schulpraktischen Studien. Probleme sieht die Kommission im Verhältnis Fachwissenschaften und Fachdidaktik/Erziehungswissenschaft, in einem fehlenden Curriculum und einer mangelnden Ausrichtung der fachwissenschaftlichen Anteile auf die Ausbildungsziele (a.a.O.). Als Teil des zu entwickelnden Zielkatalogs wird von der Kommission das forschende Lernen explizit erwähnt. In der ersten Phase sollen die Studierenden eine reflexiv-empirische Haltung entwickeln, die im Kommissionsbericht folgendermaßen umschrieben wird:

> Die Studierenden sollen lernen, sich theoretisches Wissen nicht nur rezeptiv und lediglich für den Zweck der Ausbildung anzueignen, sondern dieses Wissen reflexiv auf die Praxis, das heißt auf empirisch vorfindliche Situationen und Probleme ihres Berufsfeldes, zu beziehen. Diese Situationen und Probleme sind nicht einfach nur Anwendungsgefälle des vorab konstituierten Wissens, vielmehr kommt es darauf an, das vorhandene Theoriewissen zu Analyse und Gestaltung des Berufsfeldes nutzbar zu machen (Keuffer & Oelkers 2001: 33).

Ausdrücklich stellt die Kommission damit die bedeutende Rolle von Wissenschaft und Forschung in der Lehrerbildung heraus. Deshalb wendet sie sich explizit gegen eine Verlagerung von Teilen der Lehrerbildung an die Fachhochschulen oder eine Reduzierung der Anteile der ersten Phase. Trotz des Forschungsbezugs soll aber die Ausbildung nicht verlängert werden (vgl. Keuffer & Oelkers 2001: 14). Stattdessen schlägt die Kommission vor, das Referendariat auf 18 Monate zu kürzen, zugunsten eines Ausbaus der universitären Studien, die, laut Bericht, ohnehin im bundesdeutschen Vergleich relativ stark ausgeprägt seien, auch wenn eine Vergleichsuntersuchung im Hinblick auf die Wirksamkeit der Praxisanteile in Hamburg und anderen universitären Standorten noch aussteht (vgl. Keuffer & Oelkers 2001: 58). Neben der Aufrechterhaltung der schulpraktischen Studien in Hamburg, die zum Teil auch die Beteiligung der zweiten und dritten Phase beinhaltet (integrierte Schulpraktika), schlägt die Kommission die Einführung von integrierten Schulpraktika im Grundstudium sowie ein verpflichtendes Halbjahrespraktikum, in dem die Studierenden einmal wöchentlich Aufgaben an einer Praktikumsschule übernehmen, vor (vgl. Keuffer & Oelkers 2001: 59). Darüber hinaus sollen integrierte Forschungspraktika geschaffen werden, die das forschende Lernen über alle Phasen hinweg etablieren. Deutlich grenzt sich die Kommission von der Einführung eines Praxissemesters ab:

> Die vorhandenen Ressourcen für Praxisbezüge des Studiums sind ausreichend, müssen aber effektiver eingesetzt werden. Die Einführung eines Praxissemesters für alle Lehramtsstudiengänge hätte einen vermehrten Organisationsaufwand zur Folge, würde Mehrkosten bedingen und wäre zugleich im Effekt unsicher. Überdies würde sich

angesichts der Verteilungsprobleme die Studienzeit verlängern (vgl. Keuffer & Oelkers 2001: 60).

Wenn das Referendariat zugunsten eines Ausbaus der schulpraktischen Studien gekürzt werde[18], solle die Fortbildung für Lehrer attraktiver, aber auch verpflichtend gemacht werden: „Im Gegenzug muss der zeitliche und materielle Aufwand für die Fortbildung erhöht werden, verbunden mit speziellen Leistungsanreizen für die sich entwickelnde Einzelschule" (Keuffer & Oelkers 2001: 16). Darüber hinaus wird auch die Einführung einer Berufseingangsphase (3 Jahre) empfohlen[19] (vgl. Keuffer & Oelkers 2001: 39). Die zuletzt genannten Maßnahmen zur Fort- und Weiterbildung stellen eine Möglichkeit dar, die Karrieremöglichkeiten im Schulsystem, vor allem für diejenigen, die Forschung mit Praxis verbinden (a.a.O.), zu erhöhen. Neben der Entwicklung einer forschenden Haltung in der ersten Phase soll das forschende Lernen als Teil der Fortbildung der Seminarleiter den phasenübergreifenden Forschungsbezug der Lehrerbildung fördern (vgl. Keuffer & Oelkers 2001: 117).

Ein Kernbereich der angestrebten Reform ist die stärkere Ausrichtung des Studiums auf die spätere Berufstätigkeit. Die Ausbildung müsse zukünftig in allen Phasen ihre Praxisausrichtung nachweisen. Dies ist als Bestandteil der neu zu definierenden und zu etablierenden Feedback-Kultur zu betrachten. Dadurch könne der sinkenden Attraktivität des Lehrerberufs Einhalt geboten werden, da die zukünftigen Lehrer besser auf die Probleme im Beruf vorbereitet würden. Eine stärkere Forschungs- und Praxisausrichtung, Evaluation (auch in Form von Absolventenbefragungen) und Personalentwicklung seien die Eckpfeiler einer reformierten Ausbildung. Die Lehrerbildung müsse von allen Akteuren als eine ständige Entwicklungsphase gesehen werden (vgl. Keuffer & Oelkers 2001: 14).

Zusammenfassend plädiert auch der Bericht der Hamburger Kommission Lehrerbildung für eine Professionalisierung über alle Phasen hinweg. In integrierten Schulpraktika, die Teil der neu einzuführenden Sozietäten sind, sollen die Studierenden in forschende Lernprozesse eingebunden werden, sodass sie eine reflexiv-empirische Haltung gegenüber schulischer Praxis entwickeln. Wie schon im KMK-Kommissionsbericht betont, soll die Kooperation zwischen den ein-

---

18 Mittlerweile wurde das Referendariat auf 18 Monate gekürzt, zum Teil bereits Kerncurricula für prioritäre Themen entwickelt sowie die Aus- und Fortbildung stärker verzahnt (vgl. Hamburger Kommission Lehrerbildung 2009).

19 „Diese Ziele haben Eingang gefunden in die Bürgerschaftsdrucksache 18/3809 vom 28.02.2006 als Mitteilung des Senats an die Bürgerschaft" (Hamburger Kommission Lehrerbildung 2009).

zelnen Phasen der Lehrerbildung gestärkt werden, unter anderem auch durch
Varianten des forschenden Lernens über alle Phasen hinweg. In diesen Prozess
sollen auch Lehrer, die sich bereits in der Berufsphase befinden, sowie Fachleiter
aus der zweiten Phase eingebunden werden. Die Entwicklung eines forschenden Habitus wird damit von allen an der Lehrerbildung und am Lehrerberuf
beteiligten Akteuren gefordert.

Ein neuer Vorschlag im deutschen Professionalisierungsdiskurs ist die Gründung von fächer- und themenorientierten sowie phasenübergreifenden Sozietäten, in der die Fachdidaktik institutionell an die Erziehungswissenschaft angebunden werden soll.

2.1.4 Empfehlungen des Wissenschaftsrats zur künftigen Struktur der Lehrerbildung (2001)

Im Gegensatz zur KMK-Kommission plädiert der Wissenschaftsrat in seinen Empfehlungen zur Lehrerbildung für eine Unterscheidung der Studienstrukturen je
nach Lehramt. Neben der grundsätzlichen und konsequenten Einführung der
Bachelor/Master-Abschlüsse im Rahmen des Bologna-Prozesses empfiehlt der
Wissenschaftsrat eine konsekutive Studienstruktur für die Lehrämter an Realschulen und Gymnasien, für die Lehrämter an Grund- und Hauptschulen eine
modulare Studienstruktur im Bachelor[20], um die spezifisch pädagogisch-fach-
liche Ausrichtung der Grundschul- und Hauptschularbeit zu berücksichtigen
(vgl. Pressemitteilung Wissenschaftsrat 2001). Die vorgeschlagene konsekutive
Studienstruktur für die Lehrämter Gymnasium und Realschule beinhaltet einen
eher fachwissenschaftlich ausgerichteten Bachelor sowie einen eher pädagogisch-didaktisch ausgerichteten Master. Diese Aufteilung ermögliche den Erwerb
von Qualifikationen, die auch außerhalb der Schule berufliche Perspektiven er-
öffneten (vgl. Pressemitteilung Wissenschaftsrat 2001). Auf diese Weise könne
auch eine gewisse Steuerung des Lehrerarbeitsmarktes durch alternative Berufsfelder erreicht werden, um Angebot (in Form von Absolventen) und Nachfrage
(in Form von offenen Stellen) besser aufeinander abzustimmen. Denkbar seien
auch Quereinstiege in die Lehrerbildung, falls der Arbeitsmarkt dies erforderlich
mache und entsprechende Qualitätssicherungsmaßnahmen erfolgen würden
(vgl. Wissenschaftsrat 2001: 44). Trotz der deutlichen Unterstützung neuer gestuf-

---

20 Unklar ist, inwieweit der Wissenschaftsrat für die Lehrämter an Grund- und Hauptschulen den
    Abschluss eines Masters überhaupt vorsieht.

ter Studiengänge und einer damit einhergehenden Entkoppelung von Prüfung und Zugangsberechtigung zum Vorbereitungsdienst betont der Wissenschaftsrat, dass das staatliche Interesse durch eine zusätzliche Eignungsfeststellung als Ergänzung zur universitären Prüfung gewahrt bleiben könne (vgl. Wissenschaftsrat 2001: 55).

Neben einer stärkeren Ausrichtung an berufsspezifischen Anforderungen soll die erste Phase der Lehrerbildung laut Wissenschaftsrat durch eine bessere Organisation, Strukturierung und Straffung der Studieninhalte verkürzt werden. Ähnliches sei auch für die zweite Ausbildungsphase denkbar. Beide Phasen sollen darüber hinaus stärker kooperieren als bisher. Die Fort- und Weiterbildung solle ausgebaut werden, um die Durchlässigkeit zwischen den Lehrämtern zu befördern (vgl. Pressemitteilung Wissenschaftsrat 2001).

Auch der Wissenschaftsrat spricht sich für Zentren für Lehrerbildung als Koordinations und Organisationsorgane der Lehrerbildung aus. Darüber hinaus empfiehlt er auch die Gründung von Fachbereichen für Bildungswissenschaften und Wissenstransfer, die die curriculare Abstimmung zwischen den an der Lehrerbildung beteiligten Fächern und Institutionen verbessern sowie Forschung und Lehre am Berufsfeld Schule ausrichten sollen (vgl. Pressemitteilung Wissenschaftsrat 2001). Dieser Aspekt geht deutlich über die bereits vorgestellten Berichte und Empfehlungen hinaus, da die Lehrerbildung damit zum Gegenstand eines eigenen Fachbereiches würde, in dem auch die empirische Bildungsforschung ihren Sitz hätte. Durch die verstärkte Kooperation zwischen den Ausbildungsphasen und der Einrichtung eines eigenen Fachbereiches für die Lehrerbildung würde für die Studierenden ein integratives Angebot (vgl. Wissenschaftsrat 2001: 28) geschaffen, das die Lehrerbildung sowohl strukturell wie auch inhaltlich, gestützt auch durch die Umsetzung eines Kerncurriculums für die Lehrerbildung, stärken und ihr ein neues Gesicht verleihen würde. Dieses Kerncurriculum solle auf berufsfeldbezogene Kompetenzen, die von allen beteiligten Disziplinen bestimmt werden sollen, ausgerichtet sein. In diesem Zusammenhang sei auch der Beitrag der Wissenschaft an der Lehrerbildung und ihr Beitrag zur Lösung der Theorie-Praxis-Relation zu explizieren: „[Es] geht es darum, den Praxisbezug von Forschung und Lehre wie auch den Wissenschaftsbezug der Praxis gleichermaßen zu verstärken" (Wissenschaftsrat 2001: 31). Eine solche Forderung nach verstärkter Kooperation zwischen den an der Lehrerbildung beteiligten Disziplinen sowie den beiden Ausbildungsphasen und -orten macht sowohl organisatorische Veränderungen wie auch eine inhaltliche Definition der berufsspezifischen Kompetenzen notwendig. Diese berufsspezifischen Kompetenzen werden an anderer Stelle im Positionspapier auch unter dem Aspekt der kontinuierlichen Professionalisierung gefasst, in der die erste universitäre Phase an den „professionellen Standards des Berufsfeldes" (Wissenschaftsrat 2001: 39) ausgerichtet sein soll.

In den genannten Aspekten (bessere Vernetzung und Abstimmung der Ausbildungsphasen, Stärkung der pädagogisch-fachdidaktischen Ausbildungselemente, Entwicklung eines Kerncurriculums, Modularisierung der Studienstruktur) stimmen die Forderungen der KMK und des Wissenschaftsrates überein.

Mit Blick auf die Inhalte der Lehrerbildung sieht der Wissenschaftsrat die Aufgaben der Erziehungswissenschaft in der „wissenschaftlichen Grundlegung, der pädagogischen Identitätsbildung, der Fundierung pädagogischer Professionalität [sowie in der] Entwicklung von Reflexionskompetenz" (Wissenschaftsrat 2001: 12). Darunter versteht der Wissenschaftsrat die „Fähigkeit, bereitstehendes theoretisches und methodisches Wissen sich nicht nur anzueignen, sondern es auch immer wieder auf seine Angemessenheit im Blick auf konkrete Adressaten und Situationen hin zu prüfen und gegebenenfalls weiterzuentwickeln" (Wissenschaftsrat 2001: 12). Damit bleibt der Wissenschaftsrat in seiner Definition von Reflexionskompetenz relativ vage. Allerdings erfolgt in der Position des Wissenschaftsrates ein Bezug zum forschenden Lernen. Die hochschuldidaktische Umsetzung sei eine Aufgabe der Erziehungswissenschaften:

> Hochschulausbildung soll die Haltung forschenden Lernens einüben und fördern, um die zukünftigen Lehrer zu befähigen, ihr Theoriewissen für die Analyse und Gestaltung des Berufsfeldes nutzbar zu machen und auf diese Weise ihre Lehrtätigkeit nicht wissenschaftsfern, sondern in einer forschenden Grundhaltung auszuüben. Der Erwerb dieser Kompetenz zur Vermittlung aktuellen disziplinären Wissens verbunden mit reflexivem Berufswissen soll in fachwissenschaftlichen, erziehungswissenschaftlichen und didaktisch-methodischen Studien erreicht werden (Wissenschaftsrat 2001: 12).

Neben der Entwicklung einer forschenden Haltung und Ausbildung der Reflexionskompetenz soll die Erziehungswissenschaft auch das forschende Lernen der Studierenden anregen, das in diesem Kontext als eine Haltung verstanden wird, „mit der auf den sich fortlaufend ausdifferenzierenden Wissensstand und das Erfordernis seiner schulischen Vermittlung reagiert werden soll" (Wissenschaftsrat 2001: 26–27). Das theoretische Wissen solle den Studierenden ermöglichen, ihr eigenes Lehren nicht wissenschaftsfern, sondern eingebettet in den wissenschaftlichen Diskurs zu analysieren und zu reflektieren, und zwar explizit multiperspektivisch, also unter Einbeziehung der Erkenntnisse der Fachwissenschaften, der Erziehungswissenschaft und der Fachdidaktik (vgl. Wissenschaftsrat 2001: 41). Der Wissenschaftsrat stellt damit das forschende Lernen in Verbindung mit der Reflexionsfähigkeit der Studierenden, die wiederum als Teil des professionellen Handlungswissens konzeptualisiert ist. Ein wichtiges Ziel der Einbeziehung des forschenden Lernens in die erste Phase der Lehrerbildung könnten Kenntnisse in empirischer (Unterrichts-)forschung sein, um mit den groß angelegten Schulleistungsstudien besser umgehen zu können (vgl. Wissenschaftsrat 2001: 33). Um jedoch den Forschungsbezug der Erziehungswissenschaft, aber auch der Fachdidaktik zu erhöhen, und eine neue Qualität der Reflexionsfähigkeit zu erlangen, wäre es notwendig, den Forschungsbegriff zu explizieren und Möglichkeiten zur Ausgestaltung zu geben. Leider führt das Positionspapier an dieser Stelle diese Überlegungen nicht detaillierter aus.

Explizite Kritik übt der Wissenschaftsrat an der starken inhaltlichen Ausdifferenzierung der Erziehungswissenschaft. Diese führe dazu, dass sich die Erziehungswissenschaft nicht mehr als disziplinärer Ort der Lehrerbildung verstehe und deshalb nur beliebige Angebote für die Lehrerbildung bereithielte (vgl. Wissenschaftsrat 2001: 42). Dieser explizite Appell an die Erziehungswissenschaft, sich verstärkt dem eigentlichen Kern der Lehrerbildung zu widmen, wurde von der Deutschen Gesellschaft für Erziehungswissenschaften (DGfE) tendenziell kritisch aufgenommen. In ihrer Stellungnahme stimmen sie jedoch der Kritik des Wissenschaftsrates zu, dass die Erziehungswissenschaft ihre Verantwortung für die Lehrerbildung noch nicht in vollem Umfang umsetze (vgl. Deutsche Gesellschaft für Erziehungswissenschaft 2002).

Die Kritik des Wissenschaftsrats richtet sich vor allem auf die vorhandenen Strukturen der Lehrerbildung, in denen die Erziehungswissenschaft, aber auch die Fachdidaktik, nicht ausreichend repräsentiert seien. Im Fall der Fachdidaktik sei dieser Umstand der Zuordnung zum Fach geschuldet, die eine engere Verbindung zwischen den an der Lehrerbildung beteiligten Disziplinen sowie der Institution Schule erschwere (vgl. Wissenschaftsrat 2001: 12). Laut Positionspapier des Wissenschaftsrates ist es Aufgabe der Fachdidaktik, ihre Vermittlungsfunktion gegenüber den fachlichen Inhalten wahrzunehmen, entsprechende fachspezifische Methoden zu entwickeln und Verfahren der Leistungsmessung einzubeziehen. Darüber hinaus solle sie auch zu einer „kritischen Überprüfung und Aktualisierung von Lehrerwissen in der Unterrichtswirklichkeit" (Wissenschaftsrat 2001: 12) beitragen. Voraussetzung zur adäquaten Erfüllung dieser

Aufgaben sei auch der Ausbau empirischer Forschung in der Fachdidaktik, die
ihr ein neues Selbstverständnis vor allem gegenüber den eher dominanten Fachwissenschaften geben könne: „Im Ressourcenkonflikt zwischen dem Fach und
seiner Didaktik setzt sich häufig das Fach durch. Die Fachdidaktik ist deshalb
mehr als andere Disziplinen von der im Einzelfall bestandsbedrohenden Gefahr
der Umdisposition von Professuren und Personalressourcen betroffen" (Wissenschaftsrat 2001: 27). Als Vermittlungswissenschaft zwischen Fachwissenschaft
und Unterrichtsfach, so die Formulierung im Positionspapier des Wissenschaftsrates, solle sich die Fachdidaktik stärker profilieren und „in der Lehrerbildung den
Referenzrahmen bieten, in dem fachlich-disziplinäre und pädagogische Aspekte berufsfeldbezogen vereint werden können" (Wissenschaftsrat 2001: 41–42).
Institutionell gesehen schlägt der Wissenschaftsrat vor, die Fachzuordnung der
Fachdidaktik zugunsten des neu zu konzipierenden Fachbereichs für Bildungswissenschaften aufzuheben, vor allem bei Lehrern der Sekundarstufen. Durch
Doppelmitgliedschaften der Professoren soll die Verbindung zwischen Fachwissenschaft und Fachdidaktik und der Wissenstransfer zwischen den Disziplinen
aufrechterhalten werden (vgl. Wissenschaftsrat 2001: 58).

Ein dritter Aspekt, der auch vom Wissenschaftsrat mit Bezug auf Veränderungen in der Lehrerbildung thematisiert wird, sind die schulpraktischen Studien. In
diesen Ausbildungsphasen sollen die Studierenden einerseits ihr theoriegeleite-
tes Reflexionswissen ausbauen und andererseits die schulische Praxis forschend
erkunden (vgl. Wissenschaftsrat 2001: 54–55). Mit Blick auf eine Erweiterung
der Kooperation zwischen den Ausbildungsphasen sollen die schulpraktischen
Studien auch dazu dienen, den Studierenden erste Unterrichtserfahrungen in
ihrem Fach/ihren Fächern zu ermöglichen, um dem später einsetzenden Vorbereitungsdienst vorzugreifen, einen Lernzusammenhang zwischen alle Phasen
der Lehrerbildung zu schaffen und mögliche Doppelungen in den Inhalten der
Ausbildungsphasen zu vermeiden. Der Wissenschaftsrat spricht sich damit dafür
aus,

> das wissenschaftliche Lehramtsstudium und den berufspraktischen
> Vorbereitungsdienst durch Absprache inhaltlicher, methodischer und
> unterrichtspraktischer Schwerpunktsetzungen und personelle Ver-
> flechtungen als einen Lernzusammenhang zu betrachten. [...]. [Z]u-
> gleich können die schulpraktischen Ausbildungsphasen im Rahmen
> des Hochschulstudiums in Kooperation mit den Studienseminaren
> gestaltet werden. Im Gegenzug kann die Ausbildungspraxis der staat-

lichen Lehrerbildung in Studienseminaren einer wissenschaftlichen Begleitung unterzogen werden (Wissenschaftsrat 2001: 54–55).

Der Aspekt der phasenübergreifenden Kooperation wird in dieser expliziten Form selten so formuliert. Laut Wissenschaftsrat sollten auch universitäre Partnerschulen in der Umgebung der Hochschulen gegründet werden. Der Vorschlag beinhaltet auch den regelmäßigen Austausch von Personal zwischen Schule und Universität: „Er trägt [...] zu einer generellen Professionalisierung der Lehrerausbildung an Hochschulen bei, insofern er durch die Praxis inspirierte und teilweise in Kooperation mit der Praxis gestaltete Lehre und Forschung ermöglicht" (Wissenschaftsrat 2001: 50–51). Im Positionspapier des Wissenschaftsrates dienen die schulpraktischen Studien dazu, eine distanziert-forschenden Haltung zur schulischen Praxis aufzubauen und gleichzeitig erste berufspraktische Kompetenzen der Studierenden anzubahnen.

Insgesamt gesehen sieht der Wissenschaftsrat die Lehrerbildung als Entwicklungsaufgabe, deren innere Struktur und ausgewählten Inhalte immer wieder auf ihre Übereinstimmung mit den gesetzten Zielen überprüft, revidiert und erneuert werden sollten, um eine ständige Anpassung an den wissenschaftlichen Status Quo zu ermöglichen (vgl. Wissenschaftsrat 2001: 37). Der Wissenschaftsrat erhofft sich langfristig eine Stärkung der Stellung der Lehrerbildung innerhalb der Universitäten bzw. auch der Fachhochschulen, die er aufgrund ihrer Praxisorientierung verstärkt in die Lehrerbildung einbinden will, ohne jedoch konkreter auf die Ausgestaltung einer solchen strukturellen Veränderung einzugehen. Der Wissenschaftsrat sieht bei einer Einbindung der Fachhochschulen, die seiner Meinung durchaus mit der wissenschaftlichen Arbeit an Universitäten konkurrieren können, den Vorteil,

> das wissenschaftspolitische Ziel einer sinnvollen Erweiterung des Fächerspektrums der Fachhochschulen langfristig mit einer Qualitätsverbesserung der Lehrerausbildung zu verbinden. Dies gilt insbesondere für Lehrämter an Grund- und Hauptschulen, deren spezifisch berufsfeldbezogene Fachlichkeit der Ausbildung zusammen mit dem Erfordernis einer frühzeitigen Professionalisierung dafür spricht, die Fachhochschulen in den Kreis der Anbieter grundständig integrierter BA-Studiengänge aufzunehmen (Pressemitteilung Wissenschaftsrat 2001: keine Seitenangabe vorhanden).

Der Wissenschaftsrat merkt an, dass aufkommende besoldungsrechtliche Fragen bei einer solchen Ausbildungsstruktur gelöst werden sollen, ohne jedoch konkreter auf diese Probleme einzugehen.

Die Empfehlungen des Wissenschaftsrates beziehen sich ingesamt gsehen darauf, Flexibilität in der Studienstruktur fordern und den Gedanken der Polyvalenz
in ihre Position integrieren. Neben der Beteiligung der Fachhochschulen will er
darüber hinaus Instrumente der Organisationsentwicklung für eine Reform der
Lehrerbildung einsetzen. Auch dieser Vorschlag ist insofern neu, als mit dem
Element einer Leistungsvergütung zusätzlich zum Grundgehalt der Lehrer grundsätzliche Veränderungen eingeläutet werden würden. Der Lehrberuf könnte zu
einem Beruf mit unterschiedlichen Karrierewegen und -zugängen werden.

Selten hat ein Bericht so explizite Kritik an den bestehenden Strukturen geübt
und so drastische strukturelle Veränderungen (Einbindung der Fachhochschulen und Einrichtung von universitären Partnerschulen) gefordert. Ein mögliches
Spannungsfeld zwischen einer frühen Professionalisierung (durch expliziten Ausbau der schulpraktischen Studien und Kooperation mit der zweiten Phase) und
die Frage nach dem Erhalt der Wissenschaftlichkeit der Lehrerbildung klärt das
Positionspapier nicht. Kritik übt der Wissenschaftsrat auch an der mangelnden
Ausrichtung der Erziehungswissenschaft an der Lehrerbildung und fordert deshalb ein Kerncurriculum, das auf berufsbezogene Kompetenzen ausgerichtet
sein soll. Der Fachdidaktik kommt im Positionspapier des Wissenschaftsrates
eine vermittelnde Rolle gegenüber den Fachwissenschaften zu. Explizit wird die
Entwicklung einer forschenden Grundhaltung der Studierenden gefordert, damit
sie ihre zukünftige Lehrtätigkeit nicht wissenschaftsfern ausüben. In den bereits
erwähnten universitären Partnerschulen sollen die Studierenden eine distanziert-
forschende Haltung zur schulischen Praxis aufbauen und erste berufspraktische
Kompetenzen anbahnen. Hinsichtlich der Reflexionsfähigkeit der Studierenden
lässt sich sagen, dass die Empfehlungen des Wissenschaftsrates relativ vage bleiben, da sie die Entwicklung eines theoriegeleiteten Reflexionswissens fordern,
ohne den Zeitraum oder das Ziel der Reflexionsfähigkeit näher zu bestimmen.

2.1.5 KMK-Standards für Bildungswissenschaften (2004)

Ende 2004 vereinbarten die Kultusminister der Länder Standards für die Lehrerbildung, die die auszubildenden Kompetenzen in den Bildungswissenschaften[21]

---

21 Bildungswissenschaften umfassen diejenigen Disziplinen, die sich mit Bildungs- und Erziehungs-
    prozessen sowie mit Bildungssystemen befassen (vgl. KMK 2004: 1). Für die Lehrerbildung werden
    diese Standards deshalb auf die Erziehungswissenschaft bezogen.

näher beschreiben, und legen dabei folgende Definition eines Standards zugrunde: „[Sie] beschreiben Anforderungen an das Handeln [und] beziehen sich auf Kompetenzen und somit auf Fähigkeiten, Fertigkeiten und Einstellungen, über die eine Lehrkraft zur Bewältigung der beruflichen Anforderungen verfügt" (KMK 2004: 4). Im Beschluss der KMK werden vier große Themenbereiche vorgestellt (Unterrichten, Erziehen, Beurteilen, Innovieren/Evaluieren), die wiederum in insgesamt elf Kompetenzbereiche aufgeteilt werden. Jeder Kompetenz werden dabei drei bis vier einzelne Standards für die theoretischen Ausbildungsabschnitte und drei bis vier einzelne Standards für die praktischen Ausbildungsabschnitte zugeordnet. Die Standards für die theoretischen Ausbildungsabschnitte beziehen sich neben der Aneignung reflexiven Methoden der Selbst- und Fremdevaluation auch auf die Rezeption der Ergebnisse der empirischen Bildungsforschung (vgl. KMK 2004: 12), um diese im nächsten Ausbildungsabschnitt für die eigene Tätigkeit nutzen zu können.

Der Ausbildung der Reflexionsfähigkeit kommt im Kompetenzbereich 10 „Lehrerinnen und Lehrer verstehen ihren Beruf als ständige Lernaufgabe" eine besondere Rolle zu: „Die Absolventinnen und Absolventen kennen Methoden der Selbst- und Fremdevaluation [und] rezipieren und bewerten Ergebnisse der Bildungsforschung" (KMK 2004: 12). Das forschende Lernen wird in den KMK-Standards nicht explizit erwähnt. Die Studierenden sollen auch Kompetenzen in folgenden Bereichen entwickeln:

- die *persönliche Erprobung und anschließende Reflexion* eines theoretischen Konzepts in schriftlichen Übungen, im Rollenspiel, in simuliertem Unterricht oder in natürlichen Unterrichtssituationen oder an außerschulischen Lernorten
- die Analyse und Reflexion der eigenen *biographischen Lernerfahrungen* mit Hilfe der theoretischen Konzepte
- die Kooperation bei der Planung sowie gegenseitige Hospitation und gemeinsame Reflexion (KMK 2004: 6)

Mit Blick auf die Relation von theoretischem Wissen und praktischem Können bleiben die Formulierungen in den KMK-Standards sehr vage. So gibt es keinen Hinweis auf eine sinnvolle Verbindung zwischen den theoretischen und praktischen Ausbildungsanteilen. Auffällig ist, dass durchgängig in allen Kompetenzbereichen die Formulierung „die Absolventinnen und Absolventen kennen" (vgl. KMK 2004: 7ff.) gewählt wird, die aus kompetenztheoretischer Sicht zunächst lediglich Wissen umschreibt, jedoch noch kein Können. Auch wenn die KMK-Standards von einem kompetenzbasierten Leitbild ausgehen, können sie nur eingeschränkt den für empirische Untersuchungen notwendige Operationalisierungsanforderungen, beispielsweise im Bereich der Kompetenzmessung, zugrundegelegt werden.

2.1.6 Expertenkommission „Reform der Lehramtsausbildung in Nordrhein-Westfalen" (2007)

Im Herbst 2006 setzten das Ministerium für Innovation, Wissenschaft, Forschung und Technologie (MIWFT) und das Ministerium für Schule und Weiterbildung (MSW) in Nordrhein-Westfalen eine Expertenkommission (sogenannte Baumert-Kommission[22]) ein, um Empfehlungen zur zukünftigen Lehrerbildung (erste Phase) in NRW zu formulieren.[23] Am 30.04.2007 veröffentlichte die Baumert-Kommission ihren Bericht. Wenige Monate später formulierte das Landeskabinett am 11.09.2007 erste Eckpunkte zu einer Reform der Lehrerbildung. Am 25.11.2008 beschloss das Kabinett den Gesetzesentwurf zur Reform der Lehrerausbildung, die jedoch frühestens ab Wintersemester 2010/2011 an ersten Hochschulen in NRW umgesetzt werden soll.[24]

Im Mittelpunkt der Reform der Lehrerbildung in NRW soll die Orientierung am Berufsfeld stehen, „in dem die Entstehung von Professionalität als ein berufsbiographischer Prozess verstanden wird" (Expertenkommission NRW 2007: 6). Dieser berufsbiographische Prozess werde von allen Ausbildungsphasen begleitet. Den beiden Phasen der Lehrerbildung kommen unterschiedliche Aufgaben zu:

> Die Universität vermittelt primär berufsfeldbezogenes fachliches Wissen und konzeptuell-analytisches Verständnis der Berufstätigkeit, die Zweite Phase (der Vorbereitungsdienst) reflexionsbezogene Handlungskompetenzen. Nur die Zweite Phase besitzt die strukturellen Eigenschaften einer reflexiven nachakademischen Ausbildungspraxis,

---

22 Insgesamt gehörten der Kommission 13 Wissenschaftler an. Darüber hinaus nahmen neben den wissenschaftlichen Fachvertretern jeweils ein Vertreter der beiden beteiligten Ministerien, ein Vertreter der Hochschulen des Landes Nordrhein-Westfalen und ein Vertreter der Studienseminare des Landes der Kommission als ständige Gäste an der Kommission teil.

23 Auch wenn die in dieser Studie erhobenen Daten vor dem Erscheinen des Baumert-Gutachtens erhoben wurden, dient dieses Gutachten als Ausblick für neue Entwicklungen in der Lehrerbildung in Nordrhein-Westfalen und wurde deshalb in die Analyse aufgenommen.

24 Da mit den Empfehlungen des Expertenrates NRW bereits 2001 die Umstellung auf BA/MA-Studiengänge beschlossen wurde, bauen auch die Empfehlungen der Baumert-Kommission auf dieser Studienstruktur auf.

um deren Institutionalisierung sich andere Staaten systematisch und mit großer Anstrengung bemühen (vgl. Expertenkommission NRW 2007: 6).

Die Verantwortung für diese erste Phase liegt bei den Hochschulen, so die Empfehlung der Baumert-Kommission. Handlungskompetenz sollen die Novizen in der zweiten Phase erwerben. Damit hält die Kommission die Trennung der beiden Ausbildungsphasen aufrecht: „Institutionalisierte Abstimmung statt Vermischung" (Expertenkommission NRW 2007: 6).

In der Konsequenz wird der Abschluss (*Master of Education*) von den Hochschulen vergeben, die für die Erstellung der Rahmenvorgaben für die Akkreditierung von Lehramtsstudiengängen verantwortlich sind (vgl. Expertenkommission NRW 2007: 54). Die universitäre Lehramtsausbildung soll durch neu zu gründende Zentren für die Professionalisierung der Lehrerbildung organisiert und strukturiert werden, die als zentrale Einrichtung der Hochschulen den Status einer Quasi-Fakultät haben und umfangreiche Aufgaben übernehmen sollen. Folgende Aufgaben und Arbeitsbereichen der Zentren lassen sich zusammenfassen:

- die Koordination der Studiengänge (Kompetenzbeschreibungen, Praktika)
- eigene Ressourcen für Lehrangebot
- Mitsprache bei Berufungsverfahren in der Lehrerbildung
- Kooperation mit der zweiten Phase, ggf. auch Ausbau der Forschungsaktivitäten, insbesondere im Bereich Grundschule
- Förderung des wissenschaftlichen Nachwuchses in den Fachdidaktiken und Bildungswissenschaften
- standortübergreifende Evaluation (vgl. Expertenkommission NRW 2007: 56)

Inwieweit die Fachdidaktiken institutionell an diese neuen Zentren für die Professionalisierung der Lehrerbildung angebunden werden und wie dies mit der Nachwuchsförderung verknüpft wird, kann zu diesem Zeitpunkt noch nicht abgesehen werden. Die Kommis-sion fordert den Ausbau der Fachdidaktiken, ggf. auch unter Konzentration auf weniger Standorte. Eine Stärkung der Fachdidaktiken solle auch über den Ausbau der Forschungsaktivitäten und eine gezielte Nachwuchsförderung erfolgen (vgl. Expertenkommission NRW 2007: 8).

Die Kommission nimmt auch ausdrücklich Stellung zu den Praxisphasen in der Lehrerbildung. Diese sollen nicht zwangsläufig quantitativ ausgebaut werden, sondern qualitativ gestärkt werden. Funktion der Praxisphasen sei weniger die Entwicklung von Handlungs- und Unterrichtskompetenz, sondern eher die „theoretisch-konzeptuelle Durchdringung und Analyse beobachteter oder selbsterfahrener Praxis" (Expertenkommission NRW 2007: 30). Elemente der Professionalität seien laut Kommission ein „begriffliches Verständnis, interpretatives Fallverstehen und eine Haltung analytischer Distanz auch gegenüber dem eigenen Handeln" (Expertenkommission NRW 2007: 30). Aufgabe der Hochschulen wäre es, eben diese Haltung analytischer Distanz zum Praxisfeld Schule in entsprechenden Seminaren zu ermöglichen und zu begleiten.

Die Kommission schlägt weiterhin vor, neben einem Assistenzpraktikum vor Beginn des Studiums (als Erstbegegnung mit dem Arbeitsplatz Schule) ein einmonatiges Orientierungspraktikum und ein mindestens vierwöchiges (außer-) schulisches Berufsfeldpraktikum in das Studium zu integrieren. Darüber hinaus befürwortet die Kommission trotz der Vorbehalte gegenüber einem quantitativen Ausbau der Praxisphasen die Einführung eines Praxissemesters, das in das Masterstudium integriert sein soll und in dem Hochschulen und Studienseminare zusammenarbeiten werden. Zukünftig solle das Studium für alle Lehrämter und Schulformen gleich lang sein, dreijähriges Bachelor- und zweijähriges Masterstudium. Der Vorbereitungsdienst solle insgesamt nur noch ein Jahr dauern.

Auf begrifflicher Ebene differenziert die Kommission deutlich zwischen forschenden Lernprozessen und Forschungspraktika:

> Ohne Zweifel gehört die Begegnung mit der Forschungspraxis zu einem wissenschaftlichen Studium, und gerade die Praktika, die einen direkten Feldzugang eröffnen, können gute Gelegenheiten sein, fachdidaktische, erziehungswissenschaftliche oder psychologische Forschung an kleinen ausgewählten Beispielen theoretisch und methodisch nachvollziehbar zu machen. In der Regel wird das forschungsgeleitete Reflektion [sic!] von Praxis sein. Man kann dies durchaus forschendes Lernen nennen, solange klar bleibt, dass es sich hier um ein didaktisches Prinzip, nicht aber um genuine Forschung handelt. Begrifflich davon abzusetzen sind Forschungspraktika, wie sie in manchen Studiengängen verlangt werden. Dort handelt es sich um direkte angeleitete Mitwirkung in Forschungsprojekten (Expertenkommission NRW 2007: 44).

Die Baumert-Kommission spricht sich für eine qualitative Stärkung schulischer Praxisphasen und die Einführung eines Praxissemesters aus. Eine institutionelle Kooperation zwischen Fachdidaktik und Erziehungswissenschaft soll in den neu zu gestaltenden Zentren für die Lehrerbildung erfolgen. In der Konsequenz könnte die Fachdidaktik von der Fachwissenschaft abgekoppelt werden. Erstmalig wird in einem Reformvorschlag eine begriffliche Unterscheidung zwischen forschenden Lernprozessen und Forschungspraktika gemacht, sodass die Ausgestaltung der forschenden Lernprozesse zwar noch vage bleibt, sich jedoch von empirischer Forschung, wie sie in Forschungsprojekten erfolgt, abgrenzt. Forschendes Lernen wird als didaktisches Prinzip verstanden, das Bestandteil universitärer Seminare sein kann. Die Ausbildung analytischer Reflexivität soll an der Hochschule erfolgen, die Ausbildung reflexiver Handlungskompetenz dagegen in der zweiten Phase. Insgesamt gesehen plädiert die Baumert-Kommission zwar für Professionalisierung als lebenslangen Prozess, der durch eine qualitative Stärkung der Praxisphasen, durch die Einführung des Praxissemesters und durch stärkere Kooperation zwischen den an der Lehrerbildung beteiligten Akteuren ermöglicht werden soll, jedoch erscheint die jeweilige Ausrichtung der ersten und zweiten Phase insbesondere im Hinblick auf das neu einzuführende Praxissemester eher unklar. Es bleibt zwar in der Verantwortung der Hochschule, soll aber von der zweiten Phase begleitet werden, um letztendlich auch eine Verkürzung des Vorbereitungsdienstes rechtfertigen zu können.

2.1.7 KMK-Standards für Fachwissenschaften und Fachdidaktik (2008)

Am vorläufigen Ende der Entwicklung von Standards für die Lehrerbildung in Deutschland stehen die „ländergemeinsame[n] inhaltliche[n] Anforderungen für die Fachwissenschaften und Fachdidaktiken in der Lehrerinnen- und Lehrerbildung"(KMK 2008), die mit dem Beschluss der Kultusministerkonferenz Ende Oktober 2008 formuliert wurden und als Fortsetzung der Bildungsstandards (2004) gesehen werden können. Als Rahmen für die gängigsten Fächer sollen diese fachwissenschaftlichen Standards die Grundlage für die Akkreditierung und Evaluierung von Lehramtsstudiengängen bilden (vgl. KMK 2008: 2). Durch ländergemeinsame inhaltliche Anforderungen könne auch die Mobilität von Studierenden im deutschen Hochschulsystem erhöht werden (a.a.O.). Die KMK-Standards umfassen für alle Fächer fachbezogene Kompetenzen, die sich auf folgende Bereiche über alle Phasen der Lehrerbildung erstrecken: grundlegende fachwissenschaftliche Kompetenzen im Studium, unterrichtspraktische Kompetenzen im Vorbereitungsdienst und Entwicklung der beruflichen Rolle als Lehrer in der Fort- und Weiterbildung (vgl. KMK 2008: 2–3). Neben dem fachlichen Wissen sollen die Studierenden auch ihr fachdidaktisches Wissen ausbauen. Die jeweiligen fachspezifischen Kompetenzprofile und Studieninhalte werden kurz skizziert. Die Studierenden sollen neben fachlichem Wissen in den Bereichen Sprachwissenschaft, Literatur- und Kulturwissenschaft sowie Fachdidaktik auch einen „Habitus forschenden Lernens" (KMK 2008: 26) entwickeln. Die Studierenden sollen in die Lage versetzt werden, „fachliche und fachdidaktische Fragestellungen und Forschungsergebnisse wissenschaftlich adäquat und reflektiert dar[zu]stellen" (KMK 2008: 26). Außerdem sollen sie erste Erfahrungen in der Unterrichtsplanung sammeln, die verstärkt kompetenzorientiert ausgerichtet ist. Die KMK-Standards können zukünftig als erster Ausgangspunkt für die Entwicklung fachspezifischer Standards dienen und eine Grundlage für empirische Untersuchungen zum professionellen Wissen der Lehramtsstudierenden sein.

2.1.8 Schlussfolgerungen und Implikationen für die vorliegende Arbeit

Die Analyse der bildungspolitischen Reformvorschläge zur Lehrerbildung in Deutschland hat gezeigt, dass zwar viel gefordert, jedoch wenig konkret vorgeschlagen wird. Im Folgenden werden die Entwicklungslinien, die sich in den Reformvorschlägen widerspiegeln, hinsichtlich der thematischen Bereiche (Theorie-Praxis-Relation, Verhältnis Fachdidaktik und Erziehungwissenschaft, studentische Forschung und Reflexion) nachgezeichnet. Die einzelnen Reformvorschläge sowie die Aussagen zu den Analysekategorien werden zusammenfassend in Tabelle 2.1 dargestellt, um im Anschluss daran Konzepte der Professionalisierung in den jeweiligen Reformvorschlägen herausarbeiten zu können.

Hinsichtlich der Theorie-Praxis-Relation zeichnet sich eine Entwicklung in Richtung einer Stärkung der schulischen Praxisphasen ab. In der Frage nach einer Einführung eines Praxissemesters lehnt die Hamburger Kommission dies ab, während die Baumert-Kommission dies für NRW bevorzugt. Der Umgang mit den strukturellen und inhaltlichen Veränderungen, die durch die Einführung eines Praxissemesters, das das erste halbe Jahr des Referendariats ersetzen soll, entstehen, wird den Hochschulen überlassen. Damit verbunden ist auch die Frage nach geeignetem Personal, das an den Hochschulen das Praxissemester begleitet. Es tun sich in dieser Argumentation gewisse Diskrepanzen auf: Einerseits soll der wissenschaftlich-fachlichen Anspruch aufrechterhalten werden, beispielsweise durch Varianten forschenden Lernens, andererseits sollen die Studierenden auf die schulische Praxis vorbereitet werden, indem sie sich im Praxissemester berufsrelevante Fähigkeiten aneignen. Auch die institutionelle und inhaltliche Einbindung der Vertreter der zweiten Phase im Praxissemester ist den einzelnen Hochschulen überlassen.

Auch der Aspekt der momentanen Kooperation zwischen Erziehungswissenschaft und Fachdidaktik wurde in fast allen Empfehlungen als problematisch erachtet, ohne jedoch konkrete Umsetzungs- und Verbesserungsvorschläge zu machen. Ausnahmen stellen die Vorschläge der Hamburger Kommission und das Baumert-Gutachten dar, da beide Reformvorschläge die Fachdidaktiken und die Erziehungswissenschaft institutionell stärker an die Zentren für Lehrerbildung binden wollen. Die Ausgestaltung dieser landesweiten Vorgaben in Nordrhein-Westfalen liegt bei den Hochschulen. Insgesamt gesehen bleibt die institutionelle und inhaltliche Ausgestaltung der Kooperation zwischen Fachdidaktik und Erziehungswissenschaft vage und die Forderungen in den jeweiligen Reformvorschlägen eher plakativ.

Die Forderung nach einer Stärkung der Fachdidaktik und ihrer Wirksamkeit in der universitären Lehrerbildung kann bislang nicht durch empirische Befunde untermauert werden. In den USA gibt es empirische Untersuchungen (vgl. anschließendes Kapitel 2.2), die jedoch nicht ohne weiteres auf Deutschland übertragen werden können.

Der Ansatz des forschenden Lernens, der zunächst nur indirekt in den Empfehlungen der KMK-Kommission erwähnt wurde, ohne diese Begrifflichkeit zu verwenden, wird im Verlauf der Zeit expliziert und immer weiter ausdifferenziert. Im Reformvorschlag der Hamburger Kommission soll forschendes Lernen sogar in allen Phasen der Lehrerbildung stattfinden. Während die Hamburger Kommission zu diesem Zweck die Einrichtung integrierter Forschungspraktika fordert, grenzt sich die Baumert-Kommission deutlich davon ab. Es wird nicht erwähnt, welche Kompetenzen die Studierenden, aber auch die Lehrenden, die die forschenden Lernprozesse initiieren sollen, benötigen. Häufig bleibt es bei einer oberflächlichen Benennung der Forderung nach forschendem Lernen, ohne hochschuldidaktische und professionstheoretische Aspekte zu berücksichtigen. Weiterhin offene Fragen sind: Welche Funktion sollen das forschende Lernen und eine forschende Haltung in der ersten Phase der Lehrerbildung haben? Wie kann das forschende Lernen hochschuldidaktisch umgesetzt werden und welche Rolle spielen dabei Schule und Universität?

In den KMK-Standards für die Bildungswissenschaften (2004) wird das forschende Lernen nicht erwähnt. Empirische Unterrichtsforschung und deren Ergebnisse sollen in der universitären Ausbildung zunächst nur rezipiert und nicht in kleinere studentische Forschungsprojekte integriert werden. Einige Standards beziehen sich auf die Ausbildung von Reflexivität durch die Aneignung von Methoden der Selbst- und Fremdevaluation. Der Lehrberuf wird als kontinuierliche Lernaufgabe verstanden. In diesem Punkt stimmen die KMK-Standards mit einem Professionalisierungskonzept als kontinuierliche Weiterentwicklung überein. In den KMK-Standards für die Fachwissenschaften (2008) wird das forschende Lernen explizit erwähnt, nämlich als Entwicklung eines forschenden Habitus. Dies wird jedoch nicht weiter ausgeführt.

In fast allen Empfehlungen zur Lehrerbildung ist die Reflexion der schulischen Praxis ein integrales Element. Im Fall der Baumert-Kommission und den Empfehlungen des Wissenschaftsrates wird forschendes Lernen mit Reflexion in Verbindung gebracht. Die Studierenden sollen eine forschend-reflexive Haltung (Baumert-Kommission) entwickeln. Forschendes Lernen wird damit Teil eines individuellen Prozesses. Bezieht man die Forderung der Hamburger Kommission, forschendes Lernen über alle Phasen hinweg zu integrieren, in diese Überlegungen ein, könnte forschendes Lernen Teil eines individuellen Professionalisierungsprozesses sein. Auch wenn diverse Begründungen für die Relevanz von forschendem Lernen und die Ausbildung von Reflexivität geliefert werden, fehlen empirisch fundierte Aussagen, sodass die Forderungen letztendlich normativ bleiben.

In allen Reformvorschlägen wird Reflexion gefordert, aber weder erziehungswissenschaftliche und/oder fachdidaktische Inhaltsbereiche noch der Zeitpunkt der Reflexion (erste oder zweite Ausbildungsphase) werden expliziert.

Im Hinblick auf den Professionalisierungsanspruch argumentiert die KMK-Kommission „Perspektiven der Lehrerbildung in Deutschland" (1999) insofern professionstheoretisch, als sie einerseits den Berufsfeldbezug, andererseits durch den Erhalt der Zweiphasigkeit die dezidierten Rollen von erster und zweiter Phase deutlich macht.[25] Die Fachdidaktik wird als Verbindungselement zwischen den

---

25 An dieser Stelle sei kurz auf den strukturtheoretischen Ansatz (Oevermann 1997, Helsper 2007: 569) verwiesen. Dieser ist zwar nicht der professionstheoretische Zugang in der hier vorliegenden Arbeit, sollte aber im Kontext des Professionalisierungsdiskurses erwähnt werden. Oevermann skizziert über das Moment der fallbezogenen, stellvertretenden Deutung professionelles Handeln als „stellvertretende und stellvertretend deutende Bearbeitung von individuellen oder sozialen Krisen" (Helsper 2004: 62). Aufgabe des Professionellen sei es, auftretende Ambivalenzen aushalten zu können. Professionelles Handeln beinhalte demnach eine doppelte Ebene: „Zum einen durch

Fachwissenschaften und der Erziehungswissenschaft gesehen. Ziel der universitären Ausbildung ist die Entwicklung einer forschend-reflexiven Haltung zur schulischen Praxis, während die zweite Phase der Entwicklung berufspraktischer Routinen vorbehalten ist.

Die Empfehlungen des Wissenschaftsrates stehen in deutlichem Widerspruch zu den Empfehlungen der Kultusministerkonferenz und der Hochschulrektorenkonferenz, sowohl durch die vorgeschlagenen institutionellen Veränderungen (Abkopplung des Grund- und Hauptschullehramts von der Universität an die Fachhochschulen, Einrichtung universitärer Partnerschulen) wie auch den Ruf nach flexiblen Karrierewegen im Lehramt, die gekoppelt sind durch entsprechende Leistungsvergütungen. Diese Empfehlungen des Wissenschaftsrates zögen grundlegende strukturelle und organisatorische Veränderungen nach sich, die die Lehrerbildung in Deutschland nachhaltig veränderten.

Zusammenfassend gibt Tabelle 2.1 einen Überblick über die analysierten jüngsten Reformvorschläge für die Lehrerbildung in Deutschland.[26]

---

die Verfügung und die Anwendung von wissenschaftlich fundiertem Sonderwissen und zum anderen durch die Befähigung zum individuellen Fallverstehen bzw. zur praktizierten Hermeneutik" (Nittel 2000: 169). Professionalisierung in diesem Ansatz sei Herausbildung einer wissenschaftlich-distanzierten Haltung eines Professionellen, der Probleme in der Praxis stellvertretend für den Klienten löst, indem er sein Theoriewissen nutzt, um die Regelstrukturen der Praxis zu erkennen. Im strukturtheoretischen Professionsverständnis steht im Hinblick auf das Reflexionsmoment das Innehaltens in der Analyse des Falls im Vordergrund. Diese Reflexivität ist insofern essentiell für professionelles pädagogisches Handeln, so Helsper, als über sie Distanz geschaffen wird, die der Strukturlogik, insbesondere den „strukturell diffuse[n] Näheanteile in den Lehrer-Schüler-Beziehungen" (Helsper 2007: 569), gerecht wird. Über (Selbst-)Reflexion können die „Unwägbarkeiten, Riskanzen und Ungewißheiten [...], die nicht aufhebbar sind, [...] kontrolliert werden" (Helsper et al. 2000: 8). Bezogen auf die Lehrerbildung ergibt sich auf der Basis dieser strukturtheoretischen Überlegungen eine Einteilung in drei Phasen (vgl. auch Feindt 2007: 45): An der Universität soll die wissenschaftlich-reflexive Haltung eingeübt werden. Das Referendariat gilt im strukturtheoretischen Ansatz als Begegnung mit der Praxis und dem praktischen Wissen und erst in der dritten Phase, den Berufseinstiegsjahren, kann das professionelle Wissen entwickelt werden, „in dem sich wissenschaftlich-reflexiver und routinisiert-praktischer Habitus gegenseitig relativieren und es zur Performanz des doppelten professionellen Habitus kommt" (Feindt 2007: 45). Das Ziel ist die Erarbeitung der Binnenstruktur des Lehrerhandelns, und zwar durch eine Fallanalyse und die darüber erzeugten Prozesse der fallverstehenden Reflexivität.

26 Die KMK-Standards für die Bildungswissenschaften sowie die fachspezifischen Standards werden im Anschluss in Tabelle 2.2 unter besonderer Berücksichtigung des Reflexionsbegriffes analysiert.

Tabelle 2.1: Überblick über Reformvorschläge für die Lehrerbildung in Deutschland

	Hochschulrektorenkonferenz	KMK-Kommission	Hamburger Kommission	Wissenschaftsrat	Baumert-Kommission
Theorie-Praxis-Relation	Ausbau der schulpraktischen Studien; Einführung eines Fachpraktikums	Schulpraktische Studien: Entwicklung einer forschenden Haltung, nicht Entwicklung von berufspraktischen Routinen	Integrierte Schulpraktika; Ablehnung eines Praxissemesters	Einrichtung von universitären Partnerschulen: Aufbau einer distanziert-forschenden Haltung und Anbahnung erster berufspraktischer Kompetenzen	Qualitative Stärkung der schulischen Praxisphasen und Einführung eines Praxissemesters
Kooperation zwischen Fachdidaktik und Erziehungswissenschaft	Verstärkte Kooperation, Erhalt bestehender Strukturen; Fachdidaktik zu empirisch-forschenden Disziplin ausbauen	Fachdidaktik als Verbindungselement zwischen Fachwissenschaft und Erziehungswissenschaft; mehr Kooperation, Erhalt bestehender Strukturen	Einführung themenorientierter und phasenübergreifender Sozietäten als Ort der institutionellen Verankerung und Kooperation von Erziehungswissenschaft und Fachdidaktik	Kritik an mangelnder Ausrichtung der Erziehungswissenschaft an der Lehrerbildung; Fachdidaktik in der Vermittlungsrolle gegenüber Fachwissenschaft	Vorschlag: Umbau der Zentren für die Lehrerbildung (mögliche Abkopplung der Fachdidaktik von der Fachwissenschaft; enge Kooperation zwischen Erziehungswissenschaft und Fachdidaktik)
Studentische Forschung/ Forschendes Lernen	Forschende Auseinandersetzung mit Praxissituationen	Entwicklung eines distanzierten, theoretisch abgesicherten und empirisch fundierten Blicks auf das Praxisfeld Schule	Integrierte Forschungspraktika; reflexiv-empirische Variante des forschendes Lernen über alle Phasen hinweg, unter Beteiligung aller Akteure	Forschendes Lernen als Erkundung schulischer Praxis und Entwicklung einer distanziert-forschenden Haltung	Begriffliche Differenzierung: forschendes Lernen als didaktisches Prinzip, aber keine Forschungspraktika; Entwicklung forschungsgeleiteten Reflexionswissens zur Analyse schulischer Praxis

Tabelle 2.1: Überblick über Reformvorschläge für die Lehrerbildung in Deutschland (Fortsetzung)

	Hochschulrektorenkonferenz	KMK-Kommission	Hamburger Kommission	Wissenschaftsrat	Baumert-Kommission
Reflexion	Analytisch-kritische Reflexionsfähigkeit (Fachwissenschaften) + Entwicklung fachbezogener Reflexion (Fachdidaktik) + Aneignung von Methoden der Selbst- und Fremdevaluation (Bildungswissenschaften)	Reflexion schulischer Praxis aus fachdidaktischer und erziehungswissenschaftlicher Perspektive vor dem Hintergrund des in der universitären Ausbildung entwickelten theoretischen Wissens	Entwicklung einer reflexiv-empirischen Haltung zur Reflexion schulischer Praxis	Entwicklung theoriegeleiteten Reflexionswissens, u.a. als Aufgabe der Erziehungswissenschaft	Ausbildung analytischer Reflexivität (erste Phase) und Ausbildung reflexiver Handlungskompetenz (zweite Phase)
Professionalisierungskonzept	Im Anschluss an polyvalenten Bachelor berufsspezifische Professionalisierung im Master durch inhaltliche und organisatorische Abstimmung zwischen Ausbildungsphasen	Professionalisierung über alle Phasen hinweg: reflexive Analyse theoretischen Wissens (1. Phase), Entwicklung und Reflexion berufspraktischer Kompetenzen (2. Phase), Ausbildung berufspraktischer Routinen (3. Phase)	Professionalisierung über alle Phasen hinweg: forschende Lernprozesse der Studierenden, universitären Lehrerausbilder, Seminarleiter und Lehrern in den Schulen	Phasenübergreifende Kooperation: Professionalisierung der Lehrerausbildung als Entwicklungsphase	Professionalisierung als lebenslangen Prozess

In diesem Kapitel wurden die Schwerpunkte in den bildungspolitischen Reformvorschlägen zur Lehrerbildung in Deutschland herausgearbeitet und gegenübergestellt. Dabei zeigte sich, dass hinsichtlich der Theorie-Praxis-Relation die schulpraktischen Studien im Zentrum der Forderungen stehen. Der Reflexion über
forschendes Lernen kommt dabei besondere Bedeutung zu. Die Forderung nach
einer verstärkten Kooperation zwischen Erziehungswissenchaft und Fachdidaktik zeigt sich auch darin, dass die Studierenden fachbezogen reflektieren sollen.
Diese Ausdifferenzierung des Reflexionsbegriffs, die sich in forschenden Lernprozessen und verschiedenen disziplinären Perspektiven äußert, wird in Tabelle
2.2 zusammengefasst dargestellt.

In den Reformvorschlägen sind folgende Elemente des Reflexionsbegriffs zentral:

- Selbstreflexion (KMK-Standards für Bildungswissenschaften)
- Fachbezogene Reflexion (Hochschulrektorenkonferenz)
- Theoriegeleitete, analytische Reflexion (Wissenschaftsrat, KMK-Kommissi-
  on, Baumert-Kommission)
- Reflexion empirischer Befunde

Durch diese Ausdifferenzierung des Reflexionsbegriffs ergeben sich unterschiedliche institutionelle Konsequenzen und hochschuldidaktische Empfehlungen,
die sich auf drei Ebenen darstellen lassen: Auf der Mikroebene, beispielsweise
in Seminaren, sollen fachspezifische Reflexionsgelegenheiten bereit gestellt werden (Hochschulrektorenkonferenz). Außerdem sollen die Studierenden durch
forschendes Lernen Reflexionsfähigkeit entwickeln (Baumert-Kommission). Auf
einer nächsten Ebene, der Meso-Ebene, müssten Ausbildungs- und Prüfungsord-
nungen dahingehend verändert werden, dass Forschungspraktika eingerichtet
würden (Hamburger Kommission). Die Zusammenarbeit aller Ausbildungsphasen soll sich auch in gemeinsamen forschenden Lernprozessen zeigen. Die Ma-
kro-Ebene würde strukturelle Veränderungen, durch die Einrichtung einer universitären Partnerschule, in der forschendes Lernen stattfinden soll (Wissenschaftsrat) oder durch die Einführung eines Praxissemesters (Baumert-Kommission),
erforderlich machen.

Insgesamt gesehen zeigen die Analysen der Reformvorschläge, dass der Reflexionsbegriff immer weiter ausdifferenziert wird und mit forschenden Lernprozessen in Verbindung gebracht wird. Dazu sind besondere Kooperationsformate ent-

Tabelle 2.2: Stellenwert des Konzepts Reflexion als zentraler Begriff im deutschen bildungspolitischen Professionalisierungsdiskurs

	Stellenwert von Reflexion	Institutionelle und hoch-schuldidaktische Empfehlungen
Hochschulrektorenkonferenz	Fachbezogene Reflexion und Selbstreflexion unter Beteiligung verschiedener Disziplinen	Fachspezifische Reflexionsgelegenheiten
KMK-Kommission	Entwicklung von theoriegeleiteter Reflexion aus fachdidaktischer und erziehungswissenschaftlicher Perspektive	Entwicklung einer forschenden Haltung in schulpraktischen Studien
Hamburger Kommission	Reflexiv-empirische Haltung gegenüber schulischer Praxis durch forschendes Lernen	Forschungspraktika in Zusammenarbeit mit allen Ausbildungsphasen; reflexiv-empirische Variante forschenden Lernens in allen Ausbildungsphasen
Wissenschaftsrat	Theoriegeleitete Reflexion, vor allem als Aufgabe der Erziehungswissenschaft	Einrichtung einer universitären Partnerschule zur Ausbildung einer distanziert-forschenden Haltung; Forschendes Lernen als Exploration schulischer Praxis
KMK-Standards für Bildungswissenschaften	Kenntnis der Methoden der Selbst- und Fremdevaluation (bezogen u.a. auch auf biografische Lernprozesse) und Rezeption der Ergebnisse der Bildungsforschung	- keine Angabe -
KMK-Standards für Fachwissenschaften und Fachdidaktik	Reflexion der fachlichen und fachdidaktischen Forschungsergebnisse	- keine Angabe -
Baumert-Kommission	Unterscheidung zwischen analytischer Reflexivität (Ausbildung in der ersten Phase) und reflexiver Handlungskompetenz (zweite Phase)	Praxissemester (Ausrichtung aufgrund der Kürzung des Referendariats noch zu bestimmen); Entwicklung von Reflexionsfähigkeit durch forschendes Lernen als didaktisches Prinzip in entsprechenden Lerngelegenheiten

weder innerhalb der Universität oder auch phasenübergreifend notwendig. Als Teil der Professionalisierungsprozesse kommt der Reflexion über fachspezifische Inhalte und über forschende Lernprozesse in den untersuchten Reformvorschlägen besondere Bedeutung zu.

Da in den USA der Professionalisierungsdiskurs deutlich länger geführt wird, wird im Folgenden aufgezeigt, inwieweit die Argumentationslinien zur Professionalisierung der deutschen Lehrerbildung auch für die US-Lehrerbildung gelten.

2.2 Lehrerausbildung in den USA – Reformvorschläge und Entwicklungen

In diesem Kapitel werden Analysen von Reformvorschlägen zur Lehrerausbildung in den USA[27] vorgestellt und auf der Basis der Kriterien (Theorie-Praxis-Relation, Verhältnis Fachdidaktik und Erziehungswissenschaft, studentische Forschung und Reflexion) hinsichtlich des Professionalisierungskonzeptes analysiert. Aus den jeweiligen Reformvorschlägen und den sich daran anschließenden institutionellen Umsetzungen ergeben sich z.T. widersprüchliche Tendenzen in der Funktion und Zielsetzung der US-Lehrerausbildung, die im Folgenden aufgezeigt werden.[28]

Die Lehrerausbildung in den USA ist als Teil der bundesstaatlichen Gesetzeshoheit im Bildungsbereich stark dezentralisiert. Die einzelnen Bundesstaaten bzw. die einzelnen *State Departments of Education* regeln über ihre eigens dafür zuständigen *State Boards of Education* die Finanzierung der Schulen durch Verteilung des Geldes auf einzelne Distrikte, die Zertifizierung angehender Lehrer sowie die Einhaltung der Standards, die von verschiedenen Institutionen und bildungspolitischen Initiativen festgelegt werden. Die untergeordneten Distrikte sind wiederum durch das *School Board*, dem *Superintendent* und dem Distriktbüro für die Einstellung des Schulpersonals und die Ausstattung der Schulen verantwortlich. Gleichzeitig verfügen sie über einen großen Spielraum der Gestaltung des Curriculums.

---

27 Es ist nur schwer möglich, von *der* Lehrerausbildung in den USA zu sprechen, da das Aus- und Fortbildungssystem weder inhaltlich noch formal einheitlich strukturiert ist. Das in dieser Studie untersuchte Lehrerausbildungsprogramm wird in Teil 6 näher erläutert. Um die Anonymität der untersuchten Universität zu wahren, wird in der gesamten Studie weder der Bundesstaat noch die Universität namentlich genannt. Bei der Analyse wurden Zitate, die auf die Universität oder den Bundesstaat hinweisen könnten, so angepasst, dass eine Identifizierung ausgeschlossen ist. Deshalb werden in diesem Kapitel nationale Reformvorschläge analysiert und nicht ihre spezifische Umsetzung in dem Bundesstaat, in dem sich die untersuchte Universität befindet.

28 Da es zum Teil grundsätzliche strukturelle und institutionelle Unterschiede zur Lehrerbildung in Deutschland gibt, werden in diesem Kapitel einige Aspekte, die zur Verdeutlichung der spezifischen Ausgangssituation der US-Lehrerausbildung dienen, ausführlicher behandelt. Dies beinhaltet auch die Beibehaltung der englischen Terminologie; es sei denn, eine Übersetzung würde keinen Bedeutungsverlust mit sich bringen.

Die Vielfältigkeit der US-Lehrerausbildung zeigt sich in der fehlenden Einigung über Form und Inhalte des Studiums sowie über die Zertifizierung angehender Lehrer. Daher ist es durchaus möglich, dass Lehrer ein bestimmtes Fach unterrichten, ohne darin einen Abschluss zu haben (vgl. Mintrop 2006). Die unterschiedlichen Reformansätze setzen sich deshalb das Ziel, auf nationaler Ebene eine gewisse Vereinheitlichung in den Ausbildungen und Abschlüssen zu schaffen. Lediglich der Weg der einzelnen Bundesstaaten dorthin unterscheidet sich gravierend.

2.2.1 Frühe Bildungsreformen: *A Nation at Risk* (1983), Carnegie Forum (1986) und Holmes Group (1990)

Als 1983 der Bericht *A Nation at Risk* (1983) von der *National Commission on Excellence in Education* veröffentlicht wurde, gerieten das US-Bildungssystem und mit ihm die US-Lehrerausbildung in das Kreuzfeuer der Kritik. Der Bericht der Kommission, die von T. H. Bell (*Secretary of Education*) 1981 ins Leben gerufen wurde, stellt die Leistungen des US-amerikanischen Schulsystems in Frage und sieht einen direkten Zusammenhang zwischen den Leistungen im Bildungssektor und wirtschaftlicher Prosperität. Es wird konstatiert, dass die USA, ihre Wirtschaft und sogar die Demokratie durch die Vernachlässigung wirksamer bildungspolitischer Reformen einem großen Risiko ausgesetzt seien – daher auch der Titel *A Nation at Risk*:

> Our concern, however, goes well beyond matters suchauf der Basis as industry and commerce. It also includes the intellectual, moral, and spiritual strengths of our people which knit together the very fabric of our society. The people of the United States need to know that individuals in our society who do not possess the levels of skill, literacy, and training essential to this new era will be effectively disenfranchised, not simply from the material rewards that accompany competent performance, but also from the chance to participate fully in our national life (National Commission on Excellence in Education 1983: 169).

Damit erreichte die Regierung unter Ronald Reagan, dass eine Krise im Bildungssystem wahrgenommen wird. Es bleibt offen, inwieweit dieser Bericht auch die Wahrnehmung einer Krise im Bildungssystem konstruierte. Aus politischer Sicht kann sich vor allem der Initiator des Berichts, der damalige *Secretary of Education* Ted Bell, so positionieren, dass die nationale Bildungsadministration eine deutlich aktivere Rolle spielt, ohne in irgendeiner Weise konkrete Vorschläge und Reformen einzuleiten: „[…] Without committing the administration or the federal government to actually doing anything. Not surprisingly, then, the report is clearer on diagnosis than on prescription" (Elmore 2003: 25). Inhaltlich geht es primär in diesem Bericht um Vorschläge zu umfassenden Schulreformen aufgrund der angeblich mangelnden Leistungen der SuS, erst sekundär um Reformen, die die Lehrerausbildung betreffen (vgl. Hallinan & Khmelkov 2001). Zur Tradition des US-Bildungssystems gehört, dass jedes Kind einen barrierefreien und kostenfreien Zugang zur Schulausbildung erhält. Dieser Anspruch kann über Schulreformen als Steuerelement des Bildungssystems erreicht werden (vgl. Meier & Wood 2004: viii). Daher schlagen die Verfasser des Berichts *A Nation at Risk* vor, in folgenden Bereichen einschlägige Reformen einzuleiten (vgl. Liston & Zeichner 1996): Bildungsinhalte, gesellschaftliche Erwartungen an das Bildungssystem, verbrachte Zeit der SuS in der Schule sowie in der Ausbildung der Lehrer.[29] Um mehr Lehrer in einen als eher wenig attraktiv wahrgenommenen Beruf zu bringen, sollen die Gehälter erhöht werden (vgl. Gordon 2003: 4). Außerdem sollen Lehrer mehr Möglichkeiten der beruflichen Weiterbildung erhalten (*professional development*), die wiederum die Karrieremöglichkeiten innerhalb des Schulsystems erhöhen. Für Grossman (2003) ist die Absicht hinter dieser Argumentationslogik klar und deutlich:

> In order to attract and retain promising candidates into the classroom, teaching would need to become more professional. Given the complexity of the classroom, teachers would need to make professional judgments under conditions of uncertainty and to have a voice in decisions that affected their practice. The commission also believed that teachers should influence professional decisions such as textbook adoption and that, as professionals, they could be relied upon to do so in the best interest of students. In their report, the commission clearly opted for investing in a more professional model for teaching (Grossman 2003: 70).

Im Bericht werden auch nationale Bildungsstandards gefordert. Dabei soll der Staat eine unterstützende und weniger aktive Rolle einnehmen.

Dieser erste Reformvorschlag *A Nation at Risk* veränderte die US-Bildungslandschaft radikal und brachte fundamentale Veränderungen mit sich, die sich vor

---

29 Der Ruf nach Reformen führt beispielsweise auch zur Gründung sogenannter *Charter Schools*, die über mehr Autonomie über ihr finanzielles Budget verfügen und selbständig Einstellungsverfahren von Lehrern durchführen können.

allem auf eine Stärkung der nationalen Bildungsadministration richtet und die zuvor ausgeprägte Dezentralisierung des Bildungssystems einschränkt. Gordon bezeichnet den Bericht auch als einen Wendepunkt in der Geschichte des US-Bildungssystems (vgl. Gordon 2003: 1); die bildungspolitischen Konsequenzen waren gravierend. Ausgehend von schlechten Leistungen der SuS, die durch diesen Bericht in den Vordergrund der bildungspolitischen Diskussion geraten, wird schnell auch die US-Lehrerausbildung kritisiert.

Zahlreiche Kommissionen wurden im Anschluss an den Bericht *A Nation at Risk* gegründet, um der Bildungskrise entgegenzuwirken. Dies markiert auch den Beginn umfassender Reformen in der US-Lehrerausbildung, wie Orfield (2003) argumentiert: „In late 1983, Education Week reported that fifty-four state-level commissions had been formed during that year in response to A Nation at Risk. [...] Within three years, thirty-five states had enacted comprehensive reforms" (Orfield & Kornhaber 2001: 3). Diese bildungspolitischen Entscheidungen in den einzelnen Bundesstaaten im Anschluss an den Bericht *A Nation at Risk* werden auch als Exzellenzinitative (*excellence movement*) bezeichnet (vgl. Fuhrman 2003: 8).

Drei Jahre nach Erscheinen des Berichts *A Nation at Risk* nehmen zwei Berichte unterschiedlicher Gruppierungen die Lehrerausbildung ganz zentral in den Blick und können als Wegbereiter für strukturelle Reformen gesehen werden: die *Carnegie Task Force on Teaching as a Profession (Carnegie Forum)*, eine „Arbeitsgruppe von Lehrenden, Mitgliedern öffentlicher Behörden und Vertretern von Lehrerverbänden" (Weingart 2003: 92ff.), und die *Holmes Group*, die zunächst ein Zusammenschluss der Dekane der für die Lehrerausbildung zuständigen erziehungswissenschaftlichen Fakultäten (*Schools of Education*) war und die mittlerweile 250 Institutionen in allen Bundesstaaten vertritt. Das *Carnegie Forum* betrachtet, ähnlich wie die *National Commission on Excellence in Education*, Bildung[30] auch unter dem Aspekte der Ökonomisierung und der Prosperität eines Landes. Während der Bericht *A Nation at Risk* noch die schlechten Leistungen der SuS in den Vordergrund rückte, stehen in den Berichten der *Holmes*

---

30 An dieser Stelle sei erwähnt, dass die Konzepte „Bildung" und *Education* semantischen Unterschieden unterliegen und nicht einfach übersetzt werden können. Sobald in dieser Arbeit der Begriff „Bildung" in der Tradition der geisteswissenschaftlichen Pädagogik verwendet wird, wird dies entsprechend gekennzeichnet. Im US-amerikanischen Diskurs ist *education* eng mit John Deweys Bildungsphilosophie und der Idee eines sozialen Aufstiegs über Bildung verbunden (vgl. Andresen 2009: 80).

Group und der *Carnegie Task Force* die US-Lehrerausbildung und die Rolle des einzelnen Lehrers in der Kritik (vgl. Hallinan & Khmelkov 2001: 178).

Der zweite Bericht des *Carnegie Forum* (1986) bezieht sich bereits im Titel *A Nation Prepared: Teachers for the 21st Century* auf die signifikante Rolle des Lehrers im Lernprozess der SuS und zeigt Schwachstellen des Lehrerausbildungssystems auf, wie beispielsweise die relativ homogene ethnische Zusammensetzung der Lehrer bei gleichzeitig wachsender Anzahl multiethnischer Gruppen, die Dauer und Qualität der Ausbildung sowie die fehlende Überprüfbarkeit und Vergleichbarkeit der Abschlüsse. Als ein wichtiger Schritt hin zu einer Professionalisierung der Lehrerausbildung kann der Vorschlag der Einrichtung des *National Board of Professional Teaching Standards* verstanden werden (vgl. Carnegie Forum on Education and the Economy & Task Force on Teaching as a Profession 1986: 55), der fast unmittelbar im Anschluss an die Berichte der *Carnegie Task Force* umgesetzt wurde. Mit der Forderung nach höheren Zugangsbedingungen für den Lehrberuf, vor allem auch einen Master-Abschluss (vgl. Carnegie Forum on Education and the Economy & Task Force on Teaching as a Profession 1986: 55), versucht der Bericht, dem akuten Lehrermangel, der wiederum zu einem Absinken der Standards führte, ein qualitatives Argument entgegenzusetzen. Über finanzielle Anreize (vgl. Carnegie Forum on Education and the Economy & Task Force on Teaching as a Profession 1986: 56) sollen flexible Karrieremöglichkeiten eröffnet werden. Die Verbesserung der Ausgangsbedingungen im Lehrberuf soll auch durch einen Abbau der Bürokratie erreicht werden, um Lehrern mehr Gestaltungsspielraum und einen höheren Grad an Handlungsspielraum zu ermöglichen. In dem Bericht wird darüber hinaus ein mögliches Spannungsfeld zwischen Autonomie und Rechenschaftspflicht thematisiert (Carnegie Forum on Education and the Economy & Task Force on Teaching as a Profession 1986: 63). Die *Holmes Group* nimmt eine ähnliche Position wie das *Carnegie Forum* ein. Die flache Struktur des Lehrberufs mit nur wenigen Aufstiegsmöglichkeiten sollte durch die Verteilung neuer Rollen aufgebrochen werden: Mentoren, Berufsanfänger mit einer noch nicht endgültig erteilten Lehrerlaubnis, *professional teachers*, die sich durch Fort- und Weiterbildung auszeichnen, und *career professionals*, die einen engen Kontakt zur Wissenschaft halten und ggf. als Verbindung zwischen beiden Institutionen agieren. Ort für diese Verbindung zwischen den Institutionen sollen die sogenannten *Professional Development Schools*[31] sein.

---

31   Mit dem Begriff *Professional Development Schools* (PDS) werden Partnerschulen von Universitäten bezeichnet, die in enger Zusammenarbeit zwischen den beiden Institutionen den Studierenden die

Die Reformvorschläge des *Carnegie Forum* und der *Holmes Group* verfolgen ein ähnliches Ziel. Die Lehrerausbildung in ihrer Gesamtheit soll professionalisiert werden, indem zunächst der Blick auf den Lehrer als Individuum innerhalb eines Systems gerichtet wird und weniger auf den *Outcome* eines Bildungssystems als Ganzes. Anhänger der Professionalisierung[32], die von ihren Kritikern[33] auch als Regulierer bezeichnet werden, bevorzugen deshalb die Entwicklung von Kompetenzen und Standards, in denen sich die gegenwärtigen wissenschaftlichen Erkenntnisse über die Kriterien guten Unterrichts sowie erfolgreichen Lehren und Lernens widerspiegeln.

2.2.2 Lehrerausbildung an *Professional Development Schools*

Als Resultat des zweiten Berichts *Tomorrow's Schools* der *Holmes Group* (1990) wurden sogenannte *Professional Development Schools* eingerichtet: „PDS are regular P-12 schools that have entered into partnerships with universities to assist in the preparation of future educators and to serve as sites for research and development" (National Council for Accreditation of Teacher Education 1998: 13). Neben der Holmes Group schlug auch das Carnegie Forum in seinem Bericht *A Nation Prepared: Teachers for the 21st Century* (1986) die Einrichtung einer besonderen Schulart vor, die sogenannte *Clinical School*.[34] Das Konzept der *Professional Development Schools* hat sich in universitären Lehrerausbildungsprogrammen mittlerweile relativ breit durchgesetzt.

Analog zu Lehrkrankenhäusern (*Teaching Hospitals*) (vgl. Holmes Group 1990, Liston & Zeichner 1996) sollen PDS der Ort der beispielhaften Unterrichtspra-

---

Möglichkeit geben, in den Schulen Unterrichtskompetenz zu erwerben und in den Universitäten theoriegeleitet zu reflektieren (s. auch Abschnitt 2.2.2).

32   Zu den Anhängern der Professionalisierungsstrategie gehören die *National Commission on Teaching and America's Future*, das *National Council for Accreditation of Teacher Education* (NCATE), die beiden nationalen Lehrerverbände (*National Education Association* und die *American Federation of Teachers*), die Bildungsministerien einzelner Staaten (*State Education Departments*), das *Interstate New Teacher Assessment and Support Consortium* (INTASC), Gruppierungen wie die *Holmes Group* und das *Carnegie Forum*, Akkreditierungsinstitutionen wie das *National Board for Professional Teaching Standards* (NBPTS) und Lehrerausbildungsinstitutionen im Rahmen der *American Association of Colleges of Teacher Education* (AACTE). Dementsprechend finden sich Elemente dieser Strategie auch in vielen Lehrerausbildungsinstitutionen wieder.

33   Die zweite Position, die sich innerhalb der US-Lehrerausbildung ausmachen lässt, ist die Position der Deregulierer. Diese wird ab S. 83 vorgestellt und im Hinblick auf ihren Professionalisierungsbegriff analysiert.

34   In der Literatur lassen sich auch folgende Bezeichnungen finden: *Partner School, Professional Development Center, Centers for Teaching and Learning, Professional Development Academies, Induction Schools, Teaching Schools,* und *Centers for Professional Development and Technology* (vgl. Abdal-Haqq 1998).

xis sein. In Bezug auf die Verbindung zwischen Theorie und Praxis fordern die Professionalisierer im Kontext der PDS eine verstärkte gemeinsame Forschung von Schule und Universität (Morey et al. 1997, Neubert & Binko James B. 1998). Diese Zusammenarbeit soll kontinuierlich evaluiert und weiterentwickelt werden. Die Standards für *Professional Development Schools* werden entsprechend angepasst (Levine 1998). Goodlad (Goodlad 1991: 197) weist darauf hin, dass Schulreform und Ausbildung gleichzeitig geschehen müssen, um die seit langem existierende Dichotomie von Theorie und Praxis zu überwinden (vgl. auch National Council for Accreditation of Teacher Education 1998). Dabei befinden sich Studierende, Dozenten und Lehrer in einer gemeinsamen Lerngemeinschaft[35] mit dem Ziel, *effective teachers* hervorzubringen.

In Bezug auf die Relation von „Theorie und Praxis" fordern die Professionalisierer im Kontext der *Professional Development Schools* gemeinsame Forschungsprojekte zwischen Praktikumsschulen und Universitäten. Neben der strukturierten Ausbildung von Lehramtsanwärtern sollen diese Schulen auch ein Ort sein, an dem die Erforschung der Praxis stattfindet: „Engaging in sustained inquiry on practice for the purpose of enhancing exemplary practice and student achievement" (Ridley et al. 2005: 46).

Empirische Ergebnisse zu *Professional Development Schools*

Ergebnisse einer Kontrollgruppenuntersuchung (Castle et al. 2006) zeigen, dass Lehramtsstudierende nach erfolgreichem Abschluss eines Programms an einer *Professional Development School* (PDS) im Gegensatz zu Studierenden aus einem traditionellen Programm bereits in ihren Portfolios eine erhöhte Identifikation mit ihrem beruflichen Handeln und dem schulischen Kontext aufweisen: „PDS candidates described reflection as being integral to informing decisions, with specific examples of how it affected their teaching" (Castle et al. 2006: 74). Darüber hinaus zeigen sie eine höhere Fähigkeit, die von ihnen erwarteten INTASC-Standards anzuwenden und in Bezug zu ihrem eigenen unterrichtlichen Handeln zu setzen, zum Beispiel im Bereich der Reflexionskompetenz. Die Reflexionskompetenz wurde definiert über den Reflexionsstandard des *Interstate New Teacher Assessment and Support Consortium* (INTASC; s. auch S. 69): „The INTASC reflection standard states that teachers are reflective practitioners who continually evaluate the effects of their choices and actions on their teaching" (Castle et al.

---

35 Vgl. weiter zum Begriff der *learning community* (Feiman-Nemser & Buchmann 1986).

2006: 74). Die PDS-Absolventen waren eher in der Lage, Reflexion als integralen Bestandteil zur Verbesserung und Weiterentwicklung ihrer unterrichtlichen Praxis anzusehen.

In ihrer längsschnittlich angelegten Vergleichsstudie untersuchten Ridley et al. (Ridley et al. 2005) zwei Gruppen von Studierenden. Eine Gruppe wird an einer *Professional Development School* ausgebildet, die andere in einem eher traditionellen Programm. Letzteres beinhaltet folgende Elemente: Die Ausbildung findet hauptsächlich an der Universität, nicht begleitend in der Schule statt, die Studierenden führen keine Aktionsforschungsprojekte durch und die Mentoren und Dozenten der Universität bereiten die Lehramtsanwärter nicht gemeinsam in strukturierten Praxisphasen auf den Unterricht vor, sondern häufig unabhängig voneinander. Zum ersten Zeitpunkt der Datenerhebung nahmen 10 Studierende (PDS-Programm) und 15 Studierende (*campus-based*) teil, zum zweiten Messzeitpunkt, dem ersten Berufsjahr, waren 14 Teilnehmer, von denen 7 bereits am ersten Zeitpunkt teilnehmen, in einem PDS-Programm ausgebildet, 12 weitere neue Teilnehmer im anderen Format.

Neben einer Dokumentenanalyse der beiden Lehrerausbildungsprogramme wurde beiden Gruppen ein pädagogisch-didaktisch ausgerichteter Wissenstest (*examination of professional teaching knowledge*) vorlegt sowie schriftliche Unterrichtsentwürfe (*written lesson plan*) und Videoaufnahmen über den Unterricht (*video recording of teaching performance*) angefertigt, die im Anschluss von den Studierenden selbst reflektiert wurden (*postlesson reflective evaluation*). Alle Daten wurden von zwei unabhängigen Ratern analysiert (Interraterreliabilität bei .82, vgl. Ridley et al. 2005: 51).

Die multivariate Varianzanalyse (MANOVA) und die einfaktorielle Varianzanalyse (ANOVA) zeigen, dass es zum ersten Erhebungszeitpunkt keinen statistisch signifikanten Unterschied zwischen den beiden Gruppen gab (vgl. Ridley et al. 2005: 52), jedoch beim zweiten Erhebungszeitpunkt: Lehrer aus der PDS-Gruppe erreichten signifikant höhere Werte im Bereich Lehr- und Unterrichtskompetenz (*teaching effectiveness*).

Trotz der geringen Fallzahl an Probanden trägt die Studie zu einer Verbreiterung der Datenbasis des Professionalisierungsdiskurses bei und zeigt, dass die Konzeption einer *Professional Development School* auch aus empirischer Sicht langfristige Vorteile mit sich bringt. Die Autoren vermuten, dass die längeren strukturierten schulpraktischen Phasen und Einbindung der Praktikumsschulen in das gesamte Ausbildungsprogramm dazu beigetragen haben könnten, dass die Studierenden der PDS-Gruppe schneller die „Überlebensphase" (*survival stage*) (vgl. Fuller & Brown 1975, Fuller 1969) überwinden, um in einer nächsten Stufe verstärkt die Perspektive der Lernenden einzunehmen: „Many PDS-prepared new teachers appear to have progressed to the stage where they are concerned with issues of instructional impact (i.e., evidence of student learning results) and student needs" (Ridley et al. 2005: 51).

Die Ergebnisse der empirischen Studien zeigen, dass die Konzeption einer *Professional Development School*, die eingebettet ist in einen standardbasierten Ausbildungsrahmen, dazu führt, dass Studierende früher eine reflektierende Haltung zu schulischer Praxis entwickeln und sich, wie Ridley et al. (2005) es formulieren, als *Agents of Reform* (Ridley et al. 2005: 51) sehen. Die Autoren weisen darauf hin, dass weitere Studien notwendig seien, um auch langfristig einen Effekt, beispielsweise mit besseren Schülerleistungen als Indikator, nachweisen zu können. Empirische Evidenzen belegen, dass Lehramtsabsolventen in entsprechenden Ausbildungsmodulen über Reflexion langfristig höhere Lehr- und Unterrichtskompetenz zeigen. Deshalb kann als ein Fazit formuliert werden, dass Reflexion langfristig entwickelt werden muss, bevor sich Vorteile zeigen. Deshalb sollte schon möglichst früh, also schon in der universitären Lehrerausbildung, mit der Ausbildung von Reflexionsfähigkeit begonnen werden.

2.2.3 Situation der Fremdsprachen: Fachspezifische Reformvorschläge, Forschungsergebnisse und institutionelle Implikationen

Davis (1998) argumentiert, dass die Fremdsprachenforschung in den USA zunächst, im Gegensatz zu den anderen Forschungsfeldern der Lehrerausbildungsforschung, erstaunlich wenig von den Reformbewegungen der 1980er in den USA beeinflusst war (vgl. Davis 1998: 1). Auch Freeman (1996) stimmt mit dieser Einschätzung überein: „Most conventional practices in language teacher education have operated like hand-me-down stories, folk wisdom shared as ‚truths' of the profession with little other than habit and convention on which to base them" (Freeman 1996: 351). Häufigere Bezüge zur Zweitsprachenerwerbsforschung, in der man auf eine größere Zahl von Studien zurückblicken konnte, waren die Folge. Zwar gab es auch Modelle zum Fremdsprachenlehren (vgl. beispielsweise Stern

1983), jedoch stehen in diesem Modell die Verbindungen zu Nachbardisziplinen wie Psychologie oder Linguistik, nicht die einzelne Lehrkraft im Mittelpunkt (vgl. Richards 1998: viii).

Eine Ausnahme bildet die schon ältere empirische Studie von Moskowitz (Moskowitz 1976), die Charakteristika von erfolgreichen Fremdsprachlehrern untersuchte. Zu diesem Zweck identifizierte sie zwei Gruppen von Fremdsprachenlehrern, indem sie (ehemalige) SuS nach sehr guten Fremdsprachenlehrern, an die sie sich aus der Schulzeit erinnerten, befragte (vgl. Moskowitz 1976: 137). Die am häufigsten genannten Lehrer bildeten die erste Gruppe. Die zweite Gruppe bestand aus Fremdsprachenlehrern aus ähnlichen Einzugs- und Schulgebieten mit ähnlichem sozio-ökonomischen Status. Erhebungsinstrumente in dieser Studie waren Unterrichtsbeobachtungen und eine Erfassung des Sprechanteils der Lehrer und ihrer SuS. Ein wichtiges Ergebnis ist, dass erfolgreiche Fremdsprachenlehrer einen geringeren Sprechanteil im Unterricht haben. Außerdem kritisieren sie ihre SuS und deren Verhalten deutlich weniger (vgl. Moskowitz 1976: 135).

Durch den Bericht *A Nation at Risk* sah sich auch das Feld der Fremdsprachenforschung aufgefordert, Reformbestrebungen einzuleiten. Diese bestanden zunächst hauptsächlich aus Kompetenzmessungen zum *effective teacher* im Rahmen des Prozess-Produkt-Paradigmas. Die empirische Überprüfung geeigneter Methoden standen mehr im Vordergrund der Forschungsarbeiten als die Lehrkraft und ihre individuellen kognitiven Variablen (vgl. Warford & Reeves 2003: 50).

Die Publikation des Sammelbandes *Teacher Learning in Language Teaching* (Freeman 1996) kann als Wendepunkt in der Fremdsprachenforschung gesehen werden, da ein spezieller Fokus auf die Ausbildung und professionelle Entwicklung von Fremdsprachenlehrern und ihren Lernprozessen gelegt wurde.

Professionalisierung der Fremdsprachenlehrerausbildung: Institutioneller Kontext und Forderungen

Im Zuge der allgemeinen Reformbestrebungen wurden an vielen *Schools of Education Professional Development Schools* eingerichtet (vgl. auch Abschnitt 2.2.2). Damit gilt auch für die Fremdsprachenlehrerausbildung, dass in diesen Schulen schulpraktische Studien und Praxissemester sowie studentische Forschung stattfinden und entsprechend durch universitäre Seminare begleitet werden (vgl. Richards 1998: 27ff.). Johnson (1996) kritisiert, dass jedoch nicht genügend empirische Forschung für diesen wichtigen Ausbildungsabschnitt vorlägen:

> In fact, most second language teacher preparation programs simply assume that once pre-service teachers have completed their required course work, they will be able to transfer their knowledge into effective classroom practices. Without a better understanding of how pre-service teachers conceptualize their initial teaching experiences, and what impact these experiences have on their professional development as teachers, the field of second language teacher education will continue to operate without a grounded theoretical framework of how to teach second language teachers to teach (Johnson 1996: 30).

In ihrer Fallstudie untersucht sie deshalb über Praktikumsbeobachtungen, Feldnotizen und Interviews zu verschiedenen Zeitpunkten, die auch Elemente eines *stimulated recall* der videografierten Unterrichtsstunden enthielten (vgl. Johnson 1996: 32) Veränderungen in der Wahrnehmung einer Studentin in ihrer Rolle als zukünftige Fremdsprachenlehrerin. Eine weitere wichtige Datenquelle waren eine Inhaltsanalyse der Unterrichtsreflexionen der Studentin. Dabei zeigte sich, dass die Studentin verschiedene Phasen durchlief. Zunächst empfindet sie Diskrepanzen zwischen ihren eigenen Erwartungen und der Realität im Klassenzimmer, phasenweise findet eine Form der Fremdattribuierung statt: „At times, Maya seemed to resolve the tension she was experiencing by placing the blame elsewhere. Mostly she blamed the practicum itself" (Johnson 1996: 39). Mit der Zeit reflektiert die Studentin mehr über ihre stetig ansteigende Wahrnehmung der Kontrolle über die unterrichtliche Situation, ihre längerfristige Unterrichtsplanung und ihre Beziehung zu ihren SuS (vgl. Johnson 1996: 42ff.).

Auf der Basis der Ergebnisse ihrer Fallstudie plädiert Johnson (1996) dafür, dass in Lehrerausbildungsprogrammen verstärkt eine realistische Perspektive auf fremdsprachlichen Unterricht, wie sie es nennt, integriert werden solle:

> [There is] the need for teacher education programs to put forth a realistic view of teaching that recognizes the realities of classroom life and adequately prepares pre-service teachers to cope with those realities. [...]. In addition, it means providing opportunities for pre-service teachers to come to understand who they are. [...]. It also means granting them a reasonable amount of control over what and how they will teach during the practicum, so that they can test their emerging conceptions of teaching (vgl. Johnson 1996: 47–48).

Die institutionelle Verortung der Fremdsprachendidaktik in den USA ist, im Gegensatz zu vielen deutschen Universitäten, anders gelagert. Häufig ist die

Fremdsprachendidaktik an den *Schools of Education* angesiedelt. Damit sind Erziehungswissenschaft und Fremdsprachendidaktik institionell klar von den Fachwissenschaften getrennt. Hinzu kommt, dass Fremdsprachendidaktik in den USA einen inhaltlichen Schwerpunkt in der angewandten Sprachwissenschaft (*Applied Linguistics)* und nicht in der Didaktik hat (vgl. Pennington 1992: 20). Aus institutioneller Perspektive ist bei einer Einschätzung der Situation der Fremd-sprachenlehrerausbildung in den USA weiterhin zu berücksichtigen, dass die Kurssprache in der Fremdsprachendidaktik häufig Englisch ist, um allen Fremd-sprachenlehrenden, unabhängig von der studierten Fremdsprache, den Zugang zu ermöglichen (vgl. Tedick 2009: 263).

Während Shulman (Shulman 1987) in Anlehnung an die *Holmes Group* die Pro-fessionalisierung des Lehrberufs im Allgemeinen forderte (vgl. Kapitel 3.1), sprach sich Pennington (1992) für die Professionalisierung der Lehrerausbildung aus, insbesondere den Bereich der Ausbildung der Englischlehrer (Pennington 1992: 17). Auch sie argumentiert, dass es notwendig sei, eine entsprechende Wissens-basis zu definieren, um diese zum Gegenstand entsprechender Standardentwick-lungsprozesse zu machen (vgl. Pennington 1992: 13). Darüber hinaus plädiert Pennington (1992) auch für eine höhere gesellschaftliche Anerkennung der Pro-fession:

> Being a profession means developing in practitioners highly speciali-zed knowledge and the skills to handle unpredictable situations, to be able to solve problems as they arise. Being a profession also means recognizing and applying peer-developed standards for evaluating performance. [...]. In other words, much of the action that is required for professional recognition is sociopolitical: to convince people that what English language teachers do is important (Pennington 1992: 17).

Damit sind zwei der in Kapitel 1.2 vorgestellten Kennzeichen einer Profession und deren Prozesse der Professionalisierung erfüllt, nämlich die Kodifizierung von Wissen und die gesellschaftliche Anerkennung (vgl. Tabelle 1.1 auf S. 26). Speziell für den anglo-amerikanischen Professionalisierungsdiskurs gilt, dass mit der Professionalisierung auch Standardisierungsprozesse einhergehen, wie das obige Zitat von Pennington (1992) für den Bereich Fremdsprachen zeigt. Diese Entwicklung wird im folgenden Abschnitt kurz skizziert.

Die Entwicklung der nationalen Standards für Fremdsprachen entsprach der allgemeinen Standardbewegung, deren Beginn sich auf das Jahr 1989 mit dem

Education Summit festlegen lässt (vgl. Lafayette & Draper 1996: 1). Auch wenn
die Standards für Fremdsprachen zunächst nicht auf der Agenda des Bildungstref-
fens standen, lösten sie dennoch eine Bewegung zur Entwicklung der Standards
und in der Konsequenz einer Standardisierung der Fremdsprachenlehrerausbildung aus, die die gesamte Profession erfasste. Die Entwicklung der Standards
für Fremdsprachen begann also etwas später als beispielsweise für das Fach Mathematik mit den jeweiligen Fachgesellschaften, das als Vorreiter eines *Bottom-
up*-Prozesses gilt.[36] Mit der Bereitschaft des *U.S. Department of Education* zur
Finanzierung einer Arbeitsgruppe zur Entwicklung der Standards für Fremdsprachen konnte 1992 die Grundlage für die noch heute gültigen, wenn auch
mittlerweile überarbeiteten Standards, gelegt werden. Vor allem Vertreter des
American Council on the Teaching of Foreign Languages (ACTFL) und der nationalen Lehrerverbände für Fremdsprachen (*American Associations of the Teachers
of French, German, Spanish and Portuguese*) waren vertreten.

Neben den allgemeinen Lernstandards eines jeden Bundesstaates existieren
auch die nationalen Fremdsprachenstandards, die von 1993 bis zu ihrer endgül-
tigen Veröffentlichung 1996[37] entwickelt wurden: „[It] was the culmination of a
three-year effort to define what all students should know and be able to do as
result of foreign language instruction." (Lafayette & Draper 1996: 1). Diese Standards decken alle (Schul-)Formen ab, vom Kindergarten bis zur zwölften Klasse
High School und können als *content standards*[38] bezeichnet werden. Darüber
hinaus gibt es Beispielindikatoren für die Klassen 4, 8 und 12, die beschreiben,
was die SuS in einer bestimmten Stufe wissen und können sollten. Am Ende des
Dokumentes befinden sich zusätzlich noch Unterrichtsbeispiele in Form von
Unterrichtsreihen, die auf den Standards basieren. Grundsätzliche Idee ist, dass

---

36 1989 wurden die Standards für das Fach Mathematik vom *National Council of Teachers of Mathema-
    tics* (NCTM), einer Vereinigung von Mathematiklehrenden publiziert: *Curriculum and Evaluation
    Standards for Schools Mathematics.* Diese Standards wurden in einem *Bottom-up*-Prozess ent-
    wickelt, der die beteiligten Gruppierungen mehr überzeugte als national gesteuerte Versuche zur
    Implementierung einheitlicher Standards. 2000 legten das NCTM eine überarbeitete Version der
    Standards vor, die einerseits prozessorientiert ist (vgl. Feltes & Marc 2005: 125) und andererseits die
    Kompetenzen der SuS am Ende eines Ausbildungsabschnittes beschreiben. Als Lehrervereinigung
    fokussiert das NCTM zwar auf die Unterstützung der Lehrer in der Ausübung ihres Berufes, aber
    durch den *Bottom-up*-Prozess entsteht auch ein inhaltlicher Konsens über anspruchsvolle Stan-
    dards für das Fach Mathematik (Fuhrman 2003: 10). Die später entwickelten *Standards for Foreign
    Language Education* orientieren sich in ihrer Entwicklung am Vorgehen der NCTM.
37 Eine überarbeitete Version auf der Basis der Fachdiskussionen wurde 1999 publiziert.
38 *Content standards*, die auch unter der Bezeichnung *curriculum standards* bekannt sind, beschrei-
    ben die inhaltliche Ebene des Unterrichts, indem auf der Ebene von Lernzielen und -inhalten
    bestimmte bereichsspezifische, von den SuS zu erreichende Kompetenzen beschrieben werden (vgl.
    Feltes & Marc 2005: 126 ff.). Sie spezifizieren die Fähigkeiten und das Wissen, das SuS durch Lehrer
    vermittelt werden und auch für Eltern transparent sein soll.

die Lehrkräfte ihren Unterricht auf der Basis der Standards gestalten sollen, die eher einen generellen Rahmen geben, ohne allzu einschränkend zu wirken: „In the past, classroom instruction was often focused on the memorization of words and grammar rules. [...]. The standards provide a background, a framework for the reflective teacher to use in weaving these rich curricular experiences into the fabric of language learning" (American Council on the Teaching of Foreign Languages 1999: 32). In einem sehr kooperativen Prozess mit den Mitgliedern der Disziplin definierte die Arbeitsgruppe zunächst „the broad goals of the discipline, [...], then identified the essential skills and knowledge students would need to acquire by the time they left the twelfth grade" (American Council on the Teaching of Foreign Languages 1999: 13). Die fünf angesprochenen Bereiche spiegeln die Schwerpunkte wider, die die professionelle Gemeinschaft aufgestellt hat (vgl. Lafayette & Draper 1996: 3). Dabei wird auch der Bereich der Reflexion über Sprache sowie interkulturelle Lernprozesse der SuS berücksichtigt. Laut Empfehlung der Arbeitsgruppe sollen die Schulen eigenverantwortlich die Standards als Minimalstandards betrachten: „schools are encouraged to set exit performance standards[39] that go well beyond the minimal usages common in the past" (American Council on the Teaching of Foreign Languages 1999: 14).

Zusammenfassend lässt sich festhalten, dass die Fremdsprachendidaktik durch ihre institutionelle Verortung in den *Schools of Education* auch eng an die *Professional Development Schools* angebunden ist, möglicherweise auf Kosten einer geringeren Anbindung an die Fachwissenschaften. Studentische Forschung über fremdsprachliche Lehr- und Lernprozesse wird an *Professional Development Schools* durchgeführt. Die Standards für Fremdsprachen sollen den Reflexionsrahmen für Lehrer bilden, indem sie einerseits zu vermittelnde Inhalte über die Standards strukturieren und gleichzeitig Lehrern ermöglichen, ihr Erfahrungswissen einzubringen (vgl. American Council on the Teaching of Foreign Languages 1999: 32). Auch die Reflexion über Sprache ist in diesem Zusammenhang relevant.

---

39 Leistungs- oder Ergebnisstandards, sogenannte *performance standards*, orientieren sich an Niveaus auf der Ebene von Testwerten, die die Leistung der SuS messen, und sie werden deshalb auch *output standards* genannt: „Performance standards define degrees of mastery or levels of attainment. [...] Performance standards describe what kind of performance represents inadequate, acceptable, or outstanding accomplishment" (Ravitch 1995: 12–13). Als Bewertungsmaßstab wird ein vom *National Assessment of Educational Progress* vorgegebenes Rating benutzt, das auf der Skala von eins bis sechs Kriterien für die Bewertung der Leistungen der SuS vorgibt.

2.2.4 Das *National Board of Professional Teaching Standards*: Kompetenzen von Lehrern und Reflexion von Unterricht

In der Berufseingangsphase als Teil des Kontinuums professioneller Entwicklung spielt die freiwillige Zertifizierung durch das *National Board for Professional Teaching Standards* (NBPTS) eine wichtige Rolle. Eine theoretische Grundlage für das NBPTS sind die Forschungsarbeiten von Shulman (1986) zu den Kompetenzen von Lehrern und deren Vermittlungswissen (vgl. Stoddart & Floden 1996: 90).[40] Damit spricht sich das *National Board of Professional Teaching Standards* für die Entwicklung von fachwissenschaftlichem und fachdidaktisch-pädagogischem Wissen in universitären Lehrerausbildungsprogrammen aus.

Nur ein relativ geringer Teil der Lehramtsabsolventen[41] durchläuft den aufwändigen Prozess der Zertifizierung durch das NBPTS. Das zu entwickelnde Portfolio besteht aus den folgenden Bestandteilen (vgl. Kraft 2001: 211ff.): *Planning and Teaching Exercise* (PTE) = Videoaufnahme einer eigenen Unterrichtssituation; *Post-Reading Interpretative Discussion Exercise* (PRIDE) = Videoaufnahme einer Diskussion der SuS; *Student Learning Exercise* (SLE) = schriftliche Arbeit der SuS mit den Korrekturen und Kommentaren des Lehrers. Darüber hinaus soll der Bewerber noch eine eine Analyse der Unterrichtssituation eines Novizen (*Instructional Analysis Exercises*) vornehmen sowie drei zweistündige Aufsätze zur Literaturdidaktik, Leseverstehen und Spracherwerb schreiben. Das gesamte Portfolio wird durch eine zentrale Organisation, dem *Educational Testing Service* (ETS) bewertet.

Als Modell der professionellen Weiterbildung der Lehrer in der Berufsphase unterliegt der Prozess der Zertifizierung durch das NBPTS einer strengen Kontrolle der Einhaltung der Standards. Die Standards des NBPTS, die den Modell-Standards des INTASC ähneln, entsprechen den Annahmen über guten Unterricht (vgl. auch Allemann-Ghionda & Terhart 2006: 100):

---

40 Kritiker werfen Shulman vor, dass die Standards und Beurteilung von gutem Unterricht, die durch Wissenstypologien entstehen, hauptsächlich von den jeweiligen akademischen Disziplinen definiert werden (vgl. Zeichner 1992: 52, 164). Stattdessen sollten Lehrer und ihr professionelles Wissen stärker eingebunden werden: „Teachers should be active in formulating the purposes and ends of their work, that they examine their own values and assumptions, and that they need to play leadership roles in curriculum development and school reform" (Zeichner & Liston 1996: 5).

41 Während noch im Jahr 2000 nur ca. 4800 über das NBPTS zertifiziert waren (Kraft 2001: 212), stieg die Zahl in den darauffolgenden Jahren deutlich an: 2006 waren 50000 Lehrer über das NBPTS zertifiziert (vgl. Spring 2008: 256). Die Kosten für die Zertifizierung betragen ca. 2500$. Das NBPTS wird explizit im *NCLB-Act* erwähnt und erfährt darüber nationale Bedeutung.

- Lehrer fühlen sich den SuS und ihrem Lernprozess verpflichtet
- Lehrer verfügen über Fachwissen und Vermittlungswissen
- Lehrer sind für die Koordinierung und Überwachung des Lernens ihrer SuS verantwortlich
- Lehrer reflektieren systematische ihre eigene Unterrichtspraxis und lernen aus ihren Erfahrungen
- Lehrer sind selbst Teil einer Lerngemeinschaft (vgl. National Board of Professional Teaching Standards 2002: eigene Übersetzung).

Bemerkenswert dabei ist die neue didaktische Sichtweise auf Unterricht, der kontextspezifische Charakter der Standards und die Notwendigkeit der Entwicklung des fachdidaktischen Wissens der Lehrer (vgl. Wayne 2006: 72–73).

Donato (2009) argumentiert, dass diese Standards eine gemeinsame Haltung der professionellen Gemeinschaft darstellen: „[They] have attempted to address comprehensively what teachers need to know and are able to do in the F[oreign] L[anguage] classroom. [They] are meant to represent professional consensus [and] add rigor to teacher preparation programs" (Donato 2009: 267). Standard XI (*Reflection as professional growth*) formuliert die Anforderungen an die Reflexionsfähigkeit der Fremdsprachenlehrer folgendermaßen: „Accomplished teachers of world languages other than English continually analyze and evaluate the quality of their teaching in order to strengthen its effectiveness and enhance student learning" (National Board of Professional Teaching Standards 2001: 47).

Im Zertifizierungsprozess des NBPTS treffen zwei unterschiedliche Ansätze aufeinander: einerseits die individuelle Reflexion der eigenen Unterrichtspraxis, andererseits die institutionalisierte Bewertung des Lehrerhandelns durch das NBPTS. Durch die Analyse der eigenen und fremder Unterrichtssituationen sollen die Lehrenden ganz im Sinne des reflektierenden Praktikers (vgl. Schön 1983) ihr Handeln reflektieren, um so zu einer größeren Handlungskompetenz in ihrem Beruf zu gelangen (vgl. Serafini 2002: 317–318).

Empirische Untersuchung zum *National Board for Professional Teaching Standards*

In einer der ersten empirischen Untersuchungen der Bewertung des NBPTS-Prozesses (Rotberg et al. 1998: 1998) bewerten die über Fragebögen befragten Lehrer den Perspektivenwechsel vom Lehrer als Inhaltsvermittler (*Program Deliverer*) zum reflektierenden Teilnehmer (*Reflective Participant*).

Eine weitere Studie (Bond et al. 2000) untersuchte in Interviews, Unterrichts-beobachtungen und Unterrichtsskizzen die Unterschiede zwischen Lehrern, die durch das NBPTS zertifiziert sind, und denen, die regulär ausgebildet wurden: „Compelling evidence is offered in this study that the NBPTS certification process is having an impact on the level of accomplished teaching that is evidenced in NBPTS-certified teachers' classrooms" (Serafini 2002: 321). Mittlerweile sind die NBPTS-Standards als *Best-Practice* Beispiele anerkannt und werden von vielen Bundesstaaten für ihre eigenen Akkreditierungs- und Zertifizierungsprozesse verwendet. Im Rahmen des individuellen Professionalisierungsprozesse spielen die Portfolios insofern eine große Rolle, als der eigene Unterricht in kooperativen Prozessen analysiert und reflektiert wird.

Zwischenfazit: Professionalisierung der US-Lehrerausbildung

Während nach einschlägigen Reformvorschlägen wie *A Nation at Risk* das vorran-gige Ziel bildungspolitischer Reformen auf die Erhöhung der Schülerleistungen abzielte und eine Schulreform über *Accountability* einläutete, verschob sich die-ser Prozess schnell hin zur Lehrperson und ihrem professionellen Handeln (vgl. Hallinan & Khmelkov 2001: 178). Dazu gehören auch Fragen nach der Qualität der (Fremdsprachen-)Lehrerausbildung (vgl. Reformvorschläge des *Carnegie Forums* und der *Holmes Group*).

Da die Fachdidaktik in vielen Lehrerausbildungsprogrammen ein Teil der *School of Education* ist und zum Teil nur von einer Professur für Fremdspra-chendidaktik, die ggf. mehrere Sprachen abdeckt, vertreten wird, stellt sich in diesem Sinne nicht die Frage nach einer institutionellen Kooperation zwischen Erziehungswissenschaft und Fachdidaktik.

Ein Element des Professionalisierungsdiskurses, wie er in den USA geführt wird, ist eine enge Kooperation zwischen universitärer Lehrerausbildung und schulischen Kontexten, wie sie vor allem auch durch die *Professional Develop-ment Schools* vorangetrieben wurden. Durch Institutionen wie das *National Board for Professional Teaching Standards* findet eine fachspezifische Professio-nalisierung auch im eigentlichen Berufsleben statt und ist damit mehr als eine reine Weiterbildung. Es wird der Anspruch formuliert, dass Lehrende in allen Ausbildungsphasen reflektierende Praktiker sind, die neuen unterrichtlichen Situationen flexibel und reflexiv begegnen.

Eine wichtige Rolle im Sinne der Professionalisierungsagenda spielen auf insti-tutioneller Ebene die Ausbildungsstandards der jeweiligen Akkreditierungsinstitutionen (NCATE) und professionsnahe Organisationen (INTASC, NBPTS) sowie der fachspezifischen Gesellschaften (ACTFL), die für alle akkreditierten Lehrerausbildungsprogramme gelten. Aufgrund dieser externen Rahmenbedingungen entwickelten die Lehrerausbildungsinstitutionen entsprechende performanzorientierte Überprüfungsmodalitäten (vgl. Valli & Rennert-Ariev 2002: 201). Der neue Fokus in einer standardbasierten Ausbildung zeigt sich darin, dass verstärkt Reflexion, Evaluation und die flexible Implementierung neuer Elemente (beispielsweise *performance-based assessment*: Portfolios, Absolventen-Befragung) in die Lehrerausbildungsprogramme integriert werden.

Die drei Organisationen (NCATE, NBPTS und INTASC) haben durch ihre enge Kooperation die Professionalisierungsagenda auf bundesstaatlicher und nationaler Ebene vorangetrieben. Durch die sequentielle Abstimmung der einzelnen Phasen (Lehrerausbildung, Lizenzierung und Berufseingangsphase) entsteht ein Kontinuum der Professionalisierung, das von einem nationalen Konsens geprägt ist, der sich auch in dem von der *National Commission on Teaching and America's Future* 1996 herausgegebenen Bericht *What Matters Most* zeigt: „It represented for the first time a consensus about the knowledge and skills needed by teachers to engage in effective practice" (Arends 2006: 15).

Prominentestes Beispiel des Versuchs, dem dezentralisierten Bildungssystem in den USA einheitliche Standards entgegenzustellen, ist sicherlich das *National Board of Professional Teaching Standards*, das als Erfolg der Professionalisierungsstrategie gesehen werden kann und in der die Reflexion von Unterricht einen Schwerpunkt der Ausbildung darstellt. Weitere Erfolge im Sinne der Professionalisierungsstrategie sind: Ausbau der *Professional Development Schools*, Akkreditierung von Lehrerausbildungsinstitutionen durch das *National Council for Accreditation of Teacher Education* (NCATE), Abschaffung der Notfalllizenz (*emergency teaching license*)[42], hohe Standards bei Eintritt sowie kontinuierliche performanzbasierte, externe Überprüfung der Kompetenzen angehender Lehrer bei gleichzeitiger Kontrolle der Professionsanforderungen durch die beteiligten Institutionen (vgl. Zeichner 2003).

Die Elemente der Professionalisierungsstrategie sollen die Ausbildung eines Professionsverständnisses ermöglichen, das sich durch folgende Grundannah-

---

42   Eine Lizenz (Lehrbefugnis) wird für eine Anstellung in allen öffentlichen Schulen in den USA benötigt, nicht jedoch für private Schulen. Je nach Bundesstaat kann diese zunächst nur vorläufig vergeben werden, bis gewisse Voraussetzungen wie Einführungsprogramme, Anzahl absolvierter Praxisjahre oder zusätzliche Fortbildungskurse erfüllt sind.

men auszeichnet: Wissenskodifizierung über intensive Kooperations- und Aushandlungsprozesse, fundierte akademische Ausbildung, staatliche Lizenzierung und Ansätze professioneller Autonomie (vgl. auch Arends 2006: 17). Dieser gemeinsame Konsens wird von der professionellen Gemeinschaft getragen. Nicht Angebot und Nachfrage, sondern staatliche Bildungsinstitutionen sollen den Lehrerarbeitsmarkt und mögliche Aufstiegsmöglichkeiten regeln.

2.2.5 Mögliche Deprofessionalisierung der US-Lehrerausbildung durch Deregulierung

Die Forderung nach Professionalisierung der Lehrerausbildung begann zu einem Zeitpunkt, als die Dezentralisierung des US-Bildungssystems zunehmend durch Kontrollversuche der nationalen Bürokratie in Frage gestellt wurde. Jedoch erzielten die Programme der jeweiligen Bundesregierungen nur oberflächliche Wirkungen, da sie zunächst nur über finanzielle Leistungsanreize in die Bildungspolitik der Bundesstaaten eingreifen konnten. Im Jahre 1989 läutete der nationale Bildungsgipfel (*Education Summit*) in Charlottesville, Virginia, einen neuen Diskurs (*education reform*) ein, der sich in den darauffolgenden Jahren auch in neuen Gesetzgebungen, beispielsweise dem *Elementary and Secondary Education Act* (ESEA), niederschlug. Die nationale Bildungspolitik gewann dadurch mehr und mehr an Einfluss (Elmore 2003: 26). Durch die nationalen Berichte und Analysen wie *A Nation at Risk* und dem *Education Summit* sahen sich Bildungspolitiker gezwungen, auf den angeblich schlechten Zustand des US-Bildungssystems zu reagieren. Es wurde der Ruf nach mehr *Accountability*, also der Rechenschaftsablegung der einzelnen Bildungsinstitutionen, laut. Die gängige Forderung lautete, regelmäßig die Bildungsqualität ihrer SuS und ihrer Lehrer durch Evaluation zu überwachen und gegenüber staatlichen Institutionen Rechenschaft abzulegen.[43]

Da die zahlreiche Bildungsreformen nach *A Nation at Risk* sehr kostspielig waren, wurden engere Verbindung zu lokalen Firmen und Vertretern von großen Firmen geknüpft: „Since policymakers depended on business support for the large, costly, comprehensive reform packages they promoted in the excellence movement, it's not surprising that business ideas about accountability were influential" (Fuhrman 2003: 19). Schon 1998 wurden die Bundesstaaten durch *Title II*

---

[43] Insbesondere seit den 1980er Jahren führen viele Bundesstaaten leistungsbezogene Tests zur Überprüfung der Berufskompetenz der Lehrer durch (vgl. Wayne 2006: 72).

des *Higher Education Act* aufgefordert, jährlich über ihre Lehrerzertifizierungen, ihre Standards für SuS, deren Anpassung an die Standards der Lehrkräfte sowie alternative Lehrerausbildungsprogramme Bericht zu erstatten (Arends 2006). Mit diesem Gesetzesentwurf wurden auf nationaler Ebene finanzielle Anreize geschaffen, die alternative Varianten zur Lehrerzertifizierung und Mechanismen der Rechenschaftsablegung im Kontext der Lehrerausbildung beförderten (Cochran-Smith 2008: 272). Cochran-Smith beschreibt diese neue Ausrichtung der Lehrerausbildung folgendermaßen: „The new teacher education has three closely coupled pieces: it is constructed as a public policy problem, based on research and evidence, and driven by outcomes" (vgl. Cochran-Smith 2008: 272).

Die Kritiker der Professionalisierung der Lehrerausbildung, die diese eben erwähnten alternativen Zugangswege favorisieren, sind die sogenannten Deregulierer. Der Begriff „Deregulierer"[44] ist ein Sammelbegriff für diejenigen Gruppen, die die Rolle des Staates in der Lehrerausbildung begrenzen wollen und die eine Lehrerausbildung bevorzugen, die nach den Gesetzen des Marktes im Sinne von Angebot und Nachfrage strukturiert ist. Deshalb befürworten die Deregulierer die Abschaffung der staatlichen Prüfungen und Tests für Lehrer und wollen alternative Lehrerausbildungsprogramme stärken, die deutlich kürzer als die reguläre universitäre Ausbildung sind. Bei Lehrermangel können auf diese Weise so viele Fachwissenschaftler wie nötig in diesen Programmen ausgebildet werden. Die Rolle des Schulleiters soll den Deregulierern zufolge dem eines Managers sein, der eine flexible Lehrereinstellungspolitik betreibt, das Schulbudget verwaltet und die Rahmenbedingungen schaffen soll, damit die SuS die besten Testergebnisse erzielen können.[45] Den Deregulierern zufolge soll über Praktika die für den Lehrberuf notwendige Expertise erworben werden. Die pädagogisch-didaktische Ausbildung an Universitäten wird hier nicht als notwendige Voraussetzung für *teacher effectiveness* angesehen (vgl. Zeichner 2003), da angehende Lehrer nach dem Studium ihrer jeweiligen Fächer ihre Unterrichtskompetenz durch ein *trai-*

---

44 Die Deregulierer bezeichnen sich selbst als Reformer; bei Hess (2005) *Commonsense reformers*.
45 Zu dieser Gruppe kann man sogenannte *Think Tanks* wie die *Fordham* oder *Abell Foundation* sowie das *Pacific Research Institute* zählen (vgl. Mintrop 2006). Außerdem wurde das *American Board for Certification of Teacher Excellence* (ABCTE) mit Unterstützung des *U.S. Department of Education* 2001 ins Leben gerufen (vgl. Berner & Stolz 2006, Spring 2008). Zielgruppe sind vor allem Personen mit einem *non-traditional background*, beispielsweise mit einem Abschluss in einem Fach, die als Quereinsteiger in den Lehrberuf gelangen möchten.

ning on the job erreichen sollen, das durch entsprechende Fortbildungen der lokalen Schulbehörden unterstützt wird.[46]

Die Organisation *American Board for Certification for Teacher Excellence* bietet einen sogenannten *Passport to Teaching* an. Voraussetzung für die Kandidaten ist mindestens ein Bachelor-Abschluss, Überprüfung der Referenzen und die Demonstration von professionellem Fachwissen und Lehrerhandeln mittels entsprechender Wissenstests. An den Inhalten der ausschließlich fachwissenschaftlich orientierten Tests zeigt sich, dass dieser Ansatz einen Schwerpunkt auf akademisches Fachwissen hat und pädagogisch-fachdidaktisches Wissen als nicht relevant erachtet. Mintrop (Mintrop 2006) geht sogar so weit zu sagen, dass durch alternative Lizenzierungsverfahren wie das *American Board for Certification for Teacher Excellence* die an den Universitäten etablierten *Schools of Education* überflüssig werden könnte, da die Lehrerarbeit zu einem *training on the job* führe: Pädagogisch-didaktische Kompetenz wird im Job erworben und nicht, wie in universitären Lehrerausbildungsprogrammen, kontinuierlich aufgebaut. Hier zeigt sich eine deutliche Positionierung gegen professionsorientierte Argumente, die auf Erhöhung der Standards und Ausbau der akademischen Abschlüsse setzen.

Viele Bundesstaaten haben neben alternativen Lizenzierungsverfahren für Lehrer auch alternative Ausbildungsprogramme[47] eingeführt. Die Zielgruppe der Organisation *Teach for America* sind vor allem Absolventen von staatlichen und privaten Eliteuniversitäten (*Ivy League Schools*), die keinen *Master of Education*, sondern einen fachwissenschaftlichen Abschluss haben und darüber hinaus *Leadership*-Qualitäten vorweisen können (Teach for America 2006).[48] Einsatzorte der Lehrer von *Teach for America* sind vor allem Schulen in sozialen Brennpunkten. Als Vorbereitung auf den Unterricht müssen die Kandidaten ein fünfwöchiges Training absolvieren, das sie in verschiedenen Kernbereichen trainieren soll. Aufgrund der Bestimmungen des *No Child Left Behind Acts* müssen die Kandidaten von *Teach for America* in den zwei Jahren ihrer Anstellung an der Universität einen *Master of Education* parallel zu ihrer Arbeit nachholen.

---

46 „In fact, commonsense reformers explicitly recommend granting preparation programs more freedom to train aspiring educators as they see fit, with the measure of performance being the classroom mettle of graduates" (Hess 2005: 10).

47 Zu den bekannteren alternativen Ausbildungsprogrammen gehören u.a. das vom *Education* und *Defence Department* gegründete Programm *Troops to Teachers, The New Teacher Project* und *Teach for America* (TFA).

48 Quelle der Informationen: Webseite *Teach for America* und E-Mail-Kontakt der Organisation mit der Verfasserin dieser Studie.

Entwicklungen seit *No Child Left Behind* (2002)

Das Gesetz *No Child Left Behind* (NCLB-Act, 2002) erweitert die Rolle der Bundesregierung im öffentlichen Bildungswesen deutlich und kann als weiterer Wendepunkt in der nationalen Bildungspolitik bezeichnet werden (vgl. Gordon 2003: 5). Es folgt einer marktwirtschaftlichen, leistungsorientierten Strategie und gibt der Bundesregierung verschiedene Steuerungsinstrumente, das System Schule und die Lehrerausbildung nachhaltig zu beeinflussen. Der Versuch der Einordnung des *NCLB-Acts* in den bildungspolitischen Diskurs führt zu Ambivalenzen, da in der Ausrichtung des Gesetzesentwurfes sowohl Elemente der Professionalisierungs- wie auch der Deregulierungsstrategie identifiziert werden können (vgl. ausführlicher Roters 2008). Erstmalig werden auf Bundesebene im *NCLB-Acts* Kriterien für die Bildungspolitik der Bundesstaaten festgelegt, die verlangen, dass binnen fünf Jahren die SuS von hoch qualifizierten Lehrkräften (*Highly Qualified Teacher*) unterrichtet werden sollen (vgl. Senate and House of Representatives of the United States of America in Congress 2001). Diese Lehrkräfte müssten dann mehrere Bedingungen erfüllen. Ein achtsemestriges Studium mit dem Abschluss *Bachelor of Arts*, eine staatliche Lizenzierung, fundierte Kenntnisse in den Unterrichtsfächern, die durch einen Schwerpunkt in dem jeweiligen Fach nachgewiesen werden müssen. Auch sich bereits im Dienst befindende Lehrpersonen sollen nachweisen, dass ihre Ausbildung diesen Kriterien entspricht. Kritiker des NCLBA sehen die Gefahr in der Umsetzung des Begriffs *Highly Qualified Teacher*, da es bislang den Anschein hat, dass nur zwei Aspekte zur Definition des Begriffs herangezogen werden: „Teacher candidate scores on standardized tests of subject matter knowledge and degree attainment in a particular core or academic subject" (Imig & Imig Scott R. 2006: 170, vgl. auch Argumentation bei Amobi 2006: 23). Verfolgt man diesen Gedanken konsequent weiter, bleibt offen, inwieweit zukünftig die Leistungen der SuS als (ausschließlicher) Indikator für erfolgreiches Lehrerhandeln gewertet werden und als Grundlage von Gehältern herangezogen werden. Deshalb ist zu befürchten, dass der Effekt des *Teaching to the Test* eintritt, da bei Lehrende und Schulen „unter dem hohen Leistungsdruck im Hinblick auf die zu erreichenden Testergebnisse sich nur noch auf die Vermittlung der Inhalte, die für die Tests relevant sind, konzentrieren" (Berner & Stolz 2006: 29). Durch den Ansatz der *Accountability*, gekoppelt mit dem Gesetz *No Child Left Behind*, wächst der Druck auf Lehrer, sodass die Gefahr besteht, dass Lehrerexpertise auf reines Fachwissen, gemessen an der Testperformanz der SuS, reduziert wird (vgl. Allemann-Ghionda & Terhart 2006), um Sanktionen für den

Einzelnen und für die Schule zu vermeiden. Die Standardbewegung wird auf die
Überprüfung des Wissens reduziert, das sich in Testitems operationalisieren lässt
(zur Diskussion über *Test-Driven Accountability* vgl. auch Fuhrman 2003: 11).

In gewisser Weise im Gegensatz zur Professionalisierungsstrategie steht die reale
Arbeitsmarktsituation. Vielen Schulen mangelt es an ausreichend qualifizierten
Lehrern, da allgemein Lehrermangel[49] herrscht, Notfalllizenzen vergeben werden
und zur Zeit noch diskutiert wird, inwieweit alternative Ausbildungsprogramme
dem Anspruch genügen, Lehrer im Sinne des NCLB (*Highly Qualified Teachers*)
auszubilden. Dies bezieht sich auch auf den Ausbau des fachwissenschaftlichen
Teils der Lehrerausbildung. Die Situation scheint paradox. Einerseits werden
Lehrer in entsprechenden Lehrerausbildungsprogrammen sehr gut ausgebildet,
andererseits erreichen eher schlecht ausgebildete Lehrer das eigentliche Klassenzimmer. Die starke Konzentration auf vorgegebene Arbeitsmaterialien schränkt
den professionellen Handlungsspielraum der Lehrer ein. Grossman (2003) argumentiert, der Lehrerprofession in den USA drohe die Deprofessionalisierung (vgl.
Grossman 2003: 69).

Rückblickend auf die letzten zwei Jahrzehnte der Bildungspolitik in den USA lässt
sich feststellen, dass sie zwischen den Polen Dezentralisierung und bürokrati-
scher, staatlicher Kontrolle oszilliert. Diese Pendelbewegung trifft auch für die
Lehrerausbildung zu, die sich momentan zwischen den Polen Dezentralisierung
bei gleichzeitiger Steuerung über marktwirtschaftlichen Strategien und staatlicher Regulierung durch Implementierung der Standards bewegt. Professionalisierung in den USA heißt auch Standardisierung. Dabei müssen sich die Befürworter
einer Standardentwicklung dem Vorwurf einer normativen Standardisierung aus-
setzen (Labaree 1992, Serafini 2002). Die Standards, die hauptsächlich von den
professionellen Gemeinschaften gestaltet wurden, wurden von der Basis in den
Schulen rezipiert und häufig nicht aktiv mitgestaltet. Aus dieser Perspektive gelten die Standards und die standardbasierten Tests eher als technokratisches

---

49   In den letzten Jahren existiert vor allem in ländlichen Gegenden und in bestimmten Fächern (Natur-
     wissenschaften, *special education*, bilinguales Lernen) ein deutlicher Lehrermangel (vgl. Berliner
     2006: 117). Der *NCLB-Act* verschärfe den ohnehin wegen Mangelfächern und Pensionierungswellen
     existierenden Lehrermangel. Deshalb haben einige Bundesstaaten angekündigt, dass es für sie
     schwierig wird, den Anforderungen der neuen Gesetzgebung zu genügen, da sie bislang, vor allem
     in Zeiten von Lehrermangel in (hauptsächlich naturwissenschaftlichen) Fächern, über Notfall-
     Lizenzen und vorläufige Lehrerlaubnisse die Anforderungen eher niedrig hielten (vgl. Mintrop
     2006).

Instrumentarium (vgl. Kincheloe & Weil 2001: 4), das wenig Spielraum für inhaltliche Diskussion und Aushandlungsprozesse lässt. Die Rollen der Lehrer und SuS sind die der Konsumenten und Rezipienten und weniger der aktiven Akteure: „In such a model, top-down standards are designed to specify which facts are to be transmitted. [...] Teachers are viewed as consumers of academic knowledge" (Kincheloe & Weil 2001: 52). Ein statisches Wissensmodell kann, verbunden mit erhöhtem politischem Druck und einer Engführung des Curriculums durch eine normativ ausgerichtete Standardisierung, dazu führen, dass die Lehrperson in ihrer unterrichtlichen und professionellen Handlungsfreiheit eingeschränkt wird (vgl. Kraft 2001: 214–215).

Kritik erfährt die Professionalisierungsstrategie nicht nur von Anhängern der Deregulierungsstrategie. Delandshere & Petrosky Anthony (2004) wenden kritisch ein, dass sich Lehrerausbildungsinstitutionen nicht unkritisch an der Standardbewegung beteiligen sollen, weil sie sonst ihre intellektuelle Unabhängigkeit zugunsten einer Anpassung an Standards aufgeben würden. Ein weiterer Aspekt der Kritik ist ein Kostenargument: Erhöhte Test- und Standardanforderungen müssen finanziert werden. Deshalb läuft die Professionalisierungsstrategie Gefahr, die Unterstützung der Universitäten und Bundesstaaten zu verlieren, da ein Lehrerausbildungssystem in dieser Konzeption kostenaufwendig ist, vor allem durch das dichte Netz an Standards und Überprüfungen der Kompetenzen der Studierenden während des Studiums und der beruflichen Weiterqualifizierung. Außerdem wollen die einzelnen Bundesstaaten die Kontrolle über die Standards und Zertifizierungsmaßnahmen behalten und stehen jedem Versuch der Vereinheitlichung des Lehrerausbildungssystems zunächst skeptisch gegenüber.

2.2.6 Schlussfolgerungen: US-Lehrerausbildung zwischen Professionalisierung und Deregulierung

Mehr als zwanzig Jahre nach dem bahnbrechenden Bericht *A Nation at Risk* steht die US-Lehrerausbildung an einem Scheideweg. Auf der einen Seite stehen Anhänger einer Professionalisierungsstrategie, die die Zulassung für den Lehrberuf staatlich regeln und die Anforderungen möglichst hoch halten wollen, zum Teil in Kooperation mit den jeweiligen Bundesstaaten (vgl. Hallinan & Khmelkov 2001: 176), zum Teil entgegen der bildungspolitischen Entscheidungen (Gordon 2003: 4). Im Gegensatz zur realen Einstellungspraxis soll ein fachwissenschaftlicher Master mit hohem pädagogisch-didaktischem Anteil (*Master*

of Education) grundsätzliche Voraussetzung für die Lehrlizenz und damit die
Eingangsvoraussetzung für den Lehrberuf sein. Auf der anderen Seite stehen
alternative Lehrerausbildungsprogramme, die die Lehrerausbildung nach marktwirtschaftlichen Prinzipien gestalten wollen.

Das Verhältnis von Theorie und Praxis soll an *Professional Development Schools*
als Ort der Forschung neu konzeptualisiert werden. Dort sollen die Studierenden
auch ihre Aktionsforschungsprojekte durchführen.

Eine Kooperation zwischen Erziehungswissenschaft und Fachdidaktik ist im
Fall der Professionalisierer Bestandteil ihrer bildungspolitischen Forderungen.
Sie gehen davon aus, dass erst der kontinuierliche Aufbau von fachwissenschaftlichem und fachdidaktisch-pädagogischem Wissen Lehrerexpertise ausmache.
Rein strukturell ist in den meisten Lehrerausbildungsprogrammen die Fachdidaktik nicht an die Fachwissenschaften, sondern an die *Schools of Education*
angebunden. Im Fall der Position der Deregulierer wird die Relevanz einer pädagogisch-didaktischen Ausbildung grundsätzlich angezweifelt. Deshalb ist in
diesem Zusammenhang auch die Theorie-Praxis-Relation eine andere: An der
Universität soll ausschließlich fachwissenschaftliches Wissen erworben werden,
die für den Lehrberuf notwendige Expertise soll über ein *training on the job*
erreicht werden. Die Analyse der Lehrerausbildung in den USA zeigt, dass bildungspolitische Forderungen sich in jüngster Zeit, vor allem im *NCLB-Act*, darin
äußern, die fachwissenschaftliche Ausbildung zu stärken, nicht die pädagogisch-
didaktische. Durch die Ambivalenz des *NCLB-Acts* konnten sich deregulative
Ansätze wie *Teach for America* deutlicher gegen die universitären Lehrerausbildungsinstitutionen positionieren. Unter dem politischen Druck und den mit
NCLB verknüpften finanziellen Anreizen müssen sich die universitären Programme an die veränderten Rahmenbedingungen anpassen. Um neben den Tests,
die das Fachwissen der Studierenden betonen, auch eher prozess- und handlungsorientierte Verfahren in die Ausbildung zu integrieren, werden nun verstärkt
Verfahren des *performance-based assessment* wie Portfolios, Fallstudien, Interviews mit Studierenden, Mentoren und Schuldirektoren oder videographierte
Unterrichtssequenzen eingesetzt, um den Nutzen bestimmter Ausbildungsprogramme empirisch zu überprüfen. Dies erfolgt häufig in Form von *Pre-Post*-Tests
(vgl. Wineburg 2006). Damit kann festgestellt werden, dass ein hohes Reflexionsniveau der angehenden Lehrer nur bedingt mit dem durch den *NCLB-Act*
forcierten Effektivitätskriterium korreliert. Insgesamt gesehen liegen zur Lehrer-

ausbildung in den USA zahlreiche empirische Studien vor, die jeweils die beiden bildungspolitischen Positionen unterstützen.

Parallel, z.T. auch gegenläufig zur Kompetenzorientierung, entwickelte sich der Diskurs des *Reflective Praciticner*, der vor allem der Professionalisierungsstrategie zugeordnet werden kann (vgl. Moore 2004: 100) und zu dem bereits empirische Ergebnisse vorliegen, die vor allem dadurch überzeugen, dass die individuelle Reflexion des eigenen Handelns längerfristig gesehen Professionalität ausmacht (vgl. Abschnitt 2.2.4). Die standardbasierte Qualitätssicherung im US-Bildungssystem zielt auf eine Leistungssteigerung durch Rechenschaftsablegung (*Accountability*) aller Beteiligten ab. Vor dem Hintergrund der jüngsten Entwicklungen im Kontext des *No Child Left Behind Acts* und erhöhter Rechenschaftsablegung ist jedoch anzumerken, dass eine kritische Diskussion der Bildungsziele und des Bildungsbegriffes quantitativen Performanzergebnissen zu weichen scheinen müssen, wie auch Henninger argumentiert (vgl. Henniger 2004: 115 ff.).

Zusammenfassend gibt Tabelle 2.3 einen Überblick über die analysierten jüngsten Reformvorschläge für die Lehrerausbildung in den USA. Die Gegenüberstellung der beiden bildungspolitischen Positionen, die der Professionalisierer und die der Deregulierer, zeigt, dass sowohl auf institutioneller wie auch professionsbezogener Ebene eindeutige Unterschiede bestehen. Die Professionalisierer legen die Ausbildung eher längerfristig an, indem sie neben fundiertem Fachwissen auch den Aufbau pädagogisch-didaktischen Wissen fordern, das in *Professional Development Schools* in das eigene Handeln überführt werden kann. Dort sollen die Studierenden auch Aktionsforschungsprojekte durchführen. Als reflektierende Praktiker sollen die Studierenden kontinuierlich Reflexionskompetenz erwerben und so sequentiell ihre Professionalität aufbauen, die durch ausgeprägte Standards flankiert wird.

Im Gegensatz dazu dient aus der Sicht der Deregulierer die universitäre Ausbildung dazu, ausschließlich fachwissenschaftliches und nicht pädagogisch-didaktisches Wissen zu vermitteln. In nur wenigen Wochen sollen die Absolventen mit fachlichem Abschluss Unterricht reflektieren. Durch dieses *Training on the job* besteht die Gefahr, dass die invidiuelle Professionalisierung auf ein Minimum reduziert wird und Lehrerhandeln wenig theoretisch fundiert und reflexiv durchdrungen wird.

Tabelle 2.3: Überblick über Reformvorschläge und bildungspolitische Positionen
zur US-Lehrerausbildung

	Position der Professionalisierer: *Holmes Group, Carnegie Forum, National Board of Professional Teaching Standards*	Position der Deregulierer
Theorie-Praxis-Relation	Einrichtung von *Professional Development Schools* und Entwicklung von Standards	Relevanz universitärer Lehrerausbildung (pädagogisch-didaktische Ausbildung und Praxisphasen) wird angezweifelt, fachwissenschaftliche Ausbildung ausreichend
Kooperation zwischen Fachdidaktik und Erziehungswissenschaft	Kontinuierlicher Aufbau von fachwissenschaftlichem und fachdidaktisch-pädagogischem Wissen	Pädagogisch-didaktisches Wissens nicht relevant für berufliche Tätigkeit als Lehrperson; fachwissenschaftlicher Abschluss ausreichend
Studentische Forschung/ Forschendes Lernen	Durchführung von Aktionsforschungsprojekten und gemeinsame Forschungsprojekte zwischen *Professional Development Schools* und Universitäten	- keine Angabe -
Reflexion	Kontinuierlicher Aufbau von Reflexionskompetenz (reflektierender Praktiker)	Reflexion von Unterricht, jedoch nicht in der universitären Ausbildung, sondern lediglich während 5-wöchiger Ausbildung
Professionalisierungskonzept	Sequentieller Aufbau von Professionalität; Professionalisierung auch über Standards	*Training on the job*: Gefahr der Deprofessionalisierung

Da im Hinblick auf das in dieser Arbeit zu untersuchende Konstrukt Reflexion
vor allem die Position der Professionalisierer tragfähig erscheint, zeigt Tabelle
2.4 auf, welchen Stellenwert die Ausbildung von Reflexionsfähigkeit der Studierenden im US-Professionalisierungsdiskurs hat und welche institutionellen und
hochschuldidaktischen Empfehlungen ausgesprochen werden.

Es zeigt sich, dass die Einrichtung von *Professional Development Schools* eine
andere institutionelle Verortung von Reflexion mit sich bringt. Durch die enge
Kopplung von universitärem und schulischem Ausbildungsort werden, um den
Anspruch zu erfüllen, reflektierende Praktiker auszubilden, Lern- und Reflexionsgelegenheiten benötigt, die durch entsprechende hochschuldidaktische Ansätze
realisiert werden.

Tabelle 2.4: Stellenwert von Reflexion im US-Professionalisierungsdiskurs

	Stellenwert von Reflexion	Institutionelle und hoch-schuldidaktische Empfeh-lungen
Professionalisierer	Ausbildung zum reflektieren-den Praktiker Empirische Ergebnisse zu *Professional Development Schools* und dem *National Board of Professional Teaching Standards*	Einrichtung von *Professional Development Schools*; Re-flexionsgelegenheiten in der universitären Ausbildung

Diese Forderung nach Reflexionsfähigkeit wird vor allem in den USA teilweise über die Integration studentischer Forschungsprojekte in Lehrerausbildungs-programme gelöst. Wenn die Reflexionsfähigkeit der Studierenden über studen-tische Forschung erhöht werden soll, bedarf es auch auf theoretischer Ebene einer Auseinandersetzung mit dem Konstrukt Reflexion und seiner Revelanz für die Professionalisierung, um im Anschluss daran hochschuldidaktische Umset-zungsmöglichkeiten adäquat skizzieren zu können. Diese Überlegungen bilden die Grundlage für Teil 3, in dem der Stellenwert von Reflexion im Professionali-sierungsprozess und bestehende empirische Studien zum Konstrukt Reflexion darlegt werden.

Hinsichtlich des in dieser Arbeit zu untersuchenden Reflexionskonstruktes sind vor allem die empirischen Studien zu *Professional Development Schools* (vgl. Abschnitt 2.2.2) relevant, die als Teil der Professionalisierungsagenda eine empirische Überprüfung der Reflexionsfähigkeit der Studierenden vornehmen. Dies wird im folgenden Kapitel ausgeführt.

2.3 Vergleich der Lehrerbildung in Deutschland und den USA

Alle dargestellten Reformvorschläge wurden anhand der in Tabelle 2.5 erneut aufgeführten Kriterien analysiert. Als Konsequenz lassen sich folgende Gemein-samkeiten für einen Vergleich der Professionalisierungsdiskurse extrahieren:

Mit der Einführung der Theorie-Praxis-Relation nach den Berichten der *Hol-mes Group* wird in den USA die Frage nach der Relation von Theorie und Praxis in der Lehrerausbildung anders gestellt als dies in Deutschland der Fall ist. Die-ses Ausbildungsformat ist bislang in Deutschland nicht systematisch etabliert,

Tabelle 2.5: Vergleichende Darstellung der Professionalisierungsdiskurse in
Deutschland und den USA

Vergleichsaspekte	Deutschland	USA
Theorie-Praxis-Relation	Vorschläge für strukturelle Veränderungen: Praxissemester (vor allem Baumert-Kommission)	*Professional Development Schools* (seit *Holmes Group*)
Verhältnis Fachdidaktik und Erziehungswissenschaft	Forderung nach Kooperation	Fachdidaktik eher *Applied Linguistics* Erziehungswissenschaft als Teil der *School of Education*; tendenziell geringe Kooperation
Studentische Forschung	Praktikumsschulen als Ort der Forschung während schulischen Praxisphasen (Wissenschaftsrat]	*Professional Development Schools* als Ort der Forschung während oder nach dem Praxissemester
Reflexion	Theoretische Reflexion als integraler Bestandteil der ersten Ausbildungsphase	*Reflective Practitioner* als Leitmotiv vieler Lehrerausbildungsprogramme und in Ausbildungsstandards integriert

wie dies in den meisten Lehrerausbildungsprogrammen in den USA der Fall ist.
Die jeweiligen Berichte und Empfehlungen zur Reform der Lehrerbildung in
Deutschland weisen lediglich auf ein Praxissemester und, mit Ausnahme des Wissenschaftsrates, nicht auf eine an die Universität angegliederte Praktikumsschule
hin.

Das Verhältnis zwischen Erziehungswissenschaft und Fachdidaktik wird im
US-Lehrerausbildungsdiskurs eher weniger diskutiert. Ein Grund mag sein, dass
aus institutioneller Sicht fachdidaktische Kurse in den *Schools of Education*
angeboten werden und deshalb die Kooperation zu den anderen Fakultäten, also
den Fachwissenschaften, etabliert werden muss. Im deutschen Kontext bildet
Hamburg bislang insofern eine Ausnahme, als dort traditionell die Fachdidaktik
im Fachbereich Erziehungswissenschaft angegliedert ist.

Die Rolle der Forschung im Rahmen der eigentlichen Lehrerausbildung in den
USA lässt sich dagegen eindeutiger darstellen. Da die *Professional Development
Schools* als Ort der Lehre und Forschung konzipiert sind und damit das Verhältnis
zwischen Theorie und Praxis über eine Art Universitätsschule neu geschaffen
wird, dienen sie auch als Untersuchungsfeld für mögliche Forschungsprojekte
der Studierenden, beispielsweise während ihre schulpraktischen Studien oder
während des Praxissemesters. Die Forderung, dass die Studierenden in der ersten

universitären Phase eine forschende Haltung ausbilden sollen, findet sich in fast jedem Bericht und fast jeder Empfehlung zur Reform der Lehrerbildung in Deutschland (vgl. Tabelle 2.1).

In beiden Ländern wird die Forderung nach Professionalisierung geäußert, wobei dies in den USA bereits in den 1980er Jahren nach Veröffentlichung des Berichts *A Nation at Risk* erfolgte und die schlechten Leistungen der SuS als Auslöser für die zahlreichen Diskussionen und Reformen gesehen werden können. Während diese letztgenannten Faktoren in den USA den Beginn einer Diskussion über die Lehrerbildung in allen Phasen markierten, verlief der Professionalisierungsdiskurs in Deutschland relativ unabhängig von den Ergebnissen der Schulleistungsstudien. Ein durchgängiger Fokus der Professionalisierungsbestrebungen in den USA ist seitdem die Etablierung eines *Master*-Abschlusses für angehende Lehrer, der sowohl fundierte fachwissenschaftliche wie auch didaktisch-pädagogische Anteile enthält. Für den US-amerikanischen Diskurs lässt sich darüber hinaus eher ein Fokus auf die Berufsorientierung und die Ausbildung unterrichtsspezifischer Kompetenzen ausmachen.

Beide bildungspolitischen Diskurse zeichnen sich mittlerweile durch eine fortschreitende Konsensbildung aller an der Lehrerbildung beteiligten Akteure aus, trotz erheblicher organisatorischer und struktureller Schwierigkeiten während dieses Prozesses. Dies zeigt sich in Deutschland auch an der hohen Anzahl der Reformvorschläge zur Lehrerbildung in den letzten Jahren. Die US-Professionalisierungsagenda wurde vor allem durch die Etablierung des *National Board of Professional Teaching Standards* von der eigenen Profession vorangetrieben, um dem Regulierungszwang der Bundestaaten und den Programmen der jeweiligen nationalen Regierung eine eigene Position entgegenzusetzen. Deshalb kann im Fall der USA auch von einer aktiv gesteuerten Professionalisierung gesprochen werden. Die Berufsverbände in den USA spielen demnach eine große Rolle in der Artikulation und Umsetzung der Professionalisierungskonzepte. Die vor allem durch den *NCLB-Act* gestärkte Deregulierungsagenda stellt die Behauptung auf, dass die Absolventen universitärer Lehrerausbildungsinstitutionen zwar ausreichend fachwissenschaftliche Kompetenz mitbringen würden, ihre Unterrichtskompetenz jedoch nicht dem organisatorischem und finanziellem Aufwand vier- bis fünfjähriger Ausbildungsprogramme entsprächen. Unterrichtskompetenz ließe sich am besten in der Situation, als *training on the job*, erreichen. Durch alternative Lehrerausbildungsprogramme wird das staatliche Ausbildungsmonopol hinterfragt und zum Teil bereits aufgebrochen. Die Situation erscheint paradox:

Universitäten bildeten ihre Absolventen nicht genügend aus und gleichzeitig sollen fünfwöchige Trainingscamps der alternativen Lehrerausbildungsprogramme zukünftigen Lehrern das geforderte Wissen und Können vermitteln.

Da in den USA die empirische Lehrerausbildungsforschung[50] bereits eine längere Tradition hat, ermöglicht ein Vergleich sowohl aus forschungsmethodischer Perspektive als auch im Hinblick auf die bildungspolitischen Implikationen Einsichten, die es ermöglichen, den Professionalisierungsdiskurs und die beginnende Lehrerausbildungsforschung in Deutschland zu reflektieren. In beiden Ländern gibt es jedoch wenig fachdidaktische Lehrerausbildungsforschung, vor allem nicht im Bereich der Fremdsprachen. Festzuhalten bleibt jedoch, dass die empirische Lehrerausbildungsforschung Forschungsdesigns vorlegt, die dem aktuellen forschungsmethodischen Diskurs entsprechen.

Durch die Analyse der Reformvorschläge konnten thematische Schwerpunkte in den bildungspolitischen Reformvorschlägen in beiden untersuchten Ländern identifiziert werden, die eine Ausgangslage für die Konstruktentwicklung darstellen. Darüber hinaus wurden die notwendigen institutionellen und hochschuldidaktischen Empfehlungen in beiden Professionalisierungsdiskuren untersucht, die das Konstrukt Reflexion weiter spezifizieren.

In beiden Diskursen wird gefordert, die Lehrerbildung über die Ausbildung von Reflexionsfähigkeit der Studierenden voranzubringen. Dies äußert sich auf verschiedenen Ebenen. Die Lehramtsstudierenden sollen in schulpraktischen Studien über Unterricht reflektieren. Auch das Verhältnis zwischen Universität und Schule wird in diesem Zusammenhang diskutiert (vgl. *Professional Development Schools*). Darüber hinaus wird auf institutioneller Ebene auch das

---

50 Die empirische US-Lehrerausbildungsforschung wurde im Zuge der Professionalisierungsagenda und der parallel dazu verlaufenden Entwicklung deregulativer Ausbildungsprogramme gestärkt. In den USA müssen sowohl Deregulierer als auch Professionalisierer die Effektivität ihrer Ausbildungsprogramme unter Beweis stellen. Deshalb kann die Diskussion, ob die US-Lehrerausbildung eher durch Professionalisierungs- oder Deregulierungsprozesse verbessert wird, zur Zeit als noch nicht abgeschlossen betrachtet werden. Mit der kontinuierlichen Umstellung auf Bachelor- und Masterstudiengänge könnte sich auch für Deutschland in absehbarer Zeit die Diskussion über Zugangsvoraussetzungen zum Lehrberuf ergeben. Darüber hinaus tritt mit der Organisation *Teach First Germany* ein Ableger anglo-amerikanischer alternativer Lehrerausbildungsprogramms auf, der qualifizierte Studierende mit Bachelor in Schulen in sozialen Brennpunkten (Grund-, Haupt- und Realschulen) in Berlin, Hamburg und Nordrhein-Westfalen seit Herbst 2009 einsetzt. Es wird sich zeigen, inwieweit sich auch die Lehrerbildung in Deutschland gegen solche Entwicklungen positionieren wird. Erneut sei auf Cochran-Smith (Cochran-Smith 2008: 272) verwiesen, die folgende Entwicklungslinien für die Lehrerausbildung in den USA ausmachte: Lehrerausbildung als öffentlich inszeniertes bildungspolitisches Problem und die Forderung nach einer evidenz- und forschungsbasierten Lehrerausbildung, die den Fokus zunächst auf den *Outcome* in Form von anzustrebenden Kompetenzen der (angehenden) Lehrer legt. Diese Ausrichtungen sind gleichzeitig unter dem Anspruch der *Accountability* zu subsumieren.

Verhältnis zwischen Fachdidaktik und Erziehungswissenschaft thematisiert. Zwei Aspekte stehen im deutschen Diskurs im Vordergrund: Die Entwicklung der Fachdidaktik als empirisch-forschende Disziplin und eine stärkere Ausrichtung der Erziehungswissenschaft an der Lehrerbildung. Vor allem die Integration studentischer Forschung in entsprechende Ausbildungsmodule soll eine forschend-reflexive Perspektive auf Unterricht ermöglichen. Damit wird Reflexion mit dem Aspekt der studentischen Forschung verknüpft. Durch den Ausbau der Fachdidaktik als empirisch-forschende Disziplin und die Einbindung studentischer Forschung in die fachdidaktische Ausbildung ergibt sich die Möglichkeit der Ausbildung einer fachlich orientierten Reflexion über studentische Forschung. Diese Überlegungen machen entsprechende Lern- und Reflexionsgelegenheiten notwendig, die einen Teil des individuellen Professionalisierungsprozesses der Studierenden darstellen. Auf diese Begründungszusammenhänge geht Teil 3 erneut ein. Damit ergibt sich vorläufig folgendes Rahmenmodell (vgl. Abbildung 2.1) für die vorliegende Untersuchung:

Ausgangslage

Professionalisierung der Lehrerbildung durch **Reflexion** als **bildungspolitische Forderung**:
Erkenntnisse zu folgenden thematischen Bereichen (bezogen auf die institutionelle und hochschuldidaktische Ebene):

1. Theorie-Praxis-Relation in schulpraktischen Studien:
   Reflexion über Unterricht, Verhältnis Universität-Schule

2. Verhältnis Fachdidaktik/Erziehungswissenschaft:
   FD: empirisch-forschende Disziplin, EW: Ausrichtung an Lehrerbildung

3. Forschendes Lernen/Studentische Forschung:
   Entwicklung einer forschend-reflexiven Perspektive auf Unterricht in schulpraktischen Studien

Umsetzung

Bereitstellung von Lern- und Reflexionsgelegenheiten für Studierende als Teil des Professionalisierungsprozesses

Abbildung 2.1: Rahmenmodell: Ausgangslage und Umsetzung

Im Hinblick auf die in dieser Arbeit durchgeführte empirische Studie kann festgehalten werden, dass zwar in beiden Professionalisierungsdiskursen die Ausbildung von Reflexion gefordert wurde, das Reflexionskonstrukt jedoch bislang nicht empirisch erforscht wurde, vor allem nicht aus einer fachspezifischen Perspektive. Es liegen auf theoretische Ebene bereits Erkenntnisse darüber vor, welche Rolle die individuelle Reflexion im Professionalisierungsprozess spielt. Hinzu kommt, dass der anglo-amerikanischen Professionalisierungsdiskurs vergleichsweise ausdifferenziert ist und zum Bereich Reflexion empirische Befunde vorliegen. Die theoretische Einordnung des Konstrukts Reflexion sowie empirische Studien sind Gegenstand des nun folgenden Teils. Außerdem werden Begründungen für die vorliegende Untersuchung geliefert und das Konstrukt Reflexion erweitert.

3 Entwicklung des untersuchungsleitenden Konzepts: Lehrerprofessionalisierung und Reflexion

In Teil 2 wurde dargestellt, dass vor allem in den USA Lehrerexpertise eine bildungspolitische Forderung ist, die sich durch fundiertes Fachwissen und der Ausbildung eines reflektierenden Praktikers im Kontext von *Professional Development Schools* auszeichnet. Dagegen liegt im deutschen Professionalisierungsdiskurs ein deutlicher Schwerpunkt in der Forderung nach Ausbildung von Reflexionsfähigkeit über studentische Forschung sowie einer berufsspezifischen Ausrichtung der Lehrerbildung bei gleichzeitiger Beibehaltung der akademischen Grundstruktur.

Im folgenden Kapitel geht es um die Relevanz der Reflexionsfähigkeit für Prozesse der individuellen Professionalisierung. Dabei wird ein professionstheoretischer Schwerpunkt im Ansatz der Expertenforschung sowie den entsprechenden Modellen zur Entwicklung von Expertise gelegt. Die im ersten Kapitel dargestellte Expertenforschung (vgl. Kapitel 3.1) analysiert das professionelle Wissen und Handeln von Novizen und Experten. Der Reflexionsfähigkeit wird dabei ein besonderer Stellenwert zugewiesen. Deshalb muss geklärt werden, was unter Reflexion zu verstehen ist. Um diese Frage zu beantworten, werden in Kapitel 3.2 handlungstheoretische und empirischen Befunde zum Konstrukt Reflexion vorgestellt. Diese liefern Erkenntnisse hinsichtlich der Formen und den möglichen Zeitpunkten von Reflexion. Wenn, wie gezeigt wird, Reflexion ein wichtiges Merkmal von Professionalität ist, müssen in der Lehrerbildung Reflexionsgelegenheiten bereitgestellt werden, die die Ausbildung von Expertise und Reflexion ermöglichen. Auch dieser Aspekt wurde in den entsprechenden Reformvorschlägen (vgl. Kapitel 2.3) gefordert. In Abschnitt 3.2.4 wird deshalb gezeigt, welche Anforderungen an Lehrende und Studierende im Kontext einer reflexiven Lehrerbildung gestellt werden. Am Ende dieses Teils der Untersuchung wird auf der Basis der theoretischen Ausführungen ein Konstrukt von Reflexion vorgestellt (vgl. Abbildung 3.3), das die Grundlage für die empirische Untersuchung bildet.

3.1 Reflexion in der Lehrerexpertenforschung

Die wissenspsychologische Expertenforschung[51] (Berliner 1992, Bromme 1992, für Fremdsprachenlehrkräfte Tsui 2003) analysiert das professionelle Wissen der Experten und die „kognitiven Voraussetzungen wissensbasierten Handelns" (Ophardt 2006: 49).

Die systematische Untersuchung von Expertise im Handeln geht zurück auf die Arbeiten des Niederländers DeGroot (de Groot 1978), der die Unterschiede zwischen Schachmeistern und Schachamateuren im Hinblick auf ihr Denken und ihre Wahrnehmungsstrukturen untersuchte und feststellte, dass Schachmeister nicht unbedingt tiefergehende Denkstrukturen aufweisen, sondern schneller ein Problem und bedeutendere Schachzüge erkennen. Eine direkte Übertragung der Erkenntnisse dieser klassischen Expertenforschung auf den Lehrberuf gelang erst durch Leinhardt und Greeno (Leinhardt & Greeno 1986, vgl. auch Ophardt 2006: 52). Im deutschen Diskurs adaptierte Bromme (1992) die Expertiseforschung für Lehrer.

Beeinflusst auch durch die kognitive Wende in der Psychologie versucht diese Variante der Expertenforschung, insbesondere durch die Verschränkung von Lehrerkognitionsforschung und Problemlöseforschung (vgl. Bromme 1992: 4), zunächst die internen, kognitiven Faktoren erfolgreichen Lehrerhandelns zu analysieren (Wissensbasis), um dann einen möglichen Zusammenhang zwischen Können und den Leistungen der SuS herzustellen. Es lässt sich argumentieren, dass die Experten-Novizen-Forschung in der Lehr-Lernforschung das Prozess-Produkt-Paradigma abgelöst hat (vgl. Bromme 1987, Blömeke 2002: 79). Dies wird vor allem darin deutlich, dass im Expertenparadigma der Lehrende, seine Denkprozesse und der situative Kontext eine größere Rolle spielen: „This shift in psychology has provided fertile ground for explorations into teachers' thinking, problem solving, and reflectivity" (Valli 1992: xiii).[52]

---

51 Für einen sehr guten Überblick der Methoden, Modelle und empirischen Ergebnisse der Expertise-
    forschung sei hier weiter auf Reimann (1998) verwiesen.
52 Kritik erfährt die Expertenforschung vor allem durch Neuwegs Analysen (Neuweg 1999). Neuweg
    geht von der Annahme aus, dass Experten häufig intuitiv handeln, ohne sich der jeweiligen Regeln
    für ihr Handeln immer bewusst zu sein. Im Rahmen der analytischen Handlungstheorie kann
    Handeln intuitiv und intelligent zugleich sein. Es wird gemessen an der Performanz der Handlung,
    nicht an „mentale[n] Vorläufer- oder Begleitakten" (Neuweg 1999: 11). Spontanes, intuitives Handeln
    kann durchaus erfolgreich sein, da es in der Interaktion mit einem situativen Kontext stattfindet,
    wie Neuweg am Beispiel des Radfahrens als Zusammenspiel von Wissen und Handeln zeigt. Einmal
    gelernt, kennt man zwar nicht unbedingt die Regeln, aber kann die Gesetze, die zum erfolgreichen
    Radfahren benötigt, verfolgen. Ein Physiker wäre in der Lage, die Handlung des Radfahrens ad hoc
    zu erklären, da er sich in einem anders strukturierten Wissensdiskurs befindet. Für die Handlung des

Um von Profession als Expertise sprechen zu können, müssen die Elemente der Lehrerexpertise bestimmt werden. Das übliche Verfahren ist, den Expertenstatus auf der Basis der Berufsjahre (meistens 5 Jahre) zu bestimmen. Eine weitere Möglichkeit ist, eine besondere Expertise auszuweisen, die sich im komplexen pädagogischen Handeln des Experten äußert. Dadurch können Rückschlüsse auf die kognitive Wissensrepräsentation gezogen werden (vgl. Ophardt 2006: 49, Bromme 1992, Blömeke 2002). Ein Lehrerexperte kann durch die Lernleistungen der SuS (erhoben entweder über standardisierte Tests wie in den USA oder andere empirische Untersuchungen), durch externe Kriterien wie Unterrichtsbeobachtungen, Befragungen der Kollegen und Vorgesetzten sowie praktische Berufserfahrung definiert werden. Alle erwähnten Kategorien zur Definition von Expertise sind vor allem unter einem zeitlichen Aspekt problematisch, denn eine große Zahl von Berufsjahren ist nicht gleichzusetzen mit Expertise, wie auch Bereiter & Scardamalia argumentieren (Bereiter & Scardamalia 1993).

Auch die Definition eines Novizen ist nicht eindeutig und trennscharf zu fassen. Blömeke wirft die Frage auf, ob junge Lehrer erst in der Phase ihres Berufseinstiegs als Novizen gelten (vgl. Blömeke 2002: 78). Tsui (2003) dagegen bezeichnet als Novizen Personen, die wenig oder gar keine Unterrichtserfahrung aufweisen können: „The term novice teacher is commonly used in the literature to describe teachers with little or no teaching experience" (Tsui 2003: 4).

Ein Untersuchungsmerkmal der Expertenstudien bezieht sich darauf, wie Experten Unterricht wahrnehmen. Bromme (1992) stellt fest, dass Novizen und Experten unterschiedliche kognitive Repräsentationen von Unterrichtssituationen haben, die wiederum ihr Unterrichtshandeln beeinflussen. Experten haben die Fähigkeit, „lösungsdienliche Strukturen und funktionale Zusammenhänge in

---

Radfahrers mit dem Ziel, sich mit dem Rad fortzubewegen, spielt die wissenschaftliche Erklärung keine Rolle. Ein Anfänger-Radfahrer jedoch benötigt Übung, um die Kunst des Radfahrens zu erlernen und kann nicht automatisch auf vorhandenes Wissen zurückgreifen: „Niemand würde aber behaupten wollen, der Radfahrer habe diese Regel unbewusst im Kopf und man müsse sie einem Anfänger vermitteln, damit dieser sie dann ‚prozeduralisieren' könne" (Neuweg 1999: 15).

Es stellt sich die Frage, wie der Anfänger handlungsleitende Regeln in seinen Wissensbestand aufnehmen kann. In der Tradition von Polanyi übernimmt Neuweg deshalb das Konzept der Meisterlehre, in der ein Lehrling sich Wissen und Können aneignet, indem ein Kontakt zu einem erfahrenen Meister hergestellt wird (vgl. Neuweg 1999: 378). Eine Konsequenz für die universitäre Lehrerbildung wäre die Ausbildung von theoretischem Wissen und Handlungsregeln, die in der sich daran anschließenden Praxis angewendet werden. Damit erhalten Novizen erst zu einem späten Zeitpunkt in ihrer Ausbildung Gelegenheit, ihr Erfahrungswissen auszubilden. Darüber hinaus beinhaltet dieses Konzept der Meisterlehre, dass implizites Wissen durch die Imitation des Meisters erworben werden kann, sodass die individuelle Auseinandersetzung mit theoretischem Wissen und praktischem Handeln in den Hintergrund tritt. Diese zeitliche Sequenzialität in der Ausbildung des professionellen Wissens ist aus der Sicht der Expertenforschung als problematisch zu betrachten.

Situationen [zu sehen], die für den Nicht-Experten wenig strukturiert oder un-
übersichtlich erscheinen" (Bromme 1992: 42). Im Unterschied zu Novizen sehen
Experten dabei weniger Details einer Unterrichtssituation (Unterrichtsraum, Un-
terrichtsmaterialien). Stattdessen nehmen sie, wenn sie eine für den Unterricht
typische Situation und ein typisches Ereignis sehen, eine „kognitive Gliederung
des Unterrichtsgeschehens" (Bromme 1992: 54) vor. Diese Fähigkeit, Zusammenhänge zu erkennen, Sachverhalte zu strukturieren und vorhandenes Wissen
situativ einzusetzen, ist bei Novizen und Experten unterschiedlich ausgeprägt.
Bromme bezeichnet dies auch als kategoriale Wahrnehmung (vgl. Bromme 1992:
42). In Anlehnung an andere Studien der Expertenforschung, wie beispielsweise
die Analysen von Leinhardt und Greeno (Leinhardt & Greeno 1986), argumentiert
Bromme, dass Experten durch ihre kategoriale Wahrnehmung[53] eine Situation
strukturieren und sofort *chunks* parat haben, um dadurch eine Unterrichtssituation zu bewältigen. Sie legen diese funktionalen Bedeutungseinheiten im
Langzeitgedächtnis ab und können flexibel darauf zurückgreifen.

Da sich die Wahrnehmungskategorien schon früh bilden, zum Teil sogar in
eigenen Schulerfahrungen, ist es für angehende Lehrer besonders wichtig, ihre
Wissensbestände zu reflektieren. Die Analyse und nachträgliche Reflexion des
(Experten-)Wissens gestaltet sich jedoch insofern als schwierig, als das implizite
Wissen[54] (vgl. Bromme 1992: 13, 121) direkt mit dem Handeln in der Situation verknüpft ist. Deshalb sei, so Gruber (2004), eine „reflektierte Praxis notwendig, die
zu Erfahrung führt, die auf die eigene Wissensbasis explizit rückbezogen werden
kann" (Gruber 2004: 31). Gruber legt in seiner Argumentation einen Schwerpunkt
auf eine Form der Expertise, die sich in einem ersten Schritt durch eine Reflexion
des Wissens auszeichnet: „Die fortschreitende Verfeinerung von Expertise wird
insbesondere über die reflexive Elaboration von Wissen erreicht" (Gruber 2004:
26). Dies ist im Kontext der Expertiseforschung insofern besonders relevant, als
das Wissen der Experten anders strukturiert als das der Novizen; Experte sehen
das große Ganze: „Die unterrichtlichen Anforderungen des Stoffes, der Organisation und der Schüler setzen Experten zueinander in Relation und sehen sie als
ein ganzes, so dass sie über abstraktere Begriffe als Anfänger verfügen" (Blömeke
2002: 80).

---

53   Bromme verwendet hier den Begriff der kategorialen Wahrnehmung. In anderen Expertenstudien
     (Leinhardt & Greeno 1986) ist dagegen der Begriff *chunks* üblich.
54   Donald Schön spricht in diesem Zusammenhang von *theories in use* (Schön 1983).

Es geht in der Expertenforschung also nicht darum, Stärken und Schwächen von Novizen bzw. Experten auszumachen, sondern Merkmale professionellen Expertenwissens und -handelns zu identifizieren. Novizen und Experten unterscheiden sich nicht nur in der Quantität oder Qualität ihres Wissens, sondern in der unterschiedlichen Anordnung ihres Wissens (vgl. Norlander-Case et al. 1999: 33). Experten lösen wesentlich zeitökonomischer ein Problem, da sie aufgrund unterschiedlicher kognitiver Konzepte (vgl. auch Berliner 1986, Koch-Priewe et al. 2004: 10) eine bedeutungsvolle Situation als solche unmittelbar wahrnehmen. Sie sehen bei neuen Informationen schnell semantisch bedeutsame Muster (vgl. Gruber & Renkl 2000: 160) und zwar aufgrund ihres Wissens und, wichtiger noch, aufgrund ihrer Erfahrung im Handeln. Deshalb ist die Ausbildung von Erfahrungswissen so bedeutsam.

Die empirische Analyse des bereichsspezifischen Wissens der Experten hat Shulman (Shulman 1986) in ein Klassifikationsmodell professionellen Wissens eingeordnet.[55]

In einer eigens entwickelten Typologie zur Beschreibung von Expertenwissen nennt Shulman folgende Elemente: disziplinäres Fachwissen (*content knowledge*), allgemeines pädagogisches Wissen (*general pedagogical knowledge*), curriculares Wissen (*curriculum knowledge*), fachspezifisch-pädagogisches Vermittlungswissen (*pedagogical content knowledge*), Wissen über Lerner (*knowledge of learners and their characteristics*), Wissen über schulische und pädagogische Kontexte (*knowledge of educational contexts*) sowie Wissen über die Grenzen, Absichten und Werte pädagogischen Wissens (*knowledge of educational ends/purposes/values*). Zentral in Shulmans Ausführungen sind seine Überlegungen, welches Wissen wann und in welchem Kontext erworben werden kann.[56]

Bromme fasst zunächst Shulmans Klassifikation zusammen und macht sie in folgender Weise dem deutschen Diskurs zugänglich (vgl. auch Bromme 1992: 110):

---

55 Shulman gilt als früher Vertreter des US-amerikanischen Professionalisierungsansatzes. In Anlehnung an die Forderungen der *Holmes Group* und des *Carnegie Forum* kritisierte er die fehlende Wissensbasis zur Bestimmung von Lehrerexpertise. Seine Kritik bestand darin, dass die Inhalte der Tests für (angehende) Lehrer nicht ausreichten, da sie die Entwicklung fachlichen und pädagogischen Wissens nicht berücksichtigten (vgl. Shulman 1986: 6).

56 Damit leistet er einen wichtigen Beitrag zur Professionalisierungsdebatte und stellt sich deutlich gegen US-amerikanische Tendenzen einer Deprofessionalisierung des Lehrberufs.

- *Content knowledge* ist das Fachwissen, das Studierende an der Hochschule erwerben. Es beinhaltet auch die Struktur dieses Fachwissens, wie es in entsprechenden Taxonomien, beispielsweise Bloom (Bloom 1972) oder auch in der Weiterentwicklung durch Anderson (Anderson & Krathwohl 2001), dargestellt werden kann. Kenntnis über die Struktur und die Einbettung in die Fachdisziplin ist insofern wichtig, als ein Lehrer entscheiden muss, welche Themen welche Relevanz im Diskurs haben (vgl. Shulman 1986: 9).

- *Curricular knowledge* bezieht sich auf curriculare Kenntnisse und auf den Schulstoff, der im Lehrplan steht. Dieses Wissen wird in vielen Fällen erst in der Ausbildung, im Referendariat oder in den folgenden Berufsjahren erlernt. Es könnte aber beispielsweise auch unter folgender Fragestellung in die universitäre Ausbildung integriert werden: Als was für ein Instrument und wie benutze ich ein Schulbuch? Wie formuliere ich fachspezifisch anspruchsvolle Aufgaben für die SuS (vgl. Shulman 1999: 64)?

- Von Shulman wurde die Idee des *pedagogical content knowledge*[57] neu in die anglo-amerikanische Diskussion gebracht, das als Verbindung von curricularem Fachinhalt und unterrichtsmethodisch-pädagogischem Wissen gedacht ist (Shulman 1986). Dahinter steht die Frage, wie auf Seiten der Lehramtsstudierenden curriculares und pädagogisches Wissen kognitiv integriert wird, also zu einer einheitlichen Basis für beruflich relevantes Handeln wird (vgl. auch Bromme 1992: 105). Daran schließt sich die Überlegung für den Lehrer an, wie der Fachinhalt didaktisch aufgearbeitet wird (z.B. fachunspezifisches Wissen über Klassenführung, Umgang mit Disziplinproblemen; Lernarrangements für die Wiederholung des Unterrichtsinhaltes, die Einbeziehung aller SuS, Motivierungsstrategien etc.). Dieses spezifische Wissen ist sowohl mit dem an der Hochschule erworbenen theoretischen Wissen wie auch dem Wissen über die SuS, den schulischen Kontext und mit dem normativ-berufsethisches Wissen verbunden (Bromme 1992: 110).

---

57 Häufig findet man als Übersetzung für *pedagogical content knowledge* den deutschen Begriff Fachdidaktik. Eine reine Übertragung der Begrifflichkeit greift nach Ansicht der Verfasserin dieser Arbeit zu kurz und berücksichtigt nicht die historisch-kulturellen Entwicklungslinien in den jeweiligen (fach-)didaktischen Diskursen. Mit Shirley (2009) lässt sich argumentieren: „Shulman's (freely admitted) ignorance of the German tradition and the rather tepid American response to his proposal suggests that we are dealing here with an interesting point of departure but nonetheless marginal contribution, especially in light of the centrality of Didaktik in continental philosophies of education" (Shirley 2009: 199).

Bromme erweitert seine in Bezug auf Shulman reduzierte Typologie (*content knowledge, curricular knowledge und pedagogical content knowledge*) um weitere Elemente (vgl. Bromme 1992: 96–98). Das fachliche Wissen über das Fach als wissenschaftliche Disziplin, das schulfachliche Wissen, die Philosophie des Schulfaches (bewertende Perspektive auf Inhalt des Schulfaches in seiner Beziehung zu anderen Fächern), das pädagogische Wissen (unabhängig vom Fach) und das fachspezifisch-pädagogische Wissen (Aufarbeitung des Inhalts unter pädagogisch-psychologischer Perspektive; beinhaltet auch das Erfahrungswissen des Lehrers).

Eine Annahme ist, dass Lehrer, die im Beruf stehen, diese von Shulman kategorisierten unterschiedlichen Wissensbereiche integriert haben und über fachspezifisch geprägte Schemata verfügen, z.B. wie sie den Stoff arrangieren, darstellen, wie sie Schülervorkenntnisse oder Schüleräußerungen etc. im Unterricht berücksichtigen; welche Auswahlkriterien für Unterrichtsinhalte sie benutzen, wie sie Komplexitätsreduktion herstellen und wie sie didaktische Materialien einsetzen (vgl. Bromme 1992: 106). Die kognitive Integration der unterschiedlichen Wissensbestände im Kontext mit der Praxis geht mit der Veränderung der Bedeutung der bereits bekannten „akademischen" Begriffe einher (Bromme 1992: 110). Motivatierung oder problemorientierter Unterricht etc. sind als praktisch-pädagogische Konzepte im jeweiligen Fachunterricht (z.B. in Mathematik) etwas anderes als im Sprachenunterricht (z.B. in Französisch).

Mit dieser Transformation des vormals angeeigneten „Sachwissens" in pädagogisches Wissen über Inhalte verändert sich die Haltung von Lehrern z.B. dahingehend, dass sie einen Gegenstand nur noch aus der Perspektive der Unterrichtsvermittlung wahrnehmen. In der Konsequenz ist auch das vorhandene professionelle Wissen situations- und erfahrungsabhängig und besteht aus verschiedenen Elementen: Routinen, praktischen Erfahrungen, Fach- und fachdidaktisches Wissen, pädagogisch-erziehungswissenschaftliches Wissen.

Professionelles Wissen ist deutlich mehr als nur deklaratives Wissen: „Professionelles Wissen bezeichnet die einmal bewußt gelernten Fakten, Theorien und Regeln, sowie die Erfahrungen und Einstellungen des Lehrers. Der Begriff umfaßt also auch Wertvorstellungen, nicht nur deskriptives und erklärendes Wissen" (Bromme 1992: 9–10). Diese Unterscheidung zwischen Erfahrungs- und theoretischem Wissen ist insofern wichtig, als es im Rahmen der Expertenforschung um die Verbindung dieser beiden Wissensbestände geht.

In der Praxis greifen Lehrpersonen sowohl auf ihr deklaratives wie auch ihr implizites, professionelles Wissen zurück (vgl. Leuchter et al. 2008: 168). Folgt man dieser Logik, wäre dieses Wissen ein „Almagam aus fachlichem, erziehungswissenschaftlichem, fachdidaktischem und pädagogisch-psychologischem Wissen" (Leuchter et al. 2008: 168), konzeptualisiert als Erfahrungswissen eines professionell Handelnden.

Expertenhandeln zeigt eine besondere Dynamik in der Verbindung zwischen Wissen und Handeln; dies setzt „Wissen voraus, aber im Moment des Handelns wird kein bewusster Bezug auf das Wissen erlebt; stattdessen scheint die Situation zu einer bestimmten Reaktionsweise zu zwingen" (Bromme 1992: 122). Der Handlungsplan eines Experten ist flexibler und entsteht im jeweiligen situativen Kontext. Erfahrene Lehrer können in einer Unterrichtssituation sehr schnell reagieren, ohne zu analysieren oder bewusst ihre Schritte und Entscheidungen zu planen. Experten wenden in bestimmten Situationen nicht einfach nur Wissen an, sondern definieren einen Fall gelegentlich auch als neu, stellen sich in der Situation neue Fragen und finden neue Handlungsroutinen. Der Aufbau von Routinen ist zwar an sich wichtig für das Überleben im beruflichen Alltag einer Lehrkraft, jedoch sind Experten nicht ausschließlich von Routinen abhängig, da sie sie von Fall zu Fall auch neu entwickeln und sie nicht in normativ orientierten Unterrichtsrezepten verharren, unabhängig davon, ob sie auf die Situationen passen oder nicht.

Da sich Expertise bereichsspezifisch entwickelt, hat dies Auswirkungen auf die Gestaltung der Lehrerausbildung. Es werden entsprechende Ausbildungselemente benötigt, die längerfristig und berufsorientiert angelegt sind (vgl. Bromme & Haag 2008: 811). Weiterhin argumentieren die Autoren, dass die Ausbildung von Reflexion Bestandteil der universitären Ausbildung sein solle:

> Situationsbezogenes und erfahrungsbezogenes Wissen ist wichtiger Bestandteil von Expertenwissen. Deshalb müssen die Lehramtsstudenten schon in der Ausbildung mit der Schulwirklichkeit konfrontiert werden. [...]. Deshalb fordert die Entwicklung zur Lehrerexpertise Elemente einer Ausbildung, die es den Lehramtsstudenten ermöglicht, sich von ihrer eigenen früheren Erfahrung als Schüler zu distanzieren und die eigene Schulzeit zu reflektieren. Dies bedeutet, dass kategoriales und metakognitives Wissen auf akademischem Wege gelernt werden muss (Bromme & Haag 2008: 811).

Festzuhalten ist, dass die Ausbildung von Reflexion neben Wissen und Handeln Bestandteil der Entwicklung von Lehrerexpertise ist. Wichtig sind in diesem

Zusammenhang, dass in der universitären Lehrerausbildung zahlreiche Reflexionsgelegenheiten geboten werden, die es ermöglichen, kategoriales und metakognitives Wissen ausbilden zu können. Langfristig gesehen können erst über Reflexion berufliche Routinen aufgebrochen werden. Ein Lehrer zeigt dann professionelles Handeln, wenn er sein eigenes Handeln analysiert und kontinuierlich reflektiert, um so sein Erfahrungswissen auszubauen.

Eine Möglichkeit, die Entwicklung von Expertise zu erklären, stellen Dreyfus et al. (1986) in ihrem Kompetenzmodell vor. Es wird im Folgenden gezeigt, dass die Rolle von Reflexion im Modell von Dreyfus nicht in allen Stufen der Kompetenzentwicklung vorkommt und deshalb differenziert zu betrachten ist.

Reflexion im Modell der Entwicklung von Expertise (Dreyfus et al.)

Dreyfus et al. (1986) nehmen an, dass in der Entwicklung von Novizen hin zu Experten fünf Kompetenzebenen durchlaufen werden sollen. Ihr Modell der Wissensexpertise verweist zusätzlich zu den erwähnten fünf Stufen auf weitere Facetten hin (vgl. Benner 2001: 13). In der Entwicklung werden abstrakte Prinzipien durch erfahrungsbasierte Prinzipien ersetzt, löst sich die Betrachtung von einzelnen Bestandteilen hin zu der Erfassung der Komplexität einer Situation und aus einem unparteiischen und distanzierten Beobachter wird ein involviert Handelnder. Das Stufenmodell von Dreyfus et al. (1986) stammt zwar nicht aus dem pädagogisch-didaktischen Diskurs, da es sich auf künstliche Intelligenz und den Grenzen technologischen Denkens bezieht, liefert jedoch mit dem interessanten fünfschrittigen Stufenmodell von Expertise, in dem Novizen und Experten jeweils zwei entgegengesetzte Pole bilden, eine geeignete theoretische Grundlage für diese Studie.

Tabelle 3.1 stellt das Stufenmodell von Dreyfus et al. (1986) dar und berücksichtigt die für diese Untersuchung relevanten Unterschiede in den Bereichen Situationsanalyse und Problemlösung.

Nach diesem Modell zur Entwicklung von Expertise erwerben Novizen auf der ersten Stufe ihre neuen Fähigkeiten durch Instruktion, in dem Glauben, dass es klare und objektive Regeln und Handlungsanweisungen gibt. Die Leistung, ein bestehendes Problem zu lösen, liegt in der Anwendung dieser Regeln: „Elements of the situation to be treated as relevant are so clearly and objectively defined for the novice that they can be recognized without reference to the overall situation in which they occur. We call such elements ,context-free'" (Dreyfus et al. 1986: 21). Die Problemformulierung, zu der ein Novize in der Lage ist, ist hauptsächlich

Tabelle 3.1: Stufenmodell der Professionalisierung (Darstellung in Anlehnung an Dreyfus et al. 1986: 50, Angermann 2005: 221ff., Koch-Priewe 2002)

	Situationsanalyse	Problemlösung
Stufe 1: Novize	Instruktion kontextfrei übernommen Geringe Wahrnehmung der Komplexität einer Situation	Schlichte Anwendung von Regeln
Stufe 2: Fortgeschrittener Anfänger	Erste Erfahrungen und deren Bewältigung, Antizipation und Planung, aber hierarchisch strukturiert, wenig flexibel Kontextfrei, aber mit situationalen Elementen angereichert	Unstrukturiertes Problemlösen
Stufe 3: Kompetenter Praktiker	Starre Orientierung an Regeln lässt nach, kontextuelles Wissen vorhanden	Unstrukturiert, aber auch outcome-orientiert und z.T. reflexiv
Stufe 4: Gewandter Praktiker	Bewusste Entscheidungen und überlegtes Handeln, holistisches Verständnis Kontextbezogen und situational: Abgleich mit Erfahrungswissen	Grundsätzliches Verstehen; unabhängige Entscheidungen
Stufe 5: Experte	Hohes Maß an Flexibilität, Antizipationsfähigkeit Kontextbezogen und situational: Abgleich mit Erfahrungswissen, routiniert	Intuitive kategoriale Wahrnehmung, kritische Betrachtung der eigenen Ausgangslage → nicht unbedingt immer reflexiv

unstrukturiert und unabhängig vom Kontext, in dem er agiert. Der Novize möchte zwar durchaus den beruflichen Anforderungen gerecht werden, jedoch fehlen ihm übergreifende Kategorien, nach denen er eine Situation beurteilen könnte (vgl. Dreyfus et al. 1986: 22).

Auf der zweiten Stufe, die des fortgeschrittenen Anfängers, erfolgt die Kompetenzentwicklung über weitere praktische Erfahrung, in der der Anfänger neue Situationen mit bereits stattgefundenen vergleicht (*situational elements*). Die eigene Erfahrung steht eher im Vordergrund als die Beschreibung von Definitionsregeln. Auf diesen beiden ersten Stufen fühlen sich die Anfänger noch nicht verantwortlich für ihr Handeln, da sie ja externe Regeln anwenden. Auch die Fähigkeit zur Verbalisierung des Handelns im reflexiven Sinne ist in dieser Stufe noch nicht ausreichend ausgeprägt.

Auf der Stufe des kompetenten Praktikers gibt es reflexive Elemente, jedoch handelt eine Person auf dieser Stufe nach einem klar definierten, hierarchisch geordneten Entscheidungsmuster: „In general, a competent performer with a goal in mind sees a situation as a set of facts.[…]. He has learned that when a situation has a particular constellation of those elements a certain conclusion should be drawn, decision made, or expectation investigated" (Dreyfus et al. 1986: 24). Der kompetente Praktiker benötigt kein objektives, normativ festgelegtes Regelwerk mehr. Stattdessen kann er auf bereits gemachte Erfahrungen zurückgreifen. Die Notwendigkeit, die jeweilige Situation bei der Handlungsentscheidung zu berücksichtigen und gleichzeitig diese hierarchische Entscheidungsfolge anzuwenden, führe laut Dreyfus et al. (1986) zu einer neuen Beziehung zwischen Handelndem und seinem Handlungskontext:

> The competent performer, […] after wrestling with the question of the choice of a plan, feels responsible for, and thus emotionally involved in, the product of his choice. While he both understands and decides in a *detached* manner, he finds himself intensely *involved* in what occurs thereafter (Dreyfus et al. 1986: 26).

In der vierten Stufe, der Stufe des gewandten Praktikers, entwickelt sich die Fähigkeit zu kategorialer Wahrnehmung, die laut Dreyfus und Dreyfus durch bereits erlebte Erfahrungen und funktionierende Handlungen zu einem Erfahrungsschatz ausgebildet wird.[58] Das zur Ausbildung der kategorialen Wahrnehmung erforderliche Erfahrungswissen ermöglicht dem gewandten Praktiker, nicht nur die Situation zu verstehen, sondern die Handlungen und strategischen Entscheidungen simultan darauf abzustimmen. Eine Eigenschaft, die den gewandten Praktiker von den vorherigen Stufen abgrenzt, ist Intuition, die genau dann zutage tritt, wenn er eine Abweichung zu bisherigen Routinen feststellt. Im Gegensatz zum Experten ist sich der gewandte Praktiker jedoch auf der analytischen Ebene noch dieser Abweichung bewusst. Dreyfus et al. (1986) argumentiert: „The proficient performer, while intuitively organizing and understanding his task, will still find himself thinking analytically about what to do" (Dreyfus et al. 1986: 26).

Dagegen sind die Fähigkeiten eines Experten bereits so mit seiner Person verbunden, „that he need be no more aware of it than he is of his own body. […] When things are proceeding normally, experts don't solve problems and don't make decisions; they do what normally works" (Dreyfus et al. 1986: 30–

---

58 Bezeichnung im englischen Original *holistic similarity recognition* (vgl. Dreyfus et al. 1986: 28); in der Übersetzung von Bromme „kategoriale Wahrnehmung" (Bromme 1992)

31). Dreyfus und Dreyfus gehen davon aus, dass Experten in ihren jeweiligen Fachgebieten häufig unreflektiert und ohne Distanz arbeiten:

> In the idealized picture of the skillfully coping expert that we have just presented it might seem that experts never think and are always right. Of course, in reality things are otherwise. While most expert performance is ongoing and nonreflective, when time permits and outcomes are crucial, an expert will deliberate before acting. But as we shall show shortly, this deliberation does not require calculative problem solving, but rather involves crtically reflecting on one's intuitions. And even after critical reflection, experts' decisions don't always work out (Dreyfus et al. 1986: 31–32).

Wenn, wie ausgeführt, Reflexion Bestandteil der Entwicklung von Expertise ist und zumindest phasenweise auftritt, stellt sich die Frage, welche Rolle Reflexion in Professionalisierungsprozessen spielt. Dazu werden erneut die Arbeiten von Shulman (1986) herangezogen.

Reflexion im Professionsmodell von Lee S. Shulman

In Shulmans Professionalitätsbegriff ist Selbstreflexion ein wichtiger Bestandteil. Selbstreflexion liefere Begründungen für das eigene Handeln und lasse dadurch Handeln professionell erscheinen:

> What distinguishes mere craft from profession is the indeterminancy of rules when applied to particular cases. The professional holds knowledge, not only of how – the capacity for skilled performance – but of what and why. The teacher is not only a master of procedure but also of content and rationale, and capable of explaining why something is done. The teacher is capable of reflection leading to self-knowledge. [...]. A professional is capable not only of practicing and understanding his or her craft, but of communicating the reasons for professional decisions and actions to others (Shulman 1986: 13).

Wenn durch Reflexion pädagogisch-didaktische Begründungen erfolgen können, stellt sich die Frage, wie diese reflexiven Prozesse angeleitet werden können. Dazu hat Shulman (Shulman 1987) neben der Wissenstypologie auch ein Professionsmodell entwickelt, das zyklisch aufgebaut ist und aus den folgenden Komponenten besteht: Begreifen der Situation (*comprehension*), Umsetzung (*transformation*), Anleitung (*instruction*), Evaluation (*evaluation*), Reflexion (*reflection*) und neues Begreifen der Situation (*new comprehension*). Shulman geht dabei davon aus, dass dem Unterrichten eine spezielle Form der Expertise zugrunde liegt (vgl. Shulman 1987: 12) und kritisiert, dass in der Diskussion um den *effective teacher* durch die Forschung und Bildungspolitik pädagogische Begründungselemente wie beispielsweise Reflexion schlichtweg ignoriert worden seien:

> In the discussion of teaching that follows, we will emphasize teaching as comprehension and reasoning, as transformation and reflection. This emphasis is justified by the resoluteness with which research and policy have so blatantly ignored those aspects of teaching in the past (Shulman 1987: 13)

Reflexion definiert Shulman (1987) in seinem Professionsmodell als zyklischen Prozess, der durch Erfahrung gewonnen werde. Dabei ist Reflexion laut Shulman nicht ausschließlich eine Fähigkeit oder Strategie, die einmal erlernt wird. Stattdessen zeige sich Reflexion auch in der Verwendung unterschiedlicher Arten analytischen Wissens: „It is that set of processes through which a professional learns from experience. [...]. Here again, it is likely that reflection is not merely a disposition [...] or a set of strategies, but also the use of particular kinds of analytic knowledge brought to bear on one's work" (Shulman 1987: 19).

Shulman führt in seinem Professionsmodell nicht weiter aus, wie er seine Wissenstypologie mit Reflexionsfähigkeit in Verbindung setzt. Kritiker plädieren deshalb für eine Ergänzung seines Klassifikationsmodells um die Kategorie *self-knowledge* (Turner-Bisset 2001). Diese neue Kategorie sei notwendige Voraussetzung für ein höheres Reflexionslevel (vgl. auch Hamachek 1999). Eng damit verbunden ist, wie Turner-Bisset (2001) argumentiert, das Bild, das Lehrer von sich im Verlauf der Ausbildung entwickeln und das wiederum ihre Perspektive auf Lernprozesse der SuS bestimmt:

> One's orientation towards learning to teach is bound up with one's image of self as teacher: until beginning teachers resolve their self-images as teachers, they cannot turn their focus outward and concentrate on children's learning. Their ability to reflect may be effectively denied them until their self-image as a teacher is established. [...]. Thus knowledge of self, and honesty about oneself as a person and as a teacher, is an essential knowledge base, for without it, teachers cannot engage fully in the processes of reflection which can greatly aid teacher development. Knowledge of self, including the ability to engage in professional growth through reflection, means that one can learn so much more from all the teaching contexts and experiences one has (Turner-Bisset 2001: 122).

Für Turner-Bisset (2001) gehört damit Reflexionsfähigkeit zur Wissensbasis dazu. Die Kategorie des *self-knowledge* kann damit als eine Erweiterung des Professionsmodells von Shulman (Shulman 1987) gesehen werden.

Fazit: Rolle von Reflexion in den unterschiedlichen Expertise- und Professionsmodellen

In den dargestellten Expertise- und Professionsmodellen ist Reflexion ein wichtiger Bestandteil. Unterschiede liegen im Prozess des Erwerbs von Reflexionsfähigkeit. Vor allem die Frage, ob ein Experte reflexiv handelt oder nicht, wird von den einzelnen Modellen unterschiedlich beantwortet, wie im Folgenden aufgezeigt wird.

Auf der Stufe des Experten gibt es einen deutlichen Unterschied zwischen dem Expertise-Modell nach Dreyfus et al. (1986) und der Expertenforschung nach Bromme (1992). Das Modell von Dreyfus et al. ermöglicht zwar durch seine Stufung einen möglichen Entwicklungsverlauf von Novizen, jedoch spielt Reflexionskompetenz in der fünften Stufe, dem Expertenstatus, nur dann eine Rolle, wenn ein Experte bewusst über sein Handeln nachdenkt. Reflexion muss also bewusst aktiviert werden. Für Bromme ist Reflexion dagegen integraler Bestandteil der Entwicklung von (Lehrer-)Expertise.

Ein weiterer Unterschied zwischen diesen theoretischen Ansätzen der Expertenforschung liegt in der Frage, ob und wie Experten ihr professionelles Wissen artikulieren können. Dreyfus et al. (1986) argumentieren, dass Experten intuitiv, auf der Basis ihres Erfahrungswissens, Entscheidungen treffen, weniger reflexiv. Experten würden erst dann reflektieren, wenn sie Zeit hätten oder wenn das Ergebnis ihrer Handlungen und ihrer Entscheidungen als kritisch einzustufen sei. Für Bromme dagegen ist die Entwicklung von Reflexionsfähigkeit bereits Bestandteil der Ausbildung (vgl. Bromme & Haag 2008: 811) und ein wichtiges Merkmal von Lehrerexpertise. Darüber hinaus gehen Dreyfus et al. (1986) nicht davon aus, dass jeder den Status eines Experten erreichen wird (vgl. Dreyfus et al. 1986: 21). Sie gehen auch nicht explizit darauf ein, inwieweit jede einzelne Stufe durchlaufen werden muss, bevor die nächste Stufe erreicht werden kann (vgl. Angermann 2005: 227).

Hinsichtlich des Modellaufbaus besteht ein Unterschied zwischen Dreyfus et al. (1986) und Shulman (1987). Das Modell von Dreyfus et al. (1986) ist durch seine Stufung als hierarchisch einzustufen, während das Professionsmodell von Shulman (1987) zyklisch aufgebaut ist. Dadurch ist Expertise kein statischer Prozess, der ab einer bestimmten Stufe abgeschlossen ist, sondern ein kontinuierlicher dynamischer Prozess der Professionalisierung, der auch die Artikulation des Expertenwissens über Reflexion offen lässt. Dies steht, wie bereits ausgeführt, im Gegensatz zur fünften Stufe bei Dreyfus et al. (1986).

Die zirkuläre Idee von Aktion und Reflexion, die Shulmans Professionsmodell (Shulman 1987) zugrunde liegt, stellt einen Prozess dar, der bislang in Expertenstudien eher weniger beachtet wurde: „In much of the explications of expertise reported above, expertise is perceived as a state of superior performance reached as a result of years of experience and practice" (Tsui 2003: 17). Tsui (2003) hebt in ihren Fallstudien diese Vorstellung von Expertise als Prozess hervor: „Expertnovice comparisons give a static picture; they show what experts are like, but they do not show how experts acquire and maintain expertise" (Tsui 2003: 19). Tsui (2003) definiert Expertise als Prozess der Exploration. Expertise sei über Reflexion beschreibbar (vgl. Tsui 2003: 277–278). In ihrer Adaption für den Bereich der Pflegewissenschaften geht auch Benner davon aus, dass die höchste Stufe der Expertise die Fähigkeit zur Reflexion beinhaltet (vgl. Benner 2001: 215).

Es kann festgehalten werden, dass Reflexion zwar als Teil der Lehrerexpertise und individueller Professionalisierungsprozesse konzeptualisiert werden kann, jedoch bislang kein Modell Zugang zu den Inhalten von Reflexion bietet, obwohl eine Funktion von Reflexion die Weiterentwicklung des professionellen Wissens ist und deshalb die Kategorie *self-knowledge* relevant ist. Weiterhin wird über Reflexion das eigene Erfahrungswissen analysiert und kann darüber beschrieben werden. Dazu sind Kategorien notwendig, die auch von den jeweiligen Inhaltsbereichen bestimmt werden.

Mit Bezug auf den Zeitpunkt von Reflexion kann auf Bromme (Bromme & Haag 2008) verwiesen werden, der zum Ausbau der kategorialen Wahrnehmung bereits in der universitären Ausbildung zahlreiche Reflexionsmöglichkeiten für Studierende empfiehlt. Um den Prozess der zyklischen Exploration eigenen Wissens und Handelns anzubahnen, wie es Shulmans Professionsmodell (Shulman 1987) vorsieht, fehlen bislang geeignete Beschreibungen dieser reflexiven Haltung.

Da in der wissenspsychologischen Novizen-Experten-Forschung der Reflexionsbegriff nicht inhaltlich gefüllt ist und nur eingeschränkt der Zeitpunkt und die Kontextfaktoren von Reflexion benannt werden, wird in der hier vorliegenden Studie der professionstheoretische Zugang der Expertenforschung um eher philosophisch orientierte handlungstheoretische Analysen von Schön (Schön 1983, 1988) und Deweys Analysen zum Konstrukt Reflexion (Dewey 1933) ergänzt. Das folgende Kapitel stellt deshalb diese gängigen Reflexionsmodelle vor, die sowohl Zeitpunkte wie auch Kontextfaktoren von Reflexion näher beschreiben. Empirische Ergebnisse zur Rolle von Reflexion in forschenden Lernprozessen, in der individuellen Professionalisierung von Studierenden, als Bestandteil der universitären Ausbildung und der Rolle der Lehrerausbilder ergänzen die theoretischen Ausführungen.

3.2 Basismodelle zum Konstrukt Reflexion

Nahezu alle Forscher sind sich in einem Punkt einig: Reflexion ist eine bestimmte Form des Denkens (Dewey 1933, Korthagen 2002). Dabei geht es einerseits um den Prozess des Zurückblickens auf bestehende Annahmen und Grundsätze, um sicher zu gehen, dass nachvollziehbare Begründungsmuster dem Handeln vorausgegangen sind. Andererseits bedeutet Reflexion auch ein Vorwärtsblicken, um mögliche Auswirkungen und Konsequenzen des eigenen Handelns abschätzen zu können (vgl. Valli 1997: 68). Wie später noch gezeigt werden wird, ergänzt Schön (Schön 1983, 1988) dieses Bild um den Aspekt der Reflexion in der Gegenwart des Handelns (*reflection-in-action*).

Im Folgenden wird erläutert, in welcher theoretischen Tradition der Reflexionsbegriff steht. Anschließend wird das Konstrukt Reflexion definiert (s. S. 151), das dann die Grundlage für die empirische Analyse darstellt.

3.2.1 Reflexion aus pragmatistischer Sicht: John Dewey

Ansätze von *Reflective Practice* im anglo-amerikanischen Kontext lassen sich vor allem im US-amerikanischen Pragmatismus[59] ausmachen. In seinem Werk *How*

---

59 Pragmatistisch bezieht sich in diesem Zusammenhang auf die Methode des Pragmatismus, die die Bedeutung und den Wahrheitsgehalt einer Aussage oder eines Urteils nach seinen möglichen praktischen Konsequenzen bemisst (vgl. Hickman 2004: 9). Erkenntnis erfolgt über praktisches, experimentelles Handeln. Deshalb gilt der Pragmatismus auch als handlungsorientierte Wissenschaft, bei der sich die Theorie aus der Praxis heraus entwickelt (vgl. Lex 2006: 14). Als Hauptvertreter des amerikanischen Pragmatismus gelten William James, Charles Sanders Peirce, John Dewey und sein Schüler Georg Herbert Mead, wobei Dewey selbst den Begriff Pragmatismus nicht wählt, sondern stattdessen von Experimentalismus oder Instrumentalismus spricht (vgl. für eine ausführlichere Darstellung von Deweys Erziehungsphilosophie unter professionstheoretischer Perspektive im sportpädagogischen Diskurs Rottländer 2008: 10ff.). Auch wenn der Pragmatismus hauptsächlich mit dem US-Wissenschaftskontext in Verbindung gebracht wird, sind ursprüngliche Elemente in Europa zu suchen: „[Pragmatism] is a philosophy that bears a name from the Greek by way of Kant.

we think (1933), das als Ausgangspunkt für Studien zum Konzept der Reflexion gesehen werden kann, definierte Dewey Reflexion als eine Form der Problemlösung, als „active[60], persistent, and careful consideration of any belief or supposed form of knowledge in the light of the grounds that support it and the further conclusions to which it tends" (Dewey 1933: 9). *Reflective thinking* in Deweys Sinn bezieht sich auf „(1) a state of doubt, hesitation, perplexity, mental difficulty, in which thinking originates, and (2) an act of searching, hunting, inquiring, to find material that will resolve the doubt, settle and dispose of the perplexity" (Dewey 1933: 12). Für Dewey beginnt Reflexion beim Willen, schwierige Inhalte zu durchdringen, indem weitere Informationen gesammelt werden und neues Wissen angeeignet wird. Reflexives Denken birgt ein vorausschauendes Moment in sich: „[It] enables us to direct our activities with foresight and to plan according to ends-in-view, or purposes of which we are aware" (Dewey 1933: 17).

Im Reflexionsprozess durchläuft ein Individuum fünf Phasen (vgl. Dewey & Dewey 2002: 56): Vermutungen über mögliche Lösungen, Durchdringung der Komplexität des Problems, Entwickeln einer Hypothese zur „Datenerhebung" (im Sinne von Beobachtungsdaten), weitere Ausformulierung und Hypothesentestung durch beispielsweise konkretes Handeln.

Ein wichtiges Element in Deweys Reflexionsmodell (s. Abbildung 3.1) ist das zyklische Moment, das sich in einer zweifachen Bewegung äußert:

> Eine von den gegebenen, unvollständigen und ungeordneten Einzeltatsachen zu einem möglichen und alles einschließenden Ganzen, welches, da es nur eine mögliche Lösung, nur eine Deutung, eine Idee darstellt, zurück zu den Einzeltatsachen, um diese untereinander und mit weiteren Tatsachen zu verbinden, auf welche die Gedanken die Aufmerksamkeit gelenkt haben [...]. Ein vollständiger Denkakt umfasst beides (Dewey 2002: 62).

Notwendige Voraussetzung für diesen zyklischen Reflexionsprozess ist eine offene Grundhaltung (*open-mindedness*), ein bestehendes Problem aus verschiede-

---

[...]. Peirce, James and Dewey all discuss its roots in the history of Western philosophy." (Campbell 1996: 13).

    Trotz der umfassenden Darstellung von Bittner (2001) zur Rezeption von Dewey in der deutschen Pädagogik nimmt der Pragmatismus im deutschen erziehungswissenschaftlichen Diskurs noch immer eher eine Randposition ein. Bellmann (2007) wirft deshalb die Frage auf, inwieweit die Rezeption von Dewey auf ein Missverständnis zurückzuführen sei; vgl. zu dieser Frage auch Neubert (2004: 26) sowie das Vorwort von Oelkers zu Deweys Werk „Demokratie und Erziehung" (Dewey 2008). Seit 2000 wendet sich die Forschung verstärkt pragmatistischen Überlegungen zu, wie an den neueren Publikationen zu erkennen ist (vgl. auch Bittner 2001, Oelkers 2009a, Rottländer 2008).

60 Aktiv bedeutet in diesem Zusammenhang, intellektuell Verantwortung für das persönliche Handeln zu übernehmen (vgl. Law et al. 1998: 23).

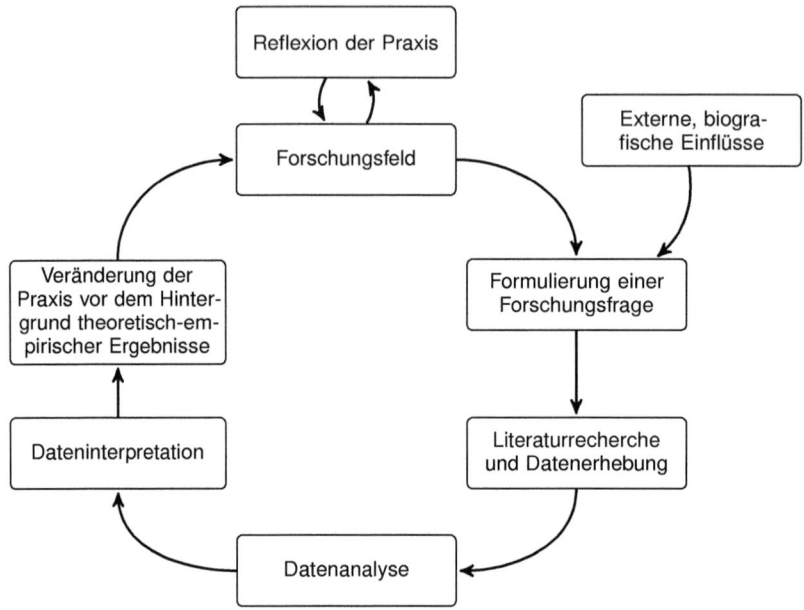

Abbildung 3.1: Reflexionsmodell nach Dewey (Dewey 2002)

nen Perspektiven zu betrachten und Annahmen kontinuierlich zu hinterfragen (vgl. Loughran 1996, Fishman 1998: 16, Calderhead 2006: 36, Hatton & Smith 1995: 3). All diese individuellen Einstellungen einer Person prägen die Neigung zur Reflexion, wie auch Dilger (vgl. Dilger 2007: 216) darlegt, und sollten deshalb systematisch entwickelt werden. Dewey argumentiert, dass eine solche Haltung trainiert werden kann: „What can be done, however, is to cultivate those attitudes that are favorable to the use of the best methods of inquiry[61] and testing. Knowledge of this methods alone will not suffice; there must be the desire, the will, to employ them" (Dewey 1992: 224).

Dewey kontrastiert Reflexion mit einer Form des Denkens, das unkritisch, nicht systematisch, nicht begründet ist und deshalb möglicherweise falschen Annahmen unterliegt (vgl. Dewey 1933: 16). Erst der Wille zu Reflexion und das sich daran anschließende Moment der Suche begründet Reflexion: „One can think reflectively only when one is willing to endure suspense and to undergo the

---

61   Der Begriff *inquiry* kann nur schwer ins Deutsche übersetzt werden, wie auch Schäfer (2005) unter Rückgriff auf die Arbeiten von Martin Suhr ausführt: „Martin Suhr entschließt sich aus Gründen, die an der angegebenen Stelle ausführlich erörtert werden, für die deutschen Termini ‚Forschung' und ‚Untersuchung'. Wenn der Grundbegriff ‚inquiry' von Dewey auf pädagogische Kontexte bezogen wird, übersetzte ich diesen Terminus mit ‚forschendes Lernen'" (Schäfer 2005: 126).

trouble of searching" (Dewey 1933: 16). An anderer Stelle formuliert Dewey diesen Aspekt als einen Unterschied zwischen verschiedenen Stufen des zirkulären Reflexionsprozesses: „Es ist das Vorhandensein oder Nicht-Vorhandensein dieser Stufe, das weitgehend den Unterschied zwischen der echten Reflexion (oder dem kritisch überlegenden Denken) und dem unkritischen Denken bildet" (Dewey 2002: 58).

Deweys Handlungsanalysen konzentrieren sich hauptsächlich auf zwei Aspekte: Routine und Reflexion. Erstere entsteht hauptsächlich durch Tradition, Autorität und impulsivem, unreflektiertem Handeln. Ein Handeln aus Routine heraus führe zu einer unreflektierten Übernahme von Traditionen und etablierten Sichtweisen (vgl. Zeichner & Liston 1996: 9). Routinen werden aus dieser Perspektive zwar nicht abgelehnt, müssen jedoch hinterfragt werden. Dieses Hinterfragen ist Teil des Lernprozesses eines Individuums (vgl. Nicholls 2001: 61–62). Deshalb fordert Dewey eine kritische Haltung gegenüber jeglicher Autorität und jeglicher Tradition (vgl. Dewey 2002: 109–110). Indem Individuen eine kritisch-distanzierte Haltung einnehmen, brechen sie tradierte Sichtweisen auf: „Command of scientific methods and systematized subject-matter liberates individuals; it enables them to see new problems, devise new procedures, and, in general, makes for diversification rather than for set uniformity" (Dewey 1929: 12). In Deweys Bildungsbegriff lässt sich also eine aufklärerische Komponente finden. Valli (1997) argumentiert: „A fundamental purpose of education is to help people acquire habits of reflection so they can engage in intelligent action. [...]. It is not simply the transmission of information, which is actually a burden if not understood or used" (Valli 1997: 69). Beim reflektierenden Denken geht es also darum, auftretende Probleme nicht mit vorgefertigten Handlungsanweisungen zu begegnen, sondern sie immer neu zu formulieren.[62] Durch kontinuierliche Beobachtung soll Denken und Handeln flexibel, variantenreicher und unabhängiger von pädagogischer und fachlicher Tradition werden:

> Continued investigation reveals other relevant facts. Each investigation and conclusion is special, but the tendency of an increasing number and variety of specialized results is to create new points of view and a wider field of observation. Various special findings have a cumulative effect; they reinforce and extend one another [...]. This intellectual tool affects his attitudes and modes of response in what he does. Because the range of understanding is deepened and wi-

---

62 Diese Form des *reframing of a problem* wird im nächsten Abschnitt mit Bezug auf Donald Schön erneut aufgegriffen.

dened he can take into account remote consequences which were
originally hidden from view and hence were ignored in his actions.
[...]. At the same time, his practical dealings become more flexible.
Seeing more relations he sees more possibilities, more opportunities.
He is emancipated from the need of following tradition and special
precedents. His ability to judge being enriched, he has a wider range
of alternatives to select from in dealing with individual situations
(Dewey 1929: 20–21).

In Deweys Reflexionsmodell steht nicht ausschließlich die theoretisch-reflexive
kognitive Analyse im Vordergrund, sondern die Lösung von praktischen Problemen durch Erfahrung, die auch emotionale und ästhetische Komponenten
einschließt (vgl. Hickman 2004: 11). In der Erfahrung selbst kann Reflexion stattfinden: „Erfahrung ist nichts Starres, Abgeschlossenes. Sie ist lebendig und im
Wachsen begriffen. [...]. Aber in der Erfahrung ist auch die Reflexion mit einge-
schlossen" (Dewey 2002: 114).

Zusammenfassend sind in Deweys Reflexionsmodell grundlegende Voraussetzungen für Reflexion Offenheit und Aufgeschlossenheit, um sich in einen aktiven
und stringent durchdachten Prozess der Problemlösung begeben und eine kritisch-distanzierte Haltung, auch gegenüber Autoritäten oder tradiertem Wissen,
entwickeln zu können. Lernaufgabe des Einzelnen ist, diese Art des Denkens zu
erlernen, indem er sich die Fähigkeit aneignet, zwischen Überzeugungen und
begründeten Annahmen zu unterscheiden.

Für die hier vorliegende Untersuchung sollen folgende Aspekte von Deweys
Reflexionsmodell für eine vorläufige Definition des Konstruktes Reflexion geltend
gemacht werden: Reflexion als individueller Zyklus der Analyse, Hypothesenge-
nerierung, Datenerhebung und -interpretation; Betonung der Entwicklung von
Erfahrungswissens und des kritischen Hinterfragens von Handlungsalternativen.

Da der Schwerpunkt in den Arbeiten von Dewey auf einer Beschreibung der
reflexiven Prozesse liegt, muss noch ein spezifischerer Bezug zu Prozessen der
Professionalisierung im Lehrberuf erfolgen. Deshalb wird im folgenden Abschnitt
das Konstrukt Reflexion durch mögliche Zeitpunkte von Reflexion ergänzt, wie
sie in der Handlungstheorie von Donald Schön formuliert werden, der aus epis-
temologischer Perspektive in der Tradition von Dewey steht.

3.2.2 *The Reflective Practitioner*: Reflexion in der Handlungstheorie von Donald Schön

In seinen Fallstudien hochqualifizierter Berufsgruppen analysiert Donald Schön (Schön 1983, 1988) das Handeln von Experten wie Architekten, Psychotherapeuten und industriellen Entwicklern und untersucht, was ihre Professionalität ausmacht. Seine Studien belegen, dass Experten, wenn sie mit neuen, unvorhersehbaren Situationen konfrontiert sind, in denen reine Wissensanwendung und erworbene Routinen, die zuvor über *knowing-in-action*[63] (vgl. Schön 1988: 22) gelöst wurden, nicht ausreichen, um eine neue Situation zu bewältigen. Dazu sei eine hohe Problemlösefähigkeit nötig, die sich durch ein hohes Maß an Reflexion auszeichnet. Diese neuen Situationen, mit denen sich Experten konfrontiert sehen, sind komplex und in ihrem Ausgang unsicher. Deshalb reicht das vorhandene Handlungs- und Wissensrepertoire nicht aus. Das professionelle Wissen, das Experten ursprünglich für solche Situation erworben hätten, folge zwar dem in akademischen Institutionen tradierten systematischen Wissenskorpus, genüge jedoch nicht den Anforderungen der beruflichen Praxis: „They have assumed that academic research yields useful professional knowledge and that the professional knowledge taught in the schools prepares students for the demands of real-world practice. Both assumptions are coming increasingly into question" (Schön vgl. 1988: 9–10, Calderhead 2006: 36). Schön wendet sich damit in seiner Arbeit explizit gegen die Dominanz technischer Rationalität (*technical rationality*, Schön 1983: 21ff.). Damit lehnt er auch die Wissensapplikationsthese ab. Da die technische Rationalität ein Ergebnis einer positivistischen Erkenntnistheorie von Praxis (vgl. Schön 1983: 31) sei, reiche diese für die Lösung von Problemen nicht mehr aus:

---

63 Schön bezieht sich hier auch auf die Vorarbeiten von Ryle (1949) und Polanyi (1967) zum *tacit knowledge* (vgl. Schön 1988: 22). Er bezeichnet mit dem Konzept des *knowing-in-action* ein spontanes, nahezu intuitives Bewusstsein, dass Praktiker in ihrem Handeln aufweisen. Sie handeln, ohne sich gleichzeitig darüber bewusst zu sein. In neuen, möglicherweise eher problematischen und in ihrem Ausgehen unsicheren Situationen tritt in Schöns Konzept der Prozess des *reframing* ein, also einer Neustrukturierung eines Problems durch reflexive Prozesse. Damit ist das Handeln der Praktiker potentiell bewusstseinsfähig, ohne immer bewusst abrufbar zu sein. Die *theories-in-use* der professionellen Praktiker sind nicht direkt zu erschließen: „[They] are tacit theories of action, guiding their moves when they are in the mode of practicing their professions, although they cannot have access to that knowledge when they are asked about it" (Pakman 2000: 6). Dieses *professional setting*, ein Begriff, den später Clarke unter Bezug auf Schön einführt (vgl. Clarke 1995: 246), zeichnet sich durch die Kombination verschiedener Handlungstypen aus und grenzt sich von vorherrschenden westlichen Denktraditionen ab: „This emphasis in Schön's work on uncertainty, intuition, and value judgments is a helpful correction to Dewey's more Western emphasis on sequential logic and rationality in reflective thought" (Valli 1997: 70–71).

Technical Rationality depends on agreement about ends. When ends are fixed and clear, then the decision to act can present itself as an instrumental problem. But when ends are confused and conflicting, there is as yet no 'problem' to solve. A conflict of ends cannot be resolved by the use of techniques derived from applied research. It is rather through the non-technical process of framing the problematic situation that we may organize and clarify both the ends to be achieved and the possible means of achieving them (Schön 1983: 41).

Positivistisch bedeutet in diesem Zusammenhang, dass aus erkenntnistheoretischer Perspektive praktisches Wissen zwar nicht geleugnet wird, jedoch in seiner Relevanz dem theoretischen Wissen gegenüber eine eher untergeordnete Rolle einnimmt. Ausgehend von seiner Kritik an der technischen Rationalität, die durch diese Wissensapplikation und der Dominanz wissenschaftlichen Wissens entstehe (vgl. Schön 1983: 21ff.), stellt Schön ein dreiphasiges Modell von *Reflective Practice* vor, das aus drei Handlungstypen besteht, die in ihrer Kombination erfolgreiches professionelles Handeln ausmachen. Diese Handlungstypen werden im Folgenden detaillierter dargestellt.

- Handlungstyp I (*reflection-for-action*) lässt sich als erste Stufe bezeichnen, die sich auf die in der Planungsphase auftretende Reflexion bezieht. Darin analysiert der professionelle Praktiker die Voraussetzungen, die gegeben sein müssen, um erfolgreich professionell zu handeln.

- Handlungsmodus II (*reflection-in-action*) ist nicht allein über Routinen zu lösen. Insbesondere die Fähigkeit zu diesem Handlungsmodus zeichnet den professionellen Praktiker aus, der in einer Situation sein Handeln flexibel den gegebenen Bedingungen anpasst. Kurzfristig betrachtet der reflektierende Praktiker eine Situation sozusagen aus der Vogelperspektive, analysiert sie und modifiziert sein Handeln entsprechend. Möglich wird dies durch Rückgriff auf bereits vorhandene Strukturen: „When a practitioner makes sense of a situation he perceives to be unique, he *sees* it as something already present in his repertoire. [...]. The familiar situation functions as a precedent, or a metaphor, or an exemplar for the unfamiliar one" (Schön 1988: 67).

- Handlungstyp III (*reflection-on-action*) zeichnet sich als Reflexions- und – in Schöns Terminologie – Handlungsmodus durch die Bewusstmachung der bereits stattgefundenen Handlung aus. Dieser Prozess wird durch folgende Fragen initiiert: Was hat funktioniert? Was nicht und vor allem, warum nicht? Welche Konsequenzen können für das nächste Mal gezogen werden? Dieser Fragezyklus bringt den reflektierenden Praktiker wieder an seinen Ausgangspunkt, dem Handlungsmodus I (*reflection-for-action*), zurück (vgl. Danielson 2008: 130–131). Auf diese Weise kann sich der Handelnde auch über seine Routinen bewusst werden.

Alle Handlungsmodi stellen komplexe kognitive Mechanismen dar, die durchaus auch logische wie auch moralische Prozesse der Entscheidungsfindung und des Handelns beinhalten (vgl. Hatton & Smith 1995: 4). Die Handlungsmodi *reflection-in-action* sowie *reflection-on-action* enthalten auch einen zeitlichen Aspekt: Zum Zeitpunkt der Reflexion, entweder genau in der Handlung (als eine Art Metaebene) oder direkt nach der Handlung, sind die Aspekte, über die reflektiert wird, bereits vergangen. Bei diesem Handlungsmodus III geht es nicht nur um eine nachträgliche Reflexion über die Situation, sondern eher um ein „Innehalten" in der Situation, wie Schön argumentiert: „In an *action-present* – a period of time, variable with the context, during which we can still make a difference to the situation at hand – our thinking serves to reshape what we are doing while we are doing it" (Schön 1988: 26). Im Gegensatz dazu bezieht sich Handlungsmodus I (*reflection-for-action*) auf einen proaktiven Prozess, der vor der Handlung stattfindet (vgl. auch Norlander-Case et al. 1999: 30).

Anknüpfungspunkt für reflexive Prozesse in Schöns Reflexionsmodell ist das *problem setting* (Schön 1988, vgl. auch Clarke 1995: 245), das durch Prozesse des *reframing* neu entwickelt wird. Reflektierende Praktiker durchlaufen eben diese Prozesse des *reframing*, indem sie auf der Grundlage ihres Erfahrungswissens ein Problem neu interpretieren (vgl. Zeichner & Liston 1996: 16–17). Im Gegensatz zur Wissensapplikationsthese argumentiert Schön, dass reflektierende Praktiker lernen müssen, Probleme nicht „einfach" zu lösen, wie es Ziel technischer Rationalität sei, sondern komplexe Probleme zu erforschen, Hypothesen zu testen und das Problem neu zu formulieren (vgl. auch Hatton & Smith 1995: 4, Calderhead 2006: 36). In diesem Prozess treten Unsicherheiten aus, die reflektierende Praktiker aushalten müssen. Erst durch diesen Prozess des *framing* entstehe ein neues Verhältnis zwischen ‚Forschung' und ‚Praxis', das neue Formen der Kooperation zwischen Forscher und Praktiker ermögliche (vgl. Schön 1983: 323):

> When we reject the traditional view of professional knowledge, recognizing that practitioners may become reflective researchers in situations of uncertainty, instability, uniqueness, and conflict, we have recast the relationship between research and practice. For on

this perspective, research is an activity of practitioners. It is triggered by features of the practice situation, undertaken on the spot, and immediately linked to action. There is no question of an 'exchange' between research and practice or of the 'implementation' of research results, when the frame- or theory-testing experiements of the practitioner at the same time transform the practice situations. Here the exchange between research and practice is immediate, and reflection-in-action is its own implementation (Schön 1983: 308–309).

Die Form der Erforschung (*inquiry*) der Praxis in Handlungsmodus II (*reflection-in-action*) hat experimentellen Charakter (Schön 1983: 335). Der Handelnde testet in einer Situation, die ihn überrascht oder verwirrt, da sie nicht dem Erwarteten entspricht, seine Hypothesen, wie er das Problem lösen könnte. Damit kann er zweierlei erreichen: ein neues Problemverständnis (*framing*) oder eine Veränderung der Situation (vgl. Schön 1988: 72). Bedeutung wird in der Handlung selbst konstruiert. Erst durch die Reflexion der Situation unter Rückgriff auf das abgespeicherte Erfahrungswissen wird ein neuer Handlungsspielraum kreiert (erneutes *problem framing*) und es werden Handlungsmöglichkeiten eröffnet: „Through complementary acts of naming and framing, the practitioner selects things for attention and organizes them, guided by an appreciation of the situation that gives it coherence and sets a direction for action" (Schön 1983: 4). Eine Abkehr der von Schön kritisierten technischen Rationalität bedeutet, bereits erwähnte Unsicherheiten aushalten zu können: „This indeterminate zones of practice – uncertainty, uniqueness, and value conflict – escape the canons of technical rationality. When a problematic situation is uncertain, technical problem solving depends on the prior construction of a well-formed problem" (Schön 1988: 6). Die Fähigkeit zur Problemlösung über ein neues *problem framing* macht dann die professionelle Kompetenz aus. Professionelles Handeln entsteht entsprechend durch das Zusammenspiel aller drei Handlungsmodi. Für den Professionalisierungsprozess ist es deshalb wichtig, möglichst viele förderliche Reflexionsgelegenheiten über eigenes berufliches Handeln zu erhalten (vgl. auch Clarke 1995: 258).

In Schöns Professionsmodell spielt die Ausbildung von Reflexion bereits am Anfang der Professionalisierungsphase eine große Rolle. Um die Professionalisierung über Reflexionsprozesse zu einem frühen Zeitpunkt zu entwickeln, schlägt Schön in Anlehnung an das Designstudio in der Architektur ein *reflective practi-*

cum in der Lehrerausbildung vor (vgl. Schön 1983: 79, Schön 1988: 157ff.[64]). Im Zentrum eines reflexiven Praktikum steht eine Form des Coaching, das die Form eines Dialogs zwischen Coach (Mentor oder *Supervisor*) und Student annimmt:

> In their dialogue, coach and student convey messages to each other not only, or even primarily, in words but also in the medium of performance. The student tries to do what she seeks to learn and thereby reveals what she understands or misunderstands. The coach responds with advice, criticism, explanations, descriptions – but also with further performance of his own. When the dialogue works well, it takes the form of reciprocal reflection-in-action. The student reflects on what she hears the coach say or sees him do and reflects also on the knowing-in-action in her own performance. And the coach, in turn, asks himself what this student reveals in the way of knowledge, ignorance, or difficulty and what sorts of responses might help her (Schön 1983: 163).

Aufgabe des Coaches ist es, über Lern- und Explorationsprozesse, die an oben erwähnte Handlungsprozesse in Schöns Konzept anschließen, den reflexiven Dialog aufrechtzuerhalten (vgl. auch Schön 1983: 168). MacKinnon & Erickson (1988) leiten aus Schöns Konzept drei Charakteristika für ein fachspezifisches reflexives Praktikum ab:

- das reflexive Praktikum fungiert als virtuelle Welt, als Experimentierfeld für die angehenden Lehrer: „[It] represents the practice world, but which allows the student to experiment" (vgl. MacKinnon & Erickson 1988: 118).

- das reflexive Praktikum wird durch einen Coach begleitet, der als Mentor und Vertreter seines Faches agiert. Dies kann neben Illustrationsprozessen zunächst Formen des *Microteachings* beinhalten, in der der Student zunächst den Coach beobachtet, um in einem nächsten Schritt eigenes Erfahrungswissen zu entwickeln und theoriegeleitet zu reflektieren.

- das reflexives Praktikum wird als Lernzyklus konzeptualisiert, der kontinuierliche Prozesse des *Framing* und *Reframing* beinhaltet: „Learning how one reflects-in-action and reflects-on-action by the framing and reframing of indeterminate situations" (MacKinnon & Erickson 1988: 118). Dieser Lernzyklus bezieht sich sowohl auf den Coach als auch auf den Studenten (vgl. Schön 1983: 165).

---

64 Vgl. für die Umsetzung dieses reflexiven Praktikums die entsprechende Literatur zur sogenannten realistischen Lehrerausbildung in den Niederlanden, vor allem die Forschungsarbeiten von Korthagen (2001, 2002).

Ein Ziel der Ausbildung von Reflexionskompetenz ist, dass Lehrer befähigt werden, Lösungsmöglichkeiten für ihre eigene Praxis finden (vgl. Luttenberg & Bergen 2008: 544). Außerdem kann man Schöns Überlegungen dahingehend ausweiten, dass die Ausbildung von Reflexionskompetenz das unterrichtliche Handeln in Unsicherheit (vgl. Floden & Clark 1988: 505) ermöglichen könnte. Eine These ist, dass eine frühe Professionalisierungsphase über reflexive Prozesse und die Ausbildung einer forschenden Haltung diese Entwicklung begünstigen könnte.

Zusammenfassend zeigt sich die Relevanz von Reflexion in Schöns Professionsmodell im Zusammenspiel aller drei Handlungsmodi (*reflection-before, in* und *after-action*). Seine Handlungstheorie, die sich auf das Individuum und seine Reflexion der professionellen Praxis bezieht, spezifiziert damit das Konstrukt Reflexion. In der kontinuierlichen Auseinandersetzung mit dem eigenen Handeln durchläuft der reflektierende Praktiker Prozesse des *problem framing*, erforscht das eigene implizite Wissen und tritt gleichsam in einen kritischen Dialog mit seinem eigenen Wissen und seiner eigenen Praxis. Es geht also nicht darum, möglichst viel Wissen anzueignen, sondern Probleme reflexiv zu durchdringen. Eine reine Rezeptologie entspricht nicht den Anforderungen an professionelles Lehrerhandeln. Vorrangiges Ziel dieser zirkulären Reflexionsprozesse ist laut Schön nicht, eine eindeutige Lösung zu finden, sondern ein Problem aus verschiedenen Perspektiven betrachten zu können, es gleichsam mehrperspektivisch zu erforschen. Der Weg hin zum professionellen, reflektierenden Praktiker ist ein aktiver Selbstlernprozess, der durch eine kritische Reflexion des eigenen Handelns in beruflichen Schlüsselsituationen gekennzeichnet ist.[65]

Unklar ist bislang, ob reflexive Prozesse ihrem Anspruch genügen, eine forschende Haltung zu evozieren, die sich durch Handlungsalternativen zu einer bestimmten Situation oder einer bestimmten Ausgangslage auszeichnet. Festzuhalten ist, dass in den dargestellen Reflexionsmodellen reflexive Prozesse individuell, mehrperspektivisch und situationsspezifisch zu betrachten sind. Inwieweit diese Annahmen eine empirische Überprüfung ermöglichen und welche empirischen Ergebnisse zum Konstrukt Reflexion bislang vorliegen, wird im folgenden

---

65 Vergleicht man Dewey und Schön in ihren Ausführungen zu Reflexion, stellt sich die Frage, inwieweit Schöns Handlungsmodi zu einem Platzhalter im deutschen Diskurs geworden sind. Die Popularität von Schöns Konzept des reflektierenden Praktikers und die mangelnde Referenz zu Dewey stehen in einem gewissen Widerspruch. Ein Grund dafür liegt nach Ansicht der Verfasserin in dem klaren Mangel an Rezeption des anglo-amerikanischen (pragmatistischen) Diskurses (s. S. 113).

Abschnitt dargestellt. Es werden Untersuchungsinstrumente vorgestellt, die geeignet sind, das Konstrukt Reflexion empirisch zu erfassen. Diese empirischen Studien werden unter besonderer Berücksichtigung der Forschung zu Studierenden dargestellt, um im Anschluss daran die dieser Studie zugrundeliegende Definition von Reflexion für eine empirische Überprüfung operationalisierbar zu machen.

3.2.3 Empirische Ergebnisse zum Konstrukt Reflexion

Die folgenden Abschnitte geben einen Überblick über empirische Studien, in denen das Konstrukt Reflexion eine Rolle spielt, und zwar auf verschiedenen Ebenen und in unterschiedlichen Ausbildungskontexten. Zunächst werden diejenigen empirischen Studien zu Varianten studentischer Forschung (forschendes Lernen und Aktionsforschung) dargestellt, die die Reflexion der Studierenden über Unterricht oder studentische Forschung berücksichtigen. Insgesamt festzustellen ist, dass Reflexion bislang wenig im Zusammenhang mit dem forschenden Lernen empirisch untersucht wurde, obschon das forschende Lernen als hochschuldidaktischer Ansatz die Professionalisierung von Studierenden anstrebt (vgl. Schneider 2009: 11). Daher stellt sich aus empirischer Sicht die Frage, ob die Reflexionsfähigkeit durch studentische Forschung erhöht werden kann. Wie im Folgenden ausgeführt wird, treten in diesem Zusammenhang auch forschungsmethodische Probleme auf.

Als Konstrukt ist Reflexion aufgrund seiner intrapsychischen Verortung nicht an sich überprüfbar, sondern kann nur über Rückschlüsse auf mentale Prozesse erforscht werden (vgl. Hatton & Smith 1995: 10–11, Korthagen 2002). Aus einer direkten Beobachtung eines reflektierenden Praktikers oder auch methodische Verfahren wie *stimulated recall* lassen sich Rückschlüsse auf die Reflexionsprozesse ziehen. Schriftliche Berichte über Unterricht und Aufzeichnungen von Dialogen gelten deshalb bislang als „best venues for honing this skill" (Danielson 2008: 131–132).

Viele Studien, die das Konstrukt Reflexion empirisch ermitteln, bewegen sich im Kontext der qualitativen Inhaltsanalyse, indem verschiedene Textformen (Interviews, Portfolios oder verschriftlichte Gruppendiskussion) kategoriengeleitet analysiert werden (Bannink & van Dam 2007, Davis 2006, Hatton & Smith 1995,

Lee 2007, Spalding & Wilson 2002). Vorausgesetzt wird dabei, dass durch die Verschriftlichung von Gedanken Reflexionsprozesse eingeleitet werden können.

Forschendes Lernen und Reflexion

In seiner Studie zum forschenden Lernen in der Lehrerausbildung untersucht Schneider (2009) im Anschluss an eine Darstellung des Reformdiskurses in der Lehrerbildung verschiedene studentische Textdokumente (Analysen von Schulprofilen und Examensarbeiten), die im Rahmen des Berufspraktischen Halbjahres an der Universität Dortmund erstellt wurden, hinsichtlich ihrer „hochschuldidaktischen Potentiale für die Situierung von Praxis innerhalb einer wissenschaftlichen Lehrerbildung" (Schneider 2009: 306). Dabei nimmt er eine inhaltsanalytische Untersuchung der studentischen Texte in Anlehnung an Mayring vor, die auf einer von Schneider konzipierten formativ-inhaltsanalytischen Kategorienbildung basiert. Im Ergebnis kann er zeigen, dass „Forschendes Lernen in Praxisstudien" dann erfolgreich ist, wenn es gelingt, innerhalb didaktischer Lehr-Lern-Settings Theorie, Empirie und Praxis als bedeutsame Bezugspunkte für die Lernprozesse der Studierenden zu entfalten bzw. kokonstruktiv mit zu entfalten.

Das forschende Lernen steht zwar in der Untersuchung von Schneider im Zentrum der Analyse, jedoch spielen studentische Reflexionen weder im theoretischen Rahmen noch bei der Operationalisierung des Konstruktes eine Rolle.

In Marita Schocker-von Ditfurths ethnografischer Studie (2001) steht das berufliche Selbstverständnis von Fremdsprachenstudierenden im Vordergrund, wie sie es zu Beginn ihres Praktikums äußern. Unter Bezugnahme auf die Lehrerausbildungsforschung und professionstheoretischer Ansätze, vor allem dem Forschungsprogramm „Subjektive Theorien" und Donald Schöns Konzept des reflektierenden Praktikers, stellt Schocker-von Ditfurth ein Ausbildungsmodell im Kontext des Fachpraktikums vor, in dem die Studierenden sich mit folgenden Bereichen auseinandersetzen sollen: ihrem lernbiografisch prägenden Erfahrungswissen, ausgewählten fachdidaktischen Wissensbeständen und den Lehr-Lern-Prozessen im fremdsprachlichen Klassenzimmer (vgl. Schocker-v. Ditfurth 2001: 119). In dieser Studie wurden verschiedene Erhebungsinstrumente eingesetzt. Schriftliche Befragungen der Studierenden und leitfadengestützte Interviews zu Beginn des Praktikums, ein pädagogisches Tagebuch, forschende Lernprozesse in Praktikumsschulen, *stimulated recall* einer selbst gehaltenen Unterrichtsstunde und eine evaluative Schlussbefragung am Ende des Praktikums (vgl. Schocker-v. Ditfurth 2001: 184ff.). Insgesamt nahmen 16 Studierende an der Erhebung teil.

Ein Ergebnis der Studie ist die Entwicklung von vier Fällen, die die Perspektive der Studierenden auf fremdsprachlichen Unterricht repräsentieren: „Die Anglophile", „der Pädagoge", „die Unsichere", „der Entertainer" (vgl. Schocker-v. Ditfurth 2001: 270–345). Ihre Ergebnisse ordnet Schocker-von Ditfurth in die Handlungsmodi von Donald Schön ein (vgl. Schocker-v. Ditfurth 2001: 359–366), ohne jedoch zu explizieren, welche Relevanz diese Einordnung für die Erstellung ihrer Fälle hat. Schocker-von Ditfurth schlägt auf der Basis ihrer Studie vor, erziehungswissenschaftliche Ansätze zum Lehrerprofessionswissen und zum forschenden Lernen in den fachdidaktischen Diskurs einzubinden, damit die Studierenden schon im Studium einen forschenden Zugang zum fremdsprachlichen Klassenzimmer aufbauen können.

Die Studie von Schocker-von Ditfurth ist bislang die einzige, die die forschenden Lernprozesse von Fremdsprachenstudierenden untersucht. Studentische Reflexionen spielten in dieser Studie insofern eine Rolle, als die Studierenden während des Praktikums fremdsprachlichen Unterricht in entsprechenden Tagebüchern reflektierten.

Feindt (2007) analysiert in seiner Studie zu studienbiografischen Verläufen und Forschungspraxen forschender Lehramtsstudierenden insgesamt 19 narrative Interviews mit Studierenden nach der dokumentarischen Methode nach Bohnsack. Sein professionstheoretischer Zugang ist von strukturtheoretischen Prämissen, vor allem Oevermann und Helsper, geprägt; im Hinblick auf den Ort und dem Zeitpunkt der Reflexion argumentiert er auch mit Schön und seiner Ablehnung der technischen Rationalität. Anhang von zwei prominenten Fällen aus dem studentischen Sample macht Feindt deutlich, dass die Einstiege der Lehramtsstudierenden in ihr Studium deutlich divergieren und nicht alle untersuchten Studierenden das Berufsziel Lehramt von Anfang an eingeplant haben. Während des Studienverlaufs spielen für die untersuchten Studierende folgende Aspekte eine Rolle: Eine aktive Studiengestaltung, personelle und thematische Kontinuität und die Fokussierung auf erziehungswissenschaftliche und methodische Angebote. Den forschenden Lernprozess bevorzugen die Studierenden vor allem durch den praxisrelevanten Anteil an den Schulen, der sich häufig durch intensive persönliche Kontakte auszeichnet, und die Möglichkeit der Fortführung in Examensklausuren.

Hinsichtlich des Reflexionsmoments unterscheidet Feindt zwischen Reflexivität erster und zweiter Ordnung (Reflexion der Schul- und Unterrichtspraxis und Reflexion des eigenen studentischen Forschungsprozesses).

Auf der Basis kontrastierender Fälle macht Feindt vier Typen studentischer Forschung im Lehramtsstudium aus: Forschung im Modus der Umsetzung formaler Anforderungsstrukturen (Typ I), Forschung im Modus reflexiver Sozialität (Typ II), Forschung im Modus reflexiver Erkenntnisgenerierung (Typ III), Forschung im Modus informierender Sozialität (Typ IV) (vgl. Feindt 2007: 238ff.). Inwieweit die Typenbildung von externer Seite überprüft wurde, führt Feindt nicht aus. Die Studie endet mit einem Plädoyer und hochschuldidaktischen Empfehlungen für die Einbindung sozialer und kommunikativer Praxis in Form von Projekten oder Forschungswerkstätten, in denen die Ausbildung von Reflexivität im Vordergrund steht (vgl. Feindt 2007: 250). Er deutet in diesem Zusammenhang mögliche Aktionsforschungsprojekte an, in der „Reflexivität an das eigene Handeln gebunden [wird]" (Feindt 2007: 271). Damit verbindet Feindt forschendes Lernen nicht nur explizit mit der Entwicklung einer reflexiven Haltung, sondern auch mit der vor allem in der anglo-amerikanischen Lehrerbildung institutionalisierten Aktionsforschung. Dazu liegen bereits einige empirische Befunde vor. Diese sind Bestandteil des nun folgenden Abschnitts.

Insgesamt gesehen wird das Reflexionskonstrukt in den vorgestellten empirischen Studien wenig präzisiert. Auch die Operationalisierung der Kategorien ist, wie ausgeführt, aus forschungsmethodischer Sicht nicht immer nachvollziehbar. Die Studien geben jedoch methodische Hinweise, wie forschende Lernprozesse der Studierenden empirisch untersucht werden könnten. Zu nennen wären hier vor allem Inhaltsanalysen von pädagogischen Tagebüchern und anderen studentischen Artefakten. Die Verwendung von Fallstudien zur Darstellung der Ergebnisse erwies sich als tragfähig. Erforderlich für das Gelingen ist eine hohe Transparenz im Entwicklungs- und Darstellungsprozess.

Aktionsforschung

Eine besondere Variante empirischer Forschung stellt die Aktionsforschung[66] dar. Da sich forschende Lernprozesse der Studierenden in der späteren Tätigkeit als Lehrkraft in Form von Aktionsforschungsprojekten realisieren können, werden die empirischen Ergebnisse aus dem US-amerikanischen Diskurs zur Aktionsforschung an dieser Stelle mit aufgenommen.

Gore & Zeichner (1991) stellen nach ihrer Analyse von Aktionsforschungsprojekten an der Universität Wisconsin-Michigan fest, dass viele Lehramtsanwärter trotz der Aktionsforschungsprojekte kein Verständnis von *reflective practice* zeigen und ihre Reflexionen wenig kritisch sind (vgl. auch Wideen et al. 1998: 148). Einschränkend muss gesagt werden, dass das Sample in dieser Studie (18 Lehramtsanwärter) klein ist und die als Intervention angelegte Studie auch aus forschungsmethodischer Sicht explorativen Charakter aufwies.

Im Gegensatz dazu kann die Studie von Seider & Lemma (2004) auf einen breiter angelegten Datensatz (Erhebungszeitraum 1992-2001 an der *Central Connecticut State University*) zurückgreifen. Erhebungsinstrumente waren Fragebögen an ehemalige Studierende des Aktionsforschungsmoduls, in denen ihnen *Multiple-Choice*-Fragen gestellt wurden, mit denen das Vorhandensein einer explo-

---

66 Ursprünglich geht die Aktionsforschung auf Kurt Lewin (sozialpsychologische Schule und Aktionsforschung im institutionellen Kontext, Lewin 1946) zurück und wird später mit den Arbeiten von Stenhouse (1975) zur Curriculumentwicklung an der Universität *East Anglia* in Großbritannien verbunden. Aus dieser Tradition entstand die Idee des *Teacher as Researcher*. In der Aktionsforschung wird professionelles Handeln über die Erforschung der eigenen Praxis erreicht, im Gegensatz zur in den 1970er Jahren in Großbritannien dominierende Strategie des *Research, Development und Dissemination R-D-D* (vgl. Feindt 2007: 30), die sich in sehr detaillierten Lehrplänen mit konkreten Handlungsanweisungen niederschlug. Die R-D-D-Strategie betonte die „Spezifizierung messbarer Lernresultate im Vorhinein und das Training von Lehrerinnen hinsichtlich spezifischer Fertigkeiten [...], um diese Ergebnisse zu erreichen" (Korthagen 2002: 70). Im Gegensatz dazu sah Stenhouse (1975) die Lehrkraft in einer wesentlich aktiveren Rolle: Für ihn war sie vor Ort, in den Schulen, die wahren Experten für ihr Handeln und sollten deshalb an der Entwicklung der Curricula beteiligt werden (lehrerzentrierte Curriculumsreform). Es fand ein Perspektivenwechsel statt: Die Fragestellungen für die empirischen Untersuchungen sollten nicht mehr von der Wissenschaft gestellt, sondern aus der Praxis generiert werden. Forschungsziel sollte nicht wissenschaftliche Kenntnisse im Sinne der Grundlagenforschung sein, sondern eine Verbesserung der Praxis (vgl. Altrichter & Posch 2007: 13).

Eine Besonderheit in dieser Form empirischer Forschung ist die Übereinstimmung zwischen Handelnden und Forschenden, denn dabei ist die Lehrperson gleichzeitig auch Forscher. In diesem Zusammenhang ist auch die Genese der Forschungsfragen zu sehen: Sie stammen weniger aus externer, theoriegeleiteter Fragestellung, sondern eher aus einer Problemstellung der Praxis. Der Forscher ist explizit Teil des sozialen Feldes. Damit ist die eigentliche Datenerhebung bereits Teil des Prozesses der Interaktion zwischen Forscher und Feld. Aus methodischer Sicht wirft dies durchaus Fragen auf, die aber eher die grundsätzlichen Prämissen der Aktionsforschung betreffen als ihre jeweilige Ausführung.

Auch in der Aktionsforschung hat die Fähigkeit zur Reflexion einen hohen Stellenwert: „Diese Art der gemeinsamen Reflexion [...] ist ein zentrales Charakteristikum dessen, was Schön *reflektierende Praxis* nannte und andere, einschließlich meiner Person, als *Handlungsforschung* bezeichnet haben" (Korthagen 2002: 69).

rativen Grundhaltung gegenüber eigenem Unterricht geprüft werden konnte. Außerdem wurde eruiert, inwieweit die Probanden auch in ihrer Tätigkeit als Lehrer Aktionsforschungsprojekte durchführen. Im Anschluss daran wurden Fokus-Interviews mit Probanden, die den Fragebogen beantwortet hatten, durchgeführt. Ein dritter Zugang stellte die Einschätzung der Kollegen und Vorgesetzten dar.

Ein Ergebnis war, dass Lehrende zwar ein *inquiry mindset* nach der Durchführung von Aktionsforschungsprojekten aufweisen, jedoch in ihrem Alltag keine neuen Projekten organisieren (vgl. Seider & Lemma 2004: 226). Die Lehrenden geben als ausschlaggebenden Faktor für die Weiterführung von Aktionsforschungsprojekten die Schulkultur und die Unterstützung durch Kollegen, weniger durch die Vorgesetzten, an. Insgesamt gesehen schätzen die Lehrenden dieses Format als sehr hilfreich für ihre Professionalisierung ein (vgl. Seider & Lemma 2004: 227), obwohl sie den zeitlichen und organisatorischen Aufwand als sehr hoch einschätzten. Deshalb sei es auch hilfreich für sie gewesen, Aktionsforschungsprojekte bereits im universitären Studium durchzuführen. Die Autoren schlussfolgern, dass die Relevanz von Aktionsforschungsprojekten durch eine kontinuierliche Verbesserung der organisatorischen Bedingungen erhöht werden könne. In diesem Zusammenhang seien auch eine Verfeinerung der Untersuchungsinstrumente und weitere Untersuchungen zur Analyse unterstützender Bedingungsvariablen an den Schulen notwendig.

Es konnte anhand der beiden empirischen Studien zur Aktionsforschung in zwei Lehrerausbildungsprogrammen aufgezeigt werden, dass sich nach der empirischen Überprüfung von Aktionsforschungsprojekten die bisherigen Erwartungen hinsichtlich eines hohen Niveaus der kritischen Reflexionsfähigkeit der Studierenden nur zum Teil erfüllt haben (s. Studie von Gore & Zeichner 1991). Die institutionelle Verankerung von Aktionsforschung in vielen universitären Lehrerausbildungsprogrammen eröffnet neue Forschungsoptionen, beispielsweise die Möglichkeit, auch längerfristige Studien zur Wirksamkeit von Aktionsforschung in Form von Längsschnittstudien durchzuführen. Die positiven Rückmeldungen in der Studie von Seider & Lemma (2004) zeigen, dass nicht nur US-Lehrerausbilder von Aktionsforschungsprojekten überzeugt sind, sondern auch jetzige Lehrer, die ein solches Ausbildungsmodul durchlaufen haben. Wichtig erscheint in diesem Zusammenhang, dass geeignete Ausbildungsmodule vorliegen müssen, in denen die Studierenden erfolgreich Aktionsforschungsprojekte durchführen können.

Aus forschungsmethodischer Sicht scheint sich als empirischer Zugang zu Aktionsforschungsprojekten ein exploratives Forschungsdesign zu eignen, da bis heute keine bestehenden Erhebungsinstrumente vorliegen, um zu überprüfen, inwieweit Aktionsforschungsprojekte die Reflexionsfähigkeit erhöhen (s. Studie von Gore & Zeichner 1991).

Reflexion als Teil der individuellen Professionalisierung der Lehramtsanwärter

Aus hochschuldidaktischer Sicht gibt es zahlreiche andere Varianten, Reflexion zu ermöglichen. Diese wurden zum Teil bereits empirisch erforscht. Es handelt sich dabei um die Durchführung von kleinen empirischen Projekten, *case studies* und Portfolios oder auch Supervisionselemente. Diese Elemente kommen häufig in einer reflexiven Lehrerbildung zum Einsatz (vgl. Valli 1997: 82).

Bislang weiß die Forschung relativ wenig darüber, worüber die Studierenden reflektieren und welche Inhalte bei Novizen im Vordergrund der Reflexion stehen. Eine Ausnahme bilden hier die Studien von Regula von Felten (2005) und Davis (2006). In den folgenden Abschnitten werden die für diese Untersuchung relevanten empirischen Studien dargestellt.

Inwieweit sich in Praxisphasen eine Wirksamkeit hinsichtlich der Reflexionsfähigkeit der Studierenden nachweisen lässt, untersucht die umfangreiche Studie von Regula von Felten (2005). Sie strebt die Überprüfung der Wirksamkeit eines reflexiven Praktikums in Form eines Quasi-Experiments an. Dabei spielt die fachliche Ausrichtung der studentischen Reflexionen keine Rolle. Es wurde untersucht, wie Studierende in einem reflexiven Praktikum im Vergleich zu einem herkömmlichen ihr unterrichtliches Handeln analysieren und reflektieren (vgl. von Felten 2005: 37). Die Studierenden im reflexiven Praktikum erhielten als Teil der Intervention zusätzliche Weiterbildungsveranstaltungen durch die Dozentin. Die Samplegröße belief sich in der ersten Institution, die untersucht wurde, auf 25 Studierende und 25 Praxislehrpersonen; in der zweiten Institution auf 55 Studierende und 32 Praxislehrpersonen.

Die Studierenden bewerteten ihre Praktika in standardisierten Fragebögen zu zwei Messzeitpunkten (vor und nach dem Praktikum), die Praxislehrpersonen (Mentoren) lediglich nach der Intervention. Es handelt sich hier um eine Selbsteinschätzung der Studierenden und der Lehrenden, nicht um tatsächlich analysierten Unterricht. Bereits bestehende Skalen zur Selbststeuerung und dem

Indikatorenkatalog zur Erhebung überfachlicher Kompetenzen wurden in den Fragebogen (6-stufige Likert-Skala) für die Studierenden integriert (siehe für eine ausführlichere Darstellung von Felten 2005: 66). Das Konstrukt Reflexion wurde in dieser Studie über Items, die hauptsächlich aus Donald Schöns Handlungstheorie abgeleitet wurden, in einem eigens entwickelten Fragenbogen operationalisiert. Folgende drei Skalen sind in diesem Zusammenhang erwähnenswert: Reflexion des eigenen Handelns, Erproben neuer Handlungsweisen, Handeln in der Situation (vgl. von Felten 2005: 286). Die Erhebungsinstrumente dieser Studie sind genau auf die Praktikumssituation in einer einphasigen Lehrerausbildung abgestimmt. Deshalb steht das eigene unterrichtliche Handeln im Vordergrund.

Die Perspektive der SuS wurde zusätzlich über eine weitere schriftliche Befragung einbezogen. Um die Qualität des Unterrichts der Studierenden aus der Sicht der SuS zu ermitteln, wurde ein Fragebogen an die SuS zum Schul- und Klassenklima verteilt, der Skalen zum Handeln der Lehrperson umfasste. Zusätzlich wurden zum zweiten Messzeitpunkt qualitative Interviews mit Studierenden und Praxislehrpersonen durchgeführt.

Die Ergebnisse dieser Studie zeigen, dass die Intervention erwartungskonform zu systematischen Unterschieden zwischen dem herkömmlichen und dem reflexiven Praktikum führte (vgl. von Felten 2005: 165), und zwar in fünf von acht Elementen. Van Felten fasst zusammen: „Das reflexive Praktikum [förderte] die Reflexion und Entwicklung des Handelns in stärkerem Masse [...] als das herkömmliche Praktikum. [...] [Es förderte] die Aufarbeitung impliziten Wissens und die Reflexion der Erfahrungen und ermöglichte den Studierenden, ihr Handeln bewusst zu entwickeln" (von Felten 2005: 165–166). Die Studierenden aus der Experimentalgruppe weisen eine deutlich höhere Reflexionstiefe auf als die Studierenden aus der Kontrollgruppe. Auf der Basis der Fragebogenergebnisse sowie der Rückmeldungen aus den Interviews lässt sich feststellen, dass das reflexive Praktikum sowohl für Studierende wie auch Praxislehrpersonen Vorteile hinsichtlich des Erfahrungswissens zu bringen scheint. Folgende Aspekte wurden kritisch angemerkt. Es sei fraglich, ob das reflexive Praktikum zu besseren Ergebnissen als das herkömmliche Praktikum führe. Außerdem können nicht alle Studierenden und Praxislehrpersonen vom reflexiven Praktikum gleichermaßen profitieren, vor allem diejenigen mit wenig Erfahrung im Unterrichten (vgl. von Felten 2005: 167).

Festzuhalten ist, dass die Reflexionstiefe ein bestimmender Faktor der Wirkung eines reflexiven Praktikums ist. Die Bedeutung der Reflexionstiefe soll für die Konstruktentwicklung in der hier vorliegenden Studie berücksichtigt werden.

In der empirischen Studie von Davis (Davis 2006) werden schriftliche Reflexionen von Primarstufenstudierenden (*preservice elementary science teachers*) über ihren Unterricht in den Kategorien „Lerner und Lernen", „Fachwissen", „Leistungsbeurteilung" und „Unterricht" (unter dem Begriff *instruction* gefasst) analysiert. Die Stichprobengröße der studentischen Reflexionen belief sich auf im Schnitt 70 *reflective journals* von 25 Primarstufenstudierenden in ihrer Praxisphase. Die befragten Studierenden befanden sich im 3. Semester eines forschungsorientierten Lehrerausbildungsprogramms in den USA. Insgesamt schrieben sie insgesamt 272 Einträge in ein Online-Portfolio und bearbeiteten zweimal im Semester Reflexionsaufgaben, die nach eigenen Unterrichtsstunden verfasst wurden (vgl. Davis 2006: 285).

Reflexion definiert Davis folgendermaßen: „I use reflection to indicate what preservice teachers write in response to a task in which they are asked to reflect on their teaching" (Davis 2006: 282). Darüber hinaus unterscheidet Davis auf qualitativer Ebene zwischen unproduktiver und produktiver Reflexion. Sie definiert unproduktive Reflexion als deskriptiv und wenig analytisch: „They do not consistently provide evidence for their claims, generate alternatives to their decisions, or question their assumptions" (Davis 2006: 282). Indikator für produktive Reflexion ist der Grad der Analyse des Unterrichts:

> Providing reasons for decisions, giving evidence for claims, generating alternatives, questioning assumptions, identifying the results of one's teaching decisions, and evaluating (rather than simply judging) one's teaching all indicate analysis of one's teaching (Davis 2006: 283).

Im Fall von produktiver Reflexion integrieren Studierende verschiedene Reflexionsaspekte: *learners and learning, subject matter knowledge, assessment, and/or instruction.* Theoretisch begründet Davis diesen Variantenreichtum der Reflexionen unter Bezugnahme auf die Expertenforschung: „Expert teachers, to be sure, demonstrate a more complex view of teaching than do preservice teachers – they see, attend to, and analyze the connections and relationships in a classroom" (Davis 2006: 283). Die Kodierung der studentischen Reflexionen wurde am Ende der Praxisphase vorgenommen. Die Interraterreliabilität, die von einer weiteren

Person für 10% des Datenmaterials vorgenommen wurde, betrug über 90% (vgl. Davis 2006: 28).

Die Ergebnisse weisen eine gewisse Widersprüchlichkeit auf: 26% der Einträge zeigen keinerlei Integration verschiedener Reflexionselemente, sondern lediglich eine deskriptive Analyse. Dagegen werden in 32,9% der Einträge an bestimmten Stellen in den studentischen Reflexionen alle Reflexionsaspekte integriert (vgl. Davis 2006: 290). Deshalb lautet eine Empfehlung von Davis, die Studierenden kontinuierlich dazu anzuregen, auf höherem Niveau zu reflektieren und bestimmte Inhaltsbereiche wie Lerner und ihre Lernprozesse und fachliches Wissen verstärkt zu berücksichtigen, wie dies die Studierenden in diesem Sample bereits taten (vgl. Davis 2006: 294). Dies steht im Gegensatz zu den bisherigen Befunden der Forschungsliteratur (LaBoskey 1994). Davis zieht folgende Schlussfolgerung: „To make good use of this written reflection, though, teacher educators must attend carefully to what aspects of teaching the preservice teachers consider, emphasize, and most importantly integrate, as well as how they analyze their teaching" (Davis 2006: 295).

Die Studie von Davis (Davis 2006) ist bislang die einzige, die die Inhalte studentischer Reflexionen analysiert, wobei die Studierenden zukünftige Lehrer naturwissenschaftlicher Fächer sind. Es wurde gezeigt, dass die Reflexionsbereiche insofern wichtig sind, als die Reflexionen der Studierenden fachspezifisch geprägt sind. Im Bereich der Reflexionen von Fremdsprachenstudierenden kann ein deutliches Forschungsdesiderat festgestellt werden.

Reflexion als Bestandteil der universitären Ausbildung

Clarke (1995) unterstellt, dass Einigkeit über die Notwendigkeit der Reflexion von schulischer Praxis bestehe (vgl. Clarke 1995: 245, auch Hatton & Smith 1995), die Frage sei nur, an welcher Stelle in der Ausbildung und in welchem Kontext. Die Ergebnisse der US-amerikanischen Forschung zur Wirksamkeit der unterrichtspraktischen Ausbildung (vgl. Metaanalyse von Wideen et al. 1998) sind eher ernüchternd – so das Fazit von Dubs (2008) – aber im Hinblick auf die Relevanz von Reflexion jedoch aussagekräftig: „Bedeutsam sind die theoretische Reflexion der praktischen Erfahrung, und zwar stärker deren Intensität als die Dauer der Ausbildung. [...]. Das Lernen aus der eigenen Erfahrung und die Reflexion mit anderen darüber scheint für die Wirksamkeit sehr bedeutsam zu sein" (Dubs 2008: 18). Es stellt sich die Frage, wie und auf welche Weise in der individuellen Professionalisierung die Reflexionsfähigkeit angehender Lehrer angeregt werden kann.

Mit Gabel lässt sich argumentieren, dass die Professionalität der Ausbildung mit der der Ausbilder korreliert (vgl. Gabel 1997: 69).

Zu diesen Annahmen liegen bereits empirische Befunde vor. Diese werden Gegenstand der folgenden Abschnitte sein.

Wie erfolgreiche Lehrerausbildungsprogramme ausgestaltet sein können, untersuchte Darling-Hammond (2006) in ihren Fallstudien. Auf der Basis von Dokumentenanalysen wurden 19 Lehrerausbildungsprogramme von den Mitgliedern der Profession als besonderes erfolgreich genannt und deshalb ausgewählt. Nach einer weiteren Verkleinerung des Samples durch empirische Evidenzen blieben 7 private und 7 staatliche Universitäten übrig, die einer erneuten Evaluation unterzogen wurden, inklusive Absolventenzahlen, teilnehmender Beobachtung in ausgewählten Seminaren und Gruppeninterviews mit Hauptakteuren (Lehrerausbilder, Programmkoordinatoren, Absolventen, Lehrern und Direktoren an Schulen, an denen die Absolventen mittlerweile unterrichten). Erfolgreiche Lehrerausbildungsprogramme zeichnen sich, wie die Daten zeigen, durch verschiedene Aspekte aus: Eine fundierte fachwissenschaftliche und pädagogisch-didaktische Ausbildung (häufig 5 Jahre), eine kohärente Programmstruktur (thematische Bezüge und Interdependenzen zwischen den Seminaren und Ausbildungsjahren), Unterrichtsbeobachtungen und -reflexionen (Arbeit mit einem Portfolio), studentische Forschung (Fallstudien, Aktionsforschung) zur Entwicklung einer forschenden Haltung (vgl. Darling-Hammond 2006: 107) und Vorbereitung auf eine heterogene Schülerschaft, auch unter Einbeziehung neuer Medien.

Auf Seiten der Lehrerausbilder wurden – laut Selbstauskunft der interviewten Personen – Anreize für die Weiterbildung und unbefristete Stellen für Professoren geschaffen. Diese *Best-Practice*-Programme entsprechen den Grundsätzen der Professionalisierungsagenda. In den *Professional Development Schools* beobachten die Studierenden bereits im ersten Jahr ihrer Ausbildung den dort stattfindenden Unterricht, reflektieren ihn theoriegeleitet im angeschlossenen Seminar an der Universität, um dann in ihrem letzten Jahr, noch immer in Zusammenarbeit mit universitären Seminaren, selbst Unterricht im Rahmen ihres *student teaching* durchzuführen. Es findet eine enge Kooperation zwischen den einzelnen Phasen und eine individuelle Betreuung der einzelnen Entwicklungsschritte der Studierenden statt.

Rolle der Lehrerausbilder

Aus empirischer Sicht weiß man bislang im deutschen Diskurs nur wenig über die Personen, die die Studierenden auf universitärer Seite ausbilden: „Die wenigen vorliegenden Erkenntnisse betreffen vor allem die Ausbilder auf der Schul-Seite (Mentoren), kaum jedoch die Ausbilder auf der Hochschul-Seite (Dozenten)" (Fried 2003: 23). Dies gilt vor allem für den noch differenzierteren Teilaspekt der Reflexion der Lehrenden. Es konnte eine komparative Studie identifiziert werden, die die Erwartungen von israelischen Lehrerausbildern exploriert.

Die Studie von Kari Smith (Smith 2005) analysierte die Faktoren, die zur Expertise von Lehrerausbildern gehören, und die wiederum von Lehrerausbildern (Sample: 18) und jungen Lehrkräften (Sample: 40), die innerhalb eines Jahres das Lehrerausbildungsprogramm an der untersuchten Universität abgeschlossen haben und sich in ihrem ersten Berufsjahr befinden, in schriftlichen Befragungen geäußert wurden. Bei der Zuordnung der Antworten zu den leitenden Forschungsfragen durch zwei Kodierer gab es eine Übereinstimmung von 93%. Das für diese Studie wichtigste Ergebnis war, dass 88,9% der Lehrerausbilder die Reflexion der Lehramtsanwärter anregen wollen (vgl. Smith 2005: 185). Dieses Ergebnis entspricht nicht nur der Konzeptionen einer realistischen Lehrerbildung (Korthagen 2001), sondern auch einem Standard für Lehrerausbilder der *Association of Teacher Educators* (ATE, 2002) sowie dem niederländischen Äquivalent (vgl. Smith 2005: 185). Smith schlussfolgert hinsichtlich der Entwicklung der Reflexionsfähigkeit der Studierenden, dass die Lehrerausbilder selbst ihre Erwartungen kommunizieren sollten: „Teacher educators need to make their teaching explicit, so the modeling is brought to a conscious level of student teachers. This requires a high-level of meta-cognition, it is verbalizing the reflection-in-action (Schön, 1983)" (Smith 2005: 188). Einschränkend muss gesagt werden, dass das Sample dieser Studie klein ist und es sich um Selbsteinschätzungen der Probanden, nicht beobachtetes Handeln in Seminaren, bezieht.

Mit Blick auf das in dieser Studie zu entwickelnde Konstrukt kann auf der Basis der empirischen Studien zu Lehrerausbildern festgehalten werden, dass das Reflexionsniveau der Studierenden von den gegebenen Lerngelegenheiten abhängt, die wiederum Teil einer kohärenten Programmstruktur sind. Ein weiterer wichtiger Faktor ist der reflexive Dialog zwischen den Lehrerausbildern und den Studierenden, der dann Erfolg versprechend ist, wenn die Lehrerausbilder ihre eigenen Erwartungen an die Reflexion der Studierenden transparent machen und kommunizieren.

Wideen et al. (1998) zeigen in ihrer Metaanalyse von 93 empirischen Studien zur Entwicklung der Lehrkompetenz, dass eher traditionell ausgerichtete Programme wenig Auswirkungen auf die epistemologischen Überzeugungen von Lehramtsanwärtern haben. Dagegen weisen erfolgreiche Lehrerausbildungsprogramme folgende Elemente auf: Langfristige und enge Zusammenarbeit zwischen Anwärtern und Ausbildern, wie dies im Kontext einer *Professional Development School* möglich ist. Wideen et al. (1998) differenzieren dabei zwischen eher kurzfristig angelegten und eher längerfristigen Interventionsmaßnahmen. Sie fassen zusammen:

> In the short-term interventions, which in all but one or two cases involved a single course, we saw little reported impact. In the studies of year-long programs, however, it was much more common for the researchers to report positive effects. Duration of intervention, as such, was not the main variable. More significant was what a given time period enabled those in the program to do. In the short-term interventions there seemed a tendency for the other elements of the program to interfere with or even nullify the effects of the intervention. [....] Longer-term programs, on the other hand, were effective when the teacher educators maintained some consistent focus and message. [...] Where positive gains were reported, group size appeared to be a factor; most often small numbers of participants were involved, and they often worked in groups in a close relationship with the instructors. In these cases, the innovative program approach provided a form of shelter for the students within which they could examine their beliefs (Wideen et al. 1998: 151–152).

Nicht die Länge der Ausbildung oder der schulpraktischen Phasen ist demnach entscheidend, sondern die Art der Ausgestaltung, zumindest im Hinblick auf die Überzeugungen der Lehramtsanwärter. In den Programmen, in denen Studierende eine kohärente Programmstruktur, Unterstützung durch andere Studierende, Mentoren und Lehrerausbilder und strukturierte Praxisphasen erlebt hatten, entwickelten sie auch eine kompetenzorientierte Unterrichtsperspektive. Diese Lehramtsanwärter wiesen eine „experimentelle Haltung" gegenüber Unterricht auf: „These were beginning teachers who were not afraid to experiment, struggle, and make mistakes – teachers whose transcripts expressed a sense of joy at their emerging understanding of what it is to be a teacher" (Wideen et al. 1998: 159).

Borko & Mayfield (1995) untersuchten in ihrer Interview- und Beobachtungs-
studie das Verhältnis zwischen *student teachers* und ihren Lehrerausbildern
(Mentoren und Dozenten der Universität) und inwieweit diese Beziehungen dazu
beitragen, Unterrichts- und Reflexionskompetenz zu entwickeln. Die Samplegröße der Gesamtstudie wird im vorliegenden Artikel nicht genannt; die Ergebnisse
beziehen sich jedoch auf vier *student teachers*, 11 Mentoren und 3 Lehrerausbilder (vgl. Borko & Mayfield 1995: 504). Ein Ergebnis ist, dass Studierende, im Gegensatz zu den Erwartungen der Lehrerausbilder, eher Routinen statt reflektierter
Praxis entwickeln wollen (vgl. Borko & Mayfield 1995: 512). Die Schlussfolgerung
von Borko & Mayfield lautet jedoch nicht, die Entwicklung von Reflexionsfähigkeit in der Lehrerausbildung einzuschränken, sondern bestehende Strukturen
auszubauen und alle beteiligten Akteure in einen kontinuierlichen Lern- und
Reflexionsprozess zu bringen.

Wubbels & Korthagen (1990) stellen in ihrer Kontrollgruppenuntersuchung
mit Lehrkräften, die im Rahmen eines reflexiven Lehrerausbildungsprogramms
und in einem konventionellen Format ausgebildet wurden[67], fest, dass sich kein
statistisch bedeutsamer Unterschied hinsichtlich der Wirksamkeit von Reflexion in der ersten Ausbildungsphase finden lässt; positive Ergebnisse zeigen sich
jedoch in den Bereichen Zufriedenheit im Job, der Angemessenheit der Wahr-
nehmungen hinsichtlich unterrichtlichen Handelns und der Beziehungsqualität
zu den SuS. Darüber hinaus stellen die Autoren fest, dass eine reflexive Lehrerbildung nicht direkt einen Effekt auf das unterrichtliche Handeln hat, sondern
indirekt auf Entwicklungspotentiale: „It is remarkable that the program designed
to promote reflective teaching does not result in the teachers performing better
in the class right from the start, but rather contributes to a greater capacity for
growth and development (capacity to improve)" (Wubbels & Korthagen 1990: 13).
Die Autoren schlussfolgern, dass weitere geeignete Untersuchungsinstrumente
entwickelt werden müssen, die einen Pre- und Post-Test ermöglichen und die
Eingangsvoraussetzungen der Studierenden berücksichtigen (vgl. Wubbels &
Korthagen 1990: 9).

---

67 Das reflexive Lehrerbildungsprogramm an der Universität Utrecht basiert auf dem ALACT-Prozess-
    modell (ALACT = *Action, Looking, Awareness, Creating, Trial*; vgl. auch Korthagen 1995). Da dieses
    Modell die Reflexion der schulischen Praxis und zahlreiche Kooperationsformate zwischen Leh-
    rerausbildern und Lehramtsanwärtern beinhaltet, eignet es sich nicht für die Analyse schriftlicher
    Reflexionen als studentischen Praxisphasen, wie sie in dieser Studie vorgenommen werden. Im
    Hinblick auf die Analyse von unterrichtlichem Handeln ist es jedoch durch seine Betonung von
    Handlungsalternativen (vgl. auch Hoel & Gudmundsdottir 2000: 174) relevant und im Rahmen von
    längerfristig angelegten Praxisphasen, beispielsweise einem Praxissemester, empfehlenswert.

Auch Winitzky & Arends (1991) fanden in ihrer Kontrollgruppenuntersuchung zur Wirkung reflexiver Methoden keine statistisch repräsentativen Ergebnisse, aber vermuten, dass die Entwicklung von Schemata bei Experten möglicherweise durch reflexive Methoden erreicht werden kann: „It is possible to develop schemas approximating those of expert teachers using reflective methods, but they did not find statistically significant differences between experimental and control groups on knowledge or performance" (Cornford 2002: 224).

Fazit

In den vorhergehenden Abschnitten wurde das Konstrukt Reflexion durch empirische Belege präzisiert. Es lässt sich zwar bislang keine statistisch bedeutsame und belegte Überlegenheit reflexionsbasierter Lehrformate nachweisen, jedoch kann festgehalten werden, dass ein hohes Reflexionsniveau der Studierenden von folgenden Aspekten beeinflusst wird:

- Die Ausgestaltung der Ausbildung: Kohärente Programmstruktur, Lern- und Reflexionsgelegenheiten (Wideen et al. 1998) sowie reflexiver Dialog zwischen Lehrerausbildern und Studierenden (Smith 2005)
- Reflexion ist fachspezifisch (Davis 2006) und äußert sich in verschiedenen Reflexionstiefen (von Felten 2005)
- Reflexion führt möglicherweise zu höherer Expertise, jedoch sind weitere Studien notwendig (Winitzky & Arends 1991)
- Längerfristige Effekte von Reflexion auf Entwicklungspotentiale im Bereich der beruflichen Zufriedenheit (Wubbels & Korthagen 1990).

Insgesamt gesehen zeigen die vorgestellten empirischen Studien, dass die Entwicklung einer erforschenden Haltung gegenüber Unterricht hilfreich, wenn nicht sogar notwendige Bedingung ist, um mit sich stetig verändernden Kontextfaktoren im Unterricht umgehen zu können. Studentische Forschung kann die Entwicklung von Reflexionsfähigkeit begünstigen. Deshalb ist die langfristige Entwicklung von Reflexionsfähigkeit für Lehrer als relevant einzuschätzen. Zukünftige Studien werden zeigen, inwieweit auch aus empirischer Sicht eine Wirkung, vor allem auf die Lernergebnisse der SuS, nachgewiesen werden kann. Notwendig ist eine klare Definition des Konstruktes Reflexion, um anschließend empirisch fundierte Aussagen treffen zu können. Darüber hinaus ist eine weitere Verfeinerung der Untersuchungsinstrumente, auch unter Einbeziehung fachdidaktisch-pädagogischer Inhaltsbereiche, notwendig, um den empirischen

Nachweis zu erbringen, dass eine reflexive Lehrerbildung, wie sie vielerorts in bildungspolitischen Reformvorschlägen und der nationalen sowie internationalen Forschungsliteratur favorisiert wird, wirksam ist.

Die Ergebnisse dieses Abschnitts helfen, das Konstrukt Reflexion zu präzisieren. Sowohl Reflexionsniveaus als auch Reflexionsinhalte sind dabei zu berücksichtigen. Darüber hinaus wurde aus der Perspektive der Expertenforschung die Relevanz von Reflexion für angehende Lehrern beleuchtet, indem günstige Kontextbedingungen in Form von Reflexionsgelegenheiten bestimmt werden konnten. Auf professionstheoretischer Ebene konnte das Professionsmodell von Shulman, das zwar die Relevanz von Reflexion im Professionalisierungsprozess betont, jedoch noch nicht spezifischer hinsichtlich der Funktion, des Zeitpunktes und der möglichen Varianten von Reflexion, um handlungstheoretische Zugänge von Dewey und Schön erweitert werden (vgl. auch für eine Zusammenfassung Tabelle 3.2 auf S. 144).

Da nun die Relevanz einer inhaltsorientierten Reflexion sowie die entsprechenden Kontextfaktoren im Rahmen der Ausbildung theoretisch wie empirisch untermauert wurde, stellt sich die Frage, welche Rolle Reflexion im individuellen Professionalisierungsprozess angehender Fremdsprachenlehrer hat. Dabei werden Rahmenbedingungen einer reflexiven Lehrerbildung erläutert, die den Anspruch erhebt, eben jene Kontextbedingungen für eine erfolgreiche Reflexion in entsprechende Ausbildungsstrukturen zu integrieren. Diese Aspekte werden im folgenden Abschnitt näher erläutert, um im Anschluss daran Begründungen für die vorliegende Untersuchungen liefern zu können.

3.2.4 Reflexion als Bestandteil individueller Professionalisierungsprozesse

Im folgenden Abschnitt wird begründet, dass Reflexion ein integraler Bestandteil von Professionalität und entsprechenden Professionalisierungsprozessen ist. Dies gilt sowohl für den deutschen wie für den US-amerikanischen bildungspolitischen Diskurs. Es wird aufgezeigt, dass auf universitärer Ebene entsprechende Lern- und Reflexionsgelegenheiten notwendig sind, um die Reflexion der Studierenden zu stärken. Dabei spielt aus hochschuldidaktischer Sicht die Integration studentischer Forschungsprojekte in die universitäre Lehrerbildung eine besondere Rolle. Die Durchführung studentischer Forschungsprojekte führe, wie gezeigt werden wird, zu einer explorativen Haltung, die wichtiges Merkmal eines *Reflective Practitioner* sei. Auch aus theoretischer Perspektive kommt dem Reflexionsbegriff besondere Bedeutung zu. Deshalb werden in den folgenden Abschnitten verschiedene professions- und handlungstheoretische Argumentationslinien dargestellt, die die bildungspolitische Forderung nach Ausbildung von Reflexion um theoretische Begründungen ergänzt.

Sowohl bildungspolitisch als auch professionstheoretisch kann Reflexivität „als Schlüsselkompetenz von Professionalität aufgefasst werden" (Häcker & Winter 2009: 229). Da die Lehrerbildung auch auf die Professionalisierung pädagogisch-didaktischen Handelns zielt, ist ein Ziel der Lehrerbildung die Ausbildung von Reflexionskompetenz.

Auch in den USA ist der Ruf nach Reflexion eng mit Professionalisierungsbestrebungen der Lehrerausbildung verbunden (vgl. Kapitel 2.2). Dabei zeigt sich, dass die rein formale Verwendung der Begriffe *Reflection*, *Reflective Practice*, *Reflective Practitioner* im anglo-amerikanischen Diskurs suggeriert, dass Reflexion ein grundlegendes Konzept vieler Lehrerausbildungsprogramme ist (Hatton & Smith 1995, Valli 1993). Zeichner & Tabachnick (1991) spricht in diesem Zusammenhang sogar von einem neuen Zeitgeist: „The ‚reflective practitioner' has emerged as the new zeitgeist in North American teacher education" (Zeichner & Tabachnick 1991: 1).

Der Ruf nach einer reflexiven Lehrerbildung ist eng mit professionstheoretischen Diskussionen verbunden (vgl. Valli 1997: 71). Dies zeigt sich vor allem in den US-amerikanischen Bestrebungen, die Professionalisierung der Lehrerausbildung voranzubringen, indem von der professionellen Gemeinschaft ein Wissenskanon definiert wird, der in allen Ausbildungsphasen berücksichtigt werden soll (vgl. Tabelle 2.1). Da in den USA die Lage der Lehrenden unter professionsanalytischen Kriterien (angemessene Bezahlung, soziale Anerkennung, lange akademische Ausbildung, Autonomie, starke Stellung der Berufsorganisationen) eher als problematisch gelten kann, ist ein erklärtes Ziel, den professionellen Status des Lehrberufs zu erhöhen, denn:

> Perhaps one reason why teachers have not been regarded as professionals is that their preparation has focused only on narrow instructional behaviors rather than on how to think carefully and reflectively about what they are doing. Many speculate that professionalism would be enhanced if teacher preparation was more rigorous, if teachers had to be more expert in their subject areas, if they had to attain a higher

degree, or if they had to demonstrate the ability to make thoughtful and reflective decisions about classroom incidents (Valli 1997: 71).

Als Teil der *Teacher Thinking*-Forschung, die eine Form der Unterrichtsforschung ablöste, die sich ausschließlich auf das Verhalten der Lehrenden in der Klasse konzentrierte (vgl. Korthagen 2002: 55), strebt diese reflexive Forschung an, die praktischen Handlungstheorien (*teachers' practical theories*) der einzelnen Lehrkraft zu respektieren und sie zu befähigen, „sich ihrer mentalen Strukturen bewusst zu werden, sie einer kritischen Analyse zu unterziehen und, falls notwendig, sie zu restrukturieren" (Korthagen 2002: 55). Shulman (1992) argumentiert, ein Schwerpunkt in dieser Forschungsrichtung läge in den Bereichen „teacher planning, decision-making, diagnosis, reflection, and problem solving" (Shulman 1992: 22). Dies sei bislang im Prozess-Produkt-Paradigma vernachlässigt worden. Deshalb spricht Shulman vom *„missing paradigm"* (Shulman 1992: 24). Eine reflexive Lehrerbildung stellt den Lehrer und nicht ausschließlich Methoden in den Vordergrund:

> Reflective approaches to teacher development start from the assumption that teachers, rather than methods, make a difference; that teachers are engaged in a complex process of planning, decision making, hypothesis testing, experimentation, and reflection; that these processes are often personal and situation-specific; and that they should form the focus of teacher education and teacher professional development. This approach involves teachers developing their own individual theories of teaching, exploring the nature of their own decision-making and classroom practices, and developing strategies for critical reflection and change (Richards 1998: 3).

In einer reflexiven Lehrerbildung erfahren sowohl theoretisch-disziplinäres Wissen wie auch von Praktikern generiertes Erfahrungswissen Anerkennung, relevantes Wissen über Schule und Unterricht wird nicht ausschließlich nur von Experten in der Wissenschaft generiert und in der ersten Phase der Ausbildung weitertradiert, sondern auch in der Praxis erzeugt. Ein reflektierender Praktiker muss sehr schnell im Unterricht agieren und flexibel auf sein Repertoire zugreifen können, oder, wie Darling-Hammond es formuliert, anpassungsfähiger Experte sein: „teachers as adaptive experts" (Darling-Hammond 2006: 10). Je expliziter und damit reflektierter diese Art von Wissensvorrat artikuliert werden kann (vgl. auch Fried 2003: 19), desto einfacher wird es sein, *adaptive experts* zu werden, die ihren Unterricht immer wieder neu erforschen: „Reflective practitioners inevitably engage in classroom-based inquiry, both formal and informal. [...]. This need for teachers to seek out new information is connected to the proposition that teachers must be researchers" (Norlander-Case et al. 1999: 40).

Studierende sollen in einer solchen reflexiven Lehrerbildung zu fachlich und methodisch-didaktisch versierten reflexiven Praktikern ausgebildet werden, die in der Lage sind, komplexe Unterrichtssituationen zu reflektieren, um auf der Basis ihres Theorie- und Erfahrungswissens angemessene Entscheidungen zu treffen (vgl. Klement et al. 2002: 111). Über forschende Annäherungsprozesse an Lehrerhandeln, deren Grundlagen zunächst in der Ausbildung der Studierenden gelegt werden, strebt eine reflexive Lehrerbildung in allen Phasen eine reflexiv-explorierende Haltung an. Reflexive Lehrende können dabei ihr Handeln und den Kontext, in dem sie sich befinden, analysieren und vor dem Hintergrund des erworbenen Wissens reflektieren: „They can look back on events; make judgments about them; and alter their teaching behaviors in light of craft, research, and ethical knowledge" (Valli 1997: 70).

Die Forderung nach einer reflexiven Lehrerbildung steht nicht im Gegensatz zur Wissenschaftsorientierung. Die wissenschaftliche Ausbildung wird innerhalb dieses Konzeptes nicht grundsätzlich in Frage gestellt. Stattdessen scheint die Umsetzung einer reflexiven Lehrerbildung, die auch auf zukünftige Berufsfelder ausgerichtet ist, in deutschen Universitäten, vor allem in den Geisteswissenschaften, problematisch zu sein: „In den Geisteswissenschaften [wird] eher an einem Ideal der Universität festgehalten, das berufliche Orientierungen ablehnt" (Blömeke 2002: 156). Helsper findet es dagegen bedenklich, dass zu diesem Zeitpunkt „die Qualität der Lehrerbildung und die Qualität der gut abgesicherten, gut ausgestatteten und lange, akademische Ausbildungswege absolvierenden deutschen Lehrer prinzipiell in Frage gestellt [wird]" (Helsper et al. 2002: 7). Es scheint, als ob im deutschen professionshteoretischen Diskurs ein Spannungsfeld zwischen Berufsorientierung und Wissenschaftsorientierung aufgemacht werde. Diese Argumentation ist an sich nicht neu. Auch der US-Professionalisierungsdiskurs wird unter anderem von diesem Spannungsfeld bestimmt, wie Kapitel 2.2 gezeigt hat, obschon in den USA mit den Gruppierungen, die alternative Lehrerausbildungsprogramme favorisieren, noch ein weiterer Akteur dazukommt.

Korthagen (2002) argumentiert, dass „Reflexion das Instrument [sei], durch das Erfahrungen in dynamisches Wissen übersetzt werden könne" (Korthagen 2002: 59–60). Calderhead & Shorrock (1997) bringen das Interesse an Reflexion mit

gesellschaftlichen Veränderungen, vor allem im anglo-amerikanischen Bildungs-
kontext, in Verbindung:

> At a time of uncertain educational change and when, in some coun-
> tries, there are strong pressures to view teachers as technicians [...],
> the rhetoric of teachers as reflective practitioners – educators [...]
> able to take control over their own futures – has an obvious appeal
> (Calderhead & Shorrock 1997: 16).

Befürworter einer reflexiven Lehrerbildung sehen darin auch einen Weg, zukünftige Lehrer als aktive Partner in Schulentwicklung und in der Demokratieerziehung
einzubinden (Valli 1993, Zeichner & Liston 1996). Reflexion führe demnach nicht
nur zu einer (kritischen) Analyse, sondern einem emanzipatorischen Modus,
da Lehrer selbst über Inhalt und Prozesse ihrer Arbeit bestimmen können. In
einer reflexiven Lehrerbildung, die ihren eigenen Prämissen gerecht wird, werden
Lehrer durch Reflexion zu Subjekten ihrer eigenen Professionalisierung. Eine
kritische Auseinandersetzung mit bildungspolitischen Entwicklungen, die durch
Selbstreflexion gestützt wird, könnte auch zu einer höheren bildungspolitischen
Verantwortung durch die Akteure führen, wie das Beispiel der professionellen
Gemeinschaften in den USA zeigt. Auch wenn sie keinen direkten Entschei-
dungsspielraum in bildungspolitischen Entscheidungen haben, haben die pro-
fessionellen Gemeinschaften über Öffentlichkeitsarbeit indirekt Einfluss auf die
Meinungsbildung ihrer Mitglieder.

3.3 Begründungen für die vorliegende Untersuchung

Im folgenden Kapitel steht die Entwicklung des Konstruktes im Vordergrund,
das für die vorliegende Untersuchung untersuchungsleitend ist. Zunächst wird
deshalb, basierend auf den vorherigen Ausführungen, die Relevanz von Reflexion
aus professionstheoretischer Sicht begründet. Dabei wird der Reflexionsbegriff
der Expertenforschung um handlungstheoretische Ansätze ergänzt. Im Anschluss
daran werden daraus institutionelle und hochschuldidaktische Implikationen
abgeleitet. Um entsprechende Lern- und Reflexionsgelegenheiten in der universitären Lehrerbildung bereitzustellen, sollte das Konstrukt Reflexion, die Zielformulierung der Lehrerausbilder und die Anforderungen an die Studierenden
präzisiert werden. Eine weitere Facette der Konstruktpräzisierung bezieht sich
auf den Aspekt der fachdidaktisch-pädagogischen Reflexion. Demzufolge sind
die Inhalte der studentischen Reflexion zu einem bestimmten Zeitpunkt ihrer

Professionalisierung maßgeblich. Am Ende dieses Kapitels wird das Konstrukt der fachdidaktisch-pädagogischen Reflexion für die vorliegende Untersuchung dargestellt; die Forschungsfragen leiten zur Vorstellung der methodischen Anlage der Untersuchung über.

Reflexion als Kern der Professionalisierung: Professionstheoretische Begründungen

Ein gemeinsames Merkmal der in Teil 3 vorgestellten professionstheoretischen Ansätze ist die Annahme, dass Reflexivität[68] die Voraussetzung für die Ausbildung von Professionalität und der damit verbundenen Handlungspraxis darstellt.[69] Aus professionstheoretischer Sicht gilt Reflexion als Schlüsselbegriff, Handlungsroutinen problemorientiert zu begegnen (Schön 1983). Über reflexive Prozesse kann das professionelle Wissen und Handeln weiterentwickelt werden. Damit kann Reflexion als Voraussetzung und Motor zur Entwicklung von Professionalität konzeptualisiert werden. Mit Helmke lässt sich argumentieren, dass die Fähigkeit zur Selbstreflexion (*Teacher as Reflective Practitioner*) als Kern der Professionalisierung angesehen werden kann (vgl. Helmke 2009: 113–114).

Wie in Kapitel 3.1 gezeigt wurde, ist die Ausbildung einer kategorialen Wahrnehmung in der wissenspsychologischen Novizen-Experten-Forschung ein wichtiges Merkmal für die Entwicklung professionellen Wissens und Handelns. Aufgrund des Befundes, dass die Wahrnehmungskategorien schon früh gebildet werden, ist die Reflexion der Wissensbestände für angehende Lehrer im Rahmen ihrer individuellen Professionalisierung wichtig. Da in der wissenspsychologischen Novizen-Experten-Forschung der Reflexionsbegriff weder inhaltlich gefüllt ist, noch der Zeitpunkt und die Kontextfaktoren von Reflexion benannt werden, werden deshalb in der hier vorliegenden Studie der professionstheoretische Zugang der Expertenforschung um eher philosophisch orientierte handlungstheoretische Analysen von Donald Schön (Schön 1983, 1988) und Deweys Analysen (Dewey 1933) zum Konstrukt Reflexion (vgl. Kapitel 3.2) ergänzt. Wie in Abschnitt

---

68 Pietsch (2010) unterscheidet zwischen Reflexion und Reflexivität, wobei sie Reflexion auf die Arbeiten von Dewey zurückführt und Reflexivität, unter Rückgriff auf Dick (Dick 1994), als eine Fähigkeit beschreibt (vgl. Pietsch 2010: 31). Sollte Reflexivität eine Fähigkeit und damit nur eingeschränkt erlernbar sein, stellt sich die Frage, ob die Ausbildung von Reflexivität in der Lehrerbildung überhaupt eine Rolle spielt. Um die Relevanz von Reflexivität als ein Ziel der Lehrerbildung nicht in Frage zu stellen, geht die hier vorliegende Studie deshalb davon aus, dass Reflexivität eine Fertigkeit ist, die erlernt werden kann. Der Unterscheidung von Pietsch (2010), Reflexion sei eine Fähigkeit, wäre deshalb zu widersprechen.

69 Das Stufenmodell von Dreyfus et al. (1986) stellt insofern eine Ausnahme dar, als in diesem Experten, die sich auf der höchsten Stufe befinden, nicht notwendigerweise ein hohes Maß an Reflexion aufweisen.

3.2.3 gezeigt wurde, liegen bereits empirische Untersuchungen zum Konstrukt Reflexion vor. Die Integration der handlungstheoretischen Überlegungen zum Reflexionskonstrukt in ein professionstheoretisches Entwicklungsmodell, wie es die Novizen-Experten-Forschung (vgl. Kapitel 3.1) vorschlägt, erweist sich für die empirische Überprüfung des Reflexionskonstruktes als besonders tragfähig. Tabelle 3.2 fasst die für diese Studie relevanten professionstheoretischen Ansätze zusammen:[70]

Tabelle 3.2: Überblick über die für diese Studie relevanten professionstheoretischen Ansätze

Professionstheoretischer Ansatz	Wissenspsychologische Expertenforschung	(Philosophische) Handlungstheorien
Hauptvertreter	Berliner (Berliner 1986), Leinhardt & Greeno (Leinhardt & Greeno 1986), Shulman (Shulman 1986, 1987), Bromme (Bromme 1992, Bromme & Haag 2008)	Schön (Schön 1983, 1988), Dewey (Dewey 1933)
Grundannahme	Individuelle Entwicklung des Wissens und Könnens; Ausbildung einer kategorialen Wahrnehmung von Unterricht	Aufhebung der epistemologischen Trennung von Wissen und Handeln
Konsequenzen für die Lehrerbildung	Frühe Ausbildung von Wahrnehmungskategorien	Frühe und zahlreiche Reflexionsgelegenheiten; keine epistemologische Trennung von Wissen und Handeln (Pragmatismus); reflexive Praktika

Die Relevanz von Reflexion für professionelles Handeln wurde aus theoretischer Perspektive dadurch begründet, dass erst die komplexe kognitive Fähigkeit, eigenes Wissen und Handeln zu reflektieren, die Entwicklung von Professionalität und eine forschend-analytische Haltung gegenüber Unterricht ermöglicht (vgl. Kapitel 3.1). Aus Sicht der Expertenforschung (Bromme 1992, Bromme & Haag 2008) ist wichtig, dass sich auf der Basis der Reflexion von persönlichen Erfahrungen in beruflichen Schlüsselsituationen das Können ausbildet und schließlich zu professioneller Expertise führt. Philosophische Handlungstheorien liefern einen differenzierten Reflexionsbegriff, der sich durch verschiedene Handlungsmodi

---

70 Vgl. für einen Überblick vorhandener professionstheoretischer Ansätze und deren Integration in die Fremdsprachenforschung das Positionspapier der Deutschen Gesellschaft für Fremdsprachenforschung (Nold et al. 2011), in Vorbereitung.

und Zeitpunkte von Reflexion auszeichnet (vgl. Kapitel 3.2). Diese theoretische Perspektiven auf den Reflexionsbegriff werden in Tabelle 3.3 zusammengefasst dargestellt. Außerdem werden daraus institutionelle Konsequenzen und hochschuldidaktische Empfehlungen abgeleitet.

Tabelle 3.3: Theoretische Perspektiven auf den Reflexionsbegriff (Novizen-Expertenforschung und philosophische Handlungstheorien)

Theoretische Annahmen	Expertenforschung: Wissenstypologie und Reflexion	(Philosophische) Handlungstheorien: Reflexionsbegriff
Reflexionsbegriff	Empirische Basis; zyklischer Reflexionsbegriff (Shulman 1986, 1987) und reflexive Elaboration von Wissen (Gruber 2004)	Ausdifferenzierter Reflexionsbegriff; Handlungsmodi und Zeitpunkte von Reflexion (Schön 1983, 1988)
Kritik	Kategorie *Self-Knowledge* in Shulmans Wissenstypologie hinsichtlich der Inhalte und des Erwerbs ausbaufähig (Hamachek 1999, Turner-Bisset 2001)	Reflexion im Vordergrund, jedoch ist zur Entwicklung der Lehrerexpertise auch Wissen notwendig
Konsequenzen für die Lehrerbildung	Berufsorientierung der Ausbildung: Akademischer Zugang zu kategorialem Wissen und Reflexion des eigenen Erfahrungswissens (Bromme & Haag 2008)	Entwicklung einer forschend-reflexiven Haltung (*Inquiry*)

Diese theoretischen Ausführungen zeigen den Bedarf auf, konzeptionell das Konstrukt Reflexion bezogen auf Studierende und Lehrerausbilder zu präzisieren und zur Verbreiterung der empirischen Datenlage zum Konstrukt Reflexion in der Fremdsprachenlehrerbildung beizutragen.

In Übereinstimmung mit Hatton & Smith (1995) wird Reflexion nicht ausschließlich als individuelle, sondern als professionelle Disposition, die von der professionellen Gemeinschaft in entsprechenden Ausbildungsstrukturen ausgebildet wird, aufgefasst. Somit ist die Ausbildung von Reflexionsfähigkeit Teil der individuellen Professionalität angehender Lehrer. Die Entwicklung von Reflexionsfähigkeit kann damit durch entsprechende Ausbildungsstrukturen und Maßnahmen der professionellen Gemeinschaft aufgegriffen und unterstützt werden. Aus der Verbindung der theoretischen Ansätze in Tabelle 3.3 wird deutlich, welche Bedeutung das Konstrukt Reflexion in der Professionalisierung von Lehramtsstudierenden hat. Dies wird im folgenden Abschnitt näher erläutert.

Institutionelle und hochschuldidaktische Implikationen: Lern- und Reflexionsgelegenheiten in der universitären Lehrerbildung

Um Professionalisierungsprozesse zu ermöglichen, blickt man auf die universitäre Lehrerbildung als Ort der Entwicklung der Reflexionsfähigkeit, die jeder Studierende individuell entwickeln muss (vgl. Shulman 1999: 67). Dabei stellen die schulpraktischen Studien den Ort dar, in dem die Lehramtsstudierenden in besonderen hochschuldidaktischen Formaten sowohl Reflexionsgelegenheiten wie auch Möglichkeiten zur Entwicklung einer forschenden Haltung erhalten. Diese erste Phase der Professionalisierung soll „einen wissenschaftlich-reflexiver Habitus [... ermöglichen], der unterschiedliche Anteile miteinander in Verbindung setzt" (Faust & Heil 2004: 128). Dadurch soll gewährleistet werden, dass das professionelle Handeln Anschluss an den wissenschaftlichen Diskurs hat, darüber begründet wird und sich so immer wieder erneuert: „Research-based thinking, on the contrary, is the use of research competencies in one's own teaching and in the making one's own educational decisions" (Kansanen 2006: 11). Erst eine forschend-reflexive Haltung ermögliche eine lebenslange Auseinandersetzung mit dem eigenen Wissen und Können auf der Basis des theoretisch-empirisch abgesicherten Wissens, wie auch Kansanen argumentiert: „For reflection, a certain distance is needed to be able to ponder one's own decisions and their role in practice. [...]. This also means they must have the competence to read articles in professional journals and research reports" (Kansanen 2006: 12). Dieser Argumentation entsprechend geht es darum, eigene Entscheidungen reflexiv zu analysieren (vgl. Heite & Kessl 2009: 682) und begründet mitteilen zu können. Durch die Reflexion praktischer Erfahrungen und theoretischer Annahmen werde das implizite Wissen (*tacit knowledge*) explizit gemacht (vgl. auch Shulman 1988: 33).

Für die universitäre Lehrerbildung bedeutet dies, dass sie entsprechenden Raum für die Entwicklung solcher reflexiven Erfahrungen in Form von Handlungssituationen bereitstellen sollte, um die Grundlagen für einen lebenslangen Lernprozess unter sich ständig verändernden gesellschaftlichen Bedingungen zu legen (vgl. Messner 2001: 5–6). Durch das Bereitstellen von entsprechenden Lern- und Reflexionsgelegenheiten soll eine „culture of inquiry in teaching" (Richert 1995: 4) angebahnt werden. Reflexivität werde zu einer Voraussetzung von Professionalität und erst durch eine wissenschaftliche Ausbildung ermöglicht (vgl. Heite & Kessl 2009: 685).

Das Rahmenmodell der vorliegenden Untersuchung, das in Abbildung 2.1 begonnen wurde, kann auf Basis der professionstheoretischen Ausführungen erweitert werden, wie Abb. 3.2 zeigt. Wie im vorherigen Abschnitt begründet, stellt Reflexion ein wichtiges Element der Ausbildung von Professionalität dar und sollte in der ersten universitären Phase der Lehrerbildung explizit geübt werden. Aus hochschuldidaktischer Sicht bedarf es damit einer Anleitung der Studierenden zu aktiver Reflexion (Eysel 2006, Korthagen 2002, Law et al. 1998). Vorgeschlagen werden in diesem Zusammenhang Varianten des *Microteaching* auf Seiten der Lehrerausbilder: „Reflective teacher educators also model self-analysis of their own teaching. They assign particular teaching strategies, then demonstrate their use and evaluate their own success in implementing the strategy before asking their students to do the same" (Valli 1997: 85). Wird nun in einem Lehrerausbildungsprogramm der Anspruch verfolgt, über reflexive Prozesse die Professionalisierung angehender Lehrer voranzutreiben, müssen vielfältige Reflexionsgelegenheiten in entsprechenden Lernsituationen bereit gestellt werden. Dadurch können die Studierenden nicht nur fachbezogenes Wissen erwerben, sondern erhalten die Möglichkeit, theoriegeleitet Unterricht zu reflektieren. Auch über forschende Lernprozesse soll ein kritisch-reflexiver Blick auf Unterricht entwickelt werden. Gleichzeitig wird das forschungsmethodische Wissen der Studierenden ausgebaut. Um diese Vorbedingungen zu ermöglichen, müssen auch spezifische Rahmenbedingungen auf Seiten der Lehrerausbilder gegeben sein (vgl. Korthagen 2002: 250). Eng mit dieser Überlegung verbunden ist die Frage, wie Lehrerausbilder ihr eigenes Konzept von Reflexion inhaltlich und hochschuldidaktisch füllen, um in einem nächsten Schritt ihre eigenen Erwartungen innerhalb des hochschuldidaktischen Konzepts transparent zu machen:

> The consequence of making a link between the interpretation of the concept of reflection and the view of good training provided by teacher educators and researchers [...]. How they interpret the concept of reflection mirrors the aspects that teacher educators and researchers consider to be important in the training of teachers (Mansveler-Longayroux et al. 2007: 48).

Ähnlich argumentiert auch Valli (1997), indem sie zwei Dimensionen (Inhalt und Qualität der Reflexion) ausmacht, die für erfolgreiche Reflexionsprozesse der Studierenden notwendig sind. Diese sollten in die jeweiligen Lehrerausbildungsprogramme integriert werden: „So how can teacher education programs help students develop reflective capacities and dispositions? To answer that question,

Ausgangslage

Professionalisierung der Lehrerbildung durch **Reflexion** als **bildungspolitische Forderung**:
Erkenntnisse zu folgenden thematischen Bereichen (bezogen auf die institutionelle und hochschuldidaktische Ebene):

1. Theorie-Praxis-Relation in schulpraktischen Studien:
   Reflexion über Unterricht, Verhältnis Universität-Schule

2. Verhältnis Fachdidaktik/Erziehungswissenschaft:
   FD: empirisch-forschende Disziplin, EW: Ausrichtung an Lehrerbildung

3. Forschendes Lernen/Studentische Forschung:
   Entwicklung einer forschend-reflexiven Perspektive auf Unterricht in schulpraktischen Studien

Umsetzung

Bereitstellung von Lern- und Reflexionsgelegenheiten für Studierende
als Teil des Professionalisierungsprozesses

Vorbedingungen
(Unabhängige Variable, UVn)

Universitäre Seminargestaltung
geprägt von den Aspekten

- Theorie-Praxis-Relation
- Verhältnis FD / EW
- Studentische Forschung

Operationalisierbar in:
Bereitstellung von curricularen Lern- und Reflexionsgelegenheiten:

- Erwerb von fachbezogenem Wissen (Unterricht & studentisches Forschungsprojekt)
- Möglichkeit zur theoriegeleiteten Reflexion von Unterricht und studentischer Forschung

Schulpraktische Studien
geprägt von den Aspekten

- Theorie-Praxis-Relation
- Studentische Forschung

Operationalisierbar in:
Bereitstellung von Lern- und Reflexionsgelegenheiten:

- (Erstes) unterrichtliches Handeln & Möglichkeit zur Reflexion von **Unterricht** (U) Beobachtung von und Interaktion mit SuS/ **Lernern** (L)
- Umsetzung von **fachbezogenem** Wissen in Unterrichtsprojekten: fachdidaktisch-pädagogisches Wissen (FW1); in Studienprojekten: forschungsmethodisches Wissen (FW2)

Abbildung 3.2: Rahmenmodell: Ausgangslage, Umsetzung und Vorbedingungen

teacher educators must first determine what they regard as important content for reflection and good quality of reflection" (Valli 1997: 74). Korthagen (2002) geht noch einen Schritt weiter, indem er fordert, die professionelle Entwicklung der Lehrerausbilder, die häufig ohne spezifische Ausbildung ihre beruflichen Aufgaben übernehmen, voranzubringen (vgl. Korthagen 2002: 251). In den von ihm vorgeschlagenen Elementen einer realistischen Lehrerausbildung liegt ein Schwerpunkt auf der Entwicklung einer Meta-Reflexion auf Seiten der Lehrerausbilder, die die Reflexionsprozesse der Studierenden und der Referendare ermöglichen soll (vgl. Korthagen 2002: 252 ff.).

Aus empirischer Sicht ist in diesem Zusammenhang durchaus noch Forschungsbedarf zu verzeichnen. Dies liegt zumindest teilweise auch in der Schwierigkeit begründet, individuelle Reflexionsprozesse empirisch überprüfen zu können. Sowohl Korthagen (2002) als auch Calderhead & Shorrock (1997) argumentieren, dass die Schwierigkeit darin liegt, Reflexion zu definieren und für eine empirische Untersuchung überprüfbar zu machen (vgl. Korthagen 2002: 61). Eine empirische Überprüfung von Reflexion ist deshalb zunächst nur retrospektiv über Rekonstruktionen möglich. Novizen und Experten können ihr implizites Wissen nur schwer artikulieren und noch schwerer rekonstruieren, woher dieses Wissen stammt (vgl. Clarke 1995: 244), selbst wenn sie explizit zur Reflexion ihres Expertenwissens aufgefordert werden. Mamede und Schmidt (2004) argumentieren, dass über strukturierende Reflexionsprozesse die Entwicklung von Expertise begünstigt werde: „The concept of reflective practice fits in well with recent psychological theories that attempt to explain the development of professional expertise" (Mamede & Schmidt 2004: 1303).

Eine Grundannahme des Ansatzes, Reflexion empirisch überprüfbar zu machen, ist die Fähigkeit aller Menschen zu Reflexion. Reflexionsprozesse laufen nicht ausschließlich auf rational-kognitiver Ebene ab, sondern können durchaus durch emotional-affektive Prozesse ausgelöst werden (vgl. Zeichner & Liston 1996: 9, Jay & Johnson 2002: 75). Darüber hinaus können die jeweiligen Kontexte, in denen die Fähigkeit zu Reflexion entwickelt wird, bedeutungsvoll sein. Die Erfassung der reflexiven Prozesse kann über den Inhalt der Reflexion und den Grad der Reflexion erfolgen: „*Content* for reflection refers to *what* teacher think about; *quality* of reflection refers to *how* they think about their teaching – the process of thinking they go through" (Valli 1997: 74). Die Frage ist damit nicht, ob ein Individuum Reflexionsfähigkeit besitzt oder nicht. Stattdessen stellt sich die Frage nach dem Niveau dieser Reflexionsfähigkeit bzw. nach dem Ausmaß dessen, wie eine Person die Fähigkeit zur Reflexion tatsächlich zum Ausdruck bringt (vgl. Calderhead 2006: 39–40).

Da bislang die fachspezifischen Inhalte von Reflexion in der empirischen Forschung zu Lehrerkognitionen nur eine untergeordnete Rolle spielten, setzt die hier vorliegende Studie bei einer inhaltsanalytischen Ermittlung der Reflexionsinhalte von Novizen an. Dies entspricht auch einer Forderung, die im anglo-amerikanischen Forschungszusammenhang formuliert wird: „What type of knowledge is drawn upon when students engage in processes of analysis and comparison of teaching practice? What is the content of this reflection? [...]" (Calderhead 2006: 41). In dieser Studie werden Studierende mit wenig Unterrichtserfahrung als Novizen bezeichnet (s. S. 99). In Schulpraktika und *Student Teaching* werden erste Unterrichtsversuche unternommen. Deshalb wird in diesen Ausbildungselementen der Beginn der Entwicklung von unterrichtlicher Expertise festgelegt. Studierende befinden sich in einer bestimmten Phase ihrer individuellen Professionalisierung.

Um möglichst früh in der Lehrerbildung Reflexion auszubilden, bieten sich zahlreiche hochschuldidaktische Zugänge an, die Lehrerausbilder in ihre Seminare integrieren können (vgl. Tabelle 3.4).

Tabelle 3.4: Reflexionsgelegenheiten

Reflexionsgelegenheiten in der universitären Lehrerausbildung	Bezugsrahmen
Reflexives Lernen; Reflexionsgespräche über fremdsprachliche Lehr- und Lernprozesse (begleitend zu schulischen Praxisphasen), Transparenz der Erwartungen an Reflexion	Dewey (1933), Gabel (1997), Korthagen (2002), Mansveler-Longayroux et al. (2007), Schön (1983, 1988)
Verwendung von Portfolios als Reflexionsinstrument	Davis (2006)
Studentische Forschung/Forschendes Lernen	Dewey (1933), Feindt (2007), Schneider (2009), Schocker-v. Ditfurth (2001)

Trotz der professionsspezifischen Bedeutung und der Forderung in zahlreichen Reformvorschlägen (vgl. Kapitel 2.1) liegt nur wenig empirisch abgesichertes Wissen über die Entwicklung von Reflexion, über die Inhalte der Reflexion oder über das Verhältnis zwischen Reflexion und Professionalisierung vor. Aus empirischer Sicht kann die Relevanz von Reflexion für individuelle Professionalisierungsprozesse deshalb noch nicht bestätigt werden. Da aber die reflexive Elaboration des Wissens integraler Bestandteil der Professionalisierungsprozesse ist (vgl. Abschnitt 3.2.4), ist es wichtig, die Reflexionen der Novizen, die sich auf ihrem Weg zu Expertise befinden, hinsichtlich ihrer Wissenskategorien zu untersuchen. Der Aspekt der fachdidaktisch-pädagogischen Reflexion, die an bestimmte Inhaltsbereiche gebunden ist, wurde bislang nur wenig erforscht (Law et al. 1998, Valli 1997). Deshalb wird in dieser Studie das Konstrukt Reflexion fachspezifisch ausdifferenziert, und zwar spezifisch für fremdsprachliche Reflexionsbereiche. Damit will diese Arbeit einen Beitrag zur Entwicklung des Reflexionskonstruktes leisten; sie zeigt mögliche hochschuldidaktische und institutionelle Bedingungsfaktoren auf und analysiert die Relevanz von Reflexionsfähigkeit im Professionalisierungsprozess.

Im Anschluss an die vorherigen professionstheoretischen Ausführungen zur reflexiven Lehrerbildung wurde in Anlehnung an die Studie von Davis (Davis 2006) und den in Teil 3 dargestellten theoretischen Ausführungen zum Zusammenhang zwischen Professionalisierung und Reflexion (Bromme 1992, Dewey 1933, Schön 1983, 1988, Shulman 1986) eine Definition fachdidaktisch-pädagogischer Reflexion entwickelt. Diese Definition wurde bei der empirischen Untersuchung der Reflexionsgelegenheiten in der universitären Lehrerausbildung und der Inhaltsanalyse studentischer Reflexionen in der hier vorliegenden Untersuchung zugrunde gelegt:

> Reflexion wird als ein **mentaler Prozess** gesehen, der darauf ausgelegt ist, ein Problem, eine Situation, eine neue Erfahrung kognitiv zu strukturieren, um über Reflexionsprozesse Handlungsalternativen zu generieren. Reflexion ist demnach **potentiell bewusstseinsfähig** und kann **indirekt** anhand schriftlicher Texte rekonstruiert werden. Es lassen sich Unterschiede in der **Qualität der Reflexion** ausmachen, die sich in unterschiedlichen Reflexionsniveaus zeigen. Die **Inhaltsbereiche fachdidaktisch-pädagogischer Reflexion** lassen sich in drei Aspekte aufteilen: die Reflexion über fremdsprachlichen Unterricht, die Reflexion über die Lerner, ihre Lernprozesse und Lernziele und die Reflexion über fachbezogenes und forschungsmethodisches Wissen.

Diese Definition zeigt, dass Reflexion über Reflexionsniveaus und Reflexionsinhalte bestimmt werden kann und fachspezifisch ausdifferenziert ist.

Konstrukt der vorliegenden Untersuchung

Mit Blick auf die hier vorliegende Studie ergibt sich auf der Basis der vorhergehenden Überlegungen folgendes Konstrukt (vgl. Abbildung 3.3).

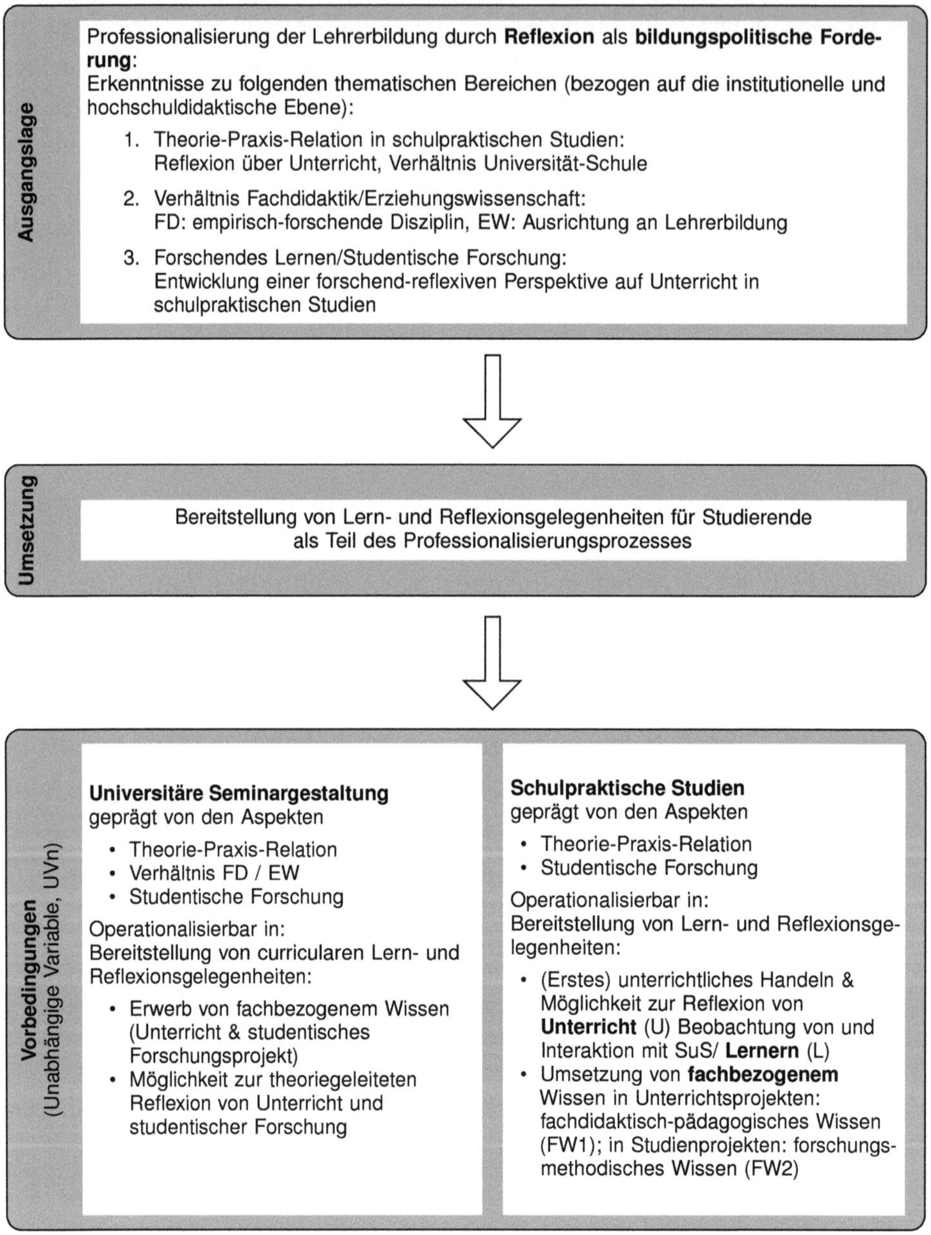

Ausgangslage

Professionalisierung der Lehrerbildung durch **Reflexion** als **bildungspolitische Forderung**:
Erkenntnisse zu folgenden thematischen Bereichen (bezogen auf die institutionelle und hochschuldidaktische Ebene):

1. Theorie-Praxis-Relation in schulpraktischen Studien:
   Reflexion über Unterricht, Verhältnis Universität-Schule

2. Verhältnis Fachdidaktik/Erziehungswissenschaft:
   FD: empirisch-forschende Disziplin, EW: Ausrichtung an Lehrerbildung

3. Forschendes Lernen/Studentische Forschung:
   Entwicklung einer forschend-reflexiven Perspektive auf Unterricht in schulpraktischen Studien

Umsetzung

Bereitstellung von Lern- und Reflexionsgelegenheiten für Studierende
als Teil des Professionalisierungsprozesses

Vorbedingungen
(Unabhängige Variable, UVn)

Universitäre Seminargestaltung
geprägt von den Aspekten

- Theorie-Praxis-Relation
- Verhältnis FD / EW
- Studentische Forschung

Operationalisierbar in:
Bereitstellung von curricularen Lern- und Reflexionsgelegenheiten:

- Erwerb von fachbezogenem Wissen (Unterricht & studentisches Forschungsprojekt)
- Möglichkeit zur theoriegeleiteten Reflexion von Unterricht und studentischer Forschung

Schulpraktische Studien
geprägt von den Aspekten

- Theorie-Praxis-Relation
- Studentische Forschung

Operationalisierbar in:
Bereitstellung von Lern- und Reflexionsgelegenheiten:

- (Erstes) unterrichtliches Handeln & Möglichkeit zur Reflexion von **Unterricht** (U) Beobachtung von und Interaktion mit SuS/ **Lernern** (L)
- Umsetzung von **fachbezogenem** Wissen in Unterrichtsprojekten: fachdidaktisch-pädagogisches Wissen (FW1); in Studienprojekten: forschungsmethodisches Wissen (FW2)

Abbildung 3.3: Rahmenmodell: Vorbedingungen

Grundüberlegung für die empirische Überprüfung:
Studierende erhalten Reflexionsgelegenheiten (universitäre Seminare) und reflektieren zu einem bestimmten Zeitpunkt ihrer Professionalisierung (schulpraktische Studien) über fachdidaktische und pädagogische Inhalte

Resultat (Abhängige Variable, AV)

Empirisch überprüfbares Konstrukt:
Fachdidaktisch-pädagogische Reflexion

Operationalisierbar in drei Inhaltsbereiche (vgl. Davis 2006) zu einem bestimmten Zeitpunkt (schulpraktische Studien) unter bestimmten hochschuldidaktischen und institutionellen Rahmenbedingungen (Lern- und Reflexionsgelegenheiten)

- Reflexionen über fremdsprachlichen Unterricht
- Reflexion über die Lerner, ihre Lernprozesse und Lernziele (Lerner)
- Reflexion über fachbezogenes und forschungsmethodisches Wissen

Modellerweiterung

Forschungsziel:
Erfassung von Entwicklungsschritten von Novizen über Reflexionsniveaus; empirische Füllung des Konstruktes Reflexion (fachbezogene Inhaltsbereiche) als Teil des Professionalisierungsprozesses und Erarbeitung eines konkreten Reflexionsmodells

⇒ **Fachdidaktisch-pädagogische Reflexion als Teil der individuellen Professionalisierung**

Abbildung 3.3: Rahmenmodell (Fortsetzung): Konstruktentwicklung und Forschungsziel

Ausgehend von der bildungspolitischen Forderung nach individuellen Professionalisierungsprozessen der Lehramtsstudierenden durch Reflexion müssen Lern- und Reflexionsgelegenheiten für Studierende bereit gestellt werden. Strukturorte dieser Prozesse sind die universitären Seminare und die schulpraktischen Studien. Dort entwickeln die Studierenden entsprechende Reflexionskategorien. Auf der Basis der theoretischen Aufarbeitung zur Einordnung von Reflexion in den Professionalisierungsdiskurs in Teil 3 und den empirischen Ergebnissen in Abschnitt 3.2.3 können hochschuldidaktische Ansätze und Prinzipien identifiziert werden, anhand derer Reflexionsgelegenheiten in der universitären Lehrerbildung eingeordnet werden können. Diese basieren auf den Annahmen, dass Studierende Reflexionsfähigkeit in verschiedenen Inhaltsbereichen erwerben und durch Reflexion ihre individuelle Professionalisierung voranbringen. Das Niveau der Reflexion hängt dabei von den bereitgestellten Lern- und Reflexionsgelegenheiten ab. Im Sinne einer empirischen Konstruktüberprüfung können diese Vorbedingungen als unabhängige Variablen angesehen werden. Die zu untersuchende fachdidaktisch-pädagogische Reflexion wäre als abhängige Variable zu betrachten.

Tabelle 3.5: Untersuchungsleitende Fragestellungen

Untersuchungsleitende Fragestellungen	Methode
1. Professionalisierung der Lehrerbildung durch Reflexion als bildungspolitische Forderung: Wie wird Reflexion in den Professionalisierungsdiskursen in beiden Ländern konzeptualisiert? Wie ist die „Theorie-Praxis-Relation" konzipiert? Wie ist das Verhältnis zwischen Fachdidaktik und Erziehungswissenschaft konzeptualisiert? Welche Rolle spielt der Aspekt der studentischen Forschung?	Dokumentenanalyse der Reformvorschläge zur Lehrerbildung
2a. Institutionelle Rahmenbedingungen: Wie sehen die institutionellen Rahmenbedingungen der Lehrerausbildungsprogramme aus? Welche curriculare Lern- und Reflexionsgelegenheiten erhalten Studierende?	Dokumentenanalyse Lehrerausbildungsprogramme
2b. Hochschuldidaktisches Konzept: Welche Lern- und Reflexionsgelegenheiten erhalten die Studierenden? Welche Erwartungen haben die Lehrerausbilder an die Studierenden während ihrer Praxisphase? Welche Vorstellungen von Reflexion haben die Lehrerausbilder?	Experteninterviews mit Dozenten an einer deutschen und einer US-Universität
3. Studentische Reflexionen: Über welche Inhalte und auf welchem Niveau reflektieren die Studierenden in ihren Praxisphasen?	Inhaltsanalyse studentischer Reflexionen

Zur Beantwortung der Fragestellungen (vgl. Tabelle 3.5), die auf einer deskriptiven Ebene verfolgt werden, wurde das Design einer explorativen qualitativen
Fallstudie an einer deutschen und einer US-Universität gewählt. Das Vorgehen,
der Untersuchungsplan, die Stichprobenauswahl sowie die Datenerhebung und
Aufbereitung sind Gegenstand des folgenden Teils.

4 Die methodische Anlage der Untersuchung

Gegenstand des folgenden Teils der Arbeit sind die methodischen Rahmenbedingungen der vorliegenden Untersuchung, die eingesetzten Erhebungsinstrumente und entsprechenden Auswertungsverfahren. Auf der Basis der empirischen Daten zu den Reflexionsausprägungen der Studierenden wird eine Typologie entwickelt, die die Reflexionsmuster abbildet, die in pädagogischen Kontexten im Rahmen ihrer schulischen Praktikumsphase fremdsprachlichen Unterricht reflektieren und erforschen. Diese Untersuchung trägt dazu bei, das Konstrukt Reflexion für eine empirische Überprüfung erfassbar zu machen. Es wird eine deskriptive Analyse der Reflexionen von Lehramtstudierenden in einer bestimmten Phase ihrer Professionalisierung vorgelegt.

Die vorliegende Untersuchung bewegt sich im Rahmen des qualitativen Paradigmas. Da es bislang nur wenige vergleichend angelegte Studien gibt, die verschiedene Lehrerausbildungssysteme in ihrer Komplexität deskriptiv untersuchen, erscheint der Ansatz einer explorativ angelegten, qualitativen Fallstudie angemessen. Dabei kann der Fall „eine Person, eine Gruppe oder eine Organisation sein" (Merkens 2004: 294). Der Begriff der Fallstudie ist auf den ersten Blick methodologisch insofern uneindeutig, als er ein Hybrid verschiedener Erhebungs- und Analyseverfahren ist. Nach Yin (2003) wird eine Fallstudie als ein Verfahren bezeichnet, das ein gegenwärtiges Phänomen in seiner Komplexität zu analysieren versucht. Die empirische Analyse einer Falls in seinem situativen Kontext (vgl. Yin 2003: 13) ermöglicht „eine weitgehend unverfälschte Einsicht in die soziale Wirklichkeit" (Kraimer 1995: 467). Die dieser Untersuchung zugrundeliegenden Fälle werden als abgrenzbare Systeme konzeptualisiert: „The case is an integrated system. The parts do not have to be working well, the purposes may be irrational, but it is a system. Thus people and programs clearly are prospective cases" (Stake 2005: 2). Mit Merriam (1998) lassen sich vor allem drei Merkmale einer Fallstudie ausmachen: die Kontextbezogenheit, ein deskriptives Endprodukt und der Fall als heuristischem Verfahren. Dies bedeutet, dass das kontextgebundene Verfahren einer Fallstudie nicht dazu dient, vorgefasste Hypothesen zu testen, sondern neue Erkenntnisse über einen Gegenstand zu erzeugen, um bestehende theoretische Ansätze zu erweitern (vgl. auch Grau 2001: 66). Das Verfahren der Fallstudie ermöglicht es, Ansätze, Ziele, aber auch die Problemkonstellationen, die sich bei unterschiedlichen Professionalisierungsansätzen ergeben, exemplarisch an zwei universitären Lehrerausbildungsprogrammen darzustellen und auf deskriptiver Ebene eine Vergleichbarkeit abzubilden.

In dieser Studie wurden zwei Lehrerausbildungsprogramme im Bereich Fremdsprachen rekonstruiert und hinsichtlich der Fragestellung untersucht, inwieweit sie geeignet sind, dem Anspruch, die beginnende Professionalisierung der Studierenden durch Ausbildung ihrer Reflexionsfähigkeit zu entwickeln, gerecht zu werden. Diesem Vorgehen liegt die Prämisse zugrunde, dass möglichst frühzeitig in der Ausbildung Gelegenheiten geschaffen werden sollten, die Reflexion fremdsprachlichen Unterrichts zu beginnen und dadurch eine kritisch-konstruktive Haltung zum eigenen Handeln zu entwickeln, die in der späteren Tätigkeit als Lehrkraft schnell abrufbar ist (vgl. auch Horstkemper 2003: 117–118). Trotz unterschiedlicher Bildungssysteme und historischer Traditionen sehen sich beide Lehrerausbildungssysteme mit ähnlichen Problemen konfrontiert, die vor allem die Ausbildungsstrukturen betreffen. Die Relevanz einer vergleichend angelegten Forschung ergibt sich aus der bildungspolitischen Ausgangslage zu Professionalisierungsbestrebungen in Deutschland und den USA, die in Teil 2 vorgestellt wurde. Darüber hinaus wurde die Bedeutung der Entwicklung von Reflexionsfähigkeit für die Professionalisierung angehender Lehrkräfte herausgearbeitet.

In Anlehnung an den vorherigen sukzessiven Aufbau des Konstruktes in Kapitel 3.3 ergibt sich nach Ergänzung der Datenbasis und den Erhebungsinstrumenten folgendes Rahmenmodell für die vorliegende Arbeit (Abbildung 4.1):

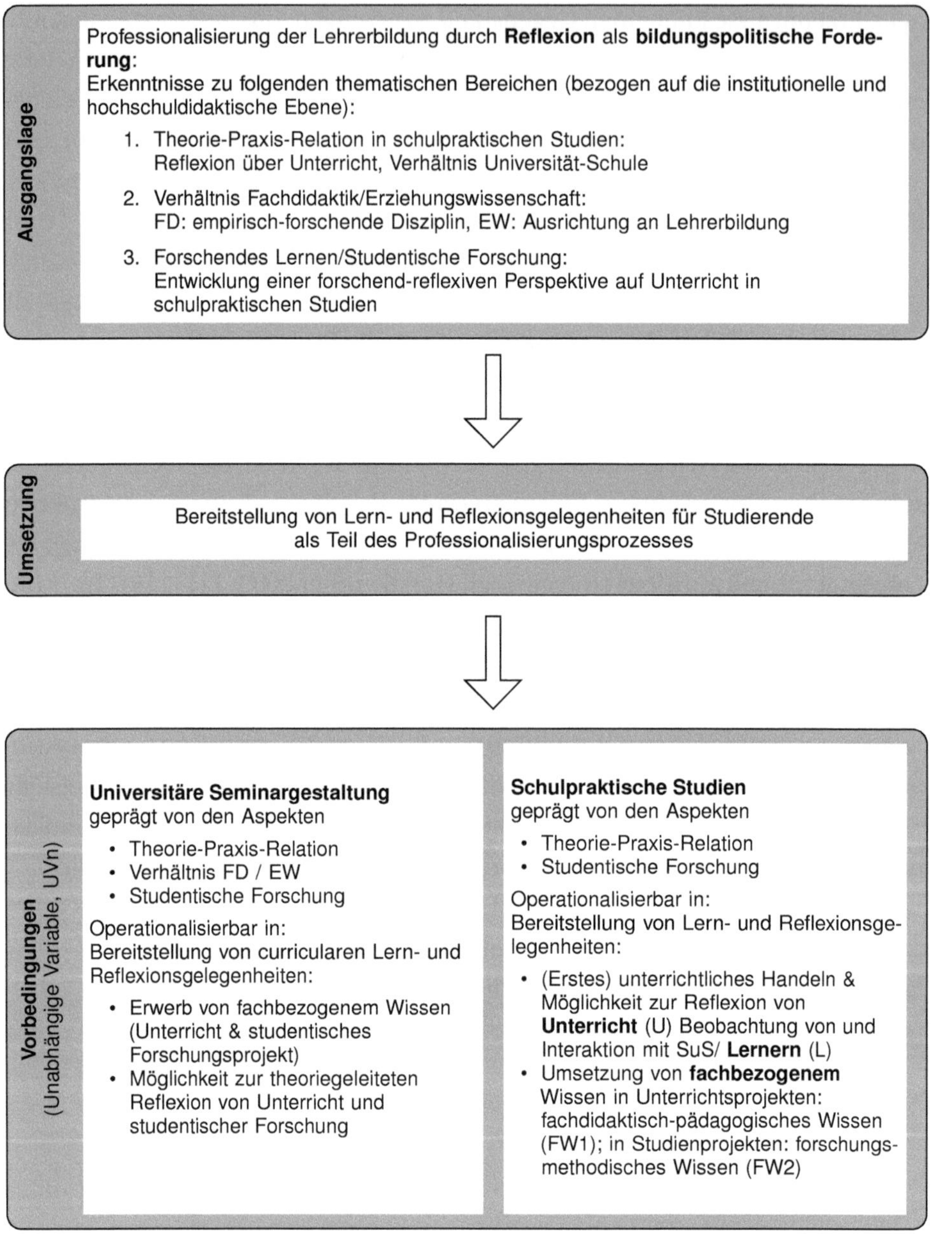

Ausgangslage

Professionalisierung der Lehrerbildung durch **Reflexion** als **bildungspolitische Forderung**:
Erkenntnisse zu folgenden thematischen Bereichen (bezogen auf die institutionelle und hochschuldidaktische Ebene):

1. Theorie-Praxis-Relation in schulpraktischen Studien:
   Reflexion über Unterricht, Verhältnis Universität-Schule

2. Verhältnis Fachdidaktik/Erziehungswissenschaft:
   FD: empirisch-forschende Disziplin, EW: Ausrichtung an Lehrerbildung

3. Forschendes Lernen/Studentische Forschung:
   Entwicklung einer forschend-reflexiven Perspektive auf Unterricht in schulpraktischen Studien

Umsetzung

Bereitstellung von Lern- und Reflexionsgelegenheiten für Studierende
als Teil des Professionalisierungsprozesses

Vorbedingungen
(Unabhängige Variable, UVn)

Universitäre Seminargestaltung
geprägt von den Aspekten

- Theorie-Praxis-Relation
- Verhältnis FD / EW
- Studentische Forschung

Operationalisierbar in:
Bereitstellung von curricularen Lern- und Reflexionsgelegenheiten:

- Erwerb von fachbezogenem Wissen (Unterricht & studentisches Forschungsprojekt)
- Möglichkeit zur theoriegeleiteten Reflexion von Unterricht und studentischer Forschung

Schulpraktische Studien
geprägt von den Aspekten

- Theorie-Praxis-Relation
- Studentische Forschung

Operationalisierbar in:
Bereitstellung von Lern- und Reflexionsgelegenheiten:

- (Erstes) unterrichtliches Handeln & Möglichkeit zur Reflexion von **Unterricht** (U) Beobachtung von und Interaktion mit SuS/ **Lernern** (L)
- Umsetzung von **fachbezogenem** Wissen in Unterrichtsprojekten: fachdidaktisch-pädagogisches Wissen (FW1); in Studienprojekten: forschungsmethodisches Wissen (FW2)

Abbildung 4.1: Rahmenmodell: Vorbedingungen

> *Grundüberlegung für die empirische Überprüfung*:
> Studierende erhalten Reflexionsgelegenheiten (universitäre Seminare) und reflektieren zu einem bestimmten Zeitpunkt ihrer Professionalisierung (schulpraktische Studien) über fachbezogene Inhalte

Datenbasis einer empirischen Überprüfung

I. *Dokumentenanalyse*: Exploration institutioneller Rahmenbedingungen für die Bereitstellung von Lern- und Reflexionsgelegenheiten

II. *Experteninterviews mit Lehrenden*: hochschuldidaktische Ausgestaltung der universitären Seminare und Reflexionsbegriff der Lehrenden als Vorbereitung der schulpraktischen Studien

III. *Inhaltsanalyse studentischer Reflexionen* in Lerntagebüchern und Online-Journals (Zeitraum: schulpraktische Studien)

Resultat (Abhängige Variable, AV)

Empirisch überprüfbares Konstrukt:
Fachdidaktisch-pädagogische Reflexion

Operationalisierbar in drei Inhaltsbereiche (vgl. Davis 2006) zu einem bestimmten Zeitpunkt (schulpraktische Studien) unter bestimmten hochschuldidaktischen und institutionellen Rahmenbedingungen (Lern- und Reflexionsgelegenheiten)

- Reflexionen über fremdsprachlichen Unterricht
- Reflexion über die Lerner, ihre Lernprozesse und Lernziele (Lerner)
- Reflexion über fachbezogenes und forschungsmethodisches Wissen

Modellerweiterung

Forschungsziel:
Erfassung von Entwicklungsschritten von Novizen über Reflexionsniveaus; empirische Füllung des Konstruktes Reflexion (fachbezogene Inhaltsbereiche) als Teil des Professionalisierungsprozesses und Erarbeitung eines konkreten Reflexionsmodells

⇒ **Fachdidaktisch-pädagogische Reflexion als Teil der individuellen Professionalisierung**

Abbildung 4.1: Rahmenmodell (Fortsetzung): Methoden und Forschungsziel

Streng genommen handelt es sich bei dieser Studie nicht um ein hypothesen-
überprüfendes Vorgehen. Das in diesem Kapitel entwickelte Reflexionskonstrukt
ist jedoch untersuchungsleitend. Das Konstrukt erlaubt trotz vorhandener Vorannahmen keine direkten Vorhersagen, wie sich die Reflexionsfähigkeit der Studierenden entwickelt. Außerdem ist zu berücksichtigen, dass die Reflexion der
Studierenden nicht direkt beobachtet wird, sondern indirekt über schriftliche
Texte rekonstruiert wird.

Zur Beantwortung der Fragestellungen auf S. 154 wurde ein Untersuchungsplan
entwickelt (vgl. Abbildung 4.2).

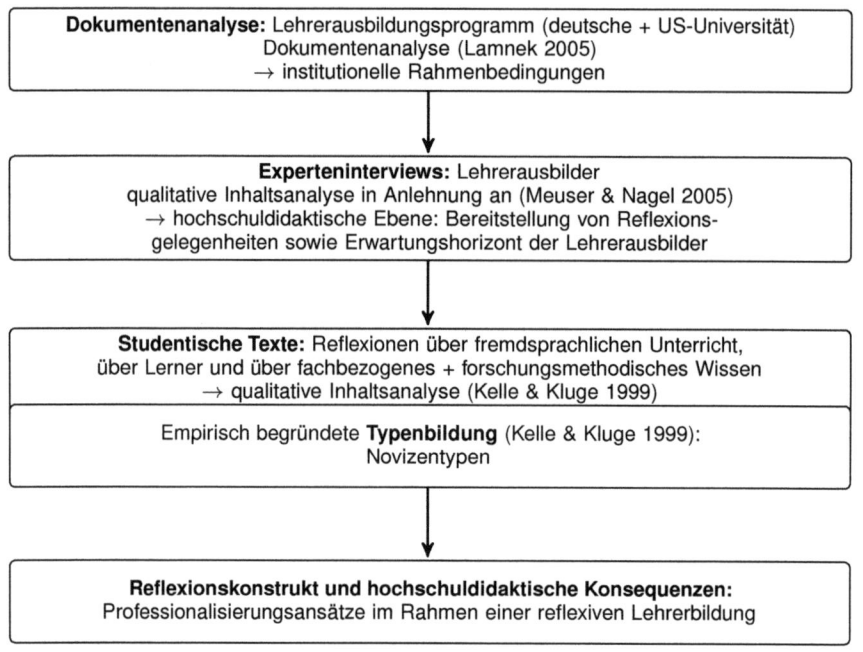

Abbildung 4.2: Untersuchungsplan

Ausgehend von einer Dokumentenanalyse der Lehrerausbildungsprogramme
an einer deutschen und einer US-Universität wurden zunächst die institutionellen Rahmenbedingungen und Ausbildungsstrukturen analysiert, um in einem nächsten Schritt auf der Basis der Experteninterviews mit Dozenten die
hochschuldidaktische Ausgestaltung der Seminare und die Lern- und Reflexionsgelegenheiten, die die Studierenden in den untersuchten Seminaren erhalten,
zu explorieren. Dabei wurde davon ausgegangen, dass die Inhalte und Niveaus

der studentischen Reflexionen bereits in der Ausbildung angelegt werden und verschriftlicht werden können. In einem nächsten Schritt wurden die studentischen Reflexionen hinsichtlich der Reflexionsinhalte und -niveaus analysiert. Anschließend wurden empirisch begründete Novizentypen gebildet.

4.1 Auswahl der Stichprobe

Es gibt unterschiedliche Auswahlstrategien bei der Zusammenstellung des Sample für eine empirische Untersuchung. Im qualitativen Forschungsparadigma können mehrere Sampling-Strategien ausgemacht werden (vgl. Flick 2002: 97–111), die sich teilweise an der probabilistischen Herangehensweise im quantitativen Forschungsparadigma orientieren. Häufig wird in explorativen Untersuchungen das theoretische Sampling als Art der Stichprobenziehung zugrunde gelegt. Kelle & Kluge definieren *theoretical sampling* in Anlehnung an die *Grounded Theory* folgendermaßen: „Beim *theoretical sampling* werden Untersuchungseinheiten miteinander verglichen, die eine oder mehrere interessierende Kategorien gemeinsam haben und hinsichtlich theoretisch bedeutsamer Merkmale entweder *relevante Unterschiede* oder *große Ähnlichkeiten* aufweisen" (Kelle & Kluge 1999: 45). Da jedoch in dieser Sampling-Strategie das theoretische Vorwissen der Forscher weitgehend ausgeblendet werden muss, die Fallauswahl erst am Punkt der Sättigung abgeschlossen ist, und die Datenanalyse und Fallauswahl weitgehend synchron verlaufen (vgl. Kelle & Kluge 1999: 44), eignet sich das *theoretical sampling* nicht für jede Untersuchung. Deshalb wurde in dieser Untersuchung insofern eine theoriegeleitete Fallauswahl zugrunde gelegt (vgl. Lamnek 2005: 234), als bereits vor der Datenerhebung erste Merkmalsausprägungen und Vergleichsdimensionen der studentischen Reflexionen aus theoretischer Sicht festgelegt wurden. Dies entspricht einem Vorgehen der Typenbildung, das auch Lamnek vorschlägt:

> Merkmale, Typen, Typologien und Theorien emergieren nicht von selbst aus dem empirischen Material [...]. Ebenso gibt das Konzept des Merkmalsraums keine Antwort auf die Frage, welche Merkmale relevant sind bzw. ausgewählt werden müssen. Diese resultieren vielmehr aus der Fragestellung, die an das Datenmaterial herangetragen wird, und dem theoretischen Hintergrund (Lamnek 2005: 234).

Bei der Stichprobenziehung in der hier vorliegenden Untersuchung handelt es sich um ein *Convenience Sampling* (vgl. Flick 2002: 111, Krippendorff 2005:

120–121), das von theoretischem Vorverstehen geleitet wurde und das sich vor allem auch bei explorativen Untersuchungen anbietet, die sich nicht auf a priori festgelegten Hypothesen stützen. Die untersuchten Universitäten wurden auch nach den Zugangsmöglichkeiten zum Feld ausgewählt. Für die hier vorliegende Untersuchung wurden zwei Universitäten ausgewählt, die in ihren Programmen die Wichtigkeit der Reflexionsfähigkeit für angehende Lehrer in der universitären Ausbildung explizit betonen.

Nach der Auswahl potentieller US-Lehrerausbildungsprogramme erfolgte ein erster Kontakt zunächst per E-Mail an vier Professorinnen, die an Universitäten in verschiedenen Bundesstaaten einen dem *Reflective Practicum* ähnlichen Kurs unterrichten. Dies konnte durch eine intensive Recherche der Kursangebote auf den jeweiligen Homepages der Universitäten in Erfahrung gebracht werden, bei denen zum Teil der Kursplan online verfügbar war. Anschließend erfolgte eine Sondierung des Forschungsfeldes durch einen dreiwöchigen Aufenthalt in den USA. Die in dieser Studie untersuchte US-Universität gehört zu den von Darling-Hammond (2006) als *Best-Practice* ausgewählten Lehrerausbildungsprogrammen. Aufgrund der strengen Datenschutzbestimmungen kann diese Auswahl an dieser Stelle nicht weiter ausgeführt werden. Dieser erste Aufenthalt im Feld führte zur Festlegung einer Universität für die nachfolgende Untersuchung. Für den zweiten Forschungsaufenthalt von insgesamt neun Wochen mussten zahlreiche organisatorische und formale Anforderungen erfüllt werden, sowohl von der Forscherin als auch von der Universität, an der die Untersuchung stattfand. Beim Zugang zum Feld spielen die Fragen des Vertrauens-, Daten- und Interessenschutzes der Forschungssubjekte eine besondere Rolle. Insbesondere für die US-Universität mussten bürokratische Formalia vor der eigentlichen Datenerhebung erfolgen: Neben der *Consent Form* für Studierende und Lehrende musste auch von der Forscherin eine schriftliche Verpflichtungserklärung hinterlegt werden, dass nicht nur die eigentlichen Daten, sondern auch die Universität vollständig anonymisiert wird. Dies schränkt die Auswertung der Daten insofern ein, als auch der Bundesstaat, in dem sich die Universität befindet, anonymisiert werden muss und so die Untersuchung offizieller Dokumente nur eingeschränkt dargestellt werden kann. Deshalb wird die Universität in den USA nicht namentlich genannt, sondern lediglich als eine große Forschungsuniversität bezeichnet. Da an beiden Universitäten die Lehrenden in der Fremdsprachenlehrerausbildung und somit auch die Studierenden leicht identifiziert werden können, werden weitere

Angaben zu den Versuchspersonen in dieser Studie auf den Faktor Geschlecht begrenzt.

4.2 Datenerhebung und -aufbereitung

Untersuchungsgegenstand der vorliegenden explorativen Arbeit sind detaillierte Fallbeschreibung zweier Lehrerausbildungssysteme an einer deutschen und einer US-amerikanischen Universität. Um die beiden Lehrerausbildungssysteme in ihrer Komplexität zu erfassen, wurden für diese Untersuchung verschiedene qualitative Erhebungsmethoden miteinander kombiniert. Um unterschiedliche Perspektiven auf den Untersuchungsgegenstand der studentischen Reflexion zu erhalten, wurden neben Experteninterviews auch Dokumenten- und Inhaltsanalysen durchgeführt.

Im folgenden Abschnitt werden die in dieser Studie eingesetzten qualitativen Verfahren der Datenerhebung beschrieben. Einen Überblick über die verwendeten Verfahren und den Zeitraum ihres Einsatzes bietet Tabelle 4.1.

Tabelle 4.1: Zeitplan Datenerhebung

Dokumentenanalyse	Experteninterviews	Studentische Texte
• Januar–Dezember 2006 • Diskursiv: Reformvorschläge Lehrerbildung in Deutschland und den USA • Offizielle Dokumente der Lehrerausbildungsprogramme	• **Deutsche Universität** (N=1) Experteninterview (Lehrende 1–3) am 12.07.2006 • **US-Universität** (N=2) 12.12.2006 (Lehrende 1) und 01.12.2006 (Lehrende 2)	• **Deutsche Universität** (N=9): April–Juli 2006 • **US-Universität** Oktober–Dezember 2006 (N=10) Erhebung per E-Mail (N=3): April 2007

Dokumentenanalyse

Eine erste Form der Datenerhebung in dieser Untersuchung ist die inhaltsanalytisch ausgerichtete Analyse bildungspolitischer Reformvorschläge und offizieller Dokumente, die den Lehrerausbildungssystemen zugrunde gelegt werden. In der vorliegenden Untersuchung stellen diese Dokumente eine komplementäre Ergänzung zu den Experteninterviews dar. Als nichtreaktives Verfahren ermöglicht die Dokumentenanalyse keine Interaktion zwischen Forscher und dem untersuchten Gegenstand (Ballstaedt 1982). Dadurch, dass das Material schon vorhanden ist, entfällt eine mögliche Fehlerquelle bei der Datenerhebung. In diesem Umstand liegt der Vorteil der Dokumentenanalyse begründet: Dokumente werden als schriftliche Texte gesehen, die einen Sachverhalt oder einen Vorgang aufzeichnen und belegen (vgl. Wolff 2004: 502), die jedoch auf bereits vorliegendes Material zurückgreifen, das „zunächst Bestandteil der außerwissenschaftlichen Realität" (Kraimer 1995: 480) ist. Dabei können Dokumente, die insbesondere von Organisationen wie beispielsweise eine Universität zur Verfügung gestellt werden, als „institutionalisierte Spuren" (Wolff 2004: 503) bezeichnet werden, aus denen die von der Institution konstruierte Darstellung der Vorgänge, der Absichten und Aktivitäten hervorgehen.

Für diese Untersuchung wurden diejenigen Dokumente ausgewählt und ausgewertet, die die rechtlichen und organisatorischen Rahmenbedingungen der beiden Lehrerausbildungsprogramme darstellen. Zu diesem Datenkonvolut gehören auch Kurspläne (*Syllabi*) und verbindliche Texte. Tabelle 4.2 und 4.3 geben einen Überblick über die analysierten Dokumente des deutschen und US-Lehrerausbildungsprogramms:

Experteninterviews

In der vorliegenden Untersuchung wurden Experteninterviews mit Dozenten der untersuchten Seminare anhand vorgefertigter Leitfäden durchgeführt, und zwar für das deutsche Interview in deutscher Sprache, für das Interview in den USA auf Englisch. Die Interviewleitfäden sind im Anhang (vgl. Anhang 8.3) einsehbar. Die Interviewleitfäden dienten als heuristisches Raster zur Erfassung der kontextuellen Seminarbedingungen auf Seiten der Lehrenden in beiden Lehrerausbildungsprogrammen (vgl. Heil & Faust-Siehl 2000: 51). Damit enthalten sie bereits grobe Kategorien, die für die Analyse der Interviewtexte relevant sind (vgl. Kelle & Kluge 1999: 65, vgl. auch Analyse der Interviewdaten in Abschnitt 4.3.2). Als Erhebungsmethode zeichnet sich das leitfadengestützte, thematisch strukturierte Experteninterview (vgl. Meuser & Nagel 1997: 486) durch seine relative Offenheit und die Bereitstellung von Kommunikationsanlässen aus, die den Interviewten die Möglichkeit geben, aus ihrem Expertenstatus heraus zu argumentieren. Jedoch sollte der Leitfaden flexibel gehandhabt werden, um eine allzu starke Steuerung des Interviews durch den Interviewer zu vermeiden (vgl. Meuser & Nagel 2005: 269). Experteninterviews bieten im Rahmen einer explorativen Untersuchung den großen Vorteil, dass die befragten Experten über

Tabelle 4.2: Übersicht über analysierte Dokumente des deutschen Lehrerausbildungsprogramms

Bezeichnung	Funktion	Kürzel
Gesetz über die Ausbildung für Lehrämter an öffentlichen Schulen (Lehrerausbildungsgesetz – LABG) vom 2. Juli 2002	Regelung der Ausbildungsbedingungen	LABG 2002
Vorgaben der Lehramtsprüfungsordnung (LPO) 2003 des Landes NRW für Praxisphasen, § 10 (aus: MSKJ - Ministerium für Schule, Jugend und Kinder des Landes Nordrhein-Westfalen, LPO 2003)	Regelung der Prüfungsbedingungen	LPO 2003
Rahmenvorgaben „Entwicklung von Kerncurricula" (2004) als Anlage zur LPO 2003	Ausgestaltung eines Kerncurriculums	Rahmenvorgaben Kerncurriculum 2004
Rahmenvorgaben „Praxisphasen" (2004) als Anlage zur LPO 2003	Gestaltung der Praxisphasen	Rahmenvorgaben Praxisphasen 2004
Informationen zum Pädagogischen Einführungspraktikum vom Praktikumsbüro für Lehramtsstudiengänge (PB)	Grundlegende Informationen für Studierende zur Praxisphase im Grundstudium	PEP-Info
Beschreibung des „Theorie-Praxis-Moduls" 2004 (Anlage zur Rahmenstudienordnung der Universität vom 15. Oktober 2003, laut gebALL)	Konzeption und Aufbau des Theorie-Praxis-Moduls für Studierende und Lehrende	TPM-Beschreibung
Informationen zum Theorie-Praxis-Modul vom Praktikumsbüro für Lehramtsstudiengänge (PB)	Grundlegende Informationen für Studierende zur Praxisphase im Hauptstudium	TPM-Info
Leistungsstandards für Theorie-Praxis-Phasen an der Universität (laut gebALL)	Standards für Praxisphasen, als Information für Lehrende	Leistungsstandards
Reader Theorie-Praxis-Modul (Band 1)	Inhaltliche Grundlage für Seminare des TPM	Reader TPM Band 1
Reader Theorie-Praxis-Modul (Band 2)	Dokumente und Handreichungen zum TPM	Reader TPM Band 2
Syllabus „Forschendes Lernen" (TPM Element 1)	Seminar zur Vorbereitung der schulpraktischen Studien (Erziehungswissenschaft)	Syll. TPM 1
Syllabus „Planung, Darstellung und Reflexion von Englischunterricht" (TPM Element 2)	Seminar zur Vorbereitung der schulpraktischen Studien (Fachdidaktik Englisch)	Syll. TPM 2
Syllabus Begleitforschungsseminar	Seminar zur Begleitung der Praxisphase (*Team-Teaching* Erziehungswissenschaft und Fachdidaktik Englisch)	Syll. BSFS

Tabelle 4.3: Übersicht über analysierte Dokumente des US-amerikanischen
Lehrerausbildungsprogramms

Bezeichnung	Funktion	Kürzel
Webseite des *Education Departments des Bundesstaates*	Vorgaben des Bundesstaates	BS-Homepage
Webseite der untersuchten *School of Education*	Informationen für Studierende und Lehrende zu Struktur und Aufbau des Lehrerausbildungsprogramms	SofE-Homepage
Student Advising Handbook (Revised Edition)	Informationen für Studierende zum Ablauf des Studiums	St.H. 2005
Collaborative Assessment Log	Beobachtungsbogen Unterrichtsbesuch (*Student Teaching*)	CAL

einen dichten Wissensschatz zu einer bestimmten Thematik verfügen. Deshalb
können sie als „Kristallisationspunkte praktischen Insiderwissens" (Bogner 2005:
7) einer Organisation, im vorliegenden Fall einer Universität, bezeichnet werden.
Zusätzlich zur systematischen Erfassung des Expertenwissens dienen Experteninterviews dazu, ein Forschungsfeld zu explorieren (vgl. Bogner 2005: 37). Ein Ziel
von Experteninterviews ist, Zugang zum Akteurswissen einer Organisation zu
erhalten. Dabei stellen theoretisches Wissen und Befunde aus vorhergehenden
Dokumentenanalysen eine Möglichkeit dar, schnell an das Akteurswissen zu
gelangen, auch wenn sich durch die Nähe zum Forschungsfeld möglicherweise
Probleme der Distanzierung ergeben könnten (vgl. Kelle & Kluge 1999: 30).

Gegenstand der Datenerhebung war das hochschuldidaktische Expertenwissen von Lehrerausbildern, die Seminare als Vor- und Nachbereitung von Praktika in der Lehrerbildung organisieren. Die befragten Lehrenden an einer deutschen Universität unterrichten im Rahmen des sogenannten Theorie-Praxis-
Moduls.[71] Dieses Modul umfasst sowohl die Seminare als auch die Praxisphasen
im Hauptstudium des untersuchten Lehrerausbildungsprogramms. Lehrender 1
ist wissenschaftlicher Mitarbeiter Fachdidaktik Englisch, Lehrender 2 ebenfalls
wissenschaftlicher Mitarbeiter Fachdidaktik Englisch und Lehrender 3 Professor für Schulpädagogik. Die Auswahl der Dozenten für die Experteninterviews

---

71 Beim „Theorie-Praxis-Modul" handelt es sich um ein Modul im Hauptstudium Lehramt an der
    untersuchten Universität. Es zeichnet sich durch eine Verschränkung von universitären Seminaren
    und Praxisphasen sowie durch eine enge Kooperation zwischen Erziehungswissenschaft und Fach-
    didaktik aus. Weitere strukturelle und organisatorische Besonderheiten dieses Moduls werden in
    Kapitel 5.1 dargestellt.

war institutionell vorgegeben, da der Schwerpunkt der Untersuchung auf einer Analyse der Fremdsprachenlehrerausbildung lag und die Gegebenheiten an den Universitäten keine weiteren Möglichkeiten zuließen. In Tabelle 4.4 werden die am Experteninterview beteiligten Interviewpartner und die im Rahmen des TPM unterrichteten Seminare dargestellt.

Tabelle 4.4: Interviewpartner deutsches Lehrerausbildungsprogramm

Kürzel	Bezeichnung/Status	Funktion
Int. 1, D	Interview mit wissenschaftlichem Mitarbeiter (nicht promoviert)	Begleitforschungsseminar TPM
Int. 2, D	Interview mit wissenschaftlichem Mitarbeiter (nicht promoviert)	Vorbereitungsseminar TPM Fachdidaktik Englisch
Int. 3, D	Interview mit Professor für Schulpädagogik	Vorbereitungsseminar TPM Erziehungswissenschaft und Begleitforschungsseminar TPM

Die im US-Lehrerausbildungsprogramm befragten Lehrenden waren Lehrerausbilder, die das im Speziellen zu untersuchende Seminar (*reflective practicum*) inhaltlich gestalteten und begleiteten. Lehrender 1 ist Professor für Fremdsprachen und Koordinator der schulpraktischen Studien, Lehrender 2 begleitet als Lehrkraft, die an der Universität angestellt ist, die schulpraktischen Studien (*Supervising Teacher*).[72] In Tabelle 4.5 sind die Interviewpartner und ihre Funktion im US-Lehrerausbildungsprogramm aufgeführt.

Tabelle 4.5: Interviewpartner US-Lehrerausbildungsprogramm

Kürzel	Bezeichnung/Status	Funktion
Int. 1, USA	Interview mit *Professor of Foreign Languages + Coordinator of Reflective Practicum*	Begleitung der Praxisphasen (*University Supervisor* = US)
Int. 2, USA	Interview mit wissenschaftlichem Mitarbeiter (*nicht promoviert*)	Begleitung der Praxisphasen (*Supervising Teacher*)

Das Datenkonvolut der Experteninterviews lag in Dokumentform (Word) vor. Tabelle 4.6 zeigt die Gesamtzahl der kodierten Interviewtexte.

---

72 In den Interviews, die in den USA geführt wurden, werden die Aussagen von L1 und L2 nicht separiert voneinander dargestellt, sondern den Analysekategorien entsprechend zugeordnet. Dies dient vor allem auch dem Schutz der Anonymität der Interviewpartner.

Tabelle 4.6: Übersicht über kodierte Texte im Datensatz Interviews

Datenmaterial	Fälle	Kodierte Textstellen[a]
Deutsche Universität		
Interviews	N=1 (3 Personen) Berufserfahrung als Lehrerausbilder: 5-15 Jahre	33 Seiten
US-Universität		
Interviews	N=2 (jeweils 1 Person) Berufserfahrung als Lehrerausbilder: 3-8 Jahre	17 Seiten

a   In Word konvertiert, Times New Roman, 11pt, Zeilenabstand einzeilig

Transkription und Anonymisierung der Experteninterviews

Alle Experteninterviews wurden in digitaler Form gespeichert. Dadurch konnte
der Gesprächsverlauf für die weitere Analyse rekonstruiert werden. Abweichungen vom Leitfaden waren im Gespräch durchaus möglich und auch erwünscht,
da die in dieser Untersuchung befragten Experten zu ihren Seminaren und dem
theoretischen Kontext ein breites Wissen besitzen, das nicht durch eine stren-
ge Interviewführung eingeschränkt werden sollte. Die für diese Untersuchung
geführten Experteninterviews wurden für die anschließende Analyse und Interpretation der Daten nahezu vollständig transkribiert. Lediglich thematische
Exkurse, die stark vom Leitfaden abwichen und außerhalb der Forschungsfragen
lagen, wurden nicht transkribiert. Insgesamt beläuft sich dieses nicht-transkri-
bierte Material auf ca. 7% des gesamten Interviewmaterials von 3,5 Stunden
Dauer. Die Transkription des Datenmaterials erfolgte in Anlehnung an Hildenbrand (1999). Die für die Transkription angesetzten Regeln und Konventionen
zeigt Tabelle 4.7.

Die Interviews wurden ohne Namensnennung der Interviewpartner oder anderer erwähnter Personen transkribiert. Für die Ergebnisdarstellung wurden weitere
Verweise auf Ort bzw. Universität sowie weitere biografische Informationen ent-
fernt, sodass eine vollständige Anonymisierung gewährleistet ist.

Studentische Texte

An der deutschen Universität haben neun Studierende der Forscherin ihre Berichte, die sie nach der Praktikumsphase geschrieben haben (TPM-Berichte)
zur Verfügung gestellt. Alle Studierenden befanden sich zum Zeitpunkt der Datenerhebung in ihrem Hauptstudium und waren zwischen 23 und 26 Jahre alt.

Tabelle 4.7: Transkriptionsregeln

kursiv	Fragen und Reaktionen der Interviewerin
standard	Antworten und Reaktionen des/der Interviewpartner/in
(xy)	Bemerkungen der Interviewerin
.	Kurze Pause
..	mindestens 1 Sek. Pause
. . .	mindestens 2 Sek. Pause
[Sek.]	mindestens 3 Sek. Pause
betont	besonders betont
x-y	Wort während des Sprechens langgezogen
(?)	unverständlich, zu leise oder verzerrt
/x/	erläuternde Anmerkung

Die Forscherin erhielt auch Zugang zu einer Online-Plattform, auf der die Studierenden ihre täglichen Reflexionen des Unterrichts während der Praxisphase festhielten. Die Studierenden befanden sich in ihrem Hauptstudium und haben alle Englisch als ein Unterrichtsfach gewählt.

An der US-Universität haben zehn Studierende einer Analyse ihrer Reflexionen über beobachteten und selbst gehaltenen Unterricht zugestimmt, die in Form eines Online-Porfolios vorlagen. Alle Studierenden befanden sich zum Zeitpunkt der Datenerhebung in ihrem fünften Jahr der universitären Ausbildung und waren zwischen 22 und 24 Jahre alt. Zusätzlich wurde der Forscherin von drei US-Studierenden ein zusätzlicher Bericht über ihre Forschungsprojekte (*Action-Research*-Projekte), die im Mai 2007 abgeschlossen wurden, zur Verfügung gestellt. Trotz dieses eingeschränkten Rücklaufs werden auch diese Daten analysiert. Die Studierenden befanden sich in ihrem letzten Studienjahr und haben alle eine Fremdsprache als Unterrichtsfach gewählt.

Die studentischen Texte stellen das Hauptdatenkonvolut der vorliegenden Untersuchung dar. Die Datenbasis besteht aus schriftlichen Reflexionen im Rahmen der Praktikumsberichte und aus Screenshots von studentischen Reflexionen auf einer Online-Plattform. Bei der Datenaufbereitung wurde ein OCR-Programm eingesetzt, um die Online-Berichte und Screenshots in ein verarbeitungsfähiges Format (Microsoft Word) zu konvertieren. Tabelle 4.8 zeigt die Gesamtzahl der analysierten studentischen Texte.

Tabelle 4.8: Übersicht über kodierte Texte im Datensatz studentische Texte

Datenmaterial	Fälle	Kodierte Textstellen[a]
Deutsche Universität		
Studentische Portfolios	N=9	59 Seiten
Online-Datenplattform	N=136 Einträge	170 Seiten
US-Universität		
Studentische Portfolios (online)	N=10	309 Seiten

a   In Word konvertiert, Times New Roman, 11pt, Zeilenabstand einzeilig

Anonymisierung

Jedem Fall wurde in der Analyse der studentischen Text ein Codename gegeben. Dieser Codename wurde nach folgendem Schema ermittelt: der Anfangsbuchstabe des Namens des Studenten/der Studentin wurde durch eine im Alphabet umgekehrte Reihenfolge des ersten Buchstabens ermittelt (Beispiel: Anton im Original=Zacharias in der Ergebnisdarstellung). Unter Berücksichtigung dieses Schemas erfolgte die Wahl der vergebenen Namen zufällig. Für die Gruppe der deutschen Studierenden wurden folgende Codenamen vergeben: Erwin, Heinz, Helga, Margret, Maria, Petra, Torsten, Xaver, Yagiz. Die Codenamen der US-Studierenden waren folgende: Gaby, Ian, Maddy, Nan, Paige, Parker, Quinn, Rachel, Valery und Zelma.

4.3 Methoden zur Analyse der vorliegenden Daten

Im Folgenden werden die Verfahren der Datenauswertung für jedes der eingesetzten Erhebungsinstrumente dargestellt. Da die studentischen Texte das Hauptdatenkonvolut bilden und deren Analyse sowohl auf der Dokumentenanalyse wie der Interviewanalyse basiert, wird das Analyseschema der studentischen Texte, das zur empirisch begründeten Typenbildung führt, zuletzt dargestellt.

Tabelle 4.9 gibt einen Überblick über die für die hier vorliegende Untersuchung relevanten Untersuchungsaspekte, über den jeweiligen Bezugsrahmen und über die Erhebungs- und Auswertungsverfahren. Im Anschluss daran werden die Auswertungsverfahren detaillierter dargestellt.

Tabelle 4.9: Überblick Erhebungs- und Auswertungsverfahren

Untersuchungsaspekte	Erhebungsinstrument	Kategorienbildung (Vorgehen und Bezugsrahmen)	Auswertungsverfahren
Institutionelle Rahmenbedingungen Rechtliche Vorgaben und externe Rahmenbedingungen Programmstruktur (Abfolge der Seminare im Lehrerausbildungsprogramm)	Dokumentenanalyse	Heuristisches Analyseraster	Dokumentenanalyse Lamnek (2005)
Hochschul-didaktische Ausgestaltung Seminargestaltung: Lern- und Reflexionsgelegenheiten der Studierenden Erwartungshorizont der Lehrerausbilder	Experteninterviews	Reformvorschläge zur Lehrerbildung; Schön (1983, 1988), Valli (1997)	Inhaltsanalyse Meuser & Nagel (2005)
Studentische Reflexionen (Unterricht und Forschung) Reflexion über fremdsprachlichen Unterricht	Studentische Texte	Reformvorschläge zur Lehrerbildung; Bromme (1992), Dewey (1933)	Empirisch begründete Typenbildung Kelle & Kluge (1999)
Reflexion über fachbezogenes und forschungsmethodisches Wissen		Reformvorschläge zur Lehrerbildung; Bromme (1992), Shulman (1986)	
Reflexion über Lerner, ihre Lernprozesse und Lernziele		Reformvorschläge zur Lehrerbildung; Bromme (1992), Shulman (1986)	

4.3.1 Methode zur Analyse der Dokumente

Die Dokumente und Reformvorschläge zur Lehrerbildung wurden in der hier vorliegenden Untersuchung auf der Basis einer Dokumentenanalyse ausgewertet. Dadurch wurden die Rahmenbedingungen der beiden Lehrerausbildungsprogramme exploriert. Statt eines festen, vorab festgelegten Kategorienschemas, wie es Lamnek (Lamnek 2005: 502) vorschlägt, wurde ein heuristisches Analyseraster verwendet (vgl. Tabelle 4.10).

Tabelle 4.10: Heuristisches Analyseraster für Dokumente (deutsche und US-Universität)

Untersuchungsaspekte des Professionalisierungs-diskurses (Deutschland und USA)		Heuristisches Analyseraster
Institutionelle Rahmenbedingungen	Rechtliche Vorgaben und externe Rahmenbedingungen	Theorie-Praxis-Relation
		Verhältnis Erziehungswissenschaft und Fachdidaktik
		Studentische Forschung, forschendes Lernen und Reflexion

Die Dokumentenanalyse stellt den ersten Schritt dar, die Professionalisierungsdiskurse zur Lehrerbildung in Deutschland und den USA zu explorieren und zu systematisieren, um in einem nächsten Schritt die institutionellen Rahmenbedingungen in zwei bestimmten Lehrerausbildungsprogrammen darstellen zu können.

4.3.2 Inhaltsanalyse der Experteninterviews

Für die inhaltsanalytische Auswertung der Interviews war die Orientierung am qualitativ-interpretativen Forschungsparadigma leitend, „das emotionale und kognitive Befindlichkeiten, Verhaltensweisen oder Handlungen repräsentiert" (Lamnek 2005: 486). Deshalb entspricht das Vorgehen in diesem Auswertungsschritt einer qualitativen Inhaltsanalyse (Lamnek 2005, Mayring 2003, Meuser & Nagel 2005). Das Auswertungsmodell von Meuser & Nagel (2005) bildet in dieser Studie die Grundlage für die Interpretation der Experteninterviews.

Folgende Auswertungsschritte werden von Meuser & Nagel (2005) speziell für Experteninterviews vorschlagen: Textnahe Paraphrase relevanter Textstellen, thematisches Ordnen (Überschriften für bestimmte Themenblöcke finden), thematischer Vergleich einzelner Textstellen, soziologische Konzeptualisierung und

theoretische Generalisierung (vgl. Meuser & Nagel 2005: 83–91). In der ersten
Stufe, der Paraphrasierung, werden die Inhalte des Interviews nach der Transkription textgetreu in eigenen Worten wiedergegeben. Im zweiten Schritt erfolgt
das thematische Ordnen bzw. Kodieren. Den im ersten Schritt paraphrasierten
Passagen werden Überschriften zugeordnet. Durch die flexible Handhabung des
Leitfadens kann allerdings im Interview eine Vorwegnahme bestimmter Themen erfolgt sein. Im dritten Schritt erfolgt der thematische Vergleich: Einzelne
Passagen aus den Interviews, die sich auf ähnliche Themen beziehen, werden zunächst zusammengestellt und anschließend durch entsprechende Überschriften
vereinheitlicht. In Schritt 4 erfolgt die soziologische Konzeptualisierung. Dieser
Schritt bedeutet auch eine Ablösung vom Interviewtext. Darüber hinaus werden
in diesem Schritt theoretisches Wissen und empirische Befunde zur Formulierung und weiteren Bearbeitung herangezogen. Ziel dieses Auswertungsschrittes
ist eine „Systematisierung von Relevanzen, Typisierungen, Verallgemeinerungen,
Deutungsmustern" (Meuser & Nagel 2005: 88). Im fünften Schritt erfolgt die theoretische Generalisierung. An dieser Stelle werden weitere Theorien herangezogen
und die Themen im internen Zusammenhang geordnet.

Da es bei einem Experteninterview weniger um die Darstellung der Einzelfälle,
sondern vielmehr um gemeinsam geteilte Wissensbestände und Deutungsmus-
ter geht, schlagen Meuser & Nagel vor, die Texte als Ganzes zu betrachten und
zu interpretieren, statt eine sequentielle Textanalyse und -interpretation vorzunehmen (vgl. Meuser & Nagel 2005: 80). Inhaltlich stehen insgesamt gesehen
thematische Einheiten im Vordergrund, die der Leitfaden für die Interviews mit
den Lehrerausbildern (s. Anhang 8.3) vorgibt (vgl. Meuser & Nagel 2005: 81). Da es
sich in der vorliegenden Untersuchung um eine explorative Studie handelt, die in
den Experteninterviews mit den Lehrenden die hochschuldidaktischen Ausgestaltung zweier Seminare erfragt, wurde das vorliegende Stufenmodell von Meuser &
Nagel hinsichtlich der theoretische Generalisierung modifiziert. Insbesondere
in Auseinandersetzung mit dem Gegenstand und dem Forschungsfeld wurde
das Analysemodell von Meuser & Nagel (2005) nicht unter einer soziologischen
Theoriebildung betrachtet.

Das heuristische Analyseraster für die Experteninterview wird in Tabelle 4.11
dargestellt.

Deutlich wird hier, dass der Leitfaden für die Experteninterviews sowohl von
den Erkenntnissen der Dokumentenanalyse (Reformvorschläge zur Lehrerbildung) wie auch den theoretischen Vorkenntnissen über die Professionalisie-

Tabelle 4.11: Heuristisches Analyseraster für Interviews (deutsche und US-Universität)

Untersuchungsaspekte		Bezugsrahmen
Institutionelle Rahmenbedingungen	Rahmenbedingungen aus Sicht der Lehrenden	Dokumentenanalyse
Hochschuldidaktische Ausgestaltung	Seminargestaltung: Lern- und Reflexionsgelegenheiten der Studierenden	Reformvorschläge zur Lehrerbildung; Heil & Faust-Siehl (2000), Korthagen (2002), Mansveler-Longayroux et al. (2007), Valli (1997)
	Erwartungshorizont der Lehrerausbilder, Reflexions- und Professionalitätsbegriff aus Sicht der Lehrenden	

rungsdiskurse zur Lehrerbildung in Deutschland und den USA beeinflusst war. Dabei lag ein Schwerpunkt auf den vorliegenden theoretischen wie empirischen Ergebnissen zur Rolle der Lehrerausbilder (Heil & Faust-Siehl 2000, Korthagen 2002, Mansveler-Longayroux et al. 2007, Valli 1997). Damit erfolgte die Analyse der Experteninterviews nicht rein induktiv, sondern geleitet von theoretischen Vorannahmen, die sich auch im Leitfaden widerspiegelten. In den Interviews werden also Aspekte berücksichtigt, die für die übergeordneten Fragestellungen der Untersuchung (vgl. Tabelle 3.5 auf S. 154) relevant sind.

Tabelle 4.12 gibt einen Überblick über die thematischen Bereiche und Kategorien, die in den Experteninterviews abgedeckt werden.[73]

Die Auswertung der Interviewdaten erfolgte mit Unterstützung des inhaltsanalytisch orientierten Computerprogramms Maxqda 2007 (Kuckartz 2007). Das Programm ermöglicht die Erstellung und die Zuordnung unterschiedlicher Kategorien, die im Kontext des Programms Codes genannt werden. Dabei wird die Sequenzialität der Texte aufgebrochen, um das Material nach der Analyse unter theoretischen Gesichtspunkten neu zu ordnen.

Kodierregeln für Texte (Interviews und studentische Reflexionen)

Um die inhaltsanalytische Auswertung der Interviews und der studentischen Texte durchzuführen, wurden folgende Kodierregeln erstellt:

---

73   Auf Tabelle 4.12 wird erneut in der Ergebnisdarstellung in Abschnitt 5.1.3 Bezug genommen.

Tabelle 4.12: Thematische Bereiche und Kategorien in Experteninterviews

Themenbereich	Kernaussage
Institutionelle Rahmenbedingungen	Einschätzung der Lehrenden zu Struktur und Aufbau der Seminare, Kooperationsmöglichkeiten, Verbesserungsmöglichkeiten
Hochschuldidaktische Ausgestaltung: Lern- und Reflexionsgelegenheiten der Studierenden sowie Erwartungshorizont an Studierende	Planung und Gestaltung von Unterricht als Lern- und Reflexionsgelegenheit
	Biografisch motiviertes forschendes Lernen als Lern- und Reflexionsgelegenheit (dt. Interview) und Aktionsforschungsprojekte (US-Interview)
	Kooperation mit Mentoren in den Schulen als Reflexionsgelegenheit
	Reflexionsprozesse der Studierenden

- Die inhaltsanalytische Auswertung erfolgt auf der Basis der vollständig transkribierten Interviews und der verschriftlicht vorliegenden studentischen Texte. Dabei werden alle Textstellen als Analyseeinheit betrachtet, die sich einer der Kategorien bzw. Subkategorien (s. Tab. 4.12 und 4.14) zuordnen lassen.

- Das syntaktische Format der Analyseeinheit ist variabel. Es kann sich um einen vollständigen Satz, einen Teil eines Satzes; in eher seltenen Fällen auch nur um ein Wort handeln.

4.3.3 Entwicklung des Analyseschemas für die studentischen Texte

Das Hauptdatenkonvolut der studentischen Reflexionen wurde auf der Basis des Stufenmodells empirisch begründeter Typenbildung nach Kluge/Kluge ausgewertet, um anschließend einen systematischen fallkontrastiven Vergleich durchführen zu können (vgl. Kelle & Kluge 1999: 54). Dabei ist zu beachten, dass der Begriff „Stufenmodell" nach Kelle & Kluge eine stringente Abfolge suggeriert, die jedoch in der Forschungspraxis nicht aufrechtzuerhalten ist (Kelle & Kluge 1999: 82f.). Lamnek argumentiert, dass es nicht ungewöhnlich für explorative Studien sei, das Analyseschema im Verlauf des Forschungsprozesses zu entwickeln (vgl. Lamnek 2005: 192). Sofern dieses Vorgehen auf die hier vorliegende Studie zutrifft, wird es entsprechend im Text vermerkt.

Das studentische Datenmaterial der hier vorliegenden Untersuchung wurde in einem ersten Analyseschritt in drei Hauptkategorien (Reflexionen über fremdsprachlichen Unterricht, Reflexion über Lerner, ihre Lernprozesse und Lernziele, Reflexionen über fachbezogenes und forschungsmethodisches Wissen; vgl. auch Konstrukt Reflexion in Abbildung 4.1) eingeordnet (vgl. Kelle & Kluge 1999: 60).[74] In der hier vorliegenden Studie erfolgt die Kodierung aus zwei Perspektiven: dem theoretischen Vorwissen (Expertenforschung/Lehrerprofessionalität, Basismodelle Reflexion, vgl. Teil 3) und aus der Dokumentenanalyse der als relevant erachteten Reformvorschläge (vgl. Teil 2). Es handelt sich daher eher um einen heuristischen Rahmen „mit empirisch nur wenig gehaltvollen, allgemeinen und abstrakten Konzepten" (Kelle & Kluge 1999: 67), vgl. für die Begründung dieser Hauptkategorien die Beschreibung der Kategorien in Abschnitt 4.3.3). Dieser heuristische Rahmen ist die Voraussetzung für die Typenbildung studentischer Reflexionen. Tabelle 4.13 stellt das Analyseschema für die studentischen Texte und den jeweiligen Bezugsrahmen dar.

Tabelle 4.13: Analyseschema studentische Texte

Untersuchungsaspekt	Ausprägungen	Bezugsrahmen
Reflexion über fremd-sprachlichen Unterricht		Reformvorschläge zur Leh-rerbildung; Bromme (1992), Dewey (1933), Schön (1983), Valli (1997)
Reflexion über Lerner und ihre Lernprozesse	Kodierung jeder Hauptkategorie in drei Ausprägungen	Reformvorschläge zur Lehrer-bildung; Shulman (1986) (*know-ledge of learners*); Perspektiven-wechsel hin zu Lernprozessen der SuS (Ridley et al. 2005)
Reflexion über fachbezo-genes und forschungs-methodisches Wissen		Reformvorschläge zur Lehrer-bildung; Shulman (1986) (*ped-agogical content knowledge*); Bromme (1992)

Im Folgenden werden die Untersuchungsaspekte (Hauptkategorien), die jeweiligen Ausprägungen sowie der Bezugsrahmen für die Verwendung der Hauptkategorien detaillierter beschrieben. In Tabelle 4.15 ab S. 182 werden Ankerbeispiele für alle Hauptkategorien dargestellt.

---

74 Wiederum wurde das Computerprogramms Maxqda 2007 verwendet (vgl. Analyse der Interviews Abschnitt 4.3.2).

Kategorie: „Reflexion über fremdsprachlichen Unterricht"

Die Kategorie „Reflexion über fremdsprachlichen Unterricht" wurde gewählt, da die Analyse von Unterricht ein Schwerpunkt der schulpraktischen Studien ist (vgl. Analyse der Reformvorschläge in Teil 2). Dabei umfasst die Kategorie „Reflexion über fremdsprachlichen Unterricht" diejenigen Reflexionen, die die Studierenden über beobachteten oder ihren eigenen Unterricht anstellen. Die der Untersuchung zugrundeliegenden Fragen sind folgende: Welche Unterrichtsphasen nennen die Studierenden? Falls es Abweichungen von der Planung der Unterrichtsstunde gibt – wie gehen die Studierenden mit der Abweichung um? Wie bewerten sie im Nachhinein die Abweichung? Bezugsrahmen für die Unterrichtsreflexionen waren vor allem Deweys und Schöns Arbeiten zu Reflexion (s. Kapitel 3.2).

Die *deskriptive* Ausprägung bezieht sich auf Reflexionen der Studierenden, die deskriptiv sind und den Anspruch an Reflexion erfüllen, jedoch normativ ausgerichtet sind. Unterricht wird als eher eindimensionales Geschehen gesehen, häufig unter einer kritischen Perspektive, ohne jedoch Verbesserungsvorschläge zu machen. Phrasen wie „die SuS waren zufrieden" oder „ich bin mit der Stunde zufrieden" zeigen, dass die Studierenden nicht über dieses Niveau hinausgehen, um die Ebene der produktiven Reflexion zu erreichen. Eine persönliche Weiterentwicklung des eigenen unterrichtlichen Handelns ist jedoch nur schwer möglich, wenn dieses Niveau nicht überwunden wird. Falls ein Mentor dem Studierenden eine Handlungsalternative zum gehaltenen Unterricht und damit einen Reflexionsanlass gibt, der Student dies jedoch nicht weiter ausführt und beispielsweise mit eigenen Überlegungen ergänzt, wurde die entsprechende Textstelle deskriptiv kodiert.

Im Gegensatz dazu umfasst die *produktive* Ausprägung eine analytische Perspektive auf fremdsprachlichen Unterricht, in der der Studierende Begründungen gibt (Bezug zur Theorie), seine eigenen Annahmen/Behauptungen untermauert und Alternativen zu den einzelnen Unterrichtselementen bereitstellt. Die Studierenden geben (theoretisch fundierte) Erklärungen für ihre Beobachtungen und Analysen. Sie geben auf dieser Basis Verbesserungsvorschläge. Liegen diese Handlungsalternativen vor, können empirisch gehaltvolle Aussagen über die produktive Reflexion der Studierenden gemacht werden. Für die Studierenden, deren Reflexionen diese produktive Ausprägung aufweisen, steht der Lernerfolg der SuS im Vordergrund.

Kategorie: „Reflexion über die Lerner, ihre Lernprozesse und Lernziele"

In der Kategorie „Reflexion über die Lerner, ihre Lernprozesse und Lernziele" reflektieren die Studierenden über die SuS im beobachteten oder in ihrem eigenen Unterricht. Untersuchungsleitende Fragen sind folgende: In welchem inhaltlichen Kontext schreiben die Studierende über ihre SuS? Über welche Methoden und Materialien reflektieren sie im Hinblick auf den Lernerfolg der SuS? Berücksichtigen die Studierenden das Vorwissen der Lerner in ihrer Unterrichtsplanung? Wie kontrollieren die Studierenden den Lernerfolg der SuS in ihrem eigenen Unterricht? Berücksichtigen die Studierenden das Vorwissen der Lerner in ihrer Unterrichtsplanung? Wie kontrollieren die Studierenden den Lernerfolg der SuS in ihrem eigenen Unterricht? Bezugsrahmen dieser Kategorie waren die Reformvorschläge zur Lehrerbildung und ein Element von Shulmans Klassifizierungssystem (*knowledge of learners*, Shulman 1986). Darüber hinaus wurde auch berücksichtigt, ob die Studierenden die Lernprozesse der SuS berücksichtigen und Unterricht aus dieser Perspektive reflektieren (vgl. Ridley et al. 2005).

Wiederum wurden in dieser Kategorie zwei Ausprägungen unterschieden. Als *deskriptiv* wurden diejenigen Textstellen kodiert, in denen die Lerner unter einer normativen Perspektive betrachtet werden, beispielsweise durch die Aussage „die Lerngruppe weist einen homogenen Leistungsstand auf". Auch wenn versucht wird, von Seiten der Studierenden das Vorwissen der Lerner zu berücksichtigen, wurde eine Textstelle zunächst als *deskriptiv* kodiert. Dazu können auch Textstellen gehören, in denen die Studierenden zwar darüber reflektieren, dass sie bestimmte Aspekte verändern wollen, diese jedoch nicht konkretisieren.

Als *produktiv* wurden solche Textstellen kodiert, die den Kontext der Lerner insofern berücksichtigen, als es einen direkten Bezug zur Klasse, den eingesetzten Materialien und zum Vorwissen der SuS in Bezug auf den eigenen Unterricht gibt, der jeweils präzise erklärt und begründet wird. Darüber hinaus werden Voraussetzungen der Lerner sowohl in der Unterrichtsplanung wie auch während des Unterrichts berücksichtigt, zum Teil auch durch eine flexible Abweichung von der Planung.

Kategorie: „Reflexion über fachbezogenes und forschungsmethodisches Wissen"

Die Kategorie Fachwissen wurde gewählt, da in Berichten und Empfehlungen zur Lehrerbildung fachwissenschaftliches und fachdidaktisch-pädagogisches Wissen Bestandteil der Lehrerbildung sein soll. Bezugsrahmen für diese Kategorie waren die Reformvorschläge (Forderung nach ausgeprägtem Fachwissen), Shulmans *content knowledge* (Shulman 1986) und die Expertenforschung (flexibler Verwendung der fachlichen Begriffe, Bromme 1992). In der Kategorie „Reflexion über fachbezogenes und forschungsmethodisches Wissen" finden sich die Reflexionen der Studierenden, die einen fachwissenschaftlichen, fachdidaktischen, pädagogischen oder forschungsmethodischen Bezug aufweisen. Untersuchungsleitende Fragen der Analyse des fachlichen Wissens beziehen sich vor allem auf die korrekte Verwendung der Terminologie.

Die Kategorie „Fachwissen" wurde dann in der Ausprägung *deskriptiv* vergeben, wenn die Studierenden diese fachwissenschaftliche, fachdidaktische oder pädagogische Terminologie verwenden. Darüber hinaus zeigen sie in ihren Reflexion nur geringes forschungsmethodische Wissen hinsichtlich ihres studentischen Forschungsprojektes. Ihr fachliches Wissen und die Verwendung im Unterricht reflektieren die Studierenden nicht.

Die *produktive* Ausprägung wurde vergeben, wenn die Studierenden sich in der Verwendung ihres Fachwissens auf die konkrete Situation, ihre Forschung oder ihren Unterricht beziehen. Die Studierenden nutzen ihr fachliches Wissen als Begründung für ihren Unterricht und ihre Unterrichtsplanung und gehen flexibel auf inhaltliche Nachfragen der SuS ein. Hinsichtlich ihrer eigenen studentischen Forschung reflektieren sie in dieser Ausprägung über die eingesetzten Instrumente und alternative Forschungsdesigns.

Materialgeleitete Verfeinerung des Kategoriensystems
Eine erste Durchsicht des Materials zeigte, dass die jeweiligen Kategorien sowie zwei Ausprägungen insofern nicht ausreichten, als es Textstellen gab, die sich weder dem ersten noch dem zweiten Reflexionsniveau eindeutig zuordnen ließen. Deshalb wurde eine dritte Ausprägung geschaffen (instrumentelle Reflexion). Diese dritte Ausprägung wurde nach folgendem Schema vergeben:

In der Kategorie „Reflexion über fremdsprachlichen Unterricht" wurde die *instrumentelle* Ausprägung vergeben, wenn Studierende Kritik an dem beobachteten fremdsprachlichen Unterricht üben, jedoch keine konstruktive Alternativen nennen. Schwerpunkte ihrer Reflexionen liegen in den Bereichen Methoden, Sozialformen und Unterrichtsphasen. Sie üben zum Teil bewusst Kritik an der Kompetenz der Lehrkraft, geben aber zu, dass in dieser speziellen Situation möglicherweise die Entscheidung der Lehrkraft gerechtfertigt sein könnte. In ihrem eigenen Unterricht orientieren sie sich stark am Verlaufsplan. Mögliche Unterrichtsstörungen der SuS nehmen sie als Reflexionsanlass, ohne ihr unterrichtliches Handeln zu modifizieren. Größtenteils verwenden sie in ihrem Unterricht die Fremdsprache, identifizieren ihr Zeitmanagement als Problembereich und sind lösungsorientiert, indem sie beispielsweise bewusst das Lehrerecho zu vermeiden versuchen. Insgesamt gesehen können die Unterrichtsreflexionen eher dem Bereich technisches Handwerkszeug zugeschrieben werden.

In der Kategorie „Reflexion über die Lerner, ihre Lernprozesse und Lernziele" wurden dann Reflexionen als *instrumentell* kodiert, wenn zwar die Lerner berücksichtigt wurden, jedoch die Unterrichtsplanung nicht aus der Lernerperspektive und ihrem Lernfortschritt konkretisiert war und weitergehende Begründungen nicht gegeben wurden. Die Lernvoraussetzungen der SuS und ihr Sprachstand werden in dieser Kategorie berücksichtigt, jedoch im Hinblick auf die zu erreichenden Lernziele nicht in die Unterrichtsplanung einbezogen. Die zu erreichenden Lernziele werden am Ende des Unterrichts nicht überprüft.

In der Kategorie „Reflexion über fachbezogenes und forschungsmethodisches Wissen" wurden studentische Reflexionen als *instrumentell* kodiert, wenn zwar die jeweiligen fachdidaktisch-pädagogischen Begriffe verwendet wurden und durchaus einen Bezug zum eigenen Unterricht oder zur eigenen Forschung aufwiesen, jedoch keine kritische Auseinandersetzung vorhanden war, beispielsweise im Sinne der Relevanz des Unterrichtsthemas für die Bildungsprozesse der SuS. Auch hier kann deshalb von Fachwissen als technischem Handwerkszeug gesprochen werden. Im Bereich Forschungsmethoden zeigen die Studierenden in ihren Reflexionen ausgebautes Grundlagenwissen, das sich auch in komplexen Forschungsdesigns äußert. Trotz guter Voraussetzungen aus forschungsmethodischer Sicht bleibt die Zielsetzung der studentischen Forschung vage.

Nachdem beide Ländersamples in den Hauptkategorien (Lerner, Unterricht, Fachwissen) und den Ausprägungen kodiert wurden, konnten induktiv gewonnene Reflexionsbereiche identifiziert und erneut kodiert werden. Tabelle 4.14 zeigt die an das Material angelegten Hauptkategorien sowie die aus dem Material entwickelten Subkategorien.

Die Kategorie U1 bezieht sich auf den von Studierenden beobachteten Unterricht und beinhaltet folgende Subkategorien: Didaktisch-methodische Entscheidungen der Lehrkraft (U1.1), Umgang mit Unterrichtstörungen (U1.2) und Kompetenz der Lehrkraft (U1.3). Letztere Kategorie kann sich auch auf die sprachlichen Fähigkeiten der Lehrkraft beziehen. In der Kategorie U2 (Eigenes Unter-

Tabelle 4.14: Hauptkategorien und induktiv gewonnene Subkategorien

Hauptkategorie: „Reflexion über fremdsprachlichen Unterricht" (U)

U1	Beobachtung von Unterricht
U1.1	Didaktisch-methodische Entscheidungen der Lehrkraft
U1.2	Umgang mit Unterrichtsstörungen
U1.3	Kompetenz der Lehrkraft
U2	Eigenes Unterrichtsprojekt
U2.1	Unterrichtsplanung
U2.2	Unterrichtliches Handeln
U2.2.1	Verwendung der Fremdsprache
U2.2.2	Zeitmanagement
U2.2.3	Wahrnehmung der eigenen Rolle
U2.2.4	Interpersonelle Ebene

Hauptkategorie: „Reflexion über Lerner" (L)

L1	SuS im Fokus
L1.1	Umgang mit dem Sprachstand der SuS
L1.2	Lernvoraussetzungen der SuS
L1.3	Lernziele

Hauptkategorie: „Reflexion über fachbezogenes und forschungsmethodisches Wissen" (FW)

FW1	Fachdidaktisch-pädagogisches Wissen
FW2	Studentisches Forschungsprojekt

richtsprojekt) reflektieren die Studierenden über Aspekte ihrer Unterrichtsplanung (U2.1), ihr eigenes unterrichtliches Handeln (U2.2) und in welchen Situationen sie die Fremdsprache verwenden (U2.2.1). Damit verbunden ist auch die Wahrnehmung der eigenen Rolle als Lehrkraft (U2.2.3). Darüber hinaus zeigte sich nach einer ersten Durchsicht des Materials, dass auch das Zeitmanagement (U2.2.2) ein häufig genannter Aspekt in den studentischen Reflexionen war. Die Subkategorie interpersonelle Ebene (U2.2.4) beinhaltet Textstellen, die sich auf das Verhältnis zum Mentor oder zu den SuS beziehen.

In der Hauptkategorie Lerner reflektieren die Studierenden darüber, wie der Sprachstand ihrer SuS ist (L1.1) und wie sie damit umgehen können. Dies kann bereits bei der Unterrichtsplanung, während des Unterrichts oder danach erfolgen. Neben den sprachlichen Fähigkeiten reflektieren die Studierenden auch über die Lernvoraussetzungen ihrer SuS (L1.2). Dies kann sich auch auf die Lernmittel, beispielsweise den Computer- und Internetzugang zu Hause, beziehen. Ein weiterer Aspekt bezieht sich darauf, welche Lernziele im Unterricht verfolgt werden und inwieweit die SuS die Lernziele erreichen (L1.3).

Die Hauptkategorie Fachwissen lässt sich in zwei Subkategorien einteilen: fachdidaktischpädagogisches Wissen (FW1) und studentisches Forschungsprojekt (FW2). In der Kategorie FW1 wurden Textstellen kodiert, in denen Studierende fachdidaktisch-pädagogische Begriffe verwenden und, je nach Ausprägung, auf ihren Unterricht beziehen. Die zweite Subkategorie (FW2) beinhaltet Textstellen, in denen die Studierenden über ihr eigenes Forschungsprojekt reflektieren. Dies kann neben forschungsmethodischen Aspekten auch Bezüge zu ihrem Unterricht aufweisen, wie dies beispielsweise in den Aktionsforschungsprojekten der Falls sein kann.

Tabelle 4.15 zeigt Ankerbeispiele für jede Hauptkategorie mit jeweils einer Subkategorie.

Tabelle 4.15: Ankerbeispiele

Hauptkategorie	Allgemeine Beschreibung der Kategorie	Beschreibung der Ausprägung	Ankerbeispiele mit Codenummer[a]
U1: Beobachtung von Unterricht	Diese Kategorie beinhaltet Aussagen über den von den Studierenden beobachteten Unterricht.		
U1.1: Didaktisch-methodische Entscheidungen der Lehrkraft	Diese Kategorie bezieht sich auf didaktisch-methodische Entscheidungen der Lehrkraft	*Deskriptive Reflexion:* Kritik, ohne Alternativen zu geben; feste Vorstellungen von gutem Unterricht	„Auch die zweite, für mich neue Lehrerin, hat mich jetzt nicht so wahnsinnig überzeugt. 5. Klasse, *Classroom Words*, wurden zum Teil eingeführt, zum Teil nur wiederholt und sie bestand darauf, dass alle Sätze mit *It's a* gebildet wurden statt sich zu freuen, dass einige SuS schon *this is a* sagen können und das zu nutzen. Hat mich schon gewundert, ich hätte es anders gemacht. Aber ich wollte auch nicht am ersten Tag gleich anfangen herumzumäkeln. Ist wahrscheinlich besser, wenn man das ganz bleiben lässt." (U1.1: P238)
		Instrumentelle Reflexion: Kritik an beobachtetem Unterricht, Bewusstsein über Ambivalenz der Kritik	„In der nächsten Stunde war das Witzige, dass die doch etwas ‚traditionelle' Lehrerin den Vokabeltest mit hatte und jeden einzeln nach vorne hat kommen lassen, um die Note sowie einen Kommentar der gesamten Klasse mitteilen zu können. Fand ich heftig, die SuS kamen aber sehr gut damit klar." (U1.1: M267)
		Produktive Reflexion: Konstruktive Kritik, eigene Vorstellungen und mögliche Alternativen	„Die so wieder aufgerufenen Strukturen sollen dann in zwei Schritten – der eigenen Anwendung und dem Hörverstehen – angewendet und gefestigt werden. Man hätte die Aufgabe auch in Gruppenarbeit erfüllen lassen können, um noch mehr SchülerInnen die Möglichkeit zur Anwendung der Phrasen zu geben, aber um oben angemerkte sprachliche Probleme genau zu kontrollieren, wurde das Rollenspiel von je zwei SchülerInnen vor der Klasse als Methode ausgewählt." (U1.1: Mg182)

Tabelle 4.15: Ankerbeispiele (Fortsetzung)

Hauptkategorie	Allgemeine Beschreibung der Kategorie	Beschreibung der Ausprägung	Ankerbeispiele mit Codenummer
L1: SuS im Fokus	Diese Kategorie beinhaltet Aussagen über den Sprachstand der SuS, über ihre Lernvoraussetzungen und Interessen. Darüber hinaus werden in dieser Kategorie auch Aussagen zu den Lernprozessen und zu erreichenden Lernzielen aufgenommen.		
L1.1: Umgang mit dem Sprachstand der SuS	Umgang mit dem Sprachstand der SuS in Form von unterstützenden Maßnahmen oder deutlicher Kritik. Diese Kategorie kann sich auf den eigenen Unterricht der Studierenden oder beobachteten Unterricht beziehen.	*Deskriptive Reflexion:* explizite Kritik am Sprachstand der SuS; Verantwortung liegt bei SuS	In ihrem einseitigen Rückmeldeblatt für mich hat die Lehrerin kritisiert, dass ich mit der Vorstellrunde 15 Minuten verschenkt hätte („wofür?"). In der Tat hätte dies nichts mit dem Thema zu tun und die Schüler haben nicht verstanden, was ich mit *My favourite word is … / I like the word …* meinte, haben Lieblingsdinge statt Lieblingswörter genannt, hauptsächlich *football …*, was ich aber zu spät gemerkt habe und mir dann nicht mehr die Mühe gemacht, es aufzuklären. Das hätte ich eigentlich doch lieber gemacht." (L1.1: E162)
		Instrumentelle Reflexion: Sprachstand der SuS im Unterricht berücksichtigt	„Auf Rückfrage zu den Schülern im privaten Rahmen wurde mir bestätigt, dass die Schüler durchaus zufrieden waren mit der Art und Weise, wie ich die Stunde konzipiert hatte. Die verschiedenen Sozialformen hätten dafür gesorgt, dass der Unterricht nicht so eintönig gewesen sei. Eine Schülerin erkundigte sich bei mir, wo ich ‚so schön Sprechen gelernt hätte', da sie selbst ein halbes Jahr im Ausland gewesen war, aber nicht einen derart deutlichen (also nicht deutschen) Akzent erworben hatte. Auf Rückfrage bezüglich meines Sprechens gegenüber anderen Schülern wurde mir auch bestätigt, dass die Schüler meinen sprachlichen Äußerungen gut folgen konnten." (L1.1: H114)

Tabelle 4.15: Ankerbeispiele (Fortsetzung)

Hauptkategorie	Allgemeine Be-schreibung der Kategorie	Beschreibung der Ausprägung	Ankerbeispiele mit Codenummer
		Produktive Reflexion: Sprachstand der SuS berücksichtigt, flexible Interaktion mit sprachlichen Äußerungen und Fragen der SuS; eigene Vorstellungen zur Verbesserung des Sprachstands	„Man hat deutlich gemerkt, wie frei die SuS sich in der Fremdsprache unterhalten können, wenn es um die Diskussi-on eines der SuS-Realität entnommenen Themas/Problems geht. Die SuS mussten nach einer guten 3/4-Stunde re-gelrecht unterbrochen werden, da sie sich derart tief in die Argumentation um das Thema vertieft hatten." (L1.1: T247)
FW1: Fachdidak-tisch-pädagogi-sches Wissen	Diese Kategorie beinhaltet Bezüge zum fachdidaktisch-pädagogischen Wissen der Studierenden.		
	Diese Kategorie wird verwendet, wenn fachdidaktisch-päd-agogische Begriffe bei Unterrichtsbe-obachtung oder Unterrichtsanalyse verwendet werden.	*Deskriptive Reflex-ion:* Verwendung fachdidaktisch-päd-agogischer Begriffe ohne nachvollzieh-baren Bezug zum (eigenen) Unterricht (deklarativ)	„Da ich bereits ein Seminar zum Bilingualen Sachfachun-terricht besucht habe, und daher schon Theorien zur Bilin-gualität kenne, war es für mich sehr motivierend, dieses Vorwissen in diesem Bereich anwenden zu können. Wichtig für mich zu sehen war, dieses Vorwissen mit dem Neuen verbinden zu lernen. Um ein Beispiel zu nennen, kann ich nun Lernerautonomie auch mit Krashens Sprachlerntheorie I+1 vereinen, gleichzeitig auch voneinander unterscheiden." (FW1: M8)

Tabelle 4.15: Ankerbeispiele (Fortsetzung)

Hauptkategorie	Allgemeine Beschreibung der Kategorie	Beschreibung der Ausprägung	Ankerbeispiele mit Codenummer
		Instrumentelle Reflexion: Verwendung fachdidaktisch-pädagogischer Begriffe in Bezug auf konkrete Unterrichtssituationen	„Auch seine Unterrichtsmethoden werden nach meiner Beurteilung, den heutigen fachdidaktischen Ansprüchen gerecht. Begriffe wie z.B. *Listening-Comprehension* und *Reading-Comprehension* und auch andere Elemente, welche im Rahmen der TPM-Seminare besprochen wurden, konnte ich im Unterricht meines Mentors erkennen." (FW1: Y264)
		Produktive Reflexion: begründeter Bezug der Methoden und Sozialformen auf eigenen Unterricht; kritische fachliche Analyse des Unterrichtsthemas und des beobachteten Unterrichts	„Die Wortschatzarbeit zu Beginn der Stunde ist dem Bereich des kooperativen Sprachenlernens zugehörig. Die Lerngruppe und die Lehrperson erstellen zusammen eine Art Wortfeld, um so die zusammengehörigen Formulierungen und Phrasen in einen Zusammenhang zu stellen. Mit der Übersetzungsaufgabe, in der die SuS den Kartentext aus dem Deutschen ins Englische übertragen, sollen mögliche Übertragungsfehler transparent gemacht und korrigierbar werden. Es ist zu erwarten, dass die SuS aus der deutschen Konstruktion – Erst müssen Sie links in die Xstraße abbiegen [. . .] – ‚müssen' extrahieren und direkt ins Englische übersetzen, so dass folgende Aussage gebildet wird: *First you must turn left into X Street [. . .]*. Dieser ungeschickte Gebrauch von *must* soll korrigierbar sein und den SchülerInnen als unangemessen deutlich werden." (FW1: Mg182)

[a] Die Zitate werden hier gemäß der aktuellen Rechtschreibung korrigiert wiedergegeben.

Insgesamt gesehen zeigte die Analyse der studentischen Reflexionen wiederkehrende Themen und thematische Bereiche, die sich auch in der Verteilung der Ausprägungen auf gewisse thematische Schwerpunkte zeigten. Deshalb wurde das gesamte erhobene Datenmaterial der Studierenden in einem nächsten Schritt auf der Basis des Stufenmodells empirisch begründeter Typenbildung nach Kelle & Kluge (1999) ausgewertet. Auch diese Auswertungsschritte sollen vor der Ergebnisdarstellung in Kürze in folgendem Abschnitt beschrieben werden.

Empirisch begründete Typenbildung

Ein Weg, das Datenmaterial und den Untersuchungsbereich zu strukturieren, ist die Bildung einer Typologie. Dies ist auch bei einer relativ kleinen Stichprobe möglich, da nicht angestrebt wird, ein repräsentatives Abbild einer Grundgesamtheit zu erstellen (vgl. Kelle & Kluge 1999: 53). Die Auswertungsstrategien für das hier vorliegende Datenmaterial kann als thematische Kodierung bezeichnet werden (vgl. Kuckartz 2010: 84ff.). Kelle & Kluge argumentieren, dass die Strategie der thematischen Kodierung ein selten expliziertes Verfahren ist (vgl. Kelle & Kluge 1999: 54ff.), das Vorgehen jedoch folgendermaßen beschreibbar ist. Zunächst werden einzelne Textpassen durch Zuordnung einzelner Kategorien indiziert, um im Anschluss daran eine Synopse aller Textpassagen vorzunehmen, die gemeinsame Merkmale aufweisen. Im Anschluss daran kann ein Vergleich der analysierten Textpassagen angestrebt werden, um Strukturen im Datenmaterial zu identifizieren (vgl. Kelle & Kluge 1999: 57). Das thematische Kodieren ermöglicht auch im qualitativen Forschungsbereich die nachvollziehbare Bildung von Typen. Der Typusbegriff, auf den Kelle & Kluge rekurrieren, geht auf die Definition eines Idealtypus bei Max Weber zurück. Der Idealtypus wird nach Weber folgendermaßen beschrieben:

> [Der Idealtypus wird] gewonnen durch einseitige *Steigerung eines* oder *einiger* Gesichtspunkte und durch Zusammenschluss einer Fülle von diffus und diskret, hier mehr, dort weniger, stellenweise gar nicht, vorhandenen *Einzel*erscheinungen, die sich jenen einseitig herausgehobenen Gesichtspunkten fügen, zu einem in sich einheitlichen *Gedanken*bilde. In seiner begrifflichen Reinheit ist dieses Gedankenbild nirgend in der Wirklichkeit empirisch vorfindbar, es ist eine *Utopie*, und für die *historische* Arbeit erwächst die Aufgabe, in *jedem einzelnen Falle* festzustellen, wie nahe oder wie fern die Wirklichkeit jenem Idealbilde steht (Weber 1991: 73–74).

Der Idealtypus lässt sich in verschiedene Merkmalskomplexe auflösen. Damit lässt sich ein Typus als Kombination von Merkmalen und ihren Ausprägungen

bezeichnen, diese können in einem Merkmalsraum abgebildet werden. Kelle
& Kluge weisen darauf hin, dass die Begriffe ,Merkmale' und ,Merkmalsausprä-
gungen' aus der quantitativen Sozialforschung stammen, während sie selbst die
Begriffe ,Kategorien' und ,Subkategorien' verwenden (vgl. Kelle & Kluge 1999:
78). Das in Abbildung 4.3 dargestellte Stufenmodell empirisch begründeter Typenbildung basiert auf dem Typusbegriff als Kombination von Merkmal und
Ausprägung.

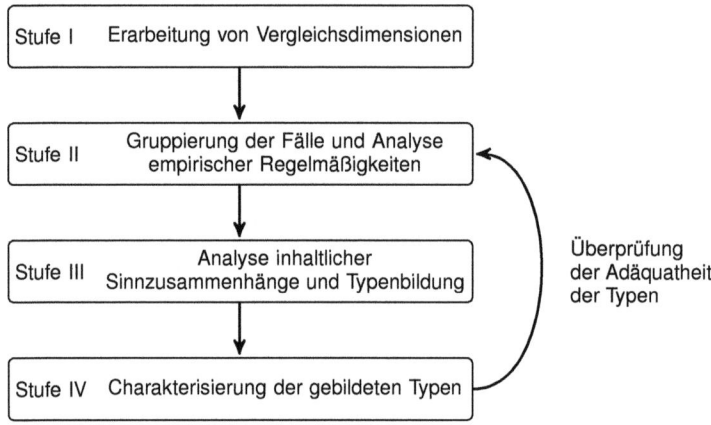

Abbildung 4.3: Schritte der Typenbildung in Anlehnung an Kelle & Kluge (1999:
            82)

Mit Blick auf die hier vorliegenden Daten und auf der Basis der genannten Gruppierungsprozesse studentischer Reflexionen wurde eine sechsstufige Typologie
von Novizen erstellt. Welche methodischen Schritte in der vorliegenden Untersuchung zur Bildung der Typologie vollzogen wurden und zu welchen Ergebnissen
diese Vorgehensweise führte, wird nach der Falldarstellung der beiden Lehrerausbildungssysteme und den Ergebnissen der Interviews in Teil 7 dargestellt.

4.4 Gütekriterien explorativ-interpretativ orientierter
     Forschung

In einem explorativen Forschungsvorhaben realisiert sich eine für die Fragestellung gewinnbringende Nähe zum Feld. Ein Ziel „explorativ-interpretativen
Forschens [kann deshalb sein], einen bislang noch unerforschten Untersuchungsgegenstand zu beschreiben und zu ihm erste Hypothesen zu formulieren" (Cas-

pari et al. 2003: 499). Grundsätzlich folgt diese Studie, wie bereits erwähnt, nicht einer Hypothesenprüfung, wie sie im nomothetischen Paradigma (vgl. Giegler 1992) vorgenommen wird. Stattdessen handelt es sich um die Exploration eines bislang unerforschten Feldes und der Beantwortung offener Fragen. Der Fokus einer solchen Untersuchung wird auf Abläufe, Strukturen, Denk-, Deutungs- und Verhaltensmuster eines Individuums oder einer Gruppe gelegt (Flick et al. 2004), durch die die in Interaktion subjektiv erfahrene, soziale Wirklichkeit systematisch erfasst und gedeutet wird. In der Fremdsprachenforschung wird in diesem Zusammenhang von einem Perspektivenwechsel gesprochen, da die Außenperspektive der Forscher durch die Binnenperspektive der Beteiligten ergänzt wird (vgl. Caspari et al. 2003: 500). Das durch die Offenheit eines explorativen Prozesses erforderliche Maß an Kommunikation ermöglicht der Forscherin einen Zugang zur sozialen Wirklichkeit und der Lebenswelt eines Individuums oder einer Gruppe, in diesem Fall den Dozenten und Studierenden in zwei Lehrerausbildungsprogrammen. Standardisierte Verfahren, die eher auf eine Breite an beteiligten Personen abzielen, können diese Nähe häufig nicht leisten, ohne ihre eigenen Ansprüchen an Replizier- und Generalisierbarkeit zu unterlaufen. Mit der Nähe zum Feld hängt auch die Orientierung am Subjekt zusammen, die eher auf die Erfassung singulärer Kontexte und Prozesse ausgelegt ist. Um diesen Ansprüchen gerecht zu werden, muss die Forscherin ein hohes Maß an Reflexivität nicht nur in der Feldphase, sondern im gesamten Datenerhebungs- und -auswertungsprozess mitbringen.

Da die Stichprobe in der hier vorliegenden Untersuchung nicht repräsentativ ist (vgl. S. 161), können die Ergebnisse nicht generalisiert werden. Stattdessen dienen sie der Exploration des Forschungsfeldes. Der Anspruch der intersubjektiven Überprüfbarkeit, den die quantitative Sozialforschung erhebt, wird im Kontext qualitativer Forschung unter dem Begriff der „intersubjektiven Nachvollziehbarkeit des Forschungsprozesses, auf deren Basis eine Bewertung der Ergebnisse erfolgen kann" (Steinke 2004: 324), geführt. Dies erfordert eine möglichst genaue Darlegung des Forschungsprozesses, inklusive der Fallauswahl, der Erhebungsmethoden und der Interpretation der Daten, um der „für jede qualitative Studie einmaligen Dynamik zwischen Gegenstand, Fragestellung und methodischem Konzept Rechnung" (ebd., 324) zu tragen. Objektivität im Rahmen einer qualitativen Studie entsteht, wie Lamnek argumentiert, aus der „Subjektivität der Interaktionspartner durch die Analyse" (Lamnek 2005: 180). Es liegt demnach ein

intersubjektiver Objektivitätsbegriff vor, in dem die Transparenz des Forschungsprozesses relevant ist. Deshalb wurden in Abschnitt 4.3.3 die Kategoriensysteme,
die einzelnen Auswertungsschritte und die sich daran anschließende Typenbildung ausführlich dargelegt und auf diese Weise nachvollziehbar gemacht.

Die Transparenz in der Vorgehensweise soll die Reliabilität der hier vorliegenden Untersuchung erhöhen. Es soll „überprüfbar [sein], was Aussage des
jeweiligen Subjekts ist und wo die Interpretation des Forschers schon begonnen
hat [...]. Schließlich soll sich die Reliabilität im gesamten Prozess durch dessen
reflexive Dokumentation erhöhen" (Flick 1995: 243). Die Transparenz der Vorgehensweise gilt für alle Forschungsschritte. Im Hinblick auf die Inhaltsanalyse der
studentischen Texte sind darüber hinaus noch weitere Gütekriterien relevant:

- Intercoderreliabililität: Überprüfung des Kategoriensystems in einem frühen Stadium der Untersuchung durch eine zweite Person (ca. 10% des
  Materials). Auf der Basis der Ergebnisse wurde das Kategoriensystem verfeinert.

- Kriterium der Stabilität: Diesem Kriterium wurde durch eine erneute Überprüfung und Analyse des Hauptdatenkonvoluts (Interviews und studentische Texte) nach sechs Monaten realisiert (= Intrareliabilitätsprüfung des
  Kategoriensystems)

- Semantische Gültigkeit: Dieses Kriterium steht für die Gültigkeit der aus
  dem Analysematerial konstruierten Bedeutung und kann anhand der Kate-
  goriendefinitionen (Ankerbeispiele, Kodierregeln) überprüft werden. Eine
  Überprüfung kann durch Expertenurteile geschehen (vgl. Mayring 2003:
  111). Durch dieses Verfahren soll die Nachvollziehbarkeit und damit auch
  die Zuverlässigkeit und Akzeptanz der Untersuchung gewährleistet sein. Da
  es sich nicht um eine Untersuchung mit psychometrischen Instrumenten
  handelt, wurden keine weiteren Validierungsüberprüfungen vorgenommen.

Das Vorgehen der Expertenratings wird in den folgenden Abschnitten detaillierter
ausgeführt. Im Anschluss daran werden die Ergebnisse einer statistischen Absi-
cherung der Verteilung der vorgenommenen Koderierungen in den einzelnen
Kategorien vorgestellt.

Qualitätsprüfung: Fachunspezifisches und fachspezifisches Expertenrating

Um die Inhaltsvalidität der Einordnung der studentischen Reflexionen in die Typologie (vgl. Ergebnisse ab S. 262) zu gewährleisten, wurden durch zwei unabhängige, d.h. nicht mit dem Datenmaterial vertraute Personen, Expertenratings vorgenommen (vgl. zur Inhaltsvalidität auch Lamnek 2005: 230 ff.). Als Vorbereitung auf die Expertenratings wurden N=19 Profile der studentischen Reflexionen erstellt. Bei den Profilen handelt es sich um Kurzcharakteristiken, in denen die Ergebnisse der ersten Analyse der drei Hauptkategorien (Reflexion über fremdsprachlichen Unterricht, über Lerner und über fachbezogenes und forschungsmethodisches Wissen) detaillierter beschrieben wurden, ohne jedoch die Verteilung der Ausprägungen zu berücksichtigen. Diese Profile dienen der Einordnung der studentischen Reflexionen in die Typologie. Die Rater hatten auch Zugang zum Gesamtdatensatz studentischer Reflexionen, ohne jedoch die Häufigkeitsverteilungen der studentischen Reflexionen auf die drei Ausprägungen (deskriptiv, instrumentell, produktiv) zu kennen. Auf diese Weise war ihre Perspektive rein inhaltlich gesteuert. Es handelt sich um ein fachunspezifisches und ein fachspezifisches Rating, deren jeweilige Ergebnisse im Folgenden dargestellt werden.[75]

Das erste Expertenrating ist fachunspezifisch. Da der Rater aufgrund eigener fachlicher Provinienz mit den jeweiligen Lehrerausbildungssystemen und den zugrundeliegenden Konzepten nur wenig vertraut ist, besteht die Möglichkeit, dass weder die jeweilige pädagogisch-fachdidaktische Terminologie noch ihre diskursive Relevanz entsprechend eingeschätzt werden konnte.

Bei der Einordnung der deutschen Studierenden ergibt sich bei Rater I nur eine Abweichung. In diesem Fall wurde ein Student niedriger eingestuft. Bei der Einordnung der US-Studierenden gab es deutliche Abweichungen (s. Anhang 8.3). Besonders ausgeprägt ist hier die Häufung der Verteilung in Typ III. Diese Phänomen entspricht einer Ausrichtung bei Unsicherheit am Mittelfeld; ein Phänomen, dass auch bei sechsstufigen Likert-Skalen zu beobachten ist. Mögliche Gründe für die Abweichung könnten auch darin liegen, dass die fachdidaktisch-pädagogischer Terminologie und die entsprechende Anwendungssituationen als weniger relevant eingeschätzt wurden (s.o.). Ergänzende Informationen durch ein

---

75 Eine detaillierte Übersicht der beiden Expertenratings (fachspezifisch und fachunspezifisch) sind in Anhang 8.3 einzusehen.

Gespräch nach dem Expertenrating zeigten, dass eine solche fachunspezifische Einordnung auf der Basis studentischer Profile nur sehr schwierig umzusetzen war. Dies führte zu der Entscheidung, ein weiteres fachspezifisches Expertenrating durchzuführen.

Der für das fachspezifische Rating gewonnene Rater II besitzt langjährige Lehrerfahrung an einer deutschen und US-amerikanischen Universität im Bereich der fremdsprachlichen Lehrerausbildung. Damit sind ihm die grundsätzlichen Kontextbedingungen beider Lehrerausbildungssysteme bekannt. Entsprechend der aus dem fachunspezifischen Rating gewonnenen Annahmen sind dann auch für Rater II weniger Abweichungen zu beobachten: Bei der Einordnung der deutschen Studierenden gab es keine Abweichungen; bei der Einordnung der US-Studierenden gab es drei Abweichungen, die sich jedoch mit einer Ausnahme auf die Einordnung in die nächsthöhere Kategorie beziehen. Rater II gab hier ein im Vergleich zum ursprünglichen Rating eher strenges Urteil ab. Eine gravierendere Abweichung zeigt sich nur in einem Fall: Hier wurde auf der Basis der studentischen Profile eine Einordnung auf Typ IV statt ursprünglich Typ II vorgenommen. Ein möglicher Grund könnte darin liegen, dass in diesem Fall die Studentin die entsprechende Terminologie sehr gut beherrschte und auf ihre SuS sehr einging, jedoch vergleichsweise wenig produktive Reflexion aufweisen konnte. Dieser Befund war möglicherweise in den erstellten Profilen nicht eindeutig genug dargestellt.

Insgesamt gesehen konnte durch die beiden Expertenratings eine erste inhaltlich gesteuerte Einordnung der studentischen Reflexionen in die Typologie abgesichert werden. Weitere Begründungen erfolgen in Teil 7.

Um die Verteilung der Kodierungen auch statistisch zu überprüfen, wurden folgende Analyseschritte in SPSS 18 durchgeführt.

Test auf Gleichverteilung der Kategorienbildung für jede/n TN
In einem weiteren Auswertungsschritt wurde die Zuordnung der TN auf die drei Ausprägungen „deskriptiv", „produktiv" und „instrumentell" statistisch abgesichert. Zu diesem Zweck wurde ein Chi-Quadrat-Test vorgenommen, der zur Überprüfung von Häufigkeitsverteilungen eingesetzt wird. Eine Voraussetzung ist, dass Variablen mit nominalem Skalenniveau vorliegen. Ein Chi-Quadrat-Test zeigt für die einzelnen Teilnehmer signifikante Ergebnisse für die Vergabe der drei Kodierungen; Ausnahmen bilden die Teilnehmer Quinn (Chi-Quadrat=3,769,

df 2, p=0,152 n. s.), Paige (Chi-Quadrat=1,741, df 2, p=0,424) und Helga (Chi-Quadrat=4,353, df 2, p=0,113). Der für kleine Stichproben sensitivere Kolmogorov-Smirnov Anpassungstest (K-S-Test) ergibt signifikante Abweichungen von der Gleichverteilungsannahme für alle TN; die Zuordnung der TN zu den drei Ausprägungen kann damit als auch statistisch abgesichert angesehen werden.

Test auf Normalverteilung der Anzahl der vergebenen Kodierungen in jeder der drei Ausprägungen

Für eine zusätzliche Plausibilisierung der Kategorienvergabe wurde darüber hinaus ein K-S-Test auf Normalverteilung für die Anzahl der Kodierungen in den drei Ausprägungen „deskriptiv", „instrumentell" und „produktiv" durchgeführt. Durch eine Beibehaltung der Normalverteilungsannahme kann abgesichert werden, dass, in Abhängigkeit von der Textlänge, die Anzahl der Kodierungen in den Extrembereichen (Maximal- und Minimalwerte) die Ausnahme ist. Der K-S-Test auf Normalverteilung fällt mit Werten von Z=1,557 (Kategorie „deskriptiv"), Z=1,573 (Kategorie „instrumentell") und Z=1,845 (Kategorie „produktiv") für alle drei Ausprägungen nicht signifikant aus; dies bedeutet, dass die Häufigkeit der Vergabe in allen drei Ausprägungen normalverteilt ist.

In den nun folgenden Teilen 5 und 6 werden die empirischen Befunde der beiden untersuchten Lehrerausbildungsprogramme dargelegt.

5 Empirische Befunde Fall A: Lehrerbildung an einer deutschen Universität

Die Darstellung der Ergebnisse erfolgt zunächst einzeln für jedes Lehrerausbildungsprogramm, um die spezifischen Ausbildungsstrukturen und Kontexte adäquat wiederzugeben. In Teil 8 wird im Anschluss daran eine Synthese der Ergebnisse vorgenommen.

Im Folgenden werden die empirischen Befunde der untersuchten deutschen Universität dargestellt. Zunächst werden die Ergebnisse der Dokumentenanalyse, dann die Ergebnisse der Experteninterviews mit den Lehrerausbildern vorgestellt. Im Anschluss werden die Ergebnisse der Analyse des studentischen Materials dargestellt und ein erstes Zwischenfazit über die studentischen Reflexionen gezogen.

5.1 Ergebnisse der Analyse der institutionellen und hochschuldidaktischen Rahmenbedingungen

Die untersuchte Universität liegt in Nordrhein-Westfalen und unterliegt damit den Rahmenbedingungen dieses Bundeslandes, das in Vorbereitung auf eine neue Lehramtsprüfungsordnung Veränderungen in der Struktur der Lehrerausbildungsprogramme vornahm.

Die Reform der Lehrerausbildung[76] in Nordrhein-Westfalen setzte sich zum Ziel, die Praxisphasen auszubauen und die einzelnen Ausbildungsphasen stärker miteinander zu vernetzen, um die Professionalisierung angehender Lehrer besser als bisher institutionell zu unterstützen. Auf der Grundlage eines veränderten Lehrerausbildungsgesetzes (LABG) trat im Wintersemester 2003/04 eine neue Lehramtsprüfungsordnung (LPO 2003) in Kraft, „die das Lehramtsstudium in zentralen Elementen verändert[e]" (Seipp & Ruschin 2004: 13). Diese Veränderungen werden Gegenstand des folgenden Kapitels sein. Da die untersuchte Universität

---

76 Novellierung der Ordnung der Ersten Staatsprüfungen für Lehrämter an Schulen (=Lehramtsprüfungsordnung / LPO, 2003).

mit der Umsetzung der landesrechtlichen Vorgaben im sogenannten Theorie-Praxis-Modul[77] in mehrfacher Hinsicht innovative Elemente, vor allem im Hinblick auf die Ausgestaltung der Praxisphasen, in ihr Lehrerbildungsprogramm integriert hat, werden an diesem speziellen Fall auch die grundsätzlichen Aspekte der Lehramtsprüfungsordnung 2003 und der dazugehörigen Rahmenvorgaben dargestellt.

5.1.1 Rechtliche Vorgaben und externe Rahmenbedingungen

Ausgangspunkt für die Reform der Lehrerbildung in NRW waren die „vielfachen Klagen über die Berufsferne der ersten Phase der Lehrerbildung und die Hoffnung, dass eine stärker praxisorientierte Ausbildung in dieser Phase der Lehrerbildung letztlich einen Beitrag zur Verbesserung des Unterrichts und der Lernleistungen von Schülerinnen und Schülern leisten könnte" (Bergheim 2007: 187). Die Forderung nach einem Ausbau der Praxisphasen (durch Erhöhung der Semesterwochenstunden während schulischer Praktika und Definition der Ziele von Praxisphasen) sagt jedoch noch nichts über eine Qualitätssteigerung der Praktika aus, um beispielsweise der Forderung nach einem stärkeren Professionsbezug der ersten universitären Phase entgegenzukommen. Es obliegt den einzelnen Universitäten, diese Ausgestaltung vorzunehmen. Die neue Ausrichtung, eine Zielformulierung für die praktischen Anteile der Lehrerbildung vorzunehmen, zeigt sich auch in der Formulierung im Lehrerausbildungsgesetz. Systematisch sollen theoretische Studien und schulpraktische Erfahrungen miteinander verknüpft werden (vgl. auch Bergheim 2007: 191, Ministerium für Schule, Jugend und Kinder des Landes Nordrhein-Westfalen 2. Juli 2002: § 2, Absatz 4). Es wird nicht weiter spezifiziert, auf welche Weise eine solche Verknüpfung erreicht werden kann. Eine weitere grundlegende Veränderung und Neuorientierung der Lehrerbildung erfolgt durch die angestrebte Kompetenzorientierung und damit einhergehende Output-Orientierung, für die das neue Gesetz die Grundlage schafft und einen „stufenweise[n] Erwerb von professionsbezogenen *Kompetenzen* anstelle der früheren Ausrichtung an inhaltlichen Vorgaben [ermöglicht]" (Seipp & Ruschin 2004: 39).

Es ist Aufgabe der jeweiligen Universitäten, die Forderung nach einer professionsspezifischen Ausrichtung der Lehrerbildung umzusetzen. Damit einher geht

---

77   Im Folgenden mit TPM abgekürzt.

eine Abkehr der Orientierung an Inhalten und Themen der Fächer, die häufig als zu beliebig kritisiert wurden (vgl. auch Empfehlungen des Wissenschaftsrates 2001). Um eine stärkere Professionsorientierung in die jeweiligen Module zu implementieren, entwickeln die Fächer deshalb entsprechende Kerncurricula, die die von den Studierenden zu erwerbenden Kompetenzen in Form von Standards spezifizieren.[78] Da die inhaltliche Ausgestaltung der Studiengänge Aufgabe der Hochschulen ist (vgl. Ministerium für Schule, Jugend und Kinder des Landes Nordrhein-Westfalen 2004a: 2), das Bundesland gleichzeitig aber auch eine Form der Vergleichbarkeit zwischen den verschiedenen Lehrerausbildungsprogrammen aufrechterhalten will, wurden zusätzlich zur Forderung nach kontinuierlichen Evaluation durch die Zentren für Lehrerbildung auch entsprechende Rahmenvorgaben für das Kerncurriculum und die Praxisphasen entwickelt, an denen sich die Hochschulen orientieren sollen. Die Kerncurricula sollen die in den Rahmenvorgaben „vorgegebenen grundlegenden Kompetenzen und Standards [konkretisieren]. Dabei soll ein für alle Lehrämter gemeinsamer Grundbestand gewährleistet werden" (Ministerium für Schule, Jugend und Kinder des Landes Nordrhein-Westfalen 2004a: 2). Diese Funktion der Kerncurricula geht über das eigentliche Fach hinaus und sichert die Basis für alle Lehrämter (vgl. Seipp & Ruschin 2004: 17). Das Lehramtsstudium solle sich an den grundlegenden beruflichen Kompetenzen für Unterricht und Erziehung, Beurteilung und Diagnostik sowie Qualitätssicherung und Evaluation orientieren (vgl. Ministerium für Schule, Jugend und Kinder des Landes Nordrhein-Westfalen 2004a: 3, Ministerium für Schule, Jugend und Kinder des Landes Nordrhein-Westfalen 2. Juli 2002: § 2 Abs. 6). Dieser Anspruch realisiert sich in der Formulierung von fünf Kompetenzen: Darstellung- und Reflexionsfähigkeit, Anwendungs- und Problemlösefähigkeit, Kooperations- und Gestaltungsfähigkeit sowie Entscheidungs- und Urteilsfähigkeit (vgl. Ministerium für Schule, Jugend und Kinder des Landes Nordrhein-Westfalen 2004a: 3). Der Reflexionsfähigkeit wird hinsichtlich der

---

78 „Kompetenzen werden in diesem Kontext als thematisch zusammenhängende Kenntnisse, Einsichten, Fähigkeiten und Fertigkeiten für Unterricht und Erziehung, Beurteilung und Diagnostik, Qualitätssicherung und Evaluation verstanden. Standards konkretisieren die jeweiligen Kompetenzen, die ihrerseits nur auf der Grundlage einer soliden Wissensbasis erworben und ausgeprägt werden können. *Können* kann nicht ohne *Wissen* zur Bewältigung von Anforderungen der Profession eingesetzt werden. Dafür müssen in Modulen und in den sie konstituierenden Lehrveranstaltungen Kompetenzen, die sie konkretisierenden Standards und die dafür auszuwählenden Inhalte bzw. Themen vereint werden. Dabei ist den Inhalten/Themen ein exemplarischer Stellenwert zugewiesen. Sie sind der Ausprägung der Kompetenzen unterstellt in dem Sinne, dass ihre Auswahl dem Kompetenzerwerb dient" (Seipp & Ruschin 2004: 16).

Reflexion des erworbenen Wissens in der universitären Ausbildung besonderer Stellenwert eingeräumt.

Neben den Rahmenvorgaben für Kerncurricula werden der LPO 2003 auch Rahmenvorgaben für Praxisphasen beigelegt (Ministerium für Schule, Jugend und Kinder des Landes Nordrhein-Westfalen 2004b). Die Ausweitung der Praxisphasen zeigt sich in der Steigerung auf insgesamt 14 Wochen[79] und begleitenden Lehrveranstaltungen im Umfang von 12 Semesterwochenstunden (SWS) (vgl. auch Arens 2004: 71). Die Praxisphasen beziehen sich nicht nur auf das Handlungsfeld Schule, sondern auch auf außerschulische Bereiche wie sozialpädagogische, kirchliche oder andere Bildungseinrichtungen (vgl. Ministerium für Schule, Jugend und Kinder des Landes Nordrhein-Westfalen 2004b: 5–6). Die Neugestaltung der Praxisphasen sichere den im LABG und der LPO geforderten Professionsbezug, da die „Praxisphasen [...] theoriegeleitete Erfahrungen im Handlungsfeld Schule [ermöglichen]. Dadurch werden die grundlegenden Aufgaben des Lehrerberufs bereits zu einer zentralen Leitlinie des Studiums" (Ministerium für Schule, Jugend und Kinder des Landes Nordrhein-Westfalen 2004b: 2). Durch Formen des forschenden Lernens sollen die Studierenden die nötigen beruflichen Kompetenzen erwerben:

> Forschendes Lernen [beschreibt] einen Lernprozess, der im forschungsorientierten Zusammenspiel von Theorie und Praxis theoriegeleitete Erfahrungen ermöglicht. Damit sind die Praxisphasen wissenschaftsorientierte Ausbildungselemente und legen zugleich Grundlagen für professionsorientiertes Können (Ministerium für Schule, Jugend und Kinder des Landes Nordrhein-Westfalen 2004b).

Erziehungswissenschaft und Fachdidaktik, aber auch die jeweilige Fachwissenschaft sollen als theoretische Bezugsdisziplinen in die Prozesse forschenden Lernens eingebunden sein.

Die Praxisphasen orientieren sich an fünf Standards (vgl. auch Ministerium für Schule, Jugend und Kinder des Landes Nordrhein-Westfalen 2004a)[80]:

---

79   In der Lehramtsprüfungsordnung 1994 waren „*mindestens* 2 und *höchstens* 8 *SWS* für diese als ‚schulpraktische Studien' bezeichneten Aufenthalte *anzusetzen* und anzurechnen" (Ministerium für Schule und Weiterbildung 1994).

80   In den Rahmenvorgaben für Kerncurricula werden diese Standards als Kompetenzen bezeichnet. Damit ist die begriffliche Unterscheidung zwischen Kompetenzen und Standards in den Rahmenvorgaben unklar.

- Wissenschaftliche Inhalte auf Situationen und Prozesse schulischer Praxis zu beziehen
- Differenzen zwischen wissenschaftlicher Erkenntnis und praktischem Handeln zu reflektieren
- Die Bedeutung von Theorien für pädagogische und didaktische Entscheidungen einzuschätzen
- Erste Erfahrungen aus der Perspektive der Lehrertätigkeit zu gewinnen und daraus Fragen und Explorationsaufgaben zu entwickeln
- Fachlichen Unterricht – unter Verwendung geeigneter Medien oder Informations und Kommunikationstechnologien – bei Beachtung von Alternativen exemplarisch zu planen, zu erproben und zu reflektieren.

Ein weiteres Element der Praxisphasen bezieht sich auf erste Unterrichtsversuche. Die Studierenden sollen erste Unterrichtserfahrungen sammeln, indem sie Unterricht in ihrem Fach exemplarisch planen und anschließend reflektieren, jedoch liegt der Schwerpunkt auf einer (wissenschaftlichen) Beobachtung und Analyse von Unterricht. Es geht also insgesamt gesehen in den Praxisphasen nicht darum, berufliche Kompetenz im Sinne einer Erweiterung des eigenen unterrichtlichen Handelns zu gewinnen, sondern um die Entwicklung eines analytischen und distanzierten Blicks auf das Praxisfeld Schule. Die Praxisphasen werden durch entsprechende universitäre Seminare begleitet, in denen die Studierenden Wissen über Forschungsmethodik und theoretische Ansätze erwerben können.

5.1.2 Besonderheiten der Programmstruktur: Kooperation zwischen Erziehungswissenschaft und Fachdidaktik

Auf der Grundlage oben genannter rechtlicher Verordnungen und Rahmenvorgaben entwickelte die zur Fallanalyse ausgewählte Universität eine Rahmenstudienordnung (RStO), „an der die Fächer ihre Studienordnungen für die neuen Lehramtsstudiengänge modellieren" (Seipp & Ruschin 2004: 18). Der Gemeinsame beschließende Ausschuss für die Lehrerinnen- und Lehrerbildung (GebALL) der untersuchten Universität fungiert bei der Entwicklung dieser Ordnung und bei weiteren aufkommenden Angelegenheiten als Entscheidungs- und Beratungsorgan. Als fachübergreifende Kommission stellt er die organisatorische Mitte für die Lehrerbildung an der Universität dar.

Die Praxisphasen weisen mit dem Wechsel zur Lehramtsprüfungsordnung 2003 und deren konkrete Ausgestaltung im Modellversuch seit dem Sommersemester 2005 zwei Besonderheiten auf: die Umsetzung des hochschuldidaktischen Prinzips des forschenden Lernens in den Seminaren und eine enge Kooperation zwischen Erziehungswissenschaft und Fachdidaktik in der Vorbereitung, Begleitung und Nachbereitung der Praxisphasen. Die Forderung nach einem Ausbau der Praxisphasen wird an der untersuchten Universität seit Sommersemester 2005 vor allem in zwei Formaten realisiert, dem pädagogischen Einführungspraktikum (PEP) im Grundstudium und dem Theorie-Praxis-Modul (TPM) im Hauptstudium. Die erste Praxisphase ist das pädagogische Einführungspraktikum (PEP), das 4 Wochen dauert. Darüber hinaus müssen die Studierenden ein Begleitseminar (2 SWS) belegen, das als Vorbereitung auf die Praxisphase gedacht ist. Auch das PEP gilt als Theorie-Praxis-Veranstaltung, die den Studierenden ermöglicht, „im ersten bis zweiten Studienjahr einen ersten Einblick in Berufsanforderungen und Schulrealität aus der Perspektive der Lehrperson zu nehmen" (PEP-Info: 1). Die Studierenden sollen in den Bereichen „Aufgaben von Lehrerinnen im Arbeitsfeld Schule, dem Bildungs- und Erziehungsauftrag von Schule und den Aufgaben von Unterricht" erste Erfahrungen sammeln (vgl. PEP-Info: 1), um auf der Basis erster systematischer Beobachtungen ihre Berufsentscheidung überprüfen zu können. Darüber hinaus sollen sie ab der zweiten Praktikumswoche „mindestens eine Stunde pro Woche unterrichten" (PEP-Info: 2), erste Unterrichtskompetenz entwickeln und in einem abschließenden Praktikumsbericht reflektieren.

Im Hauptstudium belegen die Studierenden das Theorie-Praxis-Modul. Es besteht aus zwei Teilen, dem Theorie-Praxis-Modul I (Element 1–4) in enger Kooperation zwischen Erziehungswissenschaft und Fachdidaktik sowie dem Theorie-Praxis-Modul II (Elemente 5–6), das ausschließlich von der zweiten Fachdidaktik, die im TPM I nicht von den Studierenden abgedeckt wurde, gestaltet wird. Dem Modul liegen entsprechende Prüfungsvorschriften vor (vgl. Tabelle 5.1).

Das Theorie-Praxis-Modul findet in den meisten Fällen in den ersten beiden Semestern des Hauptstudiums (LPO 2003) statt. Angestrebtes Ziel dieses Moduls ist es, „einen für die Studierenden nachvollziehbaren fächerübergreifenden Bezug zwischen Theorie und Praxis von Schule, Unterricht, Lernen sowie Erziehung herzustellen" (TPM-Beschreibung: 1). Auf der Grundlage des schulpädagogischen und fachdidaktischen Theoriewissens (vgl. TPM-Info: 1) soll die „Professionalisierung angehender Lehrerinnen und Lehrer" (TPM Info: 1) angestrebt werden.

Tabelle 5.1: Prüfungsvorschriften Theorie-Praxis-Modul (TPM)

- Vorgaben der Lehramtsprüfungsordnung (LPO) 2003 des Landes NRW für Praxisphasen, § 10
- Rahmenvorgaben „Entwicklung von Kerncurricula" (2004) und „Praxisphasen" (2004) als Anlage zur LPO 2003
- Anlage zur Rahmenstudienordnung (laut GebALL)
- Leistungsstandards für Theorie-Praxis-Phasen an der untersuchten Universität (laut GebALL)

Laut TPM-Info sollen folgende Teilziele die Professionalisierungsprozesse der Studierenden unterstützen: Ausbau des schulpädagogischen und fachdidaktischen Theoriewissens, biografisches, forschendes und fächerübergreifendes Lernen, Stärkung der Selbstreflexivität und der beruflichen Identitätsentwicklung sowie Entwicklung erster Unterrichtskompetenz.

Wie die Seminare im TPM Englisch, das die institutionellen Rahmenbedingungen für die empirischen Befunde liefert, gestaltet werden, wird im Folgenden dargestellt. Da die Daten der hier vorliegenden Studie sich auf das TPM-Modul Sprachen in der Kombination Erziehungswissenschaft und Fachdidaktik Englisch[81] beziehen, werden im Folgenden die einzelnen Elemente des TPM auf der Basis dieser Kombination beschrieben.

Im sogenannten Element 1, „Analyse und Reflexion grundlegender Aufgaben von Schule" sollen die Studierenden in diesem Seminar ihre empirischen Forschungsprojekte für die anschließende erste Praxisphase entwickeln und in den forschenden Lernprozess eintreten. Da in der Kooperation Erziehungswissenschaft und Fachdidaktik Englisch die Forschungsskizze in Element 1 entwickelt wird, konzentriert sich Element 2 auf die Analyse, Vorbereitung und Reflexion fremdsprachlichen Unterrichts. Element 3 umfasst die erste Praxisphase der Studierenden in von ihnen selbst ausgewählten Schulen. Idealerweise können die Studierenden, so es das Feld sowohl aus forschungsmethodischer wie unterrichtlicher Sicht zulässt, beide Skizzen entsprechend umsetzen, die Daten erheben und den geplanten Unterricht durchführen. Den Studierenden wird empfohlen, ab der zweiten Praxiswoche mindestens drei Stunden pro Woche eigenständig zu unterrichten (vgl. TPM-Beschreibung: 2).

---

81   Im Folgenden auch unter dem Begriff TPM Englisch geführt.

Das Begleitforschungsseminar (Element 4) wird im *Team-Teaching* von beiden Disziplinen angeboten. Um die Praxisphase der Studierenden zeitnah zu begleiten, findet das Begleitforschungsseminar als Blockveranstaltung samstags statt. In der ersten Sitzung des Begleitforschungsseminars[82] werden vor allem organisatorische Aspekte zur Seminargestaltung und den jeweiligen Blocktagen geklärt. Die Themen der Blocktage entstehen in der Praxisphase der Studierenden. Die Nutzung einer Online-Plattform verbessert die Betreuung der Studierenden während der Praxisphase und ermöglicht eine zeitnahe Festlegung der Themen für die Blocktage. Aus organisatorischen und personellen Gründen können die Lehrenden im TPM Englisch die Praxisphase nicht begleiten und in den Schulen anwesend sein. Deshalb sollen die Studierenden viermal wöchentlich während ihrer Praxisphase ihre Beobachtungen, offenen Fragen oder eigene Probleme bei der Datenerhebung auf dieser Plattform eintragen und die Beiträge der anderen Studierenden kommentieren. Dies gilt auch für die Studierenden, die ihr Praktikum im Ausland absolvieren. Lehrende und Studierende stellen je nach Bedarf weitere Fragen oder geben Anregungen. Die Funktion der Einträge ist die eines Online-Lerntagebuches, auf das die Studierenden in der Schlussreflexion im TPM-Bericht zurückgreifen können.

Ein weiteres Element, das bedarfsgerecht auf die Bedürfnisse der Studierenden im TPM Englisch zugeschnitten ist, ist die Schreibwerkstatt. Die Schreibwerkstatt folgt einem prozessorientierten Vorgehen. Sie wird für drängende Fragen zum TPM-Bericht und zur Besprechung von auftretenden Problemen in der Kleingruppe genutzt. Außerdem werden dort neue Arbeitsgruppen für das Peer-Feedback gebildet. Diese wurden eingeführt, um die zum Teil von den Studierenden als schwierig empfundene Schreib- und Auswertungsphase noch besser zu unterstützen.

Vor allem im Begleitforschungsseminar sollen die Studierenden laut TPM-Info Phasen der Selbstreflexivität und beruflichen Identitätsentwicklung durchlaufen (TPM-Info: 1). Im TPM-Reader wird der Zusammenhang zwischen forschendem und biografischem Lernen weiter ausgeführt und es wird festgestellt, dass „wissenschaftliche Wissensinhalte über Lernen, Schule und Unterricht eher kognitiv rezipiert werden [und] eine subjektive Bewertung und Aneignung dieser Inhalte zumeist vor dem Hintergrund der eigenen Schulerlebnisse und -erfahrungen

---

82   Vgl. für eine Übersicht über Verlauf und Schwerpunktthemen des Begleitseminars (Papenberg & Roters 2010: 190).

statt[findet] (TPM-Reader Band 1: 32). Theoretischer Bezugsrahmen dieser Argumentation ist die Biografieforschung, die sich verstärkt der Aufdeckung des Zusammenhangs von Biographie und Professionalität (Kraul & Marotzki 2002) widmet. Für den Lehrerberuf werden biografische (Schul-)Erfahrungen häufig als einflussreich auf das spätere berufliche Handeln erkannt" (TPM-Reader Band 1: 33). Der nach dem TPM 1 zu erstellende Bericht beinhaltet die Forschungs- und Unterrichtsskizze sowie eine Darstellung der vorgenommenen Modifizierungen im Feld. Der Reflexionsteil im Bericht bezieht sich sowohl auf die empirische Forschung und die Lernerfahrungen im Rahmen des forschenden Lernprozesses wie auch auf den eigenen Unterricht und die daraus abgeleiteten Entwicklungsschritte. Der auf der Basis des TPM-Berichtes auszustellende Leistungsnachweis gilt als Voraussetzung für die Zulassung zur erziehungswissenschaftlichen Staatsexamensklausur (vgl. TPM-Beschreibung: 3). Obwohl das gesamte Modul die enge Zusammenarbeit zwischen EW und den Fachdidaktiken betont, haben die Fächer bzw. die Fachdidaktiken letztlich nur wenig Einfluss (vgl. Seipp & Ruschin 2004: 17) und sind auf offene Kooperationsstrukturen auf Seiten der Erziehungswissenschaft angewiesen.

Der zweite Teil des Theorie-Praxis-Moduls, das TPM II, ähnelt in seiner Ausrichtung dem TPM I, ist jedoch zeitlich deutlich kürzer und soll deshalb an dieser Stelle nur kurz skizziert werden. Das sogenannte Element 5, das Theorie-Praxis-Seminar (2 SWS) in der zweiten Fachdidaktik, ist im Grunde dem ersten fachdidaktischen Vorbereitungsseminar (Element 2) ähnlich, und zwar inhaltlich wie organisatorisch-strukturell (vgl. auch TPM-Beschreibung: 2). Da es kein zweites Begleitforschungsseminar gibt, ist das TPM II wesentlich kürzer und besteht nur aus Element 5 und der zweiten Praxisphase (Element 6), die in ihren Voraussetzungen und Umsetzungen mit der ersten Praxisphase übereinstimmt. Eine weitere Praxisphase im Bereich der Kinder- und Jugendarbeit über zwei Wochen kann als Ergänzung zu den schulischen Praxisphasen im TPM gesehen werden und entspricht den Empfehlungen der LPO 2003 zu den Praxisphasen (vgl. LPO 2003, § 10, Abschnitt 4, Praxisphasen, S. 2).

Unter Berücksichtigung der institutionellen Rahmenbedingungen steht es den Lehrenden im TPM Englisch frei, wie sie die jeweiligen Seminaren ausgestalten, um die Professionalisierung der Studierenden voranzubringen. Der nun folgende Abschnitt zeigt auf, wie die Lehrenden im TPM Englisch diese institutionellen Vorgaben hochschuldidaktisch ausgestalten, wie sie die einzelnen Seminarelemente wahrnehmen und welches implizite hochschuldidaktische Konzept sie bezüglich des Reflexions- und Professionalisierungsbegriffs verfolgen.

5.1.3 Seminargestaltung: Konzepte der Lehrerausbilder für die Lern- und Reflexionsgelegenheiten der Studierenden

Im Folgenden werden die Ergebnisse der Interviews mit den Lehrerausbildern dargestellt und hinsichtlich des Reflexionsbegriffs der Lehrenden analysiert. Wie sie ihren Reflexionsbegriff inhaltlich und hochschuldidaktisch füllen, zeigt sich in den Lern- und Reflexionsgelegenheiten, die die Studierenden in den jeweiligen Seminarsitzungen als Teil des hochschuldidaktischen Konzepts der Lehrenden erhalten. Darüber hinaus bewerten die Lehrerausbilder im Interview einzelne Seminarelemente des TPM Englisch und geben Verbesserungsvorschläge. Auch diese Aspekte werden in den folgenden Abschnitten skizziert.

Die Seminargestaltung findet im *Team-Teaching* der Lehrenden aus Erziehungswissenschaft und Fachdidaktik Englisch statt. Die Dozenten des TPM Englisch profitieren von dieser Kooperation, die ihrer Meinung nach eine Art Fortbildung auf Seiten der Lehrenden darstelle: „Wo ich einfach auch ein bisschen lerne [… ist, dass] das Thema Lernerautonomie oder Konstruktivismus sehr stark in der Fremdsprachendidaktik sozusagen verbreitet ist, dass wusste ich wohl, wie das jetzt bei Ihnen [in der Fachdidaktik an dieser Universität] läuft, wusste ich nicht …" (Int. D., L3, 352-355)[83] Darüber hinaus generierten sich aus der interdisziplinären Zusammenarbeit und der Begleitung der Studierenden bei den empirischen Forschungsprojekten eigene Forschungsfragen, die ggf. in eigenen wissenschaftlichen Projekten bearbeitet werden könnten: „Jetzt habe ich gehört, das Thema Fehlerkultur, da gibt es noch unglaubliche Forschungs[lücken bei der Frage,] wie korrigiere ich oder wie gehe ich als Lehrerin und Lehrer mit Fehlern um" (Int. D., L3, 885-887). Dieser kurze Interviewauszug macht deutlich, dass der multiperspektivische Zugang, den die Lehrenden im TPM Englisch durch ihre enge Kooperation entwickeln können. Das implizite Konzept der Dozenten ist gleichsam eine Form des „gelebten" *pedagogical content knowledge*, das Shulman (Shulman 1986) für die Studierenden forderte. Hier liegt eine Besonderheit des TPM Englisch vor.

---

83 Die Zitation erfolgt über die Zeilenangaben der transkribierten Interviews.

Aus der Perspektive der Lehrerausbilder sollen die Studierenden verschiedene Aspekte im TPM Englisch lernen und reflektieren, um ihre individuelle Professionalisierung voranzubringen. Diese Reflexionsgelegenheiten, die die Studierenden zu diesem Zweck erhalten, werden in Tabelle 5.2 als ein Ergebnis der Interviewanalyse zusammengefasst.

Tabelle 5.2: Reflexionsgelegenheiten im deutschen Lehrerausbildungsprogramm

Reflexionsgelegenheiten	Reflexionsgelegenheiten und hochschuldidaktische Ausgestaltung
Planung und Gestaltung von Unterricht	Verwendung einer Online-Plattform während der Praxisphase: Reflexion fremdsprachlichen Unterrichts, Feedback von Studierenden und Dozenten, kritische Rückfragen
	Gestaltungsvarianten im Seminar: Elemente kollegialer Fallberatung, *Microteaching*; Einbindung von didaktischen Modellen
Biografisch motiviertes forschendes Lernen	Reflexion des eigenen Sprachlernprozesses und biografischer Erfahrungen in der Schule; Entwicklung einer Forschungsfrage, intensive forschungsmethodische Beratungsphasen während der Praxisphase (Schreibwerkstatt)
Kooperation mit Mentoren in den Schule	Kooperation zwischen den Studierenden und den Lehrenden; kritische Auseinandersetzung mit Ereignissen und Themen an den Blocktagen; Empfehlung des Aufbaus einer kritischen Distanz zum unterrichtlichen Handeln der Mentoren
Reflexionsprozesse der Studierenden	Reflexion des forschenden Lernprozesses: Reflexion des methodischen Vorgehens, alternative Erhebungsinstrumente, Bezug zum eigenen Unterricht herstellen
	Langfristiges Ziel: kritisch-reflektierte, theoriegeleitete Analyse schulischer Praxis über forschende Lernprozesse

Im Folgenden werden diese vier Elemente des hochschuldidaktischen Konzepts der Lehrerausbilder weiter ausgeführt.

Planung und Gestaltung von Unterricht als Lern- und Reflexionsgelegenheit

Die Studierenden in diesem Lehrerausbildungsprogramm haben vor allem in zwei Kernphasen ihre Studiums Raum für schulpraktische Studien. Während das PEP erste Hospitationsphasen ermöglicht und der Fokus darauf liegt, Unterricht zu beobachten, sollen die Studierenden im TPM Forschungs- wie auch erste Unterrichtskompetenz erwerben. Durch die Konzentration auf Unterrichts- und

Forschungsprojekt im TPM I sehen die Lehrerausbilder die Gefahr, dass andere wichtige Erfahrungen der Studierenden in den Schulen nicht genügend Berücksichtigung finden: „Und dann das ganze Unterrichtsprojekt mit der Planung, mit der Durchführung, das Forschungsprojekt, dann die allgemeine Reflexion des ganzen TPM, da gibt es vielleicht noch andere Dinge, die reflektiert werden wollen" (Int. D., L1, 595–598). Um differenzierte Beobachtungskategorien für ihre Analyse des Unterrichts aus allgemeindidaktischer wie auch fachdidaktischer Perspektive zu finden, bekommen die Studierenden im Begleitforschungsseminar die Aufgabe, Unterricht in dreierlei Hinsicht zu analysieren: Lernvoraussetzungen der SuS, Verhalten der Lehrer, Verhältnis zu eigenen biografischen Erfahrungen.

Biografisch motiviertes forschendes Lernen als Lern- und Reflexionsgelegenheit

Das forschende Lernen ist fester Bestandteil des Theorie-Praxis-Moduls. Die von den Studierenden zu entwickelnden kleinen Forschungsprojekte sollen sowohl pädagogische wie auch fachdidaktische Perspektiven integrieren. Dies setzt eine intensive Literaturrecherche, unterstützt durch die Dozenten des TPM Englisch, voraus: „Was gibt es schon [...] in der Empirie [...] in der fachdidaktischen Forschung, was kann man da machen, wo sind noch Leerstellen" (Int. D., L1, Z. 63–66). Die Studierenden sollen im TPM Englisch ihre Forschungsfragen selbst entwickeln. Dies entspricht auch dem Selbstkonzept von Forschung, wie es die Dozenten im Interview äußern: „Jetzt ein Thema vorzugeben und die Studierenden mit der Nase auf Fragen zu stoßen ist einfach auch nicht das, wie Forschung eigentlich sich selber sieht" (Int. D., L1, 203–205). Deshalb ist das eigene, häufig biografisch motivierte Interesse an einem Forschungsthema so essentiell und wird entsprechend im TPM Englisch gefördert. Eine Alternative wäre ein festes Seminarthema in Element 1, in dem die Forschungsfragen im Rahmen einer gemeinsamen theoretischen Basis entwickelt werden. Eine Dozentin im TPM Englisch möchte das biografisch motivierte Interesse der Studierenden wecken: „[Ich] versuche so lange zu diskutieren mit den Studenten, bis die ihr Forschungsthema gefunden haben, das ist ganz häufig biografisch motiviert, zum Beispiel viele [...] sagen ja, Gruppenunterricht wird in der Literatur so hofiert oder gutgeheißen. [...] Ich möcht[e] mal was zu Gruppenunterricht untersuchen" (Int. D., L 3, 136–139).

Im Interview gibt ein Gesprächspartner ein weiteres Beispiel, wie die biografische Reflexion der Studierenden angeregt werden soll. Am Anfang des Seminars wird zu diesem Zweck ein Fragebogen zum eigenen Sprachlernprozess verteilt (vgl. Int. D., L2, 120–126). In der Seminardiskussion werden unterschiedliche Wege zum Erlernen der Fremdsprache aufgezeigt (z.B. Erlernen der Fremdsprache im Ausland, in einem institutionalisierten Kontext wie die Schule, aber auch über neue Medien wie Internet, Tandempartner im Chat), damit die Studierenden dies in ihren zukünftigen Unterricht integrieren können. Ein Lehrerausbilder kommentiert seinen eigenen Anspruch an das biografische Lernen der Studierenden als möglicherweise zu hoch gesteckt oder hochschuldidaktisch zu wenig umgesetzt („unter anderem dem Biografischen komme ich nicht nach", Int. D., L3, 89–95). Auch wenn das biografische Lernen von den Dozenten im TPM Englisch als sehr wichtig für den Lernprozess der Studierenden eingeschätzt wird, sehen die Dozenten hier noch Verbesserungsbedarf (vgl. Int. D., L3, 104–106 und 171).

Kooperation mit Mentoren in den Schule als Reflexionsgelegenheit

Ein Aspekt, den die Dozenten im Interview thematisieren, ist die Rolle der Mentoren in den Schulen. In einer von den Dozenten betreuten Schreibwerkstatt erhielten die Studierenden den expliziten Hinweis, dass sie die Mentoren in den TPM-Berichten durchaus konstruktiv-kritisch betrachtet können. Dies wurde nach Einschätzung von den Lehrerausbildern von den Studierenden umgesetzt: „Also ich glaube, der Hinweis, dass sie die Mentoren kritisch betrachten sollen, hat viel bewegt. [...] haben sie sich vorher wohl auch irgendwie nicht getraut" (Int. D., L1, 289). Dies könnte darauf hindeuten, dass die Studierenden in ihren Praxisphasen die Gelegenheit nutzen, durch die Reflexion der Tätigkeit der Mentoren (in ihrem Unterricht, in ihrem Feedback, in ihrem gesamten Verhalten als Lehrkraft) eine eigene Position zu entwickeln, die ein höheres Maß an Distanz erkennen lässt als in den früheren Berichten der Studierenden über das Blockpraktikum der LPO 1994 (vgl. Int. D., L3, 271–281). Außerdem empfinden die Lehrerausbilder eine Diskrepanz zwischen theoretisch-wissenschaftlichem Wissen und praktischem Erfahrungswissen der Lehrer vor Ort (vgl. Int. D., L3, 258–260). Der Anspruch, den die Lehrerausbilder an die Mentoren formulieren, macht das folgende Zitat deutlich: „Die Mentoren [neigen] zu sehr eindimensionalen Erklärungen und Rückmeldungen. [D]ie fördern bisher das Reflexionsniveau nicht, sodass [fraglich ist, inwieweit] ein Einschleifen von Stereotypen [...] passiert" (Int. D., L3, 255–257). Darüber hinaus haben die universitären Lehrerausbilder nicht den Eindruck, dass das Feedback der Mentoren, von dem die Studierenden berichten, sehr konstruktiv und voranbringend ist: „[In den Berichten stand selten], dass die Lehrerinnen und Lehrer gute Rückmeldungen gegeben haben" (Int. D., L3, 246–248). Sicherlich muss bei dieser Aussage berücksichtigt werden, dass die Kommunikation zwischen Lehrerausbildern und Mentoren fast ausschließlich indirekt über die Studierenden läuft und dazu noch häufig über die erst nach der Praxisphase verfassten Berichte. Die Zitate verdeutlichen einen hohen Anspruch an die Mentoren, die jedoch ihrerseits zusätzlich zu ihrem bestehenden Stundendeputat die Betreuung der Praktikanten übernehmen und nicht systematisch entlastet werden.

Reflexionsprozesse der Studierenden

In den offiziellen Dokumenten zum TPM wird konstatiert, dass Studierenden über Schule und Unterricht reflektieren sollen, jedoch wird nicht klar definiert, was unter Reflexion zu verstehen ist. Ähnlich kommentiert auch ein Dozent diesen Aspekt: „Was ist denn jetzt eine gute Reflexion, was ist eine schlechte" (Int. D., L1, 508–509). Die Lehrerausbilder selbst erachten es als schwierig, dass im theoretischen Diskurs unklar ist, was Reflexion ist (vgl. Int. D., L1, 511–513). Ein Lehrender deutet an, dass eine mögliche Ebene von Reflexion eine Art der Selbstanalyse sein könne. Dadurch seien Studierende in der Lage, sozusagen aus der Situation herauszutreten (vgl. Int. D., L3, 583–585).

Nach den Vorstellungen der Lehrerausbilder sollen die Studierenden über Reflexion eine kritische Haltung zur schulischen Praxis entwickeln (vgl. Int. D., L1, 277–281). Mit dieser Distanz könnten die Studierenden in ihrem Praktikum ein „Stück weit unabhängiger von den Lehrern" (Int. D., L1, S. 12, 285) sein. Die Entwicklung dieser kritisch-distanzierten Haltung zur Praxis und damit einhergehender Reflexion ist für die Lehrerausbilder zunächst ein sehr individueller Prozess der Distanzierung zu einer Situation. Darüber hinaus sei eine Voraussetzung für Reflexion eine bestimmte Grundhaltung: „Professionalisierte Reflexionsfähigkeit und vielschichtige Deutung und selbstkritisch sein, also bestimmte grundlegende Haltungen" (Int. D., L 1, 449–452).

Reflexion als Entwicklung einer (selbst-)kritischen Haltung bezieht sich im TPM-Englisch sowohl auf die Bereiche Forschung wie Unterricht. In der Abschlussreflexion im TPM-Bericht sollen die Studierenden deshalb sowohl die eingesetzten Forschungsinstrumenten wie auch den beobachteten und selbst durchgeführten Unterricht mehrperspektivisch reflektieren (vgl. Int. D., L1, 328–329). Die Studierenden sollen in (fach-)didaktischen und/oder pädagogischen Kategorien reflektieren, die sich gegenseitig ergänzen und nicht in Konkurrenz zueinander stehen (Int. D., L1, 366–371). Das Ziel, das im TPM-Englisch durch die Reflexion mit Hilfe wissenschaftlicher Kategorien verfolgt wird, ist die Abkehr von einer „Rezeptologie" für unterrichtliches Handeln, da „immer diese Interpretationsmöglichkeiten möglich sind" (Int. D., L1, 335–336, auch 65–66, 81–82).

Insgesamt gesehen sind sich die Lehrerausbilder darüber bewusst, dass ihre Erwartungen an die Studierenden hoch gesteckt sind (vgl. Int. D., L 3, 470–474). Nach Aussage der Lehrerausbilder war eine große Sorge der Studierenden, das Forschungsprojekt sei nicht perfekt genug: „Jetzt stellt sich heraus, dass die in der Tat geglaubt haben, die Forschungsskizzen müssten ein irres hohes Niveau haben und was die da vorgelegt haben, sind oft [...] 5 Teiluntersuchungen mit [...] Kombination von Fragebogen, von Beobachtung, von Interview" (Int. D., L 3, 476–487).

Das gesamte TPM-Modul und die jeweiligen Seminare sehen die Lehrerausbilder im TPM Englisch als Konzept an, in dem es „Stufen der Professionalisierung" (Int. D., L 3, 68) gibt, in denen sich die Studierenden nach und nach von einer einfachen Rezeptologie (im Sinne der Suche nach „bestem Unterricht" und Wenn-Dann-Rezepten) hin zu einer differenzierten Perspektive auf unterrichtliche Praxis bewegen (vgl. Int. D., L 3, 72–73). Mit Blick auf das zukünftige Handeln als Lehrkraft scheint das Aushalten von Unsicherheit und die Fähigkeit, produktive Lösungen auch unter Einbeziehung theoretischer Ansätze zu suchen, sinnvoll. Ein Interviewpartner formulierte diesen Anspruch als Abkehr von Rezepten für das unterrichtliche Handeln, obwohl sich viele Studierenden so etwas für ihre Praxisphasen erhoffen. Stattdessen soll diese Form der schulpraktischen Studien dazu dienen, „[ei]ne gewisse Distanz [...] zu dem, was da passiert und auch zu diesem Beziehungs-Sozialisierungsapparat [zu entwickeln...], also die scheint mir schon da zu sein, mehr als früher" (Int. D., L 3, 278).

5.1.4 Zwischenfazit: Institutionelle und hochschuldidaktische Rahmenbedingungen

Das wesentliche Fazit aus den Interviews ist, dass das TPM von den Lehrenden als innovatives Konzept wahrgenommen wird, auch wenn der Arbeits- und Organisationsaufwand als vergleichsweise hoch eingeschätzt wird. Vor allem die interdisziplinäre Zusammenarbeit zwischen den Lehrerausbildern wird als sehr positiv wahrgenommen, da sich auch Anschlussmöglichkeiten für eigene

Forschungsprojekte ergeben können. Die Lehrerausbilder werden in diesem Zusammenhang selbst zu Lernenden, die eine andere Disziplin erkunden.

Das Besondere an dem dargestellten Seminarkonzept ist, dass sich im TPM Englisch drei Lehrende aus zwei unterschiedlichen Disziplinen auf ein gemeinsames hochschuldidaktisches Konzept geeinigt haben, das sie im Interview selbstkritisch reflektieren. Für die Lehrenden im TPM Englisch geht es in den schulischen Praxisphasen primär nicht darum, dass die Studierenden Unterrichtserfahrung sammeln, sondern dass sie einen forschend-reflexiven Blick auf die Praxis entwickeln. Die Studierenden sollen, begleitet durch die Lehrenden, eine gewisse Unsicherheit, die durch den forschenden Lernprozesse ausgelöst werden kann, aushalten können und auftretende Probleme mehrperspektivisch betrachten. Die Reflexion der Studierenden, die auch aus biografischer Perspektive erfolgen kann, soll auf der Basis (fach-)didaktischer und/oder pädagogischer Kategorien erfolgen. An dieser Stelle wird deutlich, dass das implizite Konzept, das die Lehrenden im TPM Englisch im Interview vertreten und auf die Lern- und Reflexionsgelegenheiten der Studierenden übertragen, sich auf die Arbeiten von Shulman zum *pedagogical content knowledge* (Shulman 1986) bezieht. Es stellt sich die Frage, inwieweit dieses implizite didaktische Konzept der Lehrenden zur Ausbildung des *pedagogical content knowledge* auch von den Studierenden als ein Lernziel erreicht wird. Da dieses bereichspezifische Wissen vor allem auch mit dem Erfahrungswissen verknüpft ist, wäre dieses Lernziel nur langfristig anzustreben (vgl. Kapitel 3.1).

Von den Studierenden im TPM Englisch wird die Reflexion über Unterricht und Forschung erwartet. Eine Definition, was die Lehrenden als Reflexion erachten und in beispielsweise schriftlichen Texten der Studierenden als performativen Beleg bewerten würden, geben sie nicht. Gleichzeitig thematisiert ein Interviewpartner die Unklarheiten des Reflexionsbegriffs im theoretischen Diskurs. Hinsichtlich des Reflexionsbegriffs und möglicher Inhalte von Reflexion machen die Lehrenden ihre Erwartungen an die Studierenden nicht transparent. Es bleibt offen, inwieweit den Studierenden im Seminar verdeutlicht wurde, was die Lehrenden unter Reflexion verstehen. Weiterhin äußern die Lehrenden im Interview, dass die Studierende wesentlich kritischer gegenüber schulischer Praxis, vor allem den Mentoren in den Schulen, geworden seien. Ob die Lehrenden daraus auch eine höhere Selbstreflexion der Studierenden ableiten, wird nicht thematisiert. Die kritisch-reflektierte Analyse schulischer Praxis sehen die Lehrenden als ein Element der Professionalisierung im TPM, die über forschende Lernprozesse angeregt werden soll.

Obwohl aus institutioneller Perspektive dem TPM mehrere theoretische Zugänge zugrundeliegen (vgl. Ausführungen zur Programmstruktur in Abschnitt 5.1.2), beziehen sich die Lehrenden im Interview nicht explizit auf die theoretischen Grundlagen und den Professionalisierungsdiskurs. Forschendes Lernen ist dagegen eine explizite Erwartung an die Studierenden. Deshalb gibt es auch entsprechende Lern- und Reflexionsgelegenheiten (vgl. Tabelle 5.2). In dieser Hinsicht stimmen die Vorstellungen der Lehrenden mit der Dokumentenanalyse der Reformvorschläge (vgl. Kapitel 2.1) überein.

Da die Reflexion von schulischer Praxis und studentischer Forschung eine grundlegende Anforderungen an die Studierenden im TPM Englisch ist, wird dies der Schwerpunkt in Kapitel 5.2 sein. Außerdem werden die Reflexionsinhalte und -niveaus der deutschen Studierenden dargestellt.

5.2 Studentische Reflexionen über Unterricht und Forschung

Das folgende Kapitel 5.2 stellt die Ergebnisse der Inhaltsanalyse der Berichte und Reflexionen der Studierenden im deutschen Sample dar. Die Studierenden befinden sich dabei in einer bestimmten Phase der Professionalisierung und sollen über reflexive Prozesse Unterricht, eigenes Handeln und ihr eigenen Überzeugungen erforschen. Die der Analyse zugrundeliegenden studentischen Texte wurden mehrperspektivisch untersucht. Nachfolgend werden exemplarisch Textauszüge auf der Basis des Kategoriensystems als Ankerbeispiele dargelegt und analysiert.

5.2.1 Inhalte und Niveaus studentischer Reflexionen

Die studentischen Reflexionen wurden, wie im Methodenteil (Teil 4) ausgeführt, in insgesamt drei Hauptkategorien (Reflexion über fremdsprachlichen Unterricht, über Lerner, über fachbezogenes und forschungsmethodisches Wissen) in jeweils drei Ausprägungen (deskriptiv, instrumentell, produktiv) kodiert. Aus der ersten Analyse in zwei Ausprägungen ergaben sich thematische, materialgeleitete Subkategorien (Reflexionsbereiche), die im Folgenden dargestellt werden. Dieser Analyseschritt bildet die Grundlage für die in einem nächsten Schritt erstellte Typologie studentischer Reflexionen, die sich durch das Verhältnis zwischen den einzelnen Ausprägungen und inhaltlichen Gruppierungsprozessen auszeichnet (vgl. Teil 7).

Reflexion über fremdsprachlichen Unterricht

Die Analysen der studentischen Texte zeigen, dass in den Reflexionen die Beobachtung, Analyse und Kritik an fremdsprachlichem Unterricht einen deutlichen Schwerpunkt einnehmen. Wie Abbildung 5.1 zeigt, sind dabei in folgenden Subkategorien die häufigsten Kodierungen vertreten: Beobachtung von Unterricht, insbesondere die didaktisch-methodischen Entscheidungen der beobachteten Lehrkraft (U1.1, n=48), die didaktisch-methodischen Entscheidungen in der eigenen Unterrichtsstunde (U2.2.1, n=44) sowie die interpersonelle Ebene mit den SuS und Mentoren (U2.2.4, n=38).

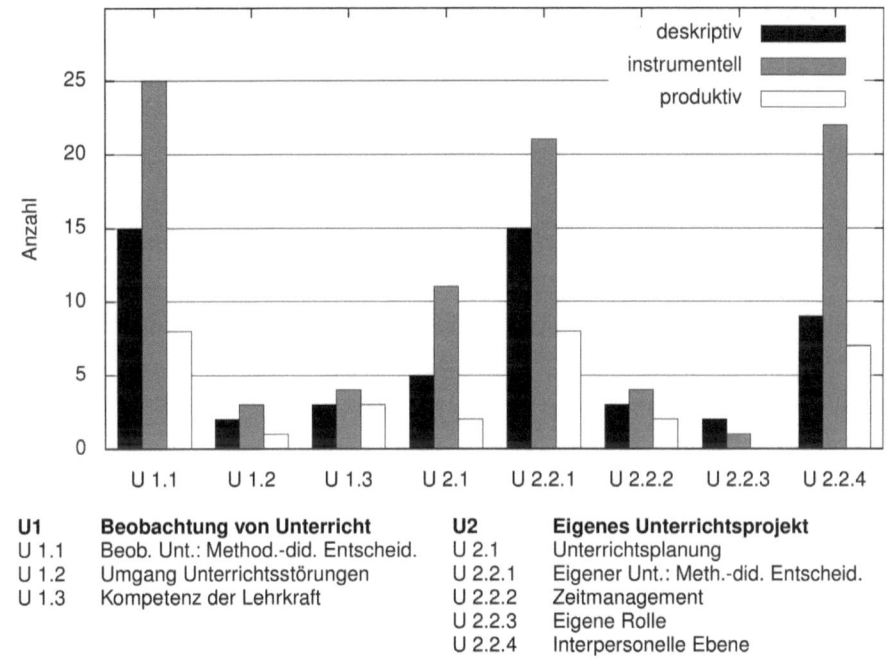

U1	Beobachtung von Unterricht	U2	Eigenes Unterrichtsprojekt
U 1.1	Beob. Unt.: Method.-did. Entscheid.	U 2.1	Unterrichtsplanung
U 1.2	Umgang Unterrichtsstörungen	U 2.2.1	Eigener Unt.: Meth.-did. Entscheid.
U 1.3	Kompetenz der Lehrkraft	U 2.2.2	Zeitmanagement
		U 2.2.3	Eigene Rolle
		U 2.2.4	Interpersonelle Ebene

Abbildung 5.1: Häufigkeitsdarstellung der Reflexionsniveaus und -inhalte in der Kategorie fremdsprachlicher Unterricht im dt. Sample

Mehrfach äußern einige Studierende in der Kategorie beobachteter Unterricht (U1.1) Kritik an den Unterrichtsstunden, die sie während ihrer Hospitationen sahen (U1.1: M213, M267; E155, E160), ohne jedoch in den Reflexionen konstruktive Verbesserungsvorschläge zu geben. In einem Fall möchte die Studentin auch nicht kritisieren, ohne eine Begründung für ihre Haltung zu geben: „Ich wollte auch nicht am ersten Tag gleich anfangen herumzumäkeln. Ist wahrscheinlich besser, wenn man das ganz bleiben lässt" (U1.1: P238). Einige Studierende geben in dieser Kategorie alternative Erklärungen für das beobachtete Verhalten und die didaktisch-methodischen Entscheidungen der Lehrkraft (U1.1: M169; Mg182).

In der Kategorie Unterrichtsstörungen (U1.2) findet häufig eine Form der Fremdattribuierung statt: Entweder wird der beobachteten Lehrkraft die Verantwortung zugeschoben, ohne mögliche Gründe für Unterrichtsstörungen zu benennen, oder die SuS sind nicht diszipliniert genug (U1.2: E164, M203–204). Auch in dieser Kategorie gibt es einen Studenten, der sich in seinem studentischen Forschungsprojekt mit Unterrichtsstörungen auseinandersetzt:

> So hilft meiner Meinung nach die Kategorisierung der Störungen von Seitz, dass man Störungen erst mal differenzierter wahrnimmt, so dass man die eigene Reaktion auf die Art der Störung zuschneiden und sie besser einordnen kann. Auf der anderen Seite lohnt es sich dann aber sicher auch darüber nachzudenken, warum SchülerInnen stören (U1.2: H283).

Da eine Studentin in ihrer eigenen Forschung den Umgang mit Mehrsprachigkeit behandelt, ist es nicht überraschend, dass sie vermehrt die sprachliche und methodisch-didaktische Kompetenz der beobachteten Lehrer erwähnt (U1.1: M202, U1.2: M203–204, U1.3: M169, M199). Auch in dieser Kategorie fällt auf, dass zwar deutliche Kritik geäußert wird, in den Reflexionen jedoch keine alternativen Vorschläge gemacht werden: „Englisch in der 5. ist dann doch nicht so wahnsinnig inhaltsreich und didaktisch auch eher unspannend. Die Dame ist sehr auf das Buch fixiert und bis auf den Einsatz der Begleit-CD fällt ihr nicht so viel ein, womit man den Unterricht spannender machen könnte. Nun ja." (U1.3: P248). Ein anderer Student reflektiert kritisch über einige beobachtete Lehrer und die Wahl der Unterrichtssprache, da sie seiner Meinung nach nicht genügend Englisch sprächen (U2.2.1: H180 183). In den darauffolgenden Textstellen macht er jedoch keinen alternativen Vorschlag, wie er selbst darauf reagieren würde, wenn er in der Situation wäre. Weitere Textstellen in der Kategorie Unterricht beziehen sich auf sehr positive Beispiele in dem von den Studierenden beobachteten Englischunterricht. Implizit nennen die Studierenden dabei einige ihrer Kriterien für guten Unterricht: Die Lernerperspektive und Orientierung an der Lebenswirklichkeit der SuS (U1.1: T227, U1.1: T243–247), eine positive Lernatmosphäre, langjährige Erfahrung einer Lehrerin, die regelmäßig Fortbildungen besucht (U1.1: M169), Transparenz bei Aufgaben und Stundenverlauf (U1.1: H168–170, U1.1: M293) und ein hoher Anteil an Lernaktivität der SuS, die sich auch durch eine „vertraute Atmosphäre" in der Klasse äußere (U2.2.4: Y69). Vor allem eine Studentin gibt mehrfach Handlungsalternativen zu dem von ihr beobachteten Unterricht, wie folgendes Zitat illustriert: „Man hätte die Aufgabe auch in Gruppenarbeit erfüllen lassen können, um noch mehr SchülerInnen die Möglichkeit zur Anwendung der Phrasen zu geben, aber um [...] sprachliche Probleme genau zu kontrollieren, wurde das Rollenspiel von je zwei SchülerInnen vor der Klasse als Methode ausgewählt" (U1.1: Mg182).

Eine zweite Textgruppe in der Kodierung umfasst Texte, in denen die Studierenden über ihren eigenen Unterricht reflektieren. Mehrfach wurden Textstellen in der Subkategorie „Unterrichtsplanung" (U2.1, n=18) kodiert. Sehr ausführlich und detailliert reflektieren die Studierenden über das Verhältnis zwischen Unterrichtsplanung und Durchführung. Insbesondere in dieser Subkategorie (U2.1) zeigt sich, dass einige Studierende überaus flexibel mit möglichen Abweichungen von der Planung umgehen können, diese zum Teil sogar antizipieren (U2.2.1: Mg188, Mg184, U2.1: Hg195, T189) oder nach der eigenen Stunde erneut thematisieren (U2.1: T189, T113, T116). Andere Studierende wollen den Verlaufsplan als Abfolgeplan einhalten (U2.1: X83, P193–194) und auch in ihren Reflexionen keine möglichen alternativen Optionen aufwerfen (U2.2.1: X98). Ein Student soll eine Unterrichtsstunde vorbereiten und kommentiert dies folgendermaßen:

> Ich konnte mir irgendwie keine guten Aufgaben für den Unterricht ausdenken. Für eine Klausur oder so hätte ich was gehabt, aber Unterricht ist eine ganz andere Spalte. Mein Mentor meinte dann, dass ich den Text nur zum Teil ausgebe und die SuS dann selber das Lied fertig schreiben lassen sollte. Finde ich eine super Idee. Schade, dass das nicht von mir kam (U2.1: X193–194).

Einige Reflexionen machen deutlich, dass sich die Studierenden über mögliche Abweichungen zwischen Planung und Umsetzung bewusst sind (U2.1: H119, E106) und den Verlaufsplan als groben Ablaufplan sehen, der Sicherheit gibt und mit dem der aufkommenden Nervosität vorgebeugt werden kann (U2.1: Y254). Die Studierenden stellen meistens an früher Stelle ihrer Unterrichtsreflexionen fest, dass sie zu schnell in ihrer Textarbeit waren (U2.2.1: P272, U2.2.1: Hg178, H180–181) oder, wie in einem anderen Fall, methodische Entscheidungen anders als geplant umgesetzt werden mussten (U2.2.1: M152, M154, M160). Einige Studierende reflektieren in dieser Subkategorie (U2.2.1) über die Wahl der Unterrichtssprache. Bei organisatorischen Belangen und zusätzlichen Erklärungen für die SuS wechseln einige Studierende vom Englischen ins Deutsche (U2.2.1: E106, E162; P195–196; X247). Andere Studierende bleiben konsequent in der Fremdsprache und formulieren die Aufgabenstellungen immer wieder um, um ihr Sprachtempo dem Sprachstand der SuS anzupassen (U2.2.1: H111, H229–232; M248; Y344; Mg188).

Ein weiterer Aspekt, der von den Studierenden in der Reflexion ihrer Unterrichtsstunde erwähnt wird, ist das Zeitmanagement (U2.2.2: X108, M152, H112). Die kodierten Textstellen beziehen sich auf den zeitlichen Rahmen der Unterrichtsstunde, der trotz detaillierter Planung in der Unterrichtsskizze nicht eingehalten werden konnte, u.a. aufgrund einer Gruppenarbeit (U2.2.2: H113, H229–232). Die Fehleinschätzung der zeitlichen Komponente führt im Fall einer Studentin auch zu inhaltlichen Verschiebungen, da sie am Ende der Stunde mit Texten arbeitet, die sie nicht vorbereitet hatte. Aufgrund der mangelnden Vorbereitung konnten die SuS nicht all ihren Ausführungen folgen, wie ihr auch die Mentorin bestätigt. Obwohl das Verständnis der SuS unter ihrer Entscheidung, einen weiteren, nicht vorbereiteten Text hinzuziehen, leidet, zieht sie ein positives Fazit ihrer Unterrichtsstunde: „Also kann ich alles in allem eine positive Bilanz dieser Stunde ziehen, was will man mehr" (U2.2.1: P272). Die Studentin zeigt hier eine Haltung, die eher defensiv als reflexiv ist. Auch an anderer Stelle macht sie die SuS dafür verantwortlich, dass die gestellte Aufgabe nicht verstanden wurde, anstatt alternative Instruktionen zu geben (U2.2.1: P188).

Ein eher weniger häufig erwähntes, dafür aber umso deutliches als Fehler eingeschätztes Verhalten ist das Lehrerecho: „In der gestrigen Stunde bin ich nämlich in dieses schreckliche Lehrerecho gefallen, weil ich den SuS den Satz noch einmal richtig vorsprechen wollte – nachgedacht habe ich darüber gar nicht, ich habe es einfach gemacht, aber jetzt ist mir klar, warum man es vermeiden sollte" (U2.2.1: Mg253). Die Studentin führt an dieser Stelle nicht explizit aus, warum sie das Lehrerecho beim nächsten Mal vermeiden will (vgl. zum Thema „Lehrerecho" auch folgende Textstellen U2.2.1: H229–232; M188).

Ein nächstes Themenfeld, das in den analysierten Berichten mehrfach auftaucht, ist die Rolle, die die Studierenden in ihrer Praktikumsphase übernehmen, einerseits als Beobachter und Praktikant (U2.2.3: X208–210), andererseits auch als eine Person, dessen „Autorität die SuS anerkannten", wie es ein Student formulierte (U2.2.3: Y258). Mehrere Studenten übernehmen zum Teil spontan und in vollem Vertrauen des Mentors (U2.2.4: Mg260), zum Teil aufgrund der Krankheit des Mentors Vertretungsstunden (U2.2.4: Y253). In den Vertretungsstunden übernehmen die Studierenden bewusst die Lehrerrolle (U2.2.3: Mg188, M294) und werden sowohl inhaltlich wie organisatorisch von den Mentoren unterstützt. Die kodierten Textstellen der Kategorien weisen in den Fällen, in denen die Studierenden die Lehrerrolle (U2.2.3) übernehmen, insofern Überschneidungen zur nächsten Kategorie (U2.2.4) auf, als mit der Übernahme der Lehrerrolle in allen Fällen auch ein gutes Arbeitsverhältnis zwischen Student und Mentor vorliegt. Eine Studentin übernimmt die Rolle der Vermittlerin zwischen SuS und Lehrer. Die Beschreibung dieser Konflikte, die sich häufig auf die organisatorische und sprachliche Kompetenz des Lehrers beziehen, nimmt mehrere Seiten ihres Berichtes sowie des Online-Tagebuchs ein (U1.3: M199–200, M203–204, M265–288). Ein Student berichtet von Nachbesprechungen, die nach jeder Unterrichtsstunde, in der er hospitiert oder die er selbst gehalten hat, stattfinden und in denen der Mentor eigene Begründungen für seine unterrichtlichen Entscheidungen gibt (U2.2.4: Y263). Dies steht im Gegensatz zu einem anderen Fall, der lediglich ein kurzes Nicken als Bestätigung von der Mentorin erhält (U2.2.4: H113). In einigen Fällen werden die Vorschläge des Mentors ohne Angabe von Begründungen oder Erklärungen abgelehnt: „Ansonsten hat sie Regeln aufgeschrieben, die ich mal für sinnvoll und beachtenswert halte, z.B. ‚erstmal eine Frage stellen, dann auf die Antwort warten', aber auch welche, die ich eher für problematisch halte: ‚Nicht reden, wenn die SuS laut sind'" (U2.2.4: E106). Diese ablehnende Haltung gegenüber einem Dialog mit dem Mentor führt möglicherweise dazu, dass die Studierenden auch nicht selbstkritisch sind und Reflexionsgelegenheiten ablehnen (U2.2.4: P233–234). Wiederum andere Studierende erkennen für sich den Nutzen eines konstruktiven Feedbacks von Seiten der Mentoren (U2.2.4: M158, M152; T190). Die interpersonelle Ebene zwischen den Studierenden und ihren Mentoren ist getragen von konstruktivem Feedback und Unterstützungsmaßnahmen, die als erneuter Reflexionsanlass verstanden werden. Einige Studierende holen während oder nach ihrer Unterrichtsstunde auch Feedback ihrer SuS zum inhaltlichen Verständnis (U2.2.4.: Y270–271) und zu methodischen Entscheidungen ein (U2.2.4: T121; Mg196).

Insgesamt kann festgehalten werden, dass in der Kategorie Unterricht die studentischen Reflexionen auf zwei Dimensionen deutlich variieren: auf der Ebene der einzelnen Person und der Ebene des Perspektivenwechsels vom Student zum Lehrenden, die sich durch unterschiedliche Grade an Handlungsoptionen äußert. In einigen Fällen handelt es sich eher um generalisierte Handlungsoptionen, die sich in Pauschalisierungen über unterrichtliche Situationen äußern, in anderen Fällen nennen die Studierenden situationsspezifische Handlungsalternativen. Diese Handlungsoptionen müssen nicht tatsächlich realisiert worden sein, sondern können auch a posteriori in den Reflexionen thematisiert werden. Die instrumentelle Ausprägungen ist in allen Reflexionsbereichen am stärksten vertreten (s. Abbildung 5.1), auch wenn sich das Verhältnis zwischen den einzelnen Ausprägungen personenbezogen unterscheidet.

Reflexion über Lerner

Die Kategorie Lerner, ihre Lernprozesse und Lernziele weist deutlich weniger Subkategorien als die Kategorie fremdsprachlicher Unterricht auf. Dabei nehmen der Umgang mit dem Sprachstand der SuS (L1.1, n=25) und die Berücksichtigung ihrer Voraussetzungen (L1.2, n=21) deutliche Schwerpunkte ein (vgl. Abbildung 5.2), wobei die instrumentelle Reflexion am häufigsten vertreten ist. Die Subkategorie Lernziele (L1.3) konnte vergleichsweise wenig kodiert werden (n=8).

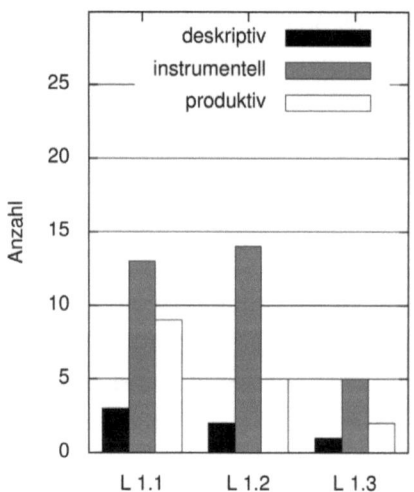

Abbildung 5.2: Häufigkeitsdarstellung der Reflexionsniveaus und -inhalte in der Kategorie Lerner im dt. Sample

Bei den kodierten Textstellen in der Kategorie Umgang mit dem Sprachstand der SuS (L1.1) zeigt sich, dass einige Studierende bereits in ihrer Unterrichtsplanung die sprachlichen Voraussetzungen der SuS berücksichtigen (L1.1: T247), indem sie beispielsweise versuchen, ihren eigenen Sprachstand an den der Lerner anzupassen (L1.1: H114) oder durch Aktivierung der Vorkenntnisse vorhandene Vokabeln in ihren Unterricht zu integrieren (L1.1: M160). Die Studierenden reflektieren darüber, dass eine positive und vertraute Arbeitsatmosphäre zwischen Lehrern und SuS das fremdsprachliche Lernen begünstige (L1.1: M142, M157; T247).

Andere Studierende stimmen ihren Unterricht erst gar nicht auf den Sprachstand der SuS ab (L1.1: E162, X99, P212). Ein Student gibt in seinen Reflexionen zu, dass er das Vorwissen der SuS nicht berücksichtigt hat: „Ich bin, denke ich, einfach davon ausgegangen, dass sie das Wort kennen. Mir hätte aber auffallen müssen, dass dem nicht so ist, wenn mehrere danach fragen" (L1.1: X110). Ein anderer Student versucht vor seiner Unterrichtsstunde mögliche Fragen der SuS (zu beispielsweise Vokabular) zu berücksichtigen. Er reflektiert im Nachhinein darüber folgendermaßen: „Auch hinsichtlich der Antizipationsfähigkeit für Fragen der Schüler eröffnete sich mir eine Dimension der Planung, die ich vorher nicht bedacht hatte" (L1.1: H120). Einige Studierende reflektieren darüber, dass sie flexibel in ihrem Unterricht reagieren mussten, damit die SuS ihre Arbeitsanweisungen richtig verstehen (L1.1: Y272, Y273) und nehmen sich vor, auf mögliche Wissenslücken in der nächsten Stunde erneut einzugehen (L1.1: Y340–341). In einem Fall wurde der Sprachstand der SuS auch unterschätzt, sodass die Inhalte der geplanten Unterrichtsstunde schneller als geplant behandelt werden konnten: „Es wäre besser gewesen, eine zusätzliche Aufgabe vorzubereiten, anstatt die letzte Zeit dann notgedrungen mit Wiederholungen des Lesens zu füllen. Außerdem wäre dies dann mehr im Sinne eines Anschlussunterrichts gewesen" (L1.1: Hg194).

In einer zweiten Subkategorie reflektieren die Studierenden über die Voraussetzungen der SuS (L1.2). Diese können sich auf die Lernvoraussetzungen (L1.2: M143, M150, M194; Hg287) und auf den persönlichen Hintergrund der SuS (L1.2: Mg150; Y261) beziehen. Eine Studentin geht in ihren Reflexionen sehr ausführlich auf die Lerngruppe ein. Sie versucht zu ergründen, ob ein Schüler in allen Unterrichtsphasen eine ähnliche Aktivität zeigt oder ob sich ein gewisser Zusammenhang zur Sozialform und/oder methodischen Entscheidung zeigt: „Ein besonders ruhiger Schüler fiel mir [...] während der Beobachtungsphase auf, er kann alle Fragen korrekt beantworten und macht auch wenige Fehler beim Sprechen. [...]. Bei Aufgaben, die Improvisation und Kreativität umschlossen, beteiligte er sich aber ein wenig häufiger [...]" (L1.2: Mg150). Ein Student gibt zu, dass er die Lernvoraussetzungen seiner SuS nicht genügend kannte, um darauf seinen Unterricht aufbauen zu können (L1.2: E106), obwohl er genau diesen Aspekt zuvor in seinen Beobachtungen von fremdem Unterricht kommentiert hatte. Da die SuS seinen Arbeitsanweisungen im Unterricht nicht folgen können, vermutet er, dass die SuS in ihrer kognitiven Entwicklung noch nicht so weit seien, um „abstrakt über Wörter nach[zu]denken" (L1.2: E106). Eine andere Studentin kommentiert den Wissensstand der SuS: „Mich erschreckt manchmal, wie wenig Allgemeinwissen die so haben und ich frage mich, ob das bei mir auch so war. Außerdem gibt es in der 13 immer noch welche, die kein th sprechen können" (L1.2: P246).

Eine weitere Subkategorie bezieht sich auf die Berücksichtigung der Lernziele (L1.3) vor oder während der Unterrichtsstunde (L1.3: X101; T119). Vor allem eine Studentin integriert die zu erreichenden Lernziele sehr deutlich in ihre Unterrichtsplanung (L1.3: Mg182, Mg192) und reflektiert im Nachhinein darüber (L1.3: Mg188). Eine andere Studentin reflektiert über die Materialien, die in den von ihr beobachteten Englischstunden eingesetzt wurden, und analysiert diese hinsichtlich des angestrebten Ziels, der Erweiterung des Hörverstehens (L1.3: M18).

Insgesamt deuten die kodierten Textstellen in der Kategorie Lerner darauf hin, dass die Studierenden Unterricht eher weniger aus der Perspektive der SuS und der zu erwerbenden Kompetenzen sehen. Wiederum ist die instrumentelle Ausprägungen in allen Reflexionsbereichen am häufigsten vertreten. In einigen Fällen findet eine Form der Fremdattribuierung statt: Der Sprachstand der SuS sei zu niedrig oder ihre Voraussetzungen seien nicht ausreichend. Diejenigen Studierenden, die diese Fremdattribuierung vornehmen, sehen Unterricht nicht als interaktives Zusammenspiel einzelner Bedingungsfaktoren.

Reflexion über fachbezogenes und forschungsmethodisches Wissen

In der Kategorie fachbezogenes und forschungsmethodisches Wissen (FW) konnten nach den ersten Kodierungsprozessen zwei Subkategorien ausgemacht werden: Fachdidaktisch-pädagogisches Wissen (FW1, n=38) und studentische Forschung (FW1, n=32). Während die deskriptive Reflexion in Kategorie FW1 am häufigsten vertreten ist, konnten in Kategorie FW2 die Textstellen am häufigsten auf einem instrumentellen und produktiven Reflexionsniveau kodiert werden (vgl. Abbildung 5.3).

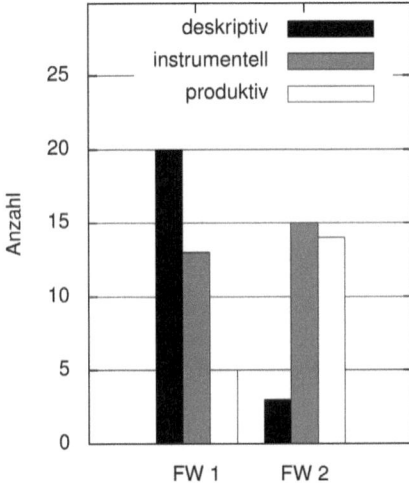

Abbildung 5.3: Häufigkeitsdarstellung der Reflexionsniveaus und -inhalte in der Kategorie fachbezogenes und forschungsmethodisches Wissen im dt. Sample

Im Hinblick auf ihre Selbsteinschätzung hinsichtlich ihres eigenen Lernerfolg in beiden TPM-Vorbereitungsseminaren betonen die Studierenden folgende Themen:

- Überblick zu theoretischen Ansätzen (FW1: M8b)
- Spracherwerbstheorien und Mehrsprachigkeit (FW1: E9, M5, M8a–c, M9, M31, M33, M166)
- Varianten instruktivistischen und konstruktivistischen Unterrichts (FW1: M8a, Mg8, X117b)
- Sozialformen (H167)
- Ansätze zur Fehlerkorrektur (FW1: H127, H128)
- Umgang mit Unterrichtsstörungen (FW1: M5, M164b, H276).

Ein Student kommentiert in seinen Praktikumsreflexionen das Verhalten der beobachteten Lehrkraft durch Bezugnahme auf Inhalte des TPM-Seminares:

> Auch seine Unterrichtsmethoden werden nach meiner Beurteilung, den heutigen fachdidaktischen Ansprüchen gerecht. Begriffe wie z.B. „Listening-Comprehension" und „Reading-Comprehension" und auch andere Elemente, welche im Rahmen der TPM-Seminare besprochen wurden, konnte ich im Unterricht meines Mentors erkennen (FW1: Y264).

Die Studierenden zeigen in den kodierten Textstellen ihre Fähigkeit, die entsprechende fachliche Terminologie zu verwenden, wenn auch in unterschiedlichen
Ausprägungen und nur zum Teil mit Bezug auf ihren eigenen Unterricht und ihre
eigene Forschung (s. kodierte Textstellen FW2). Drei Studierende (Xaver, Maria,
Heinz) kritisieren explizit den mangelnden Praxisbezug der Seminare und befürworten eine deutlichere Praxisrelevanz in den Seminaren (FW1: H127b, X117a).
Eine Studentin reflektiert über die Ausgestaltung der Seminare:

> Durch das Theorie-Praxis-Modul wird die Lehrerausbildung verstärkt
> nach dem reflexiven Modell ausgerichtet. [...]. Genau dieses Ineinan-
> dergreifen von Vorwissen, Praxis und Reflexion wird so im Theorie-
> Praxis-Modul durch das Zusammenspiel von Seminaren und Prakti-
> kum widergespiegelt (vgl. Wallace 1991: 2–17). Dabei bezogen sich die
> beiden theoretischen Seminare dadurch aufeinander, dass Unterricht
> und Schule einmal verstärkt aus fachdidaktischer und einmal aus
> erziehungswissenschaftlicher Sicht reflektiert wurden (FW1: Hg4).

In der Kategorie FW1 konnten auch Textstellen, die einen Bezug zu didaktischen
Modellen aufweisen, kodiert werden (FW1: M5, H127b). Eine Studentin analysiert ihren eigenen Unterricht vor dem Hintergrund der kritisch-konstruktiven
Didaktik: „Diese Unterrichtsstunde kann nicht nur im Hinblick auf die Inhalte
analysiert werden [...]. Daher möchte ich hier noch die im Perspektivenschema
zugefügten Aspekte auch auf meine Unterrichtsstunde beziehen" (FW1: Mg192).

Die Reflexion während des Praktikums weisen in dieser Kategorie (FW1) folgende thematische Schwerpunkte auf: Unterrichtseinstieg, Fehlerkorrektur sowie
Wortschatzarbeit im Englischunterricht. Da eine Studentin ihre Forschung auf
dieses Thema bezieht, ist ihre Literaturanalyse und theoretische Begründung der
Fragestellung und Verwendung entsprechender fachlicher Terminologie umfang-
reich (FW1: Mg24; Mg27).

Auch der Bereich der Wortschatzarbeit findet sich mehrfach in den Berichten
der Studierenden (FW1: Hg276, M9, H132). Eine Studentin stellt einen deutlichen Bezug zu ihrem eigenen Unterricht her (FW1: Mg182, Mg192). Eine andere
Studentin geht aus einer eher linguistischen Perspektive auf den Bereich der
Wortschatzarbeit ein und demonstriert damit ihre Kenntnisse in fachdidaktisch-
linguistischer Terminologie (FW1: P29). Als angehende Lehrerin erkennt sie die
Wichtigkeit der Wortschatzarbeit (FW1: P31–32), führt dies jedoch nicht weiter
aus oder bezieht es auf ihren eigenen Unterricht. Ein weiterer Student beschäftigt
sich in seinen Unterrichtsreflexionen ausführlich mit dem Bereich „Fehlerkorrektur im Englischunterricht" (FW1: H225). Er spiegelt seine Ergebnisse an die

„beforschten" Lehrer zurück (FW2: H100). An diesem Beispiel zeigt sich, dass das gewählte Thema im studentischen Forschungsprojekt die Perspektive auf die Beobachtung von fremdsprachlichem Unterricht verändert. Dies zeigt sich in einer deutlichen Schwerpunktsetzung in den studentischen Reflexionen. Dieser Befund trifft auch auf zwei weitere Studentinnen zu, wie die folgende Analyse der Kategorie FW2 zeigen wird.

Alle Studierenden haben in ihrem Grundstudium eine Vorlesung zu Schul- und Unterrichtsmethoden belegt, in denen sie grundlegende forschungsmethodische Kenntnisse vermittelt bekommen haben. Die Studierenden geben in der Kategorie FW2 an, dass sie sich nur bedingt auf die studentische Forschung vorbereitet fühlen (FW2: M5, M47). Dies äußert sich auch in konzeptionellen Schwierigkeiten im Forschungsdesign (FW2: E23, E38). Im zuletzt genannten Fall konnte keine Textstelle in dieser Kategorie auf der höchsten Reflexionsstufe kodiert werden. Ein Student kann aufgrund seines Zweitfaches Psychologie auf methodische Kenntnisse zurückgreifen (FW2: X67–72), die sich auch in der von ihm verwendeten Terminologie widerspiegeln (FW2: X59–62).

Einige Studierende reflektieren ausführlich über die Vorbereitung der studentischen Forschung (FW2: Y188–189, Y190; Hg45, Hg50; Mg37; M47) und die Anpassung der Erhebungsinstrumente an das Forschungsfeld (FW2: Y201; H58, H64). Nach der Datenerhebungsphase reflektieren einige Studierende über die Gütekriterien ihrer Forschung (FW2: T106; Y246) und die eingesetzten Datenerhebungsinstrumente (FW2: X67–72; Y245). Auch Möglichkeiten zur Anschlussforschung werden mehrfach genannt (FW2: T108; Y243; Hg46–47, Hg165; Mg147a). Folgendes Zitat soll das höchste Reflexionsniveau, das in dieser Kategorie vergeben wurde, illustrieren:

> Eine nachträgliche Auswertung von Videoaufzeichnungen der Unterrichtsstunden könnte zwar unter Umständen zu einem genaueren Ergebnis führen, aber es soll trotzdem darauf verzichtet werden, da aus der vorherigen Zusammenarbeit mit der Schule bekannt ist, dass es große Probleme mit sich bringt, die Erlaubnis zu erhalten, die SuS filmen zu dürfen. Außerdem könnten die LehrerInnen dann die Zusammenarbeit leichter ablehnen. Gegebenenfalls soll die Verlässlichkeit der Daten durch das Hinzuziehen eines weiteren Beobachters erhöht werden, so dass die Daten der zwei Beobachter abgeglichen werden können (FW2: Hg46–47).

Vor allem zwei Studentinnen stellen über eine mögliche Anschlussforschung hinaus einen Bezug zwischen ihrer eigenen Erforschung ihres Unterrichts und ihren subjektiven Beobachtungen, die sie im Praktikum gewonnen haben, her (FW2: Hg168; Mg147b). In diesen Fällen zeigte sich, dass diejenigen Themen, die für die Studierenden eine hohe persönliche Relevanz aufweisen, in der Konzeption des studentischen Forschungsprojektes ausschlaggebend waren.

Insgesamt gesehen zeigen die Studierenden in der Kategorie „Fachwissen", dass sie sowohl die fachdidaktisch-pädagogische wie auch die forschungsmethodische Terminologie kennen, aber noch nicht zwangsläufig auf ihren eigenen Unterricht anwenden können. In dieser Kategorie lassen sich keine eindeutigen Schwerpunkte in der Ausprägung ausmachen. Auf Einzelfallebene zeigte sich, dass ausgeprägtes forschungsmethodisches Wissen eine hinreichende Voraussetzung für ein erfolgreiches studentisches Forschungsprojekt, jedoch keine unbedingt notwendige Voraussetzung darstellt. Die Komplexität des Forschungsdesigns hängt also nur bedingt mit dem Reflexionsniveau zusammen.

Darüber hinaus zeigte sich, dass nur in zwei Fällen eine Verbindung zwischen dem studentischen Forschungsprojekt und der eigenen Professionalisierung gezogen wurde, obschon, wie die Dokumentenanalyse und die Interviews zeigten, dies sowohl von den institutionellen Vorgaben als auch den Lehrenden möglich gewesen wäre. In diesem Zusammenhang konnte ein weiterer Befund ausgemacht werden: Diejenigen Studierenden, die einen biografischen Bezug zu ihrem Forschungsprojekt haben, weisen auch das höchste Reflexionsniveau auf. Damit kann zwar nicht von einer direkten Verbindung der beiden Bereiche ausgegangen werden; möglicherweise begünstigt jedoch ein höheres Reflexionsniveau die Reflexion biografischer Erfahrungen.

5.2.2 Zwischenfazit: Reflexionsgelegenheiten, Reflexionsinhalte und Reflexionsniveaus

Im vorhergehenden Kapitel wurden die Lern- und Reflexionsgelegenheiten, die die Studierenden im deutschen Lehrerausbildungsprogramm erhalten, untersucht. Diese Untersuchungseinheit umfasste auch eine Abfrage der Erwartungen der Lehrerausbilder.

Der Anspruch der Lehrerausbilder an der untersuchten deutschen Universität, dass Studierende facettenreich und flexibel über fremdsprachlichen Unterricht reflektieren sollen, kann als nur bedingt erfüllt angesehen werden. Nur wenige Studierende erreichen das gewünschte Reflexionsniveau, auf dem die Studierenden Handlungsalternativen zu ihrer Unterrichtsstunde entwickeln, die über Vorschläge des Mentors hinausgehen (vgl. Abbildung 5.1). Es stellt sich damit die Frage, inwieweit bereits in der universitären Ausbildung dieser Anspruch an eine forschende Haltung gegenüber Unterricht, idealerweise dem eigenen Unterricht, erreicht werden kann und welche persönlichen oder institutionellen Voraussetzungen dafür gegeben sein müssten. Möglicherweise trägt auch die Länge des Praktikums zu einem Rollenkonflikt bei. In nur vier Wochen sollen die Studierenden erste Unterrichtserfahrungen sammeln und gleichzeitig die Daten für ein studentisches Forschungsprojekt erheben, das, wie die studentischen Reflexionen gezeigt haben, teilweise am Anfang der Praktikumsphase noch modifiziert werden musste.

Studierende mit hohem Reflexionsniveau verfolgen, so zeigen die Daten, ein biografisches Interesse bei der Entwicklung der Forschungsfrage. Damit entsprechen sie einem Anspruch der Lehrenden im TPM Englisch.

Hinsichtlich der Reflexion des eigenen Sprachlernprozesses können in diesem Sample keine Aussagen gemacht werden. Möglicherweise wären hier noch explizitere Reflexionsgelegenheiten notwendig (vgl. Kapitel 5.2).

Hinsichtlich der Kooperation mit den Mentoren in den Schulen und der kritischen Auseinandersetzung mit schulischen Ereignissen kommen die Studierenden zu einer ambivalenten Einschätzung, da es unterschiedliche Varianten der Kritik an den Mentoren gab. Einige Studierende waren sehr kritisch und lehnten die methodisch-didaktischen Vorschläge der Mentoren ab (vor allem bei deskriptiver Reflexion), andere Studierende setzten sich kritisch-konstruktiv mit deren Vorschlägen auseinander (vor allem bei produktiver Reflexion).

Die Reflexion des forschenden Lernprozesses bezog sich bei einigen Studierenden, die ein hohes Reflexionsniveau aufweisen, auch auf die Reflexion des methodischen Vorgehens und die Darstellung alternativer Erhebungsinstrumente.

Verteilung der Reflexionsniveaus

Betrachtet man die Verteilung der einzelnen Ausprägungen auf Einzelfallebene, zeigt sich, dass die Reflexionsniveaus über alle Kategorien verteilt zwischen den Studierenden unterschiedlich ausgeprägt sind. Abbildung 5.4 soll dies verdeutlichen.

Es zeigt sich, dass die unterschiedlichen Reflexionsniveaus zwischen den deutschen Studierenden stark variieren. Dies zeigt sich exemplarisch an den beiden

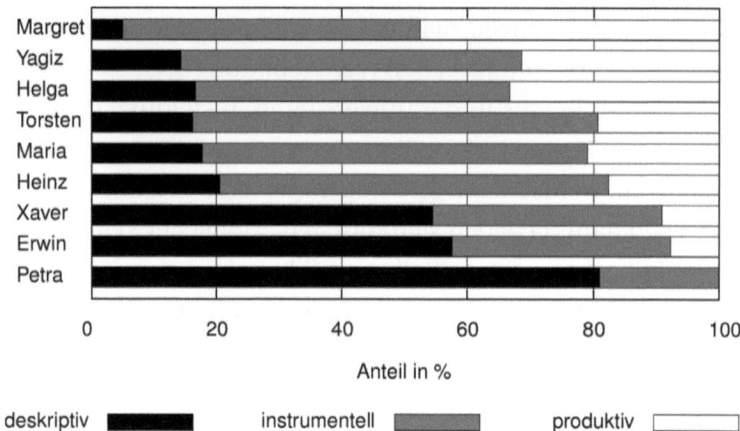

Abbildung 5.4: Verteilung der Reflexionsniveaus im dt. Sample

Studentinnen Petra und Margret. Während Petra nicht produktiv reflektiert, jedoch zu 81% deskriptiv, liegt im Fall von Margret das höchste produktive Reflexionsniveau bei 48% vor. Nur 5% der Aussagen sind bei Margret deskriptiv. Dagegen ist das Verhältnis der einzelnen Reflexionsausprägungen bei Helga, Yagiz, Maria und Torsten relativ gleich, mit einem deutlichen Schwerpunkt in instrumenteller Reflexion (über 50% in allen drei Fällen). Heinz reflektiert im Vergleich zu den zuvor genannten mehr deskriptiv (21%) und setzt sich dadurch ab. Dagegen reflektieren Helga und Yagiz viel produktiv (über 30%).

Xaver und Erwin haben einen deutlichen Schwerpunkt in deskriptiver Reflexion und bilden eine weitere Gruppe (Xaver: 55% deskriptive Reflexion, Erwin 58% deskriptive Reflexion). Insgesamt zeigt sich, dass nur drei Studierende (Xaver, Erwin und Petra) in ca. 60% der Aussagen mehr deskriptiv reflektieren, wobei der höchste Stand deskriptiver Reflexion im Fall von Petra bei 81% liegt.

Eine Analyse der Implikationen dieser Gruppenbildung erfolgt nach der Darstellung der Ergebnisse des US-Lehrerausbildungsprogramms und wird Gegenstand von Teil 7 sein.

6 Empirische Befunde Fall B: Lehrerausbildung an einer US-Universität

Im Folgenden werden die Ergebnisse der Studie zur Professionalisierung der US-Lehrerausbildung anhand der untersuchten US-Universität dargestellt. Auf der Basis der analysierten Interviews mit zwei Dozenten sowie einer Analyse der Dokumente über das Lehrerausbildungsprogramm erfolgt eine deskriptive Darstellung der Professionalisierungsstrategien in der Lehrerausbildung mit einem besonderen Schwerpunkt auf den schulpraktischen Studien.

6.1 Ergebnisse der Analyse der institutionellen und hochschuldidaktischen Rahmenbedingungen

Das Datenmaterial der hier vorliegenden Studie wurde an einer Universität in den USA gesammelt. Während alternative Lehrerausbildungsprogramme wie *Teach for America* zwar Teil der Analyse der Reformvorschläge für die US-Lehrerausbildung sind, sind diese nicht Teil der folgenden Fallanalyse, auch wenn es in dem untersuchten Bundesstaat alternative Lehrerausbildungsformate gibt. Diese alternativen Programme in die Analyse zu integrieren und im Hinblick auf Reflexionskategorien der beteiligten Lehrenden zu analysieren, wäre zwar durchaus aufschlussreich, muss jedoch offen gelassen werden. Damit beschränkt sich die empirische Analyse auf die institutionellen universitären Rahmenbedingungen, in denen Studierende ausgebildet werden.

6.1.1 Rechtliche Vorgaben und externe Rahmenbedingungen

Das untersuchte Lehrerausbildungsprogramm ist im Rahmen der Bestimmungen des *National Council of Accreditation of Teacher Education* (NCATE) akkreditiert.[84] Für das Fremdsprachenprogramm gilt eine Einschränkung: Es ist zwar vom Bundesstaat akkreditiert, jedoch zum Stand der Datenerhebung noch nicht

---

84 Zum Zeitpunkt der Datenerhebung gab es noch nicht die heute gültigen *Unit*-Standards, sondern lediglich die Programm-Standards.

den neuen Standards (*program standards*) des *American Council on the Teaching of Foreign Languages* (ACTFL), die 2002 veröffentlicht wurden, entsprechend aufgebaut. Auf der Webseite des Programms ist zu lesen: „The University [...]'s state-approved programs in Spanish, French, and German education follow guidelines prepared by the Modern Language Association" (SofE-Homepage). Im Fall der untersuchten Universität handelt es sich um eine große Forschungsuniversität in den USA, die zwei verschiedene Lehrerausbildungsprogramme in arbeitsteiliger Kooperation zwischen der *School of Education* und dem *Humanities College* anbietet. Pro akademischem Jahr werden ca. 100 Studierende in das Programm aufgenommen. Voraussetzung zur Einschreibung an der Universität ist neben dem Schulabschluss ein guter Notendurchschnitt in ihrem fachwissenschaftlichen Bachelor (*grade point average* / GPA von 2,7 oder höher) sowie entsprechende Ergebnisse in einem der gängigen Wissenstests, die von den Universitäten und Colleges in den USA in nahezu allen Fächern als Teil der Aufnahmeprüfung erwartet werden (SAT, ACT, oder PRAXIS I). Beide Test ähneln sich in ihrem grundsätzlichen Aufbau und ihrer Funktion als Prädiktor für kognitive Leistungen und Studienerfolg. Der ACT-Test deckt im Gegensatz zum SAT-Test auch naturwissenschaftliche Bereiche ab. Der SAT-Test, der auch unter dem Begriff *SAT Reasoning Test* bekannt ist, beinhaltet Items zur Überprüfung des kritischen Denkens und der Problemlösung und gilt als ein Indikator für den erfolgreichen College-Abschluss. Der SAT-Test, der vom *Educational Testing Service* (ETS) mehrmals im Jahr gegen eine Gebühr angeboten wird, beinhaltet vier Bereiche: Leseverstehen, mathematisches Denken, Argumentationsfähigkeit im Englischen sowie einem Bereich, der nicht bewertet wird: „The variable or equating section of the SAT test is [...] used to aid in the development of future SAT test questions and to compare the difficulty levels of different test versions" (Testprepreview 2008). In ihrem vierten Ausbildungsjahr, beim Übergang in die Master-Programme, müssen die Studierenden noch einen weiteren Nachweis erbringen, das *Graduate Record Exam* (GRE): „[It] measures verbal reasoning, quantitative reasoning, and critical thinking and analytical writing skills" (Educational Testing Service 2008). Der PRAXIS I ist ein Test, der speziell für zukünftige Lehrer entwickelt wurde, wie in seiner eigentlichen Bezeichnung deutlich wird: *Pre-Professional Skills Test* (PPST). Wiederum vom *Educational Testing Service* entwickelt, misst der PRAXIS I auch die Basisqualifikationen in den Bereichen Lesen, Schreiben und Mathematik. Eine Kopie der Testergebnisse wird nicht nur dem Kandidaten, sondern auch der Institution, bei der er sich bewirbt, zugeschickt.

An den Aufnahmebedingungen für eines der Lehrerausbildungsprogramme zeigt sich, dass die Studierenden sich zunächst für ihr Fach einschreiben und erst in ihrem ersten oder zweiten Jahr am College,[85] in dem sie die Grundausbildung erworben haben, für den *Master of Teaching* bewerben. Dies entspricht insofern einer internen Logik, als die Studierenden in allen Fächern in den ersten zwei Jahren ihrer universitären Ausbildung eher ein Studium Generale, ggf. mit einem Schwerpunkt im Fach, absolvieren. Das erste und zugleich längste Programm beinhaltet ein sogenanntes *Dual Degree* (im *Undergraduate*-Bereich): Die Studierenden schließen ihr in der Regel fünfjähriges Lehramtsstudium mit einem *Bachelor of Arts* (für Sprachen) oder, wie im Fall der Naturwissenschaften, einem *Bachelor of Science* sowie einem *Master of Teaching* ab.

Das zweite Programm wird auf dem *Graduate*-Level angeboten (*Postgraduate Master of Teaching Program*). Nur Studierende, die bereits einen fachwissenschaftlichen Bachelor erworben haben, können ihren *Master of Teaching* erwerben, und zwar mit einem deutlichen Schwerpunkt in erziehungswissenschaftlichen Inhalten. Beide Programme gelten für alle Schulformen: *(Primary) Elementary Education* (*PreK-6 + PreK-grade 3*), *Secondary Education*/Sekundarstufe (Klasse 6-12 in Englisch, Mathematik, Natur- und Sozialwissenschaften), *PreK-12 programs*/Sekundarstufe II (Gesundheitswissenschaften, Fremdsprachen, und Sonderpädagogik) oder auch *Early Childhood Special Education* (für Kinder in der Vorschule). Der eigentliche Lehramtsabschluss wird zwar von der *School of Education* vergeben, jedoch in enger Zusammenarbeit mit dem *College for Humanities*, an dem die jeweiligen fachwissenschaftlichen Kurse stattfinden. Da dies kein Staatsexamen ist, müssen die Absolventen danach noch eine *Teaching License* beim Bundesstaat beantragen, um die Lehrbefähigung und damit die Möglichkeit zu erhalten, in der jeweiligen Schulform unterrichten zu dürfen.

An der untersuchten Universität ist durch die Struktur des Lehrerausbildungsprogramms ein direkter Übergang vom Studium zur Lehrbefähigung gegeben: „The Masters of Teaching [...] also leads to the [Teaching] License"[86] (Program Description, Foreign Languages; Handbuch: 27). Die Bedingungen für den Erhalt der

---

85 Eine Ausnahme stellen Fächer dar, in denen Absolventen in den Schulen dringend benötigt werden. Dies betrifft Sonderpädagogik, Mathematik, Naturwissenschaften sowie Fremdsprachen (Stand: Oktober 2008). In diesen Fällen können Studierende sich auch in ihrem dritten Jahr bewerben.

86 Um die Anonymität der untersuchten US-Universität zu wahren, können Zitate häufig nicht vollständig übernommen werden. Andernfalls wäre die zugesicherte Anonymität nicht gesichert, vor allem, da viele der Programm- und Kursbeschreibungen auch online zugänglich und damit leicht recherchierbar sind.

Lehrbefähigung differieren von Bundesstaat zu Bundesstaat (vgl. BS-Homepage). Wenn ein Lehrerausbildungsprogramm vom jeweiligen Bundesstaat anerkannt ist oder ein Bewerber in einem anderen Bundesstaat äquivalente Befähigungen, d.h. mindestens einen Bachelor im Fach sowie ggf. bereits die Lehrbefähigung im Heimat-Bundesstaat erworben hat, kann die Lehrbefähigung vergeben werden. Darüber hinaus gilt als ein weiterer Nachweis für die Lehrbefähigung die Zertifizierung durch das *National Board of Professional Teaching Standards* (s. Abschnitt 2.2.4): „An individual [...] will qualify for a [...] teaching license [...] if the individual holds national certification from the National Board for Professional Teaching Standards (NBPTS)" (BS-Homepage). Im recherchierten Fall werden für die Lehrbefähigung darüber hinaus noch entsprechende Ergebnisse in zwei weiteren Tests verlangt, die sowohl allgemein-akademische Fähigkeiten (*Academic Skills Assessment*) wie auch Fachkompetenz (*Content Assessment*) nachweisen. Hier schließt sich dann PRAXIS II an, der im Fall der untersuchten Universität bereits am Ende des Studiums erwartet wird, um die Lehrbefähigung im Bereich Fremdsprachen mit dem *Master of Teaching* erwerben zu können (als Teil des *Graduation Requirement*). Da es sich um ein Fremdsprachen-Programm handelt, müssen die Studierenden fundierte Kenntnisse in der Fremdsprachen nachweisen, die sie später unterrichten werden. Der PRAXIS-II deckt verschiedene Bereiche ab: Fachkenntnisse im zu unterrichtenden Fach (*Subject Assessment*), sowie allgemeine und fachdidaktische Fähigkeiten und Wissen (*General and Subject-Specific Teaching Skills and Knowledge*). Letzteres beinhaltet auch Wissen über Lehren und Lernen/Vermittlungswissen (*Principles of Learning and Teaching (PLT) Tests* und *Teaching Foundations Tests*). Beide Tests sind zwar *Paper-Pencil*-Tests, beinhalten aber sowohl *Multiple-Choice-Fragen* wie auch offene Fragen (*Case Study Approach*). Die fremdsprachlichen Fähigkeiten der Lehramtsstudierenden werden durch zwei Tests ermittelt, die gleichzeitig auch Selektionskriterium im Programm sind: Der erfolgreiche Abschluss des Sprachnachweises im zweiten Jahr (*Entrance Language Proficiency Testing* vom *American Council on the Teaching of Foreign Languages* (ACTFL)) sowie ein weiterer Test im fünften Jahr, am Ende der Ausbildung (*Exit Proficiency Testing*, ACTFL). Eine weitere Kontrolle der sprachlichen Fähigkeiten erfolgt über die Einschätzung der Lehrerausbilder. Darüber hinaus müssen die Studierenden mindestens sechs Wochen im fremdsprachlichen Ausland verbringen, um die für den Lehrberuf erforderliche Sprachkompetenz auszubauen.

6.1.2 Besonderheiten der Programmstruktur: Kooperation mit *Professional Development Schools*

Das untersuchte Lehrerausbildungsprogramm ist Teil der *School of Education*. Tabelle 6.1 zeigt den Aufbau des Programms.

Tabelle 6.1: Aufbau des Lehrerausbildungsprogramms (Fremdsprachen)

Jahr	Humanities College	Praxisbezogene Studien[a]	Schulpraktische Studien	Standardisierte Tests
1	Kurse für den allgemeinen Teil des Bachelor (*General Studies*)	—	—	Eingangsvoraussetzung SAT, ACT oder PRAXIS I
2	BA-Kurse; Erwarteter Notendurchschnitt: Insgesamt: 2,7; Hauptfach: 3,0	*Professional Education Courses*	Field Experience (+ begleitende Kurse)	Sprachnachweis (*Entrance Language Proficiency Testing*, ACTFL)
3				—
4[b]				*Graduate Record Exam* (GRE) als Voraussetzung für *Graduate Studies* (MA) + Praxissemester
5	ggf. weitere Kurse		Praxissemester (*Teaching Associateship*) und *Action-Research*-Projekt (*Field Project*)	PRAXIS II (*Exit Proficiency Testing*, ACTFL)

a   **Praxisbezogene Studien** (Übersetzung der Verfasserin): Die praxisbezogenen Studien (*Professional Studies*) beziehen sich auf diejenigen professionsspezifischen Kurse, die parallel zur fachwissenschaftlichen Ausbildung belegt werden sollen und die Praxisphasen in den einzelnen Ausbildungsjahren begleiten. Dabei wird besonderer Wert auf die Vorstellung gelegt, dass der Lehrberuf eine Profession darstellt, wie dies auch Vertreter der US-amerikanischen Professionsforschung vertreten. Die Studierenden belegen dabei sequenziell aufgebaute Kurse, die die jeweiligen Praxisphasen begleiten. Um den Studierenden die Kursauswahl zu erleichtern, werden ihnen zwei Berater (*Advisor*) zur Seite gestellt, die einerseits das Fach (*Major* im *Humanities College*), andererseits die professionellen erziehungswissenschaftlichen Studien in der *School of Education* vertreten. Die Studierenden treffen ihren *Advisor* einmal im Semester.

b   Mit Beginn der *Graduate Studies* wird das 4. Jahr auch als *Professional Year* bezeichnet, in dem sich die Studierenden intensiv auf ihr Praxissemester vorbereiten und eine professionelle Haltung entwickeln sollen.

Das Lehrerausbildungsprogramm integriert verschiedene Elemente: Professionalisierung durch fundierte Kenntnisse nicht nur im Fach, sondern auch als Teil der *Liberal Arts Education* auch in Natur, Sozial- und Geisteswissenschaften sowie Kenntnisse in mindestens einer Fremdsprache, Ausbildung im Hinblick auf Diversität der Schülerschaft, Praxiserfahrungen bereits im Studium (*Field Work* und Kooperation mit Praktikern in den Schule), Forschungsbezug (*contributing to the knowledge base on teaching*), sowie ein Schwerpunkt in der Nutzung der neuen Medien. Dies zeigt sich auch in der Nutzung der Online-Portfolios, die eine Datengrundlage dieser Studie bilden. Ausgehend von einer Initiative des Bundesstaates, die den Einsatz von neuen Technologien nicht nur in den Schulen, sondern auch in den universitären Lehrerausbildungsprogrammen fördern wollte, entwickelte die untersuchte *School of Education* ein Online-System, das als Portfolio sowohl von Studierenden wie auch Mentoren an den Schulen und universitären Betreuern genutzt wird. Das Portfolio begleitet die Studierenden vom ersten Ausbildungsjahr an und spiegelt die berufliche Entwicklung der Lehramtsstudierenden wider:

> [The portfolio] include[s] items such as reflection statements, lesson plans, feedback from course professors, etc. In addition, field placement evaluations are completed on line and are added to the [...] portfolio. Both the artifacts and evaluations connect to [our] standards for professional teacher development (St.H. 2005: 28).

Das Portfolio wird einerseits als Reflexionsinstrument für die Studierenden, andererseits für das Feedback der Dozenten und Mentoren eingesetzt. Darüber hinaus hilft es auch externen Institutionen, beispielsweise den bereits erwähnten Akkreditierungsinstitutionen, einen Überblick über die Fähigkeiten und das Wissen der zukünftigen Lehrkräfte zu erhalten (vgl. St.H. 2005: 28). Neben den Reflexionsgesprächen nach der gehaltenen Unterrichtsstunde werden am Ende des Praxissemesters auch die Online-Portfolios der Studierenden sowohl von den universitären Lehrerausbildern wie auch von den Mentoren an den Schulen kriteriengeleitet beurteilt. Diese Kriterien werden auf die Unterrichtsentwürfe angewendet, die im Portfolio von den Universitätsdozenten wie auch den Mentoren eingesehen und am Ende des fünften Ausbildungsjahres (nach dem *Student Teaching*) bewertet werden. Im Vordergrund steht nicht die Bewertung der Studierenden auf der Basis von Noten, sondern inwieweit sie mit den vorgegebenen Standards umgehen können.

Reflexion ist auch Teil des Leitmotivs, das dem hier zu analysierenden Lehrerausbildungsprogramm zugrundeliegt: *The Teacher as Reflective Decision Ma-*

ker.[87] Laut Selbstaussage im *Student Handbook* ist der Aspekt der Reflexion derjenige, den Studierende wie Absolventen betonen. Das Leitmotiv bezieht sich einerseits auf Reflexion, andererseits auch auf die Fähigkeit, auf die im Unterricht zu treffen Entscheidungen vorbereitet zu sein (St.H. 2005: 8). In diesem Modell ist der Gegenstand von Reflexion das unterrichtliche Handeln und die Lernergebnisse der Schüler.

Kooperation mit Praxisfeld Schule (*Professional Development School*)

Das untersuchte Lehrerausbildungsprogramm arbeitet in enger Kooperation mit *Professional Development Schools* (s. Abschnitt 2.2.2), also Ausbildungsschulen, die die Studierenden während ihrer schulpraktischen Studien aufnehmen. Während des Praxissemesters (*Student Teaching*) sind die Studierenden weiterhin an der Universität eingeschrieben und zahlen Studiengebühren. Auch wenn sie an den Schulen den Status eines Vertretungslehrers haben, kann ihnen keine Garantie für die Bezahlung gegeben werden, die, wenn überhaupt vorhanden, ohnehin von Schule zu Schule (oder auch zwischen den Bezirken) unterschiedlich ist.

In jedem Jahr finden in diesem Lehrerausbildungsprogramm schulpraktische Studien statt, lediglich die Länge und die Funktion variieren. Die entsprechenden Kurse beziehen sich auf jeweils einen Aspekt des Lehrberufs als Profession, der mithilfe forschungsmethodischer Instrumente, hauptsächlich qualitativer Art, in der schulischen Praxis erforscht werden soll. Die schulischen Beobachtungen im ersten Jahr mit einer Selbsteinschätzung der Studierenden zu beenden macht insofern Sinn, als die Studierenden zunächst ihren eigenen Blickwinkel entwickeln sollen, bevor sie Feedback von Mentoren und Dozenten bekommen.

Die schulpraktischen Studien (*Field Experiences*) in diesem Lehrerausbildungsprogramm sind sequenziell aufgebaut. In jedem Ausbildungsjahr wird darüber hinaus ein inhaltlicher Schwerpunkt zur Erforschung des Lehrberufs gesetzt. Tabelle 6.2 gibt einen Überblick über die schulpraktischen Studien sowie die jeweiligen Schwerpunkte und Formen der Leistungsbewertung.

---

87 Weder in den Interviews noch informellen Gesprächen im Feld konnte ein Bezug zum *Teacher-as-Decision-Maker*-Diskurs in den 1970er Jahren in den USA ausgemacht werden. Deshalb bleibt unklar, inwieweit das in dieser Studie analysierte Lehrerausbildungsprogramme neben den theoretischen Bezügen der *Reflective Practice* sich auch auf die Arbeiten von Borko und Shavelson (Borko & Shavelson 1990) bezieht. In einer älteren Publikation über das Programm dieser Universität wurde eine Lehrkraft als *Decision-Maker* folgendermaßen bezeichnet: „A person who can make appropriate and defensible decisions about student achievement and learning outcomes" (Hinweis: aufgrund der Anonymität der US-Universität muss die Quelle dieses Zitats ungenannt bleiben).

Tabelle 6.2: Aufbau schulpraktische Studien

Jahr	Schwerpunkt der schul-praktischen Studien	Formen der Leistungsbe-wertung	Kurse[a]
2	Beobachtungen in Schulen und Einzelbeobachtung von Kindern, auch außerschulisch	Selbsteinschätzung der eigenen Kompetenzen	*Field Experience*[b] *Introduction to Teaching*
3	Nachhilfe und Einzelfall-analyse (Schwerpunkt auf Sprachkompetenz)	Fallstudie Feedback von Dozent und Mentor	*Field Experience*
4	1. Semester: Unterrichts-beobachtung und eigene Unterrichtsstunde 2. Semester: Unterrichts-beobachtung und eigene Unterrichtseinheit	Evaluation der Unterrichts-stunde und der Unterrichts-einheit Beobachtung, Evaluation und Feedback der gehal-tenen Unterrichtsstunde durch Dozent und Mentor	*Field Experience* *Curriculum, Instruction and Assessment* *Content-specific methods classes*
5	1. Semester: Praxissemes-ter (*Teaching Associate-ship*) → entweder allein verantwortlich für eine Klas-se oder in Zusammenarbeit mit einem Mentor 2. Semester: Aktionsfor-schung (*Action-Research Project*)	Bewertungsbasis für Unter-richtsbesuche: Beobach-tungsbogen (*Collaborative Assessment Log*) und Reflexionsgespräche Feedback von Dozenten und Mentoren (*mid-placement + final evaluation*)	*Teaching Associateship* *Student Teaching Seminar (content specific)*[c]

a   Um Verzerrungen bei der Übersetzung zu vermeiden, werden die englischen Begriffe beibehalten.
b   Aus Gründen der Anonymisierung mussten die jeweiligen Kursbezeichnungen, die in abgekürzter Form auf die Module hinweisen, herausgenommen werden.
c   Diese beiden Seminare bilden die Grundlage für die zu untersuchenden Reflexionen der Studieren-den.

Der sequenzielle Aufbau der Ausbildung zeigt die enge inhaltliche wie organisa-torische Verschränkung von theoretischen Bezügen, schulpraktischen Studien und empirischen Ansätzen, wie sie typisch ist für ein Lehrerausbildungspro-gramm, das eng mit *Professional Development Schools* zusammenarbeitet und ausgedehnte Praxisphasen beinhaltet.

Der Fokus im zweiten Jahr der Ausbildung, in dem die schulpraktischen Studien beginnen, liegt in der Beobachtung von Unterricht und Interviews mit Lehrenden als einer Grundlage zur Analyse der Schule als Organisation. Um einen möglichst großen zeitlichen Abstand zwischen den Studierenden, die mit Beginn ihres Stu-diums häufig erst zwischen 17 und 19 Jahre alt sind, und den Schülern während der Hospitationen zu schaffen, finden diese in Grundschulen sowie den ersten Jahren in der Sekundarstufe I statt.

Im dritten Jahr liegt der thematische Schwerpunkt des Ausbildungsprogramms bei einer entwicklungsorientierten Begleitung eines einzelnen Kindes/eines einzelnen Schüler durch den Lehramtsstudierenden, auch im Rahmen von Unterstützungsmaßnahmen (*Tutoring*) für ein Kind mit beispielsweise Lernschwäche. Zu diesem Zweck soll eine Fallstudie angefertigt werden, die eine bestimmte Fragestellung im Bereich *Literacy, Language and Comprehension* aufgreift, um auf das zukünftige Berufsfeld des Fremdsprachenlehrers inhaltlich und forschungsmethodisch vorzubereiten. Darüber hinaus finden im dritten Jahr auch erste Unterrichtsversuche statt, die im Idealfall sowohl vom Mentor (*Clinical Instructor*, CI) wie auch dem universitären Vertreter beobachtet, evaluiert und zusammen mit den Studierenden reflektiert werden. Der Reflexion des beobachtenden und selbst gehaltenen Unterrichts dient auch das begleitende universitäre Seminar (*Field Experience*).

In ihrem vierten Jahr setzen die Studierenden die Unterrichtsbeobachtungen und ihre Unterrichtsversuche fort. Ausgehend von einer gehaltenen Einzelstunde halten sie mit enger Unterstützung durch den Mentor auch eine kleine Unterrichtseinheit (*Unit*). In diesem Jahr finden neben den fortgeführten Seminaren zur Praxisbegleitung (*Field Experience*) weitere Seminare statt, die sich inhaltlich auf den Lehrplan, Leistungsbewertung und Unterrichtsmethoden (*Curriculum, Instruction and Assessment*) beziehen, um die Studierenden adäquat auf das im fünften Jahr folgende Praxissemester (*Student Teaching*) vorzubereiten. Darüber hinaus werden auch spezifische fachdidaktische Kurse (*Content Specific Classes*) angeboten. In den begleitenden Kursen liegt in diesem Jahr der Fokus auf der Vor- und Nachbereitung des Unterrichts und der Reflexion des pädagogischen Handelns.

Das fünfte Jahr der schulpraktischen Studien ist zweigeteilt. Im ersten Semester findet das Praxissemester (*Teaching Associateship*) statt. Nach einer einwöchigen Einführung vor Schulbeginn verbleiben die Studierenden[88] insgesamt 16 Wochen in einer ihnen zugeteilten Schule, um dort, je nach Kompetenz und

---

88   Sie werden im Folgenden auch als Lehramtsanwärter bezeichnet, um den besonderen Status als Lehrkraft zu verdeutlichen. Ein Vergleich des Praxissemesters mit dem Referendariat ist insofern nur bedingt sinnvoll, als auch in vielen US-Schulen die Lehramtsanwärter nach ihrem Studium noch ein sogenanntes *Inservice-Training* absolvieren, in dem ihnen eine erfahrene Lehrkraft zur Seite gestellt wird. Dennoch kann man sicherlich für beide Phasen, Praxissemester wie auch *Inservice-Training*, strukturelle Ähnlichkeiten zum deutschen Referendariat erkennen.

Vorerfahrung, entweder relativ schnell die Klassenleitung zu übernehmen oder im *Team-Teaching* mit dem Mentor Unterricht abzuhalten. Begleitet werden die Studierenden während des gesamten Semesters von ihrem Mentor (*Clinical Instructor*), dem auch die Aufgabe zukommt, die Sprachpraxis der Lehramtsanwärter im fremdsprachlichen Unterricht wie auch ihre Unterrichtskompetenz zu beobachten. Darüber hinaus wird der gehaltene Unterricht in bestimmten regelmäßigen Abständen vom Universitätsdozenten und vom Mentor beobachtet, evaluiert und zusammen mit dem *Student Teacher* reflektiert. Auch durch das Online-Portfolio und zusätzlichen gemeinsamen Reflexionsgesprächen wird der Grad der Zusammenarbeit zwischen Studierenden, Dozenten und Mentoren erhöht. Als Ort der schulpraktischen Studien kommt den Ausbildungsschulen auch noch die Überprüfung der Sprachpraxis in der praktischen Anwendung im fremdsprachlichen Unterricht zu.

Im zweiten Semester des fünften Jahres kehren die Studierenden an die Universität zurück und bereiten ihre empirische Feldstudie (*Field Project*) vor. Mit diesen studentischen Forschungsprojekten wird auch gleichzeitig das Studium abgeschlossen. Interessant dabei ist, dass die Studierenden zunächst im ersten Semester des fünften Ausbildungsjahres unterrichten, und erst im darauffolgenden zweiten Semester eine forschende Rolle einnehmen, während sie gleichzeitig durch universitäre Seminare begleitet werden. Ziel der empirischen Studie ist eine forschende Haltung zur Praxis, in der das bereits erworbene Wissen und die in der Praxis erworbenen Kompetenzen zusammengebracht werden: „To provide a comprehensive experience that integrates the knowledge, skills, and professional attitudes acquired throughout the program. The Field Project course is not a thesis but does require a large independent effort to complete the task (St.H. 2005)". Mit dem Begriff *Independent Work* soll auch auf mögliche fortführende *Graduate Studies* vorbereitet werden, die zum PhD führen können.

6.1.3 Seminargestaltung: Konzepte der Lehrerausbilder für die Lern- und Reflexionsgelegenheiten der Studierenden

Im Folgenden werden die Lern- und Reflexionsgelegenheiten der US-Studierenden skizziert, wie sie in den Interviews mit den US-Lehrerausbildern geschildert wurden. Die Lehrenden sind im Interview selbst nur wenig auf die Inhalte der Seminare und ihre hochschuldidaktische Ausgestaltung eingegangen. Deshalb gab es in beiden Interviews nur wenige evaluative Aspekte auf der Ebene der einzelnen Seminare. Dagegen werden die zu erreichenden Seminarziele wesentlich deutlicher im Interview thematisiert.

Sowohl aus der Perspektive der Lehrenden wie auch von Programmseite erhalten die Studierenden zahlreiche Reflexionsgelegenheiten, um ihre individuelle Professionalisierung voranzubringen. Diese werden in Tabelle 6.3 zusammengefasst dargestellt.

Tabelle 6.3: Reflexionsgelegenheiten im US-Lehrerausbildungsprogramm

Reflexionsgelegenheiten	Reflexionsgelegenheiten und hochschuldidaktische Ausgestaltung
Planung von Unterricht als Lern- und Reflexionsgelegenheit	Unterrichtsskizzen (sogenannte „Artefakte"): Feedback von Dozenten und Mentoren
	Verwendung einer Online-Plattform während der Praxisphase: Reflexion von Unterricht, kritische Rückfragen von Dozenten und Mentoren
Forschung in schulpraktischen Studien als Lern- und Reflexionsgelegenheit	Aktionsforschungsprojekt: Reflexion über einzelne Forschungsschritte, Darstellung und Interpretation der Ergebnisse (unterstützt durch Online-Plattform und intensivem E-Mail-Kontakt zwischen Studierenden und Lehrenden)
Kooperation mit Mentoren in den Schulen	Enge Kooperation zwischen den Studierenden und den Lehrenden: Planung von Unterricht, Reflexionsgespräche zwischen Studierenden, Mentoren und Dozenten der Universität, intensive Beratungsphasen während der Praxisphase
Leitmotiv des Lehrerausbildungsprogramms: Reflektierender Praktiker	Abschließender Bericht mit Reflexion des Aktionsforschungsprojektes und der Relevanz für die eigene Professionalisierung als angehender Fremdsprachenlehrer am Ende der Ausbildung (im 5. Jahr)
	Induktive Inhaltsanalyse der studentischen Reflexionen am Ende des Praxissemesters (von Studierenden selbst durchgeführt und mit Lehrenden diskutiert)

Im Folgenden werden die Reflexionsgelegenheiten, die integraler Bestandteil des hochschuldidaktischen Konzepts der US-Lehrerausbilder sind, weiter ausgeführt.

Planung von Unterricht als Lern- und Reflexionsgelegenheit

Die Studierenden in diesem Lehrerausbildungsprogramm durchlaufen verschiedene schulpraktische Studien. Während sie zunächst vom zweiten bis zum dritten Jahr ausschließlich hospitieren und sich Kenntnisse über forschungsmethodische Aspekte aneignen (vgl. Darstellung der Seminare Tabelle 6.1), sollen sie ab dem vierten Jahr erste Unterrichtsentwürfe konzipieren und auf dieser Basis bis hin zum Praxissemester im fünften Jahr Unterricht durchführen.

Die Lehrerausbilder erwarten zum einen die Durchführung der ersten Unterrichtsversuche als Vorbereitung auf das Praxissemester. Zum anderen sollen die Studierenden grundlegende Unterrichtskompetenzen entwickeln, da sie direkt nach der universitären Ausbildung in Schulen unterrichten werden. Bereits in ihrer Ausbildung sollen die Studierenden lernen, die Ziele einer Unterrichtsstunde in der Praxis zu formulieren und ihren eigenen Unterricht mit den Lernstandards in Einklang zu bringen (vgl. Int. 2 USA, L 2, 134–136, auch 139–142). Die Studierenden sollen eine kritische Haltung zu ihrem eigenen Unterricht entwickeln, in dem die fachlichen Standards einen Referenzrahmen darstellen:

> They should create a culture of accountability in which the teacher has that consciousness that he or she should achieve to create those standards rather than looking at those standards as a <u>trap</u> that if you are not going to satisfy those standards something bad is gonna happen to you. They should look at those standards as a goal to be achieved. [...]. To have the self-critical thing that somehow I am not doing this correctly. How can I do it correctly? (Int. 2 USA, L 2, 124–133).

Deshalb sollten die Studierenden schon früh auf einen standardbasierten Unterricht vorbereitet werden (vgl. Int. 2 USA, L 2, 125–128) und sich später im Beruf kontinuierlich weiter fortbilden (vgl. Int. 2 USA, L 2, 103). Ein Lehrerausbilder beschreibt die Funktion der Standards folgendermaßen: „If we look at that as a base to build on, that's good. Instead of looking at it as a ceiling to reach. Because if we look at that as a base to build on, then you can build beyond it" (Int. 1 USA, L 1, 134–135).

Forschung in schulpraktischen Studien als Lern- und Reflexionsgelegenheit

Neben der konsequenten und regelmäßigen Nutzung des Online-Portfolios zur Reflexion ihrer unterrichtlichen Praxis müssen die Studierenden im zweiten Halbjahr ein weiteres Seminar belegen, in dem sie ein kleines Forschungsprojekt (*Field Project*) durchführen. Auch dieser Bestandteil der schulpraktischen Studien dient der Reflexion, wie der folgende Interviewausschnitt zeigt:

> <u>That piece does</u>, you know, in some ways that's part of the reflective thing, too. But yes, they do have, they do a small study still. No, I will like it and I feel like they get a handle on the process, some of them more than others and some of them buy into it more than others but mostly, they come out (?) feeling pretty good about their work and

> what they want and they certainly develop an appreciation for how difficult it is to do research in education. They can't people get to answer them, it's those, what was one today, what did I just have? The day (.), he had done the intervention and the day the class was supposed to have him with the control group there was an unannounced assembly or something. So, he had to go kind of go back to scratch because he just couldn't, they just couldn't be the control anymore, he had lost his control. So, they learn those kinds of things. I mean he had to reband his whole plan. And I said: Welcome to the world of research! (Int. 1 USA, L 1, 124-133).

Am Beispiel eines Studenten, der seine Interventionsstudie nicht wie geplant durchführen konnte, macht dieser Dozent deutlich, dass gerade die forschende Haltung zur Praxis in diesem Lehrerausbildungsprogramm komplementär zur kontinuierlichen Reflexion unterrichtlicher Praxis gesehen wird, sei es in den Hospitationen in den ersten Semestern oder im Praxissemester. Auch die zeitliche Abfolge, zuerst Unterrichten, dann Forschen, ist beabsichtigt: „It is kind of a reflective sequence – they look at issues in the semester after their student teaching, they have two courses that are the core" (Int. 1 USA, L 1, 78). Aus diesem Rückblick, einer Form des *reflection-after-action*, sollen die Studierenden die Forschungsfrage für ihr Forschungsprojekt generieren. Ihre Forschung sollen sie auch dann an der Schule, in der sie ihr Praxissemester absolviert haben, durchführen. Das gesamte fünfte Ausbildungsjahr steht damit unter dem Aspekt des Unterrichtens und der anschließenden Erforschung der eigenen Praxis mit dem Ziel, die eigene unterrichtliche Praxis zu verbessern, wie das folgende Beispiel illustriert:

> We aim for, we do encourage action research kind projects. [... A student] was very skeptical about whether taking this kind of approach would actually improve what he saw in the classroom. And in the end, he was so excited about it because he actually found that by surveying students he learned a lot about how they were studying and not studying and so he made some changes and changed the way he did something and their test scores went up (Int. 1 USA, L 1, 93–100).

Hier zeigt sich, dass der Student durch die Methode der Beobachtung nicht nur viel über das Lernverhalten seiner SuS erfuhr, sondern er seinen Unterricht entsprechend darauf ausrichten konnte, um in der Konsequenz deren Lernergebnisse zu verbessern.

Leitmotiv des Lehrerausbildungsprogramms: Reflektierender Praktiker

Das Leitmotiv des untersuchten Lehrerausbildungsprogramms ist der reflektierende Praktiker. Dieses zieht sich durch die meisten erziehungswissenschaftlichen Seminare: „Oh, I think most of the classes here do. I mean this is something that is generally agreed upon among the folks in the teacher ed[ucation] faculty" (Int. 1 USA, L 1, 46–47). Ein Lehrerausbilder gibt folgende Definition eines *Reflective Practitioner*:

> For me, a reflective practitioner is somebody who attends to students' responses, attends to students' reactions, attends to students' achievement as they think about what they are going to do next, as they think about what they are going to do next year when they cover the same content, think about how they can support an individual student they notice things that not going on and that they actually write this down, at least in some kind of notes (Int. 1 USA, L 1, 3–7).

Ein reflektierender Praktiker, um bei diesem Begriff auch im deutschen Diskurs zu bleiben, ist für den Lehrerausbilder also eine Person, die die SuS im Blick hat, die ihre Unterrichtsplanung den Voraussetzungen der SuS entsprechend plant und deren Fortschritte beobachtet und kontinuierlich unterstützt. Diese Perspektive setzt die Reflexion des eigenen Handelns voraus, die die Studierenden in den Portfolios verschriftlichen. Die Studierenden werden nach ihren ersten Unterrichtsversuchen im Praxissemester aufgefordert, diese zunächst selbst, auf der Basis der *Collaborative Assessment Logs*, zu beurteilen (Int. 1 USA, L 1, 13–15): „I have even in their teaching demonstration for their first methods class have them self-evaluate according to the rubric" und ihre Gedanken online zu stellen. Darüber hinaus sollen die Studierenden täglich eine E-Mail an ihre Dozenten senden, in der sie über ihren schulischen Alltag berichten: „As a way of encouraging that [reflective] behavior and they generally indicate they don't love it but they also indicate that they think about doing it even after when they are out in the real world teaching" (Int. 1 USA, L 1, 15–18). Dieses Zitat zeigt die von den Lehrerausbildern konkret geäußerte Erwartung an die tägliche Verschriftlichung und Reflexion der Erfahrungen der Studierenden während des Praxissemesters. Diese E-Mails werden zwar gelesen, jedoch nur in Form von weiteren Fragen kommentiert, die die Reflexion anregen sollen. Erst in ihrer Abschlussarbeit nach dem Praxissemester werden die Studierenden gebeten, ihre eigenen Texte inhaltsanalytisch zu analysieren und bestimmte Muster in Form von Wiederholungen, kritischen Fragen oder Ähnlichem herauszufiltern, damit sie am Ende des Praxissemesters erkennen, welche Fortschritte sie gemacht haben und welche Aspekte bislang in ihrem unterrichtlichen Handeln vielleicht eher unberücksichtigt geblieben sind. Diese wiederum werden dann in der Abschlussarbeit aufgegriffen und sollten kritisch reflektiert werden. Insgesamt gesehen ist der Prozess der Reflexion, den die Studierenden durchlaufen, wichtiger als eine Benotung der Ergebnisse:

> Definitely pass or fail. [...]. I think the process itself is what is valuable [...]. I do have them in the 5th year class, these are people who are student teaching, have them go back and look over what they have written at the end again as a summary and [...], that's assessed for having done it but I think that second look matters to them in terms of really considering how things went and thinking about how they changed. It's not the kind of thing where I would want them worry whether they would wanna get an A, B, C[89], any kind of that grade on the work. I want them to see the value in doing that for their own sake. Not for grade (Int. 1 USA, L 1, 37–43).

Das Konzept des reflektierenden Praktikers bezieht sich in diesem Lehrerausbildungsprogramm nicht nur auf die Studierenden, sondern auch auf die jeweiligen Dozenten, wie im Interview weiter ausgeführt wird:

> If you don't write down some kind of notes for yourself, you can have these great reflective thoughts but they fly away and you might remember it when you're planning next year, you might not. But you know as I wrap up my classes for the semester, I am trying to make notes about what I wanna do differently next year and looking at papers that I got from students – luckily, because I do a whole, it's a year long sequence I can adjust things for second semester to catch, to go back over material that I wasn't quite comfortable that they got and I hope they do the same thing (Int. 1 USA, L 1, 7–13).

Das Zitat zeigt, dass sich durch Verschriftlichung reflexive Prozesse „fixieren" lassen und zeitlich gesehen doppelt sinnvoll sind: Sie beziehen sich einerseits auf bereits stattgefundenes Handeln, andererseits durch vorausschauendes Planen auch auf zukünftiges. Der Lehrerausbilder sieht sich selbst als eine Art Vorbild in der Lehre und der damit verbundenen Reflexion: „I am teaching them to teach and I'm certainly reflecting on what went well, what didn't go well, which students need what kind of support for next semester" (Int. 1 USA, L 1, 21–23).

---

89 Die Notengebung erfolgt an US-Universitäten nicht numerisch, sondern über Buchstaben und deren Abstufung (A+ entspricht 1,0; A- entspricht 1,3 usw.).

6.1.4 Zwischenfazit: Ergebnisse zu institutionellen und hochschuldidaktischen Rahmenbedingungen

Im vorhergehenden Abschnitt wurden die Lern- und Reflexionsgelegenheiten, die die Studierenden im US-Lehrerausbildungsprogramm erhalten, untersucht. Diese Untersuchungseinheit beinhaltete auch eine Abfrage der Erwartungen der Lehrerausbilder.

Festzuhalten ist, dass die Seminare durch das Leitmotiv und die kohärente Struktur des Lehrerausbildungsprogramms stärker in den Inhalten determiniert war als dies im deutschen Lehrerausbildungsprogramm der Fall war. Die Forschungskompetenz der Studierenden wird sequenziell vom ersten Ausbildungsjahr aufgebaut. Dadurch ist die Möglichkeit gegeben, kontinuierlich eine forschende Haltung zur schulischen Praxis aufzubauen.

Im untersuchten Lehrerausbildungsprogramm ist der Anspruch, Studierende zu reflektierenden Praktikern auszubilden, sehr deutlich. Die Studierenden erhalten zahlreiche Reflexionsgelegenheiten, beispielsweise in Form von E-Mail-Reflexionen oder durch eine Inhaltsanalyse der eigenen Abschlussreflexionen. Die Studierenden unterrichten im Rahmen des sechsmonatigen Praxissemesters weitestgehend eigenständig und kehren im darauffolgenden Semester an die Schule zurück, um ein Aktionsforschungsprojekt durchzuführen. Dadurch erhalten sie Gelegenheit, eine Art forschende Haltung gegenüber Unterricht zu entwickeln, die, im Sinne eines *reflection-after-action*, von der eigentlichen Situation im Praxissemester und der damit verbundenen Rolle abgekoppelt ist. Ein Rollenkonflikt zwischen den beiden Anforderungen Unterrichten und Unterricht erforschen tritt durch diese institutionelle Besonderheit nicht auf.

Die US-Lehrenden tauschen sich laut Interviews weniger über konzeptionelle Ansätze oder hochschuldidaktische Fragen aus. Eine interdisziplinäre Zusammenarbeit zwischen den Lehrenden ist nicht vorhanden. Da es im untersuchten Lehrerausbildungsprogramm keine ausgewiesene Fachdidaktik, sondern eine an die *School of Education* angegliederte Fremdsprachendidaktik gab, die mehrere Sprachen umfasste, erhalten die Studierenden nur wenig Gelegenheiten, ihr *pedagogical content knowledge* (Shulman 1986) fachspezifisch auszubauen.

Der Reflexionsbegriff der US-Lehrenden wird explizit formuliert. Die Lehrerausbilder sehen sich selbst als reflektierende Praktiker (vgl. Int. 1 USA, L 1, 7–13). Deshalb machen sie transparent, wie sie Reflexionsprozesse der Studierenden anleiten, welche Anforderungen sie haben (vgl. auch Tabelle 6.3) und wie sie selbst mit dem Bereich der Reflexion über die eigene Lehre umgehen (vgl. Int. 1 USA, L 1, 21–23). Der Anspruch, reflektierende Praktiker auszubilden, indem sie selbst Vorbild sind, gilt für alle Lehrenden, in den Schulen wie an der Universität. Im Rahmen der *Professional Development School* gibt es deshalb ausgeprägte Kooperationsstrukturen zwischen Mentoren und universitären Lehrenden. Die Lehrerausbilder und die Mentoren in den Schulen sind eher Lern- und Reflexionsbegleiter und treten in eine Art des reflexiven Dialogs, der sich durch unterschiedliche Perspektiven auszeichnet. Damit findet die Kooperation nicht zwischen den an der Lehrerausbildung beteiligten Disziplinen statt, sondern zwischen Studierenden, Mentoren und Dozenten.

Welche Reflexionsniveaus die Reflexionen der US-Studierenden aufweisen, wird im folgenden Kapitel 6.2 dargelegt.

6.2 Studentische Reflexionen über Unterricht und Forschung

Im folgenden Kapitel werden die Ergebnisse der Inhaltsanalyse der studentischen Berichte und Reflexionen der US-Studierenden dargestellt. Wie schon zuvor erwähnt, befinden sich die US-Studierenden in ihrem letzten Jahr ihres Lehramtsstudiums. In diesem letzten Jahr findet auch das Praxissemester statt und damit eine bedeutende Phase der Professionalisierung der Studierenden. Neben der Reflexion von Unterricht führen die Studierenden auch kleine Forschungsprojekte durch. Die studentischen Texte wurden mehrperspektivisch analysiert. Nachfolgend werden exemplarisch Textstellen auf der Basis des Kategoriensystems als Ankerbeispiele dargestellt und analysiert.

6.2.1 Inhalte und Niveaus studentischer Reflexionen

Die studentischen Reflexionen wurden, wie schon im deutschen Sample geschehen, in insgesamt drei Hauptkategorien (fremdsprachlicher Unterricht, Lerner und ihre Lernprozesse, fachbezogenes und forschungsmethodisches Wissen) in jeweils drei Ausprägungen (deskriptiv, instrumentell, produktiv) kodiert. Im Folgenden werden die Ergebnisse der Analyseprozesse in den Hauptkategorien sowie den entsprechenden Subkategorien dargestellt.

Reflexion über fremdsprachlichen Unterricht

Die Analysen der studentischen Texte zeigen, dass in den Reflexionen die Beobachtung, Analyse und Kritik an fremdsprachlichem Unterricht einen deutlichen Schwerpunkt einnehmen. Wie Abbildung 6.1 zeigt, sind dabei in folgenden Subkategorien die häufigsten Kodierungen vertreten: die eigene Unterrichtsplanung (U2.1, n=35), die didaktisch-methodischen Entscheidungen in der eigenen Unterrichtsstunde (U2.2.1, n=166), das Zeitmanagement (U2.2.2, n=23) sowie die interpersonelle Ebene mit den SuS und Mentoren (U2.2.4, n=27).

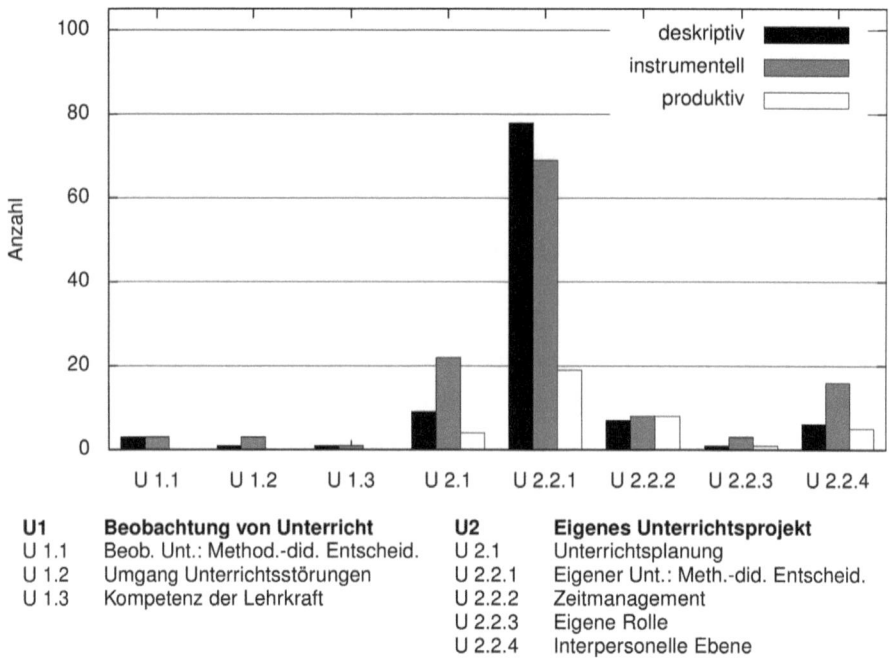

U1	Beobachtung von Unterricht	U2	Eigenes Unterrichtsprojekt
U 1.1	Beob. Unt.: Method.-did. Entscheid.	U 2.1	Unterrichtsplanung
U 1.2	Umgang Unterrichtsstörungen	U 2.2.1	Eigener Unt.: Meth.-did. Entscheid.
U 1.3	Kompetenz der Lehrkraft	U 2.2.2	Zeitmanagement
		U 2.2.3	Eigene Rolle
		U 2.2.4	Interpersonelle Ebene

Abbildung 6.1: Häufigkeitsdarstellung der Reflexionsniveaus und -inhalte in der Kategorie fremdsprachlicher Unterricht im US-Sample

Vor allem im Vergleich zu den deutschen Studierenden reflektieren die US-Studierenden wenig in der Kategorie beobachteter Unterricht (U1.1). Explizite Kritik an ihrem Mentor äußert nur eine Studentin (U1.1: R436, R438), reflektiert jedoch selbst darüber im weiteren Verlauf des Textes (U1.1: R436). Sie äußert Verständnis gegenüber den methodisch-didaktischen Entscheidungen der Lehrkraft, ohne jedoch alternative Handlungsvorschläge zu geben, im Gegensatz zu anderen Studierenden (U1.1: V172; P375; Q132). In der Kategorie Unterrichtsstörungen (U1.2) reflektieren die Studierenden über die fehlende Aufmerksamkeit der SuS (U1.2:

Z4). Die Studierenden sehen in vorab geplanten methodischen Entscheidungen eine Möglichkeit, den Unterrichtsstörungen der SuS zu begegnen (U1.2: R45; V304) oder auch durch eine entsprechende Körpersprache, wie es eine Studentin formuliert (U1.2: M130). Die wenigen Textstellen, die in der Kategorie U1.3 (Kompetenz der Lehrkraft) entsprechend kodiert werden konnten, beziehen sich auf eine kritische, wenig konstruktive Haltung gegenüber den Materialien der Lehrkraft (U1.3: R438) und eine positive Atmosphäre in der beobachteten Klasse, die sich, wie der Student formuliert, durch entsprechende Körpersprache und Konsequenz auszeichne (U1.3: Ia451).

Deutlich häufiger konnten Textstellen in der Kategorie U2.1 (Unterrichtsplanung) kodiert werden, mit einem Schwerpunkt in der instrumentellen Ausprägung. Thematisch reflektieren die Studierenden über Abweichungen zwischen ihrer Unterrichtsplanung und der eigentlichen Durchführung. In fast allen Fällen erfolgt eine durchaus ausführliche Begründungen der einzelnen Unterrichtsstunde, häufig unter Bezugnahme auf die Zweitsprachenerwerbsforschung (U2.1: Z32–36, Z98–105). Dies gilt auch für begründete Entscheidungen beim Einsatz von spielerischen Elementen (U2.1: G227), der Planung der Gruppenarbeit oder diversen anderen methodischen Entscheidungen (U2.1: R432; Q127; M107; Z193–195). Ein Beispiel soll dies verdeutlichen: „Charades will offer students a way to express vocabulary and they will be able to make connections by attaching a visual representation to the vocabulary. These connections will make learning more memorable and more meaningful" (U2.1: V236). Zur Unterrichtsplanung dazu gehört auch die Berücksichtigung der Standards für die Lernprozesse und -inhalte der SuS (U2.1: Pa82). Häufig thematisieren die Studierenden die Abweichungen zwischen ihrer Unterrichtsplanung und der eigentlichen Unterrichtsstunde. Dabei ist auffällig, dass die Studierenden nicht nur die Abweichungen thematisieren, sondern auch den Veränderungsbedarf, der in ihrem eigenen Handlungsspielraum liegt, äußern (U2.1: R100, Pa96; Optimierung der Leistungsbewertung: Z29–30, Z144, Z221, Z266; N168). Eine Form der Fremdattribuierung findet in diesem Zusammenhang nicht statt. Einige Studierende machen konkrete Vorschläge (U2.1: N168, Pa843–845) und verknüpfen die einzelnen Stunden durch Rückbezüge und vorausschauende Planung miteinander (U2.1: Pa726). Die Unterrichtsplanung selbst sehen sie als Rahmen mit durchaus detaillierten Schritten (U2.1: M78), beispielsweise auch über Zeitangaben (U2.1: M78). Dies gibt ihnen Sicherheit (U2.1: Ia166, Ia443) und hilft ihnen, Fehler zu vermeiden (U2.1: Ia450).

Ein Student reflektiert am Ende des Praxissemesters sehr ausführlich über seine Unterrichtsplanung und identifiziert dies als durchgängiges Thema, an dem er kontinuierlich gearbeitet hat (U2.1: Ia449).

Ein nächster Bereich, den die Studierenden in der Kategorie „Unterricht" thematisieren, ist die Verwendung der Fremdsprache im Unterricht. Dieser Aspekt kann sich dabei auf die Lehrkraft selbst oder die SuS beziehen. Einige Studierende sind sich darüber bewusst, dass sie selbst mehr in der Fremdsprache reden sollten (U2.2.1: N92; V308). Mehrere Studierende verwenden im Unterricht die Fremdsprache und erwarten dies auch von ihren SuS (U2.2.1: P377), müssen jedoch feststellen, dass ihre SuS Verständnisschwierigkeiten haben, vor allem bei Erklärungen in der Fremdsprache (U2.2.1: Pa963–966; Q41). Um den Verständnisschwierigkeiten der SuS zu begegnen, verwenden die Studierenden Handouts (U2.2.1: M81) und Visualisierungen (U2.2.1: Pa123; Z73; R373). Zusätzlich zu den Visualisierungen nutzen einige Studierende bei der Vokabelarbeit auch die Möglichkeit, einzelne Vokabeln szenisch darzustellen (U2.2.1: Pa809; R373; P104) oder mit anderen spielerischen Aktivitäten zu verbinden (U2.2.1: M126; Ia366; Z75; V166). Vor allem ein Student verwendet häufig den methodischen Ansatz des *Total Physical Response* (U2.2.1: Pa262). Dieses Thema erforscht er auch in seinem Aktionsforschungsprojekt (s. Analyse in der Kategorie fachbezogenes und forschungsmethodisches Wissen). Begeistert berichtet er über das Talent seiner SuS:

> At this time I asked students for three volunteers to act out the story. The classroom really becomes a different world when they act. Next time, when I plan far enough ahead, I will go over to the drama department and ask to borrow some costumes. I know they would enjoy that. During the acting, most of the students were paying attention. There were quite a few laughable moments. I may have to consider the humor value when I write the stories next time (U2.2.1: Pa809).

Die Studierenden führen in ihrem Unterricht an verschiedenen Stellen Partner- und Gruppenarbeit durch, um die kommunikative Kompetenz ihrer SuS zu stärken und Hemmungen in der Verwendung der Fremdsprache abzubauen (U2.2.1: V88; G261). Jedoch verwenden die SuS nicht in allen Fällen die Fremdsprache, wie die Studierenden in den Reflexionen thematisieren (U2.2.1: Ia164; G90) und schlagen deshalb methodische Veränderungen vor (U2.2.1: Z200; G44; P310). Eine Studentin verbindet Gruppenarbeit mit der Möglichkeit einer *peer-correction*: „Working with a partner will give them the opportunity to have one of their peers, who is on the same level as them, correcting their output, and gives them the opportunity to correct someone else's output" (U2.2.1: M107). Ein andere Studentin möchte die Interessen der SuS stärker einbinden und nimmt sich vor, diese vor der nächsten Unterrichtsstunde abzufragen (U2.2.1: Z293).

Ein weiterer thematischer Bereich, den die Studierenden in ihren Reflexionen in dieser Kategorie adressieren, kann unter dem Oberbegriff „Klassenführung" zusammengefasst werden. Einige Studierende reflektieren verstärkt über das Verhalten der SuS und wie sie es verändern wollen (U2.2.1: V164, V304; P249). Eine Studentin beschreibt, wie sie in ihrem Unterricht ihre Regeln durchsetzen möchte: „One boy got offended when someone argued with one of his ideas. It was hard for me to enforce the rules. Next time I would have participation points and I would deduct points if someone did not obey the guidelines. [...]" (U2.2.1: N239). Auch das Thema Leistungsbewertung spielt in diesem Zusammenhang für die Studierenden eine große Rolle (U2.2.1: G197; P184).

Einige Studierende gehen sehr selbstkritisch mit ihrem eigenen Unterricht um und fragen sich, was sie in der individuellen Unterrichtssituation hätten verbessern können (U2.2.1: P139, P802, P830; Q122). Ein Student reflektiert über motivierende Aufgaben und Aktivitäten für SuS, muss jedoch am Ende seines Praxissemesters feststellen, dass er diesem Anspruch noch nicht zu genügen scheint: „I am still having trouble with the idea of making sure that each activity is meaningful in some way and also with tying all activities together in some way" (U2.2.1: Ia444).

In der Kategorie „Zeitmanagement" (U2.2.1) konnten Textstellen in diversen thematischen Kontexten kodiert werden. Sie beziehen sich zum einen auf die Unterrichtsplanung, und zum anderen auf einzelne Unterrichtsphasen und die Länge der Bearbeitungszeit der SuS für bestimmte Aufgaben. Letzterer Aspekt tritt dabei deutlich häufiger auf. Einige Studierende berichten darüber, wie schwer es ihnen fällt, die Länge der einzelnen Unterrichtsphasen im Vorfeld einzuschätzen (U2.2.2: M38, M78; N169). Im Verlauf des Praxissemester scheint sich die zeitliche Planung zu verbessern, wie eine Studentin in ihren Reflexionen angibt (U2.2.2: M130). Mehrere Studierende berichten darüber, dass die Unterrichtszeit nur so verfliege (U2.2.2: N238; P248) und sie nicht alle Aktivitäten und Übungen, die sich sich vorgenommen hatten, durchführen können (U2.2.2: V170; Pa80, P378). Einige Studierende bemängeln die nachlassende Konzentration der SuS im Verlauf der Unterrichtsstunde (U2.2.2: N168; Ia276; G257). Die Studierenden reflektieren auch über die Länge der Bearbeitungszeit der SuS für bestimmte Aufgaben (U2.2.2: V234) und passen ihren Unterricht entsprechend an, sobald sie die Klasse besser kennen (U2.2.2: R434). Ein Student berichtet in seinen Reflexionen am Ende des Semesters sehr ehrlich über seine Probleme mit dem Zeitmanagement und seiner Unterrichtsplanung (mangelnde Vorbereitung und Fehler in den Handouts): „[One issue that I still have is checking over my handouts [...]. I am working on my transitions, but I feel like I still have room to improve my pacing and time management during the class period" (U2.2.2: Ia166).

In der Kategorie U2.2.3 reflektieren die Studierenden über ihre eigene Rolle als zukünftige Lehrkraft. Dabei fällt auf, dass sich in diesem Sample niemand als Student im Praktikum sieht, sondern durchgängig als Lehrkraft. Lediglich am Verhältnis zum Mentor lassen sich Unterschiede ausmachen. Eine Studentin reflektiert am Ende des Praxissemesters über ihre Entwicklung im Bereich Leistungsbeurteilung: „My reflections went from being critical of my clinical instructor's assessments to commenting on my own assessments" (U2.2.3: R438). Die Studentin bewegt sich hier weg von einer Form der Fremdattribuierung (Kritik am Mentor) hin zu einer eher kritischen Selbstanalyse (Kritik an eigenem Verhalten), die jedoch noch keine weiteren Handlungsoptionen aufweist. Ein anderer Student reflektiert über seine Nervosität vor seinem Unterricht und fragt sich, inwieweit die SuS ihn als Autorität respektieren (U2.2.3: Ia452). Insgesamt gesehen konnten in dieser Kategorie nur fünf Textstellen im gesamten Sample kodiert werden.

Ein weiteres Themenfeld, das von den studentischen Reflexionen abgedeckt wird, ist das Verhältnis zwischen Studierenden, Lehrenden und SuS. Es zeigte sich, dass die meisten Studierenden ihre Mentoren eher als Coach, der ihnen Hinweise gibt, jedoch nicht die Unterrichtsplanung übernimmt, wahrnehmen. Eine Ausnahme bilden hier drei Studierende (U2.2.4: R104, R301, R371; P380; Ia366, Ia443), deren Unterrichtsplanung stark von der Meinung der Mentoren und weniger von ihren eigenen Entscheidungen beeinflusst ist. Die Studierenden reflektieren auch über ihr Verhältnis zu den SuS (U2.2.4: N238; V364), ihren persönlichen Interessen (U2.2.4: Pa541) und ihren sprachlichen Aktivitäten während des Unterrichts (U2.2.4: P250, P381). Dies beinhaltet auch, Feedback von den SuS einzuholen (U2.2.4: N234). Eine Studentin reflektiert ausführlich über eine bestimmte Situation in ihrem eigenem Unterricht und welche Erkenntnisse sie daraus gewinnt:

> The worst case was a student who in general is very quiet in class, behaves and cooperates, and performs respectably on other types of written assessments. However, that day when I offered him the

> chance to participate before the end of class was over, he said that
> he didn't understand anything that was going on the entire time. I
> posed a question to him in English, and he couldn't even use broken
> Spanish to reply. He spoke entirely in English. This activity helped
> me realize how far behind he was as far as aural comprehension and
> spoken communication go [...] My biggest regret is that by offering
> him the chance to speak, it may have been a little humiliating for
> him to tell me (in front of the entire class) that he didn't understand
> [...] But at least I became aware of the lack of attention that was
> paid to developing communication skills, both on my part and the
> other three teachers that these students have had in the past (U2.2.4:
> P383–384).

Insgesamt gesehen sind die Bereiche, über die die Studierenden im untersuchten Lehrerausbildungsprogramm an einer US-amerikanischen Universität reflektieren, breit gefächert, jedoch lassen sich, ähnlich dem deutschen Sample, einige Tendenzen erkennen. Einige Studierende reflektieren eher über ihre eigene Rolle als Lehrkraft und ihre Interaktion mit den SuS. Andere begründen einzelne Unterrichtschritte mit theoretischen Bezügen, vor allem aus der Zweitsprachenforschung. Alle Studierenden in diesem Sample integrieren die Standards für SuS in ihre Unterrichtsplanung. Auf der interpersonellen Ebene findet nur in einigen Fällen eine Form der Fremdattribuierung statt. Die meisten Studierenden kritisieren ihren jeweiligen Mentor wenig, nehmen die Vorschläge auf oder setzen sich konstruktiv kritisch mit ihnen auseinander. Alle Studierenden sehen sich nicht als Student im Praxissemester, sondern als Lehrkraft am Anfang der Lehrtätigkeit. Die persönlichen und sprachlichen Voraussetzungen der SuS werden zumeist berücksichtigt.

Reflexion über Lerner

In der Kategorie Lerner, die deutlich weniger Subkategorien als die Kategorie Unterricht aufweist, nehmen der Umgang mit dem Sprachstand der SuS (L1.1, n=40) und die Berücksichtigung ihrer Voraussetzungen (L1.2, n=48) deutliche Schwerpunkte ein (vgl. Abbildung 6.2), wobei die instrumentelle Reflexion am häufigsten vertreten ist. Die Subkategorie Lernziele (L1.3) konnte vergleichsweise wenig kodiert werden (n=14), jedoch überwiegt auch hier die instrumentelle Ausprägung.

Die erste Subkategorie (L1.1), der Umgang mit dem Sprachstand der SuS, verteilt sich in den kodierten Textstellen schwerpunktmäßig auf nur einige Studierende, wie die folgenden Ausführungen zeigen werden. Der Sprachstand der

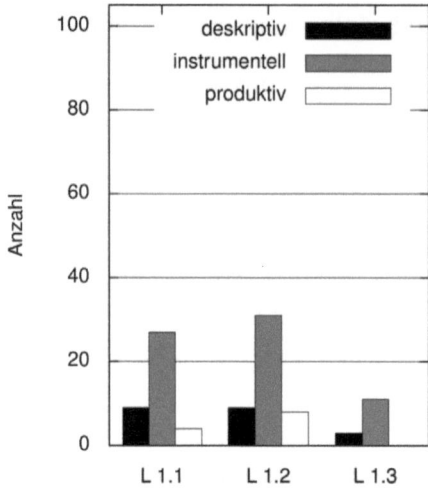

L1	Lerner
L 1.1	Umgang Sprachstand der SuS
L 1.2	Vorausetz. der SuS
L 1.3	Lernziele

Abbildung 6.2: Häufigkeitsdarstellung der Reflexionsniveaus und -inhalte in der Kategorie Lerner im US-Sample

SuS wird von einigen Studierenden dann berücksichtigt, wenn sie das Vorwissen ihrer SuS in die Unterrichtsplanung integrieren (L1.1: N141) und im Unterricht selbst auf den Sprachstand der SuS eingehen (L1.1: N109, N166; P195), indem sie beispielsweise Methoden einsetzen, die den SuS zahlreiche Sprechgelegenheiten geben (L1.1: N234, N236; V362; P378, P74; Z 4, Z299). In den unteren Klassen setzen einige Studierende häufig Bildkarten und andere Formen der Visualisie-rungen ein, um den Lernprozess der SuS zu unterstützen (L1.1: M217; N90). Da ein Student seine Unterrichtsstunde bereits in einer anderen Klasse unterrich-tet hatte, konnte er Modifizierungen vornehmen, die der Vorstellungskraft der Lernenden entgegenkommen: „I used a toy microphone and pretended I was a talk show host when I did the morning questions. Some of the kids really enjoyed that! [...] Once they were awake I was ready to do some review questions" (L1.1: Pa311). Eine Studentin nimmt sich nach der Reflexion ihrer Unterrichtsstunde vor, die Erstellung eines eigenen Wörterbuches der SuS in ihren Fremdsprachen-unterricht einzubinden (L1.1: N41). Einige Studierende sehen es als ihre Aufgabe an, für eine gute Atmosphäre in ihrem Unterricht zu sorgen (L1.1: V76), um ihren SuS die Hemmungen zu nehmen, in der Fremdsprache zu sprechen (*lower the affective filter*) (L1.1: N63; Pa311). Dabei sehen sie sich als sprachliches Vorbild und sprechen selbst kontinuierlich in der Fremdsprache (L1.1: Z195; N166).

In der Subkategorie L1.2, die die Voraussetzungen der SuS abgedeckt, beziehen sich die kodierten Textstellen auf die Interessen der SuS (L1.2: Pa977; N109; P382), ihre Lernvoraussetzungen (L1.2: V174) oder den persönlichen Hintergrund. Letzterer Aspekt beinhaltet auch die Abfrage persönlicher Daten, um die SuS besser kennenzulernen und den Unterricht entsprechend darauf abzustimmen:

> I also had students write down information on an index card that I wanted to know about them. The first question asked them what name by which they would like to be called. I knew their legal names but the students had never been asked what name they preferred. Then I asked them who lived in their household, so that I can be sensitive to those students who do not live with their parents, or have single parent households, or live in same-sex parent households, etc. I also wanted to know whether or not each student has a computer and printer, internet, and e-mail at home (L1.2: P49).

Andere Studierende nehmen sich in ihren Unterrichtsreflexionen vor, noch mehr auf die SuS einzugehen und sie für gute Leistungen zu loben (L1.2: Pa156; Z11).

Ein Thema, das in der Kategorie Lerner immer wieder in einigen studentischen Reflexionen auftaucht, bezieht sich auf die Konzentrations- und Aufmerksamkeitsspanne der SuS (L1.3: P108). Eine Studentin empfindet ihre methodische Variation einerseits als abwechslungsreich, andererseits als potentielle Unterrichtsstörung: „The area I struggled with the most during this lesson was making sure everyone was on-task. While each of the activities I planned for the students required them to speak and move, I feel some students might have become too excited and, therefore, too talkative [...]" (L1.3: Z10). Ein anderer Student macht eine gegensätzliche Beobachtung. Er reflektiert darüber, dass die Aufmerksamkeit seiner SuS sehr schwankt und sie bei eintönigen Aufgaben wie Multiple-Choice schnell ermüden (L1.2: Ia275). Baut er jedoch offene Aufgabenstellungen in den Unterricht ein, steigt seines Erachtens die Beteiligung seiner SuS: „I found that they really enjoyed the fact that they they were able to interact with the information more and I will try to incorporate this more into my planning in the future" (L1.2: Ia368). Beide Studenten sind sich ihrer Rolle als Lehrkraft bewusst, diskutieren jedoch im weiteren Verlauf ihrer Reflexionen nicht mögliche weitere (theoretische) Perspektiven, die in diesem Zusammenhang zutreffend sein könnten.

Eine Studentin stellt in den ersten Wochen des Praxissemesters fest, dass die SuS Formen des Wettbewerbs mögen:[90] „This particular class greatly enjoys any activity that involves competition. They are very motivated by what they will ‚win‘ at the end, whether it be a piece of chocolate or points on the quiz, as it was today" (L1.2: M37).

Eine weitere Subkategorie bezieht sich auf die Berücksichtigung der Lernziele (L1.3) vor oder während der Unterrichtsstunde (L1.3: N63; G102; Pa93; Z122). Auch wenn einige Studierende angeben, die Lernziele erreicht zu haben, geben sie nicht zwangsläufig eine Begründung, wie folgendes Zitat verdeutlicht: „My transitions between activities were strong which contributed to the flow of the lesson. This lesson met my objectives because I was impressed with student responses [. . .] I integrated previous learning and my directions and explanations were clear" (L1.3: G202). Eine Studentin reflektiert darüber, ob sie beim nächsten Mal ihre Lernziele modifizieren und so ihren Unterricht variieren würde: „I wonder if this is the best way to teach this material [. . .] I wonder if my objectives, then, should have been less focused on the grammar and more focused on how well my students were able to communicate" (L1.3: Z123). Eine Studentin nimmt sich vor, die Auswahl der Materialien zu verbessern, damit die SuS die Lernziele erreichen können (L1.3: P50).

Zusammenfassend lässt sich sagen, dass in der Kategorie „Lerner" die instrumentelle Ausprägung in diesem Sample in allen Subkategorien am stärksten vertreten war. Viele Studierende berücksichtigen die persönlichen oder fremdsprachlichen Voraussetzungen ihrer SuS. Methodisch-didaktische Fragen und *Classroom Management* bilden einen weiteren Schwerpunkt. Auffällig ist, dass im Bereich der Lernziele diese zwar berücksichtigt werden, wie die instrumentelle Ausprägung zeigt, jedoch keine Handlungsalternativen genannt werden. Deshalb konnte keine Textstelle in der produktiven Ausprägung kodiert werden.

Reflexion über fachbezogenes und forschungsmethodisches Wissen

In der Kategorie fachbezogenes und forschungsmethodisches Wissen konnten nach ersten Kodierungsprozessen zwei Subkategorien ausgemacht werden: Fachdidaktisch-pädagogisches Wissen (FW1, n=112) und der Bereich der studentisches Forschung (FW1, n=46). Während die instrumentelle Reflexion in Kategorie FW1 am häufigsten vertreten ist, konnten in Kategorie FW2 die Textstellen am

---

90   Eigene Erfahrungen der Forscherin im US-Bildungssystem bestätigen diese Beobachtung.

häufigsten auf einem instrumentellen und produktiven Reflexionsniveau kodiert werden (vgl. Abbildung 6.3).

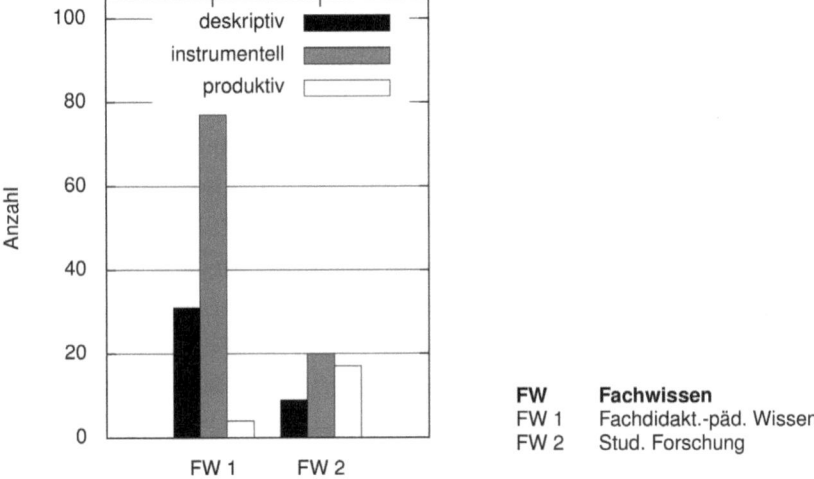

Abbildung 6.3: Häufigkeitsdarstellung der Reflexionsniveaus und -inhalte in der Kategorie fachbezogenes und forschungsmethodisches Wissen im US-Sample

In der Kategorie FW1 (fachdidaktisch-pädagogisches Wissen) lassen sich verschiedene theoretische Bezüge ausmachen. Die Studierenden begründen einzelne Schritte ihrer Unterrichtsplanung unter Bezugnahme auf theoretische Ansätze aus der Zweitsprachenerwerbsforschung (FW1: Q12; Z273; G31). Insgesamt gesehen beziehen sich die Studierenden in ihren Unterrichtsskizzen auf folgende Ansätze: *Language Input* (Krashen), *Natural Approach* (Terrell und Krashen), *Interaction Theory* (Long, Vygotsky), *Variable Competence Theory* (Ellis and Widdowson), *McClelland's Connectionism, Gardner's Multiple Intelligences*. Dieser Bezug zu theoretischen Ansätzen in der Zweitsprachenerwerbsforschung wird in den studentischen Texte zum Teil verkürzt dargestellt. Dadurch wird der Bezug zwischen theoretischem Ansatz und situativer Unterrichtsaktivität nicht immer deutlich (FW1: R418; M61; N63; V136). Ein Student reflektiert nach seinem Unterricht darüber, inwieweit er seinen theoretischen Vorannahmen gerecht wurde (FW1: Ia96, Ia188).

Die korrekte Verwendung der Terminologie zeigt sich in folgenden thematischen Bereichen: Leistungsbeurteilung (FW1: R221, R328), *Higher Order Thinking* in der Tradition von Bloom (FW1: N168; R418; Pa381) und *Total Physical Response* (FW1: P104; Z12; R300).

Insgesamt gesehen gehen die Studierenden jedoch in der Mehrzahl eher weniger flexibel mit theoretischen Ansätzen oder methodischen Varianten um, auch wenn sie sich zu einem großen Teil auf ihren eigenen Unterricht beziehen. Den bereits erwähnten Ansatz des *Total Physical Response* setzt ein Student nicht nur häufig in seinem eigenen Unterricht ein (FW1: Pa863–866) und reflektiert darüber (FW1: Pa313), sondern erforscht diesen auch im Rahmen seines Aktionsforschungsprojektes (FW2: Pa85). Entsprechend verwendet er an mehreren Stellen in seinen Texten die dazugehörige Fachterminologie, indem er beispielsweise zwischen *Total Physical Response* (TPR) und *Total Physical Response Storytelling* (TPRS) unterscheidet (FW1: Pa179–183). Andere Studierende zeigen in ihren Forschungsprojekten insofern ihr fachliches Wissen, als sie ausführlich den theoretischen Kontext ihrer Studie erläutern (FW2: Q15, Q27). In diesem Zusammenhang reflektieren sie über die Gütekriterien ihrer Forschung (FW2: Q71; Pa97, Pa99; M84), eine mögliche Anschlussforschung (FW2: Q75; Pa103) und die Bedeutung ihres Forschungsprojektes für ihr zukünftiges Berufsfeld (FW2: Q77; Pa107). Ein Student sieht sich selbst als Detektiv, der immer wieder Situationen im fremdsprachlichen Klassenzimmer erforscht:

> What was originally just another class to take and another assignment to complete has transformed into a long, exciting process of discovery. I liken it to „playing Sherlock Holmes“. Collecting data (clues) and trying to determine what the data meant (inquiry) made me feel like a detective. Along with this positive experience, I have noticed three other things: 1) a change in me and my own perceptions on foreign language learning; 2) new ideas for professional development my development as an educator; 3) a strong desire to continue educational research (FW2: Pa106).

Insgesamt gesehen lässt sich in der Kategorie fachbezogenes und forschungsmethodisches Wissen sagen, dass die Studierenden ihren Unterricht über Ansätze der Zweitsprachenerwerbsforschung begründen und in diesem Bereich die Fähigkeit der Verwendung der Fachterminologie zeigen. Dies bedeutet jedoch nicht, dass sie in allen Fällen die Erkenntnisse der Zweitsprachenerwerbsforschung bezüglich ihres eigenen Unterrichts kritisch reflektieren. Auch eine kritische Reflexion des Unterrichtsthemas findet in keinem Fall statt. Ein Grund könnte in der starken Orientierung an den *Learning Standards* für die SuS sein, die wenig inhaltlichen Spielraum zulassen. Auch im methodisch-didaktischen Bereich, vor allem beim Ansatz des *Total Physical Response*, verwenden die Studierenden die entsprechende fachliche Terminologie. Der Student, der sein Aktionsforschungsprojekt im Kontext des *Total Physical Response* ausrichtet, macht im Vergleich zu den anderen Studierenden einen sehr expliziten Bezug zu seiner eigenen Professionalisierung. Alle Studierenden haben ausgeprägtes forschungsmethodisches Grundwissen und reflektieren ihre eigene Rolle im Forschungsprozess. In diesem Kontext ist auch das vergleichsweise häufige Auftreten produktiver Reflexion in der Subkategorie FW2 zu verorten. In der Kategorie fachbezogenes und forschungsmethodisches Wissen lässt sich darüber hinaus in beiden Subkategorien ein Schwerpunkt in der instrumentellen Ausprägung ausmachen.

6.2.2 Zwischenfazit: Reflexionsgelegenheiten und Reflexionsniveaus

Im vorhergehenden Kapitel wurde das US-Lehrerausbildungsprogramm hinsichtlich der Lern- und Reflexionsgelegenheiten, die die Studierenden erhalten, untersucht. Reflexion und studentische Forschung stellen feste Grundpfeiler des untersuchten Lehrerausbildungsprogramms dar. Damit erhalten die Studierenden zahlreiche Reflexionsgelegenheiten und Möglichkeiten, ihr forschungsmethodisches Wissen auszubauen. In diesem Lehrerausbildungsprogramm bedeutet Professionalisierung die kontinuierliche Reflexion und Erforschung der Praxis, beispielsweise auch über Aktionsforschungsprojekte, die in diesem Lehrerausbildungsprogramm als Vorbereitung auf *Teacher Research* gelten. Deshalb ist auch der kontinuierliche Aufbau von Forschungskompetenz eine notwendige Voraussetzung. Durch die forschungsmethodische Ausbildung ist eine Voraussetzung gegeben, um dem Anspruch an die Studierenden, Aktionsforschungsprojekte durchzuführen, genügen zu können.

Wie die Daten zeigen, war im Fall eines hohen Reflexionsniveaus der Studierenden ein biografisches Interesse bei der Entwicklung der Forschungsfrage für das studentische Forschungsprojekt vorhanden. Durch Aktionsforschungsprojekte kann ein möglicher Beitrag zur individuellen Professionalisierung der Studierenden geleistet werden. Hinsichtlich der Reflexion des eigenen Sprachlernprozesses können auch in diesem Sample keine Aussagen gemacht werden. Die Studierenden sehen sich als sprachliches Vorbild für die SuS und zum Teil auch selbst als Lernende, die ihre sprachlichen Fähigkeiten immer weiter ausbauen.

Die Kooperation zwischen Studierenden, universitären Lehrenden und Mentoren zeichnet sich im Rahmen der *Professional Development School* durch eine gemeinsame Begutachtung der Unterrichtsskizzen auf der Online-Plattform und durch gemeinsame Reflexionsgespräche nach der Unterrichtsstunde aus. Die Studierenden sehen sich als Teil einer professionellen Gemeinschaft, die sie auf ihrem Weg begleitet. Vor allem auf dem höchsten Reflexionsniveau zeigen die Reflexionen, dass einige Studierende Professionalisierung als Prozess auffassen, in dem sie ihren Unterricht erforschen (*process of discovery*). In diesen Fällen ist die Verbindung zwischen studentischer Forschung und dem Reflexionsniveau besonders ausgeprägt.

Im nun folgenden Abschnitt werden die unterschiedlichen Reflexionsniveaus auf Einzelfallebene dargelegt.

Verteilung der Reflexionsniveaus

Auf der Einzelfallebene zeigt die Verteilung der einzelnen Ausprägungen, dass alle Studierenden Reflexionen auf allen Niveaus vorweisen können. Gleichzeitig ist der Anteil an deskriptiver Reflexion in nahezu allen Fällen hoch, wie Abbildung 6.4 zeigt.

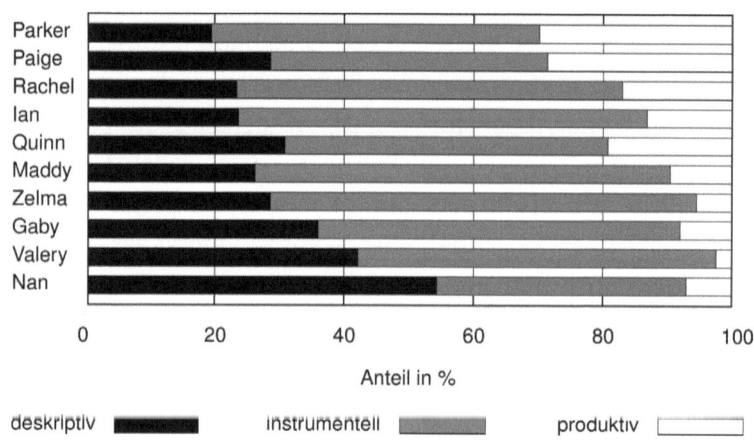

Abbildung 6.4: Verteilung der Reflexionsniveaus im US-Sample

Die Verteilung der Reflexionsniveaus in Abbildung 6.4 zeigt, dass alle US-Studierenden zumindest anteilig alle Reflexionsniveaus zeigen. Zwei Studierende haben beide einen fast gleich hohen Anteil an produktiver Reflexion (Paige: 29%, Parker: 30%) und zeigen insgesamt gesehen das höchste Niveau produktiver Reflexion im US-Sample. Der Fall der Studentin Paige fällt auf: Einerseits zeigt sie 29% produktive Reflexion, gleichzeitig aber auch 29% deskriptive Reflexion und 43% instrumentelle Reflexion. Im Gegensatz dazu liegt im deskriptiven Reflexionsbereich der höchste Wert im Fall der Studentin Nan vor (54%). Zusammen mit Nan reflektieren die Studierenden Valery, Gaby und Zelma im Vergleich zu allen anderen Studierenden am häufigsten auf den beiden niedrigeren Reflexionsniveaus, auch wenn sich Anteile produktiver Reflexion (Nan: 7%, Valery: 2%, Gaby: 8%, Zelma: 5%) finden lassen.

Maddy hat im Verhältnis zur vorherigen Gruppe 90% deskriptive und instrumentelle Reflexion sowie 10% produktive Reflexion. Zu dieser zweiten Gruppe lassen sich auch Quinn, Ian und Rachel zählen, die im Bereich der produktiven Reflexion einen vergleichsweise hohen Anteil kodierter Textstellen haben (Quinn: 19%, Ian: 13%, Rachel: 17%) und gleichzeitig einen hohen Anteil an instrumenteller Reflexion zeigen (zwischen 50–63%).

Ein Vergleich zu den Ergebnisse der deutschen Studierenden aus Kapitel 5.2 wird in Teil 7 dargestellt und hinsichtlich der Bedeutung für die vorliegende Arbeit diskutiert.

7 Länderübergreifende Befunde: Empirisch begründete Typenbildung

Die Analyse der studentischen Reflexionen in dieser Untersuchung hat gezeigt, dass die Studierenden facettenreich über ihren Unterricht und ihre Forschung reflektieren. Über beide Samples hinweg bilden sich auf Einzelfallebene Reflexionsmuster ab.

Die vergleichende Darstellung der Ergebnisse studentischer Reflexionen auf inhaltlicher Ebene zeigt unterschiedliche Schwerpunkte in den jeweiligen Reflexionsbereichen. Am auffälligsten ist, dass im Vergleich zu den deutschen Studierenden die US-Studierenden wenig Kritik an den von ihnen beobachteten Unterrichtsstunden äußern. Dies mag an der unterschiedlichen Studienstruktur (Praxissemester in den USA), unterschiedlichen institutionellen Vorgaben oder auch kulturellen Unterschieden liegen. Die Gründe lassen sich in der hier vorliegenden Studie auf der Basis der empirischen Daten nicht ausmachen. Darüber hinaus zeigt die Analyse, dass das Reflexionsniveau der US-Studierenden im Vergleich zu den deutschen Studierenden nicht höher ist, obschon Reflexion in den Dokumenten des Lehrerausbildungsprogramms und den Interviews mit den Lehrenden einen höheren Stellenwert einnimmt.

Zunächst wurden die beiden heterogenen Samples getrennt analysiert, die Ergebnisse der beiden Fallstudien zu den Lern- und Reflexionsgelegenheiten der Studierenden (vgl. Kapitel 5.1 und 6.1) und den Inhaltsbereichen der studentischen Reflexionen (vgl. Abschnitte 5.2.1 und 6.2.1) ausführlich dargestellt.

Eine Analyse über beide Samples hinweg zeigt, dass sich die Unterschiede nicht zwischen den einzelnen Länder-Samples zeigen, sondern auf individueller Ebene, nämlich in Qualitätsunterschieden auf einzelnen Reflexionsniveaus. Auf der Basis der empirisch begründeten Typenbildung, auf die bereits in Abschnitt 4.3.3 hingewiesen wurde, lassen sich über beide untersuchte Samples fünf verschiedene Novizentypen ausmachen, die sich durch eine Verteilung der Ausprägungen auf verschiedene Reflexionsniveaus auszeichnen (vgl. Abbildung 7.1).

Das methodische Vorgehen der Typenbildung nach Kelle & Kluge (1999) wird in den folgenden Abschnitten mit Bezug auf die hier vorliegende Studie dargelegt. Die Forschungsfragen (vgl. Tabelle 3.5) sind bei der Erarbeitung der Vergleichsdimensionen als erster Schritt der Typenbildung von zentraler Bedeutung. Sie stellen einen Ausgangspunkt für die Dimensionalisierung von Kategorien dar, die bei der Typenbildung miteinander in Zusammenhang gebracht werden sollen.

Stufe 1 der Typenbildung: Erarbeitung relevanter Vergleichsdimensionen
Während im quantitativen Forschungsparadigma die relevanten Dimensionen bereits vor der Datenerhebung festgelegt werden, werden sie in der qualitativen Forschung erst im Verlauf der Datenanalyse entwickelt (Kelle & Kluge 1999, Mayring 2003). Kelle & Kluge (1999) machen deutlich, dass die Vergleichdimensionen nicht automatisch aus dem vorliegenden Datenmaterial ‚emergieren' (vgl. Kelle & Kluge 1999: 12). Stattdessen kann der Umgang mit dem Datenmaterial von theoretischen Aspekten geleitet werden (s. Kapitel 3.2).

Auf der Basis der länderspezifischen Analyse des Datenmaterials (Reflexionen der deutschen Studierenden in Kapitel 5.2 ab S. 210; Reflexionen der US-amerikanischen Studierenden in Kapitel 6.2 ab S. 241), ergibt sich ein Merkmalsraum, in dem die Ergebnisse der Analyse studentischer Reflexionen in drei Ausprägungen zusammengefasst dargestellt werden (vgl. Tabelle 7.1) .

Tabelle 7.1: Merkmalsraum

Hauptkategorien	Deskriptive	Instrumentelle	Produktive
Merkmalsausprägungen		Reflexion	

Reflexion über fremdsprachlichen Unterricht

Beobachtung von Unterricht

Didaktisch-methodische Entscheidungen der Lehrkraft	Kritik, ohne Alternativen zu geben	Bewusstsein über Ambivalenz der Kritik	Konstruktive Kritik, eigene methodische Vorschläge
Umgang mit Unterrichtsstörungen	Unterrichtsstörungen als „Fehlverhalten" der SuS	Unterrichtstörungen als erneuter Reflexionsanlass: Woran könnte es liegen?	Eigene Vorstellungen zum Umgang mit Unterrichtsstörungen und mögliche alternative Handlungsoptionen
Kompetenz der Lehrkraft	feste Vorstellungen von gutem Unterricht	Kritik an beobachtetem Unterricht; Bewusstsein über Ambivalenz der Kritik	Eigene Vorstellungen und mögliche Alternativen

Eigenes Unterrichtsprojekt

Unterrichtsplanung	Festhalten an geplanter Struktur; feste Vorstellungen von Unterricht, Fixierung auf Verlaufsplan	Fokus auf bestimmte Phasen, Methoden, Sozialformen; Starke Orientierung am Verlaufsplan	Verlaufsplan nur ein Raster, flexible Abweichung von geplanter Struktur, Handlungsalternativen anbieten

Unterrichtliches Handeln

Methodisch-didaktische Entscheidungen	Erklärungen häufig nicht in der Fremdsprache; Lehrerecho vorhanden, jedoch selbst bemerkt	Größtenteils Verwendung der Fremdsprache; bewusste Vermeidung des Lehrerechos	Konsequente Verwendung der Fremdsprache und Begründung; bewusste Vermeidung des Lehrerechos
Zeitmanagement	Als Problembereich identifiziert	Als Problembereich identifiziert; lösungsorientiert; zum Teil konkrete Vorschläge	Lösungsorientiert; konkrete Vorschläge
Wahrnehmung der eigenen Rolle	Student im Praktikum	Ambivalente Rollenwahrnehmung	Übernahme Lehrerrolle

Tabelle 7.1: Merkmalsraum (Fortsetzung)

Hauptkategorien	Deskriptive	Instrumentelle	Produktive
Merkmalsausprägungen		Reflexion	
Interpersonelle Ebene	Zum Teil explizite Kritik am Mentor; unkritische und unreflektierte Übernahme von Feedback	Wertschätzung des Mentors; Feedbacks von Mentor, zum Teil auch von SuS	Wertschätzung des Mentors; konstruktive Auseinandersetzung mit Feedback (eigene Vorannahmen anzweifeln)
Reflexion über Lerner			
SuS im Fokus			
Umgang mit Sprachstand der SuS	Explizite Kritik am Sprachstand der SuS; Verantwortung liegt bei SuS	Sprachstand der SuS im Unterricht berücksichtigt	Sprachstand der SuS berücksichtigt, flexible Interaktion mit sprachlichen Äußerungen und Fragen der SuS; eigene Vorstellungen zur Verbesserung des Sprachstands
Voraussetzungen der SuS	Ausschließlich Kritik an Lernvoraussetzungen der SuS; keine Abfrage oder Integration des Vorwissens	Lernvoraussetzungen der SuS berücksichtigt, zum Teil Bezug zum eigenen Unterricht	Lernvoraussetzungen bei Unterrichtsplanung und im Unterricht berücksichtigt; Erklärungen gebend; biografischer Hintergrund und Interessen der SuS in den Unterricht integriert
Lernziele	Lernziele, die die SuS erreichen sollen, werden nicht explizit genannt; Stunde erscheint vom Erreichen der Lernziele unberührt; Stunde verfolgt kein erkennbares Lernziel	Angabe Lernziele seien erreicht, keine Begründung und kein konkreter Bezug zum eigenen Unterricht	Begründung für Erreichung der Lernziele: An welcher Stelle im Unterricht erfolgt?

Tabelle 7.1: Merkmalsraum (Fortsetzung)

Hauptkategorien	Deskriptive	Instrumentelle	Produktive
Merkmalsausprägungen		Reflexion	
Reflexion über fachbezogenes Wissen			
Fachdidaktisch-pädagogisches Wissen	Verwendung fachdidaktisch-pädagogischer Begriffe ohne Bezug zum (eigenen) Unterricht (deklarativ)	Verwendung fachdidaktisch-pädagogischer Begriffe in Bezug auf konkrete Unterrichtssituationen, Bezug zu eigenem Unterricht	Bezug der Methoden und Sozialformen auf eigenen Unterricht; kritische fachliche Analyse des Unterrichtsthemas und des beobachteten Unterrichts
Studentische Forschung	Eigenes Forschungsprojekt als Zeitverschwendung wahrgenommen; Probleme bei der Umsetzung des Forschungsprojektes; Zielsetzung unklar	Ausgebautes Grundlagenwissen in Forschungsmethoden, komplexes Forschungsdesign (bsp. Pretest); Verwendung fachdidaktisch-pädagogischer Begriffe in Bezug auf die eigene Forschung	Studentische Forschung als relevant für eigene Professionalisierung, Reflexion der Forschungsinstrumente und Alternativen; konstruktive Auseinandersetzung mit fachdidaktisch-pädagogischen Konzepten

Dieser erste Gruppierungsprozess bildet die Grundlage für den nächsten Schritt zur Erstellung einer Typologie studentischer Reflexionen. Um einen fallkontrastiven Vergleich zu ermöglichen, werden Vergleichsdimensionen benötigt, auf denen die studentischen Reflexionen eingeordnet werden. In der vorliegenden Untersuchung waren folgende Vergleichsdimensionen zentral:

A: Reflexionsniveaus in drei Ausprägungen: deskriptiv, instrumentell, produktiv

B: Grad der Generalisierung oder Situierung

Diese Vergleichsdimensionen ergeben sich durch die theoretischen Vorannahmen (Basismodelle Reflexion) und die erste länderspezifische Durchsicht des Materials (siehe vorherige Ausführungen und Merkmalsraum). Die Vergleichsdimensionen B wurde gewählt, da die ersten Datenanalysen zeigten, dass einige Studierende nur pauschalisierend-generalisierende Perspektiven in ihren Reflexionen aufweisen. Es zeigte sich, dass diese Studierenden ihre Perspektive auf

Unterricht und Lerner externen Faktoren wie beispielsweise dem Mentor oder der Ausbildung an der Universität zuschrieben. Andere Studierende reflektierten wesentlich differenzierter und zeigten individuelle Betrachtungsweisen, die situativ an den jeweiligen Handlungskontext angepasst wurden. Dabei schrieben sie Veränderungsmöglichkeiten nicht externen Faktoren zu, sondern sahen sich selbst in der Verantwortung, ihr Handeln situationsspezifisch zu adaptieren. Aus diesen Gründen wurden die Vergleichsdimensionen pauschalisierend-generalisierende bzw. situative Perspektive gewählt. Damit ergibt sich für die erste Stufe der Typenbildung nach Kelle & Kluge (1999) ein Schema, das in Tabelle 7.2 dargestellt wird.

Tabelle 7.2: Vergleichsdimensionen

A	Reflexion	B	Grad der Generalisierung oder Situierung
A1	Deskriptive Reflexion	B1	Generalisierung
A2	Instrumentelle Reflexion	B2	Situierung
A3	Produktive Reflexion		

Stufe 2 der Typenbildung: Gruppierung der Fälle und Analyse empirischer Regelmäßigkeiten

Die Analyse der Einzelfälle zeigte, dass gemeinsame und kontrastierende Strukturen in den studentischen Reflexionen offen gelegt werden konnten, die wiederum typische Grundmuster fachdidaktisch-pädagogischer Reflexion in bestimmten Handlungssituationen abbilden. Nach der ersten Materialdurchsicht und Analyse wurden alle als relevant eingeschätzten Aussagen den Vergleichsdimensionen (A und B) und ihren Ausprägungen zugeordnet.

Die Gruppierung des studentischen Datenmaterials kann auch durch die Kombination der einzelnen Merkmalen erreicht werden, wie Tabelle 7.3 zeigt.

Tabelle 7.3: Kombination der Merkmale

	Deskriptive	Instrumentelle	Produktive
		Reflexion	
Generalisierung	A1B1	A2B1	A3B1
Situierung	A1B2	A2B2	A3B2

Tabelle 7.4 verdeutlicht die Gruppeneinteilung, die sich durch Zuordnung der Studierenden in Tabelle 7.3 ergibt. In die sechste Gruppe (A3B2) konnte kein Fall aus dem vorliegenden Sample eingeordnet werden.

Tabelle 7.4: Zuordnung Studierende

A1B1	A1B2	A2B1	A2B2	A3B1	A3B2
Petra	Erwin, Nan, Xaver, Valery, Gaby, Zelma	Maddy, Ian, Rachel, Quinn, Heinz	Maria, Yagiz, Parker, Helga, Paige, Torsten	Margret	—

Stufe 3 der Typenbildung: Analyse inhaltlicher Sinnzusammenhänge

Die nächste Stufe der Typenbildung besteht darin, inhaltliche Sinnzusammenhänge zu analysieren, die den empirisch gefundenen Merkmalskombinationen zugrundeliegen (vgl. Kelle & Kluge 1999: 81–82). In der hier vorliegenden Untersuchung erfolgt Schritt 3 nicht als separater Analyseprozess, sondern kontinuierlich und forschungsbegleitend während der Arbeit am Material. Ein solch dynamisches Vorgehen wird auch bei anderen inhaltsanalytischen Untersuchungen vorgeschlagen (vgl. Mayring 2003: 53).

Die vergleichende Analyse studentischer Reflexionen zeigt deutliche Unterschiede in der Schwerpunktsetzung. Über verschiedene Gruppierungsprozesse lassen sich im gesamten studentischen Datenmaterial bestimmte Merkmale eines Typus ausmachen. Dabei zeigt die Analyse eine bestimmte Verteilung der Ausprägungen (Reflexionsniveaus) auf dem Kontinuum studentischer Reflexionen. Die Anzahl der Kodierungen auf den drei Reflexionsniveaus wurde auch statistisch abgesichert (s. S. 192).

In den inhaltlichen Analyse- und Gruppierungsprozessen als weiteres Ordnungselement konnten fünf Typen identifiziert werden (vgl. Tabelle 7.5). Diese
erste Einordnung aufgrund inhaltlicher Zusammenhänge wurde durch zwei Expertenratings überprüft (s. S. 191). Bei der Einordnung der Studierenden in die
sechs Gruppen war neben der inhaltlichen Strukturierung in den diversen Gruppierungsprozessen auch die Verteilung der Häufigkeiten der kodierten Textstellen
auf die drei Ausprägungen ausschlaggebend. Nachdem die kodierten Textstellen
von beiden Studierendengruppe für eine gemeinsame Analyse aufbereitet wurden, ergaben sich in den untersuchten Dimensionen Gruppen von Häufigkeiten,
die einen Gruppierungsprozess ermöglichten. Ein Ergebnis dieses Gruppierungsprozesses ist, dass nur ein Fall in Typ I einsortiert werden kann. Dagegen konnte
Studierende aus beiden Vergleichsgruppen auf Typ II bis IV verteilt werden. Typ
V konnte nur ein Mal im vorliegenden Datensatz identifiziert werden. Typ VI war
nicht vorhanden.

Das Ergebnis der Gruppierungsprozesse, die Typenbildung, wird in Tabelle
7.5 dargestellt. Außerdem werden die Charakteristika der empirisch ermittelten
Typen, vor allem im Hinblick auf das Reflexionsniveau, näher beschrieben.

Tabelle 7.5: Beschreibung der Typen

A1B1 (Typ I)	A1B2 (Typ II)	A2B1 (Typ III)	A2B2 (Typ IV)	A3B1 (Typ V)	A3B2 (Typ VI)
Deskriptive Reflexion, keine produktive Reflexion	Deskriptive Reflexion	Instrumentelle Reflexion	Instrumentelle Reflexion	Produktive Reflexion	– Nicht im Material aufzufinden –
Ausschließlich Generalisierungen und Pauschalisierungen	Generalisierungen	Individualisierungen	Selbstverantwortung	Antizipative Verhaltensveränderung durch externe Anregungen, geringer Anteil an Pauschalisierungen	
Fremdattribuierung	Kein Perspektivenwechsel/nur Kritik/Fremdattribuierung (Mentor und/oder SuS)	Tendenziell Generalisierungen (z.B. reaktive, nicht antizipative Verhaltensmodifikation)	Situationsspezifische Anpassung des Verhaltens/ Unterricht vom Lerner aus	Absicht der Veränderung der Praxis/ Perspektivenwechsel	
		Tendenziell situationsspezifisch, aber technizistisch, kein Perspektivenwechsel			
Deskriptiv-pauschalisierender Novize	*Selbst-fokussierter Novize*	*Instrumentell-reflexiver Novize*	*Dialogisch-reflexiver Novize*	*Transformativ-reflexiver Novize*	*Reflexiv-forschender Novize*

Stufe 4: Charakterisierung der gebildeten Typen

Die Typenbildung endete mit einer umfassenden Beschreibung der gebildeten Typen auf der Basis der Einordnung in die relevanten Vergleichsdimensionen und Merkmalskombinationen (vgl. Kelle & Kluge 1999: 94). Mit Hilfe von Typen lassen sich nicht nur komplexe soziale Zusammenhänge erklären, verstehen und in gewisser Weise verallgemeinern, sondern sie dienen auch als Heuristiken der Theoriebildung und regen zu neuen Hypothesen an. In diesem Sinne kommt der Typenbildung einerseits eine deskriptive und andererseits eine hypothesengenerierende Funktion zu (vgl. Kelle & Kluge 1999: 9).

Es ergeben sich nach den oben beschriebenen Analyseschritten folgende Novizentypen (vgl. Abbildung 7.1):

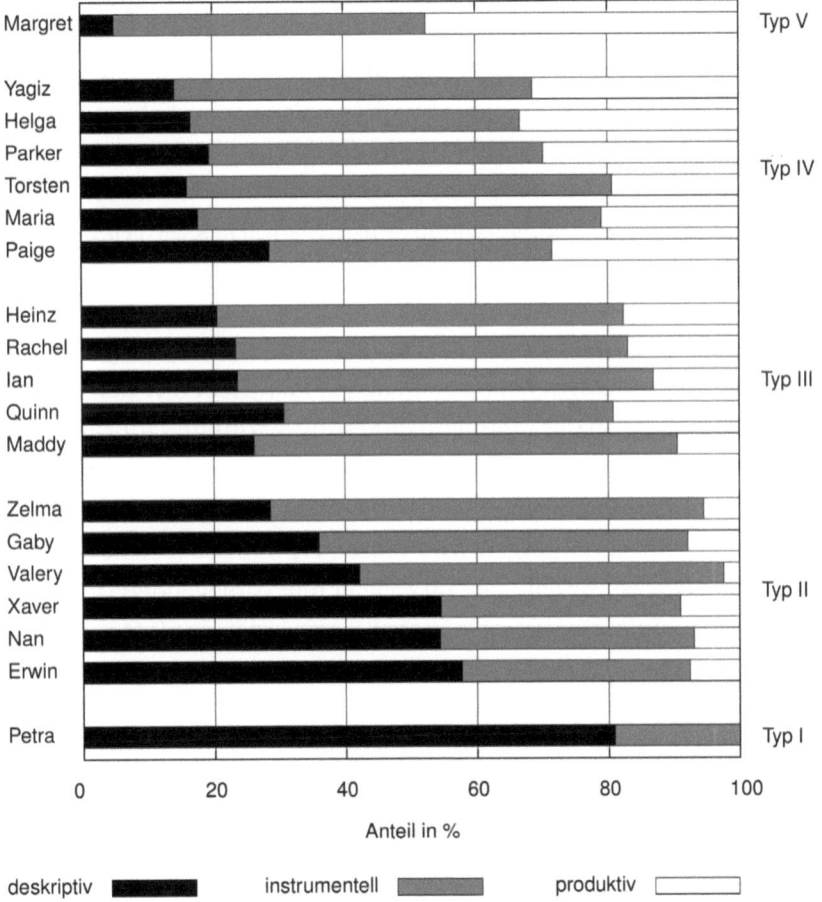

Abbildung 7.1: Novizentypen

Wie Abbildung 7.1 zeigt, weist die Verteilung der Ausprägungen eine gewisse linksseitige Schieflage auf, da in einigen Fällen die deskriptive Reflexion deutlich häufiger auftritt als auf der anderen Seite des Reflexionskontinuums die produktive Reflexion. Dies bedeutet, dass im Fall eines höheren Anteils an deskriptiver Reflexion die Studierenden ein niedriges Reflexionsniveau in allen Reflexionsbereichen aufweisen. Hinsichtlich dieses Aspektes ihrer Professionalisierung durch Reflexion befinden sie sich erst am Anfang. Der höchste Anteil an produktiver Reflexion über alle Inhaltsbereiche hinweg bedeutet, dass in diesem Fall das höchste Reflexionsniveau vorliegt. Auf einem Kontinuum professioneller Entwicklung belegt die Studentin Margret den höchsten Platz.

Im Folgenden werden die Novizentypen beschrieben, die in der hier vorliegenden Studie ausgemacht werden konnten. Unter Rückbezug auf die Definition eines Novizen (s. S. 99) kann festgehalten werden, dass alle Studierenden in diesem Sample folgende Merkmale eines Novizen aufweisen. Sie geben wenige Begründungen für den beobachteten oder ihren eigenen Unterricht und nehmen weniger die Perspektive des Lernprozesses der SuS ein. Sie unterscheiden sich jedoch in ihren individuellen Reflexionsniveaus. Dies wird Gegenstand der folgenden Abschnitte sein.

Die Reflexionen des **Typ I** befinden sich insofern auf einem niedrigen Niveau, als zum einen keine produktive Reflexion in den studentischen Texten auftritt und zum anderen eine Form der Fremdattribuierung stattfindet: Im Fall der Unterrichtsstörungen liegt es an den SuS, im Fall einer kritisierten Unterrichtsstunde des Novizen am Mentor, der den Studenten nicht genügend vorbereitet habe. Aufgrund dieser Zuschreibungen wird dieser Typus auch als „deskriptiv-pauschalisierender Novize" bezeichnet. Im Fall der hier vorliegenden Untersuchung konnte nur eine Studentin (Petra) in diese Kategorie eingeordnet werden.

Typ II beschreibt Studierende, die hauptsächlich mit ihrer eigenen Rolle als angehende Lehrkraft beschäftigt sind. Im Vordergrund ihrer Reflexionen stehen die eigene Rolle, ihr Lehrer-Echo, also die Wiederholung der Antworten der SuS, und ihr Zeitmanagement. Ihre Vorstellung von Unterricht ist eher normativ; sie hinterfragen wenig und weichen nicht von ihrer Unterrichtsplanung ab. Sie kritisieren zum Teil sehr deutlich ihre Mentoren, ohne konstruktive Alternativvorschläge zu machen. Mit Blick auf die Lernprozesse der SuS genügt es dieser Gruppe, wenn die SuS in ihrem Unterricht im Praktikum bzw. Praxissemester „Spaß hatten". In ihrer Unterrichtsplanung berücksichtigen sie nicht die Lernvoraussetzungen ihrer SuS. Nach ihrem Unterricht kritisieren sie zum Teil sehr explizit den Lernstand der SuS, vor allem in sprachlicher Hinsicht. Gleichzeitig verwenden diese Studierenden in ihrem eigenen Unterricht nicht kontinuierlich die Fremdsprache. Aufgrund der Konzentration auf hauptsächlich eigene Interessen und Perspektiven trägt dieser Typus die Bezeichnung „selbst-fokussierter Novize". In Fullers Entwicklungsmodell (vgl. Fuller 1969) ist der Fokus auf sich selbst als Person bestimmendes Merkmal der ersten Unterrichtserfahrungen (*early teaching phase*). Dabei erkennen die angehenden Lehrer laut Fuller nicht, dass sie erst die Vorstellung einer Kontrolle des unterrichtlichen Handelns aufgeben müssen, bevor sie sich mit Rückmeldungen auseinandersetzen und entsprechend weiterentwickeln können:

> Ability to control the class however, is apparently just part of a larger concern of the new teacher with his adequacy in the classroom. This larger concern involves abilities to understand subject matter, to know the answers, to say „I don't know", to have the freedom to fail on occasion, to anticipate problems, to mobilize resources and to make changes when failures reoccur. It also involves the ability to cope with evaluation: the willingness to listen for evaluation and to partial out the biases of evaluators (Fuller 1969: 220–221).

Der Aspekt der Selbstfokussierung kann auch von LaBoskey (1994) in ihren Fallstudien zu Novizen in US-Lehrerausbildungsprogrammen aufzeigt werden. Auch Johnson (1996) bestätigt diesen Befund der Fremdattribuierung für die angehende Fremdsprachenlehrerin in ihrer Untersuchung. Eine Empfehlung von Davis (1998) lautet, die Studierenden kontinuierlich dazu anzuregen, auf höherem Niveau zu reflektieren und bestimmte Inhaltsbereiche wie die Lerner und ihre Lernprozesse sowie das fachliche Wissen verstärkt zu berücksichtigen. Ward & McCotter (2004) bestätigen in ihrem Mehrebenenmodell studentischer Reflexionen den Befund dieser Studie zu Typ II, dem selbst-fokussierten Novizen: „These writings usually did not focus on problems, but when they did, the tendency was to blame problems on others or on a lack of time and resources" (Ward & McCotter 2004: 251). Auch im Kompetenzmodell zum forschenden Lernen von Schneider (2009) (vgl. Schneider 2009: 26), das die einzelnen Schritte eines Forschungsprozesses auf verschiedenen Niveaus darstellt, steht das eigene Handeln auf Stufe 2 im Vordergrund. Jedoch handelt es sich dabei um einen heuristischen Entwurf, der noch empirisch überprüft werden muss.

Zu **Typ III** gehören Studierende, die verschiedene Aspekte ihres Unterrichts in ihren Reflexionen thematisieren, ohne die einzelnen Phasen und situativen Elemente zu einem kohärenten Ganzen miteinander zu verknüpfen. Sie berücksichtigen die Lernvoraussetzungen ihrer SuS, sie verwenden laut eigener Einschätzung konsequent in ihrem Unterricht die Fremdsprache und geben an, dass ihre SuS die Lernziele erreicht haben. Da die Studierenden dieses Typs ihre SuS deutlich weniger kritisieren und eine Form der Fremdattribuierung, wie sie noch bei Typ I stattfindet, nicht vorkommt, kann an dieser Stelle auf die Studie von Moskowitz (vgl. Moskowitz 1976: 135) verwiesen werden. Ein Merkmal erfolgreicher Fremdsprachlehrer ist laut Moskowitz die geringere Kritik an den SuS und ihrem Verhalten (vgl. Ausführungen zur Studie auf S. 73).

In diesem Zusammenhang sei auch auf die Ergebnisse der Videostudie aus der DESI-Studie verwiesen: Die Unterrichtssprache Englisch wirkt sich tendenziell positiv auf die Leistungen der SuS im Bereich Hörverstehen aus (vgl. Helmke et al. 2008: 358, 360). Einschränkend muss dazu gesagt werden, dass auch das Eingangsniveau der Klasse ein Einflussfaktor auf die Leistungen der SuS ist: Je höher dies ist, desto mehr wird Englisch gesprochen (vgl. Helmke et al. 2008: 359). Auch die Klassengröße stellt einen Faktor dar: Je größer die Klasse, desto mehr wird Deutsch gesprochen (vgl. Helmke et al. 2008: 395). Die Verwendung von Deutsch als Unterrichtssprache außerhalb des Unterrichtsgesprächs, beispielsweise in Übergangsphasen, kann auch positive Effekte haben: „[Dies hat] nicht nur keinen negativen, sondern sogar einen positiven Effekt auf die Leistungsentwicklung [...]. [E]ngführende Fragen [wirken] sich – anders als im Mathematikunterricht – im Fremdsprachenunterricht leistungsförderlich aus" (Helmke et al. 2008: 356). Deshalb muss die Verwendung der Fremdsprache im Unterricht differenziert und in Abhängigkeit vom situativen Kontext und den Bedingungsfaktoren betrachtet werden.

Die Reflexionen der Studierenden dieses Typus zeichnen sich durch statische Aspekte aus. Sie gehen nicht flexibel mit neuen unterrichtlichen Situationen um, stattdessen zeigen sie eher eine technizistische Haltung gegenüber unterrichtlichem Handeln. Deshalb wurde diese Gruppe der Studierenden auch mit dem Begriff *„instrumentell-reflexiver Novize"* bezeichnet.

Die Aspekte der fehlenden Flexibilität und geringen Wahrnehmung der Komplexität von Unterricht lassen sich im Expertenmodell von Dreyfus et al. (vgl. Tabelle 3.1) auf den ersten beiden Stufen (Novize und fortgeschrittener Anfänger) verorten. Ein Ergebnis der Expertenforschung ist, dass Novizen die Regeln anwenden, während Experten flexibel mit ihnen umgehen. Hinsichtlich der Lernvoraussetzungen der SuS lässt sich aus der Perspektive der Expertenforschung feststellen, dass Experten diese nicht notwendigerweise benötigen, da die „Anpassung des Stoffes an die Schüler also auch in der Steuerung und Hervorhebung der Schülerbeiträge bezüglich ihrer Bedeutung für die Darstellung des Stoffes [erfolgt]" (Bromme 1992: 78). Die studentischen Reflexionen auf Level III können mit Ward & McCotter (2004) folgendermaßen zusammengefasst werden: „[They show an] instrumental response to specific situations without changing perspective" (Ward & McCotter 2004: 250). In Deweys Begrifflichkeit ließe sich bei diesem Novizentypus von *routine action* sprechen (Dewey 1933), die allerdings noch nicht das Moment der begründet Reflexionen beinhaltet.

Studierende, die dem **Typ IV** zugeordnet wurden, weisen eine in Relation zu den beiden vorherigen Gruppen hohe Flexibilität auf, da sie in der Lage sind, in ihren Reflexionen Handlungsalternativen zu beobachteten und selbst erfahrenen Probleme zu benennen, die zum Teil auch theoretisch begründet sind. Darüber hinaus sind diese Studierenden in der Lage, sich selbst gleichsam aus der Vogelperspektive zu betrachten. Einige Studierenden geben auch an, dass sie während ihrer Unterrichtsstunde ein Problem wahrnahmen, beispielsweise Unverständnis auf Seiten der SuS bei einer grammatikalischen Konstruktion, und deshalb spontan von ihrer ursprünglichen Unterrichtsplanung abwichen. Diese Gruppe versucht immer, ihre SuS im Blick zu behalten, sowohl bei den Lernvoraussetzungen im Bereich der Unterrichtsplanung wie auch bei der Reflexion der erreichten Lernziele. Sie betrachten also Unterricht aus der Perspektive der Lerner, nicht nur ihrer eigenen. Hier deutet sich eine unterrichtliche Prozessorientierung an, in der der Fokus auf situationsspezifische Handlungen und einer Orientierung an zu erreichenden Lernzielen gelegt wird.

Das Verhältnis der Studierenden in Typ IV zu ihrem Mentor ist als konstruktiv-kritisch zu bezeichnen, da sie Feedback aufnehmen, aber durchaus mit ihre eigenen Vorstellungen abgleichen. Einige Studierenden holen nach ihrer Unterrichtsstunde auch das Feedback ihrer SuS ein. Die studentische Forschung dieser Gruppe weist Besonderheiten auf: Die Studierenden in dieser Gruppe stellen einen biografischen Zugang zum Thema ihres Forschungsprojektes her und benennen auch die Relevanz der studentischen Forschung, z.T. reflektieren sie explizit über studentische Forschung als Beitrag zu ihrer eigenen Professionalisierung. Aufgrund dieser Charakteristika erhielt Typ IV die Bezeichnung „dialogisch-reflexiver Novize". Die biografische Komponente reflexiver Prozesse wird auch durch die Arbeit von Tiefel (2004) unterstützt: Reflexion sei biografisch induziert und deshalb müssen Reflexionsauslöser gesucht werden (vgl. Tiefel 2004: 237).

In Anlehnung an die vierte Stufe im Reflexionsmodell von Ward & McCotter (2004) soll ein möglicher **Typ V,** der sich jedoch lediglich einmal im vorliegenden Daten-material finden ließ, „transformativ-reflexiver Novize" bezeichnet werden. Dieser Typ zeichnet sich durch kontinuierliches Hinterfragen eigener Annahmen und einer explorativ-forschenden Haltung aus, die darauf ausgelegt ist, die eigene un-terrichtliche Praxis zu verändern. Der individuelle Professionalisierungsprozess gilt nicht als statisches zu erreichendes Ziel, sondern als niemals abgeschlossen. Dieser Typus lässt sich mit Deweys Ausführungen zum *reflective cycle* (vgl. Abbil-dung 3.1), der eine kontinuierliche Erforschung der eigenen Praxis beinhaltet, in Einklang bringen. Ward & McCotter schränken ein, dass Merkmale dieses Typus bei Studierenden im Praktikum eher hinsichtlich der Reflexion theoretischer Modelle, jedoch nicht in Bezug auf das eigene unterrichtliche Handeln auftreten (vgl. Ward & McCotter 2004: 253). Dies könnte eine mögliche Erklärung für die geringe Repräsentation dieses Typs im vorliegenden Sample sein.

Es stellt sich die Frage, welcher Typus sich nach Typ V anschließen könnte. Dieser **Typ VI** war im vorhandenen Datenmaterial nicht zu finden, soll aber als „refle-xiv-forschender Novize" bezeichnet werden. Durch diese Begrifflichkeit wird die reflexiv-forschende Haltung betont, die als ein Merkmal kontinuierlicher Professionalität gilt.

In Teil 8 erfolgt die fallübergreifende Synthese der Ergebnisse der beiden Fallstu-dien, um im Anschluss daran die Beantwortung der Fragestellungen der vorlie-genden Arbeit zu erläutern und mögliche Forschungsdesiderata aufzuzeigen.

8 Fallübergreifende Synthese und Diskussion der Ergebnisse

Ausgangspunkt der hier vorliegenden Studie war die kontrastive Analyse der Professionalisierungsdiskurse in Deutschland und den USA. In beiden Diskursen wird als bildungspolitische Forderung die Professionalisierung der Lehrerbildung durch Reflexion gefordert (vgl. Tabelle 2.5). Diese Forderungen lassen sich in drei Bereiche strukturieren:

- Theorie-Praxis-Relation in schulpraktischen Studien: Reflexion über Unterricht, Verhältnis Universität-Schule
- Verhältnis Fachdidaktik/Erziehungswissenschaft: Forderung nach Kooperation, Fachdidaktik: empirisch-forschende Disziplin, Erziehungswissenschaft: Stärkere Ausrichtung an Lehrerbildung; Reflexion über pädagogisch-fachdidaktische Inhalte
- Forschendes Lernen/Studentische Forschung: Entwicklung einer forschend-reflexiven Perspektive auf Unterricht in schulpraktischen Studien

Um diese Forderungen institutionell umzusetzen, werden Lern- und Reflexionsgelegenheiten für Studierende benötigt. Diese werden von den jeweiligen Lehrerausbildern in Seminaren hochschuldidaktisch ausgestaltet. Der Reflexion der Studierenden über Unterricht und ihre studentische Forschung kommt damit ein besonderer Stellenwert zu. Deshalb war die Analyse der studentischen Reflexionsniveaus in bestimmten Inhaltsbereichen Gegenstand der hier vorliegenden Arbeit. Reflexion findet dabei zu einem bestimmten Zeitpunkt der Professionalisierung der Studierenden (schulpraktische Studien) unter bestimmten hochschuldidaktischen und institutionellen Rahmenbedingungen (Reflexionsgelegenheiten) über bestimmte Inhaltsbereiche statt. Diese grundsätzlichen Überlegungen bildeten die Grundlage für das Konstrukt in dieser empirischen Studie (vgl. Abbildung 3.2). Im Folgenden sollen die Ergebnisse, die in Teil 5 und 6 dargestellt wurden, zur Beantwortung der Fragestellungen (s. auch Tabelle 3.5) herangezogen werden.

8.1 Beantwortung der Fragestellung der Arbeit

In beiden untersuchten Professionalisierungsdiskursen werden folgende Kriterien zur Ausbildung einer Profession und entsprechenden Prozessen zugrundegelegt (vgl. Tabelle 1.2): Die Vorbereitung auf den Lehrberuf wird durch entsprechende akademische Ausbildungsstrukturen an Universitäten und längeren Praxisphasen an (Universitäts-)Schulen ermöglicht; eine Ausnahme bilden hierbei deregulative Lehrerausbildungsprogramme in den USA (vgl. Abschnitt 2.2.5). Während in den USA die Performanz der SuS Ausgangspunkt für die Professionalisierungsbestrebungen vor allem in der Lehrerbildung war und dieser Diskurs in Deutschland zeitlich bereits vor dem Erscheinen der PISA-Ergebnisse (2000) begann, ist den Professionalisierungsdiskursen in Deutschland und den USA gemeinsam, dass Lehrerhandeln unter professionstheoretischer Sicht konzeptualisiert wird, das in einem zweiten Schritt auch eine empirische Überprüfung ermöglicht. Die Analyse der Reformvorschläge hat gezeigt, dass in den USA die Standardisierungsprozesse sowohl im Schul- wie auch Lehrerausbildungssystem wesentlich weiter fortgeschritten und zumindest für die USA durch eine hohe Orientierung an Fragen des *Outcome* orientiert sind. Durch die Rahmenbedingungen des *No Child Left Behind Acts* sind diese *Outcome*-Fragen auch mit monetären Aspekten verbunden: Steigt die Performanz der SuS, erhöht sich die Möglichkeit, mehr Geld für die einzelne Schule zu bekommen.

Bezüglich der Theorie-Praxis-Relation im US-Professionalisierungsdiskurs ist vor allem die Einführung von *Professional Development Schools* zu nennen. Die Konzeption einer *Professional Development School* geht deutlich über schulpraktische Studien hinaus, da dort nicht nur das Praxissemester der Studierenden durchgeführt werden soll, sondern auch Forschungsprojekte realisiert werden sollen. Es kann deshalb von einer engen Kooperation zwischen universitärem Lehrerausbildungsprogramm und schulischer Ausbildung gesprochen werden. Die Forderung nach einer Professionalierung der US-Lehrerausbildung bezieht sich vor allem auf die Stärkung der fachwissenschaftlichen und fachdidaktischen Ausbildung. In diesem Zusammenhang ist zu berücksichtigen, dass die Lehrerausbildung an *Schools of Education* stattfindet und Erziehungswissenschaft wie auch Fachdidaktik von den Fachwissenschaften institutionell abgekoppelt sind. Darüber hinaus gibt es nicht unbedingt eine fachspezifische Ausdifferenzierung der Fachdidaktik. In der Sprachenlehrerausbildung in den USA ist die Fachdidaktik eher *Applied Linguistics*.

Wie auch in der Analyse der deutschen Reformvorschläge (vgl. Kapitel 2.1) herausgearbeitet wurde, ist trotz individueller Kooperationsprojekte ein Kritikpunkt an der Lehrerbildung in Deutschland die mangelnde Kooperation zwischen den Phasen, aber auch zwischen den an der Lehrerbildung beteiligten Disziplinen. Deshalb wurden beispielsweise von der Baumert-Kommission deutliche strukturelle Veränderungen in Form eines Praxissemesters an nordrhein-westfälischen Universitäten gefordert. Mit Terhart (2000a) lässt sich feststellen, dass es dem Lehramtsstudenten selbst obliegt, einen Zusammenhang nicht nur zwischen den jeweiligen Fächern und den erziehungswissenschaftlichen Anteilen im Studium herzustellen, sondern auch zwischen universitärer Ausbildung und praktischem Handeln im Referendariat: „Die Herstellung eines Zusammenhangs [...] wird von den Universitäten nicht wirklich als Auftrag wahrgenommen und gestaltet, sondern bleibt der integrativen Kraft jedes einzelnen Studierenden überlassen" (Terhart 2000a: 79). Daraus entstehen Diskrepanzerfahrungen, die, wie Blömeke (2002: 66) argumentiert, durch frühzeitig angeleitete und reflektierte Praxiserfahrungen verringert werden könnten. Dies gilt auch für die Fremdsprachenlehrerausbildung. Es kann daher nicht genügen, dass sich die einzelnen Fachgebiete (Fachdidaktik, Linguistik sowie britische und amerikanische Literatur- und Kulturwissenschaft) gesondert darstellen, sondern sie sollten auch ihren Stellenwert hinsichtlich der Ausbildung von Fremdsprachenlehrern und deren beruflichen Tätigkeit mit vermitteln, um den Ansprüchen des ‚reflective approach' zu genügen (Wallace 1991). Experten für fremdsprachliche Lehr- und Lernprozesse zu werden bedeutet, fachwissenschaftliches, fachdidaktisches und pädagogisch-didaktisches Wissen mit dem Erfahrungswissen zu verknüpfen. Gabel (1997) argumentiert:

> Sobald sich ein Ausbildungsteil als rein akademisch versteht und es den Studenten überläßt, den Praxisbezug herzustellen, dient er nicht dem Ziel der Professionalität [...] Die Ausbilder müssen den Studierenden helfen, die Ausbildungsteile zu einem sinnvollen Ganzen zusammenzufügen (Gabel 1997: 15).

Die Integration studentischer Forschungsprojekte in die universitäre Ausbildung entspricht einer Forderung im deutschen Professionalisierungsdiskurs, reflektierte Praxiserfahrungen zu schaffen. Da die Studierenden wissenschaftlich-theoriegeleitet schulische Praxis reflektieren und durch die Durchführung einer empirischen Studie Felderfahrung sammeln, wird die wissenschaftliche Perspektive auf Schule, Unterricht und pädagogische Prozesse gestärkt. Forschendes Lernen in dieser Form kann damit als Beitrag der Professionalisierung angehender Lehrerinnen und Lehrer gesehen werden, die durch forschende Lernprozesse ihre eigenen Vorstellungen und biografischen Erfahrungen reflektieren und auf der Basis theoretisch-empirischer Forschung modifizieren. Auch diejenigen, die die Schulpraktika betreuen, müssen, wenn denn in Schulpraktika eine forschende Haltung zur Praxis angeleitet werden soll, entsprechende forschungsmethodische Kompetenzen mitbringen: „Dies ist in jedem Fall nur bei einer intensiven Betreuung der Praktikantinnen und Praktikanten durch Hochschullehrer – und nicht durch Lehrerinnen und Lehrer wie gegenwärtig häufig – möglich" (Blömeke 2002: 76–77).

Die Ergebnisse der ersten Forschungsfrage zur Analyse der bildungspolitischen Forderungen zur Lehrerbildung im anglo-amerikanischen wie im deutschen Professionalisierungsdiskurs zeigen, dass sich in beiden Diskursen eine übergreifende Argumentationslinie auf die Ausbildung von Reflexion bezieht. Die heuristische Analyse der Reformvorschläge in beiden Ländern hat gezeigt, dass Reflexion in beiden Professionalisierungsdiskursen integraler Teil der Professionalisierungsbestrebungen der Lehrerbildung ist (vgl. Tabelle 2.5). Im deutschen Professionalisierungsdiskurs erhält die theoretischen Reflexion in der universitären Ausbildungsphase besondere Gewichtung. Im US-Professionalisierungsdiskurs ist die Forderung nach Ausbildung eines reflektierenden Praktikers über alle Ausbildungsphasen hinweg vorherrschend.

Zur Beantwortung der zweiten Forschungsfrage, die sich auf die institutionellen Rahmenbedingungen und das hochschuldidaktische Konzept der Lehrerausbilder bezieht, werden die Ergebnisse der Fallstudien der untersuchten Lehrerausbildungsprogramme herangezogen. Deshalb werden in Tabelle 8.1 die Ergebnisse der Analyse der beiden untersuchten Lehrerausbildungsprogramme kurz gegenübergestellt.

Als Bestandteil der Ausbildung zum reflektierenden Praktiker arbeiten die US-Studierenden eng mit Mentoren und universitären Lehrerausbildern in *Professional Development Schools* zusammen. Mit Blick auf Deutschland kann von einer solchen Kooperation zwischen Universität und Schule noch nicht flächendeckend und institutionalisiert gesprochen werden, vielleicht mit Ausnahme

Tabelle 8.1: Gegenüberstellung der untersuchten Lehrerausbildungsprogramme

Vergleichsaspekte	Deutsches Lehrerausbildungsprogramm	US-Lehrerausbildungsprogramm
Theorie-Praxis-Relation	Schulpraktische Studien, aber keine grundlegende institutionelle Kooperation zwischen den einzelnen Ausbildungsphasen und Akteuren, keine Kooperation mit Mentoren in den Schulen	Ausbildung an einer *Professional Development School* im Rahmen eines reflexiven Praktikums in enger Kooperation mit Mentoren an den Schulen (als Teil der Ausbildung zum *Reflective Practitioner*)
Verhältnis Fachdidaktik und Erziehungswissenschaft	Institutionelle Rahmenbedingung und hochschuldidaktisches Konzept: *Team-Teaching* zwischen Fachdidaktik und Erziehungswissenschaft; von Lehrerausbildern als Fortbildung wahrgenommen Unterschiedliche analytische Wissensbestände als Teil verschiedener Disziplinen (Shulman)	Institutionelle Rahmenbedingung: Erziehungswissenschaft und Fachdidaktik als Teil der *School of Education* Fachdidaktik als Fremdsprachendidaktik ohne fachspezifische Differenzierung
Studentische Forschung	Praktikumsschulen als Ort der forschenden Lernprozesse während schulischer Praxisphasen (Entwicklung einer forschenden Haltung gegenüber schulischer Praxis)	Aktionsforschung in *Professional Development Schools* (Ausbildung zum forschenden *Reflective Practitioner*)
Reflexion als Element von Professionalisierungsprozessen	Hochschuldidaktisches Konzept: Theoriegeleitete Reflexion über Unterricht und studentische Forschung; interdisziplinäre Reflexion der Dozenten	Hochschuldidaktisches Konzept: Lern- und Reflexionsgelegenheiten (*Reflective Practitioner* als Leitmotiv) Lehrerausbilder sehen sich selbst als *Reflective Practitioner*: Studierende und Lehrende im reflexiven Dialog, als Teil einer professionellen Reflexionskultur

individueller Projekte oder der Aktivitäten im Rahmen der Oldenburger Lehrerbildung. Dagegen zeigen Ergebnisse des untersuchten deutschen Lehrerausbildungsprogramms (vgl. Kapitel 5.1), dass hinsichtlich kooperativer Strukturen die Zusammenarbeit zwischen Erziehungswissenschaft und Fachdidaktik durch das *Team-Teaching* sehr ausgeprägt ist.

Beide untersuchten Lehrerausbildungsprogramme legen einen Schwerpunkt auf die Ausbildung von Reflexion und integrieren auch studentische Forschungsprojekte in die universitäre Lehrerausbildung.

Die Studierenden führen in der *Professional Development School* nicht nur ihre Aktionsforschungsprojekte durch, sondern treten auch mit den Lehrerausbildern und Mentoren an den Schulen in einen reflexiven Dialog. Reflexion ist Teil der Professionalisierungsprozesse aller beteiligten Akteure.

An der untersuchten deutschen Universität sind die Studierenden, die forschende Lernprozesse durchlaufen, relativ frei in der Wahl ihres Forschungsdesigns und ihrer Erhebungsinstrumente. Aktionsforschungsprojekte hätten durchaus realisiert werden können, wurden aber von den Studierenden nicht durchgeführt. Ein möglicher Grund könnte in der kurzen Praktikumszeit der Studierenden liegen, die durch ihre doppelte Rolle als einerseits angehender Lehrer und andererseits forschender Student ohnehin gewissen organisatorischen Belastungen ausgesetzt werden und individuell die mit den jeweiligen Aufgaben (Durchführung eines Unterrichts- und Forschungsprojektes) verbundenen Rollen ausbalancieren mussten.

Die Analyse der institutionellen und hochschuldidaktischen Rahmenbedingungen im untersuchten US-Lehrerausbildungsprogamm hat gezeigt, dass sich das Konzept des *Reflective Practitioner* auf verschiedenen Ebenen widerspiegelt, und zwar als Leitmotiv in den offiziellen Dokumenten, als Erwartung der Lehrerausbilder und Mentoren sowie in den Reflexionen der Studierenden. Dies entspricht einer Forderung von McLean (1999):

> To help beginning teachers become reflective practitioners, teacher educators also need to be reflective practitioners, but one has to wonder how well the institutional context of contemporary teacher education can support this reconstruction of teacher educators and their practices (McLean 1999: 77–78).

In der vorliegenden Untersuchung sahen sich die befragten US-amerikanischen Lehrerausbilder selbst als *reflective practitioners*, die ihre Erwartungen an die Studierenden transparent machen und ihre eigene Lehre reflektieren.

Im untersuchten deutschen Lehrerausbildungsprogramm wird die interdisziplinäre Zusammenarbeit von den Lehrerausbildern als besonders innovativ wahrgenommen und durch ein gemeinsames hochschuldidaktisches Konzept, in dem die Studierenden von beiden Disziplinen auf Unterricht und studentische Forschung vorbereitet werden, realisiert. Das implizite Konzept der Lehrerausbilder bezieht sich auf die theoretischen Arbeiten von Shulman (Shulman 1986), ohne jedoch den Reflexionsbegriff näher zu spezifizieren, wie es im untersuchten US-Lehrerausbildungsprogramm der Fall war.

Wie in Kapitel 3.1 ausgeführt, fehlt in Shulmans Professionsmodell die Kategorie *self-knowledge*. Dieser Argumentation zufolge ist eine selbstreflexive Perspektive zusätzlich zur fachwissenschaftlichen und pädagogisch-(fach-)didaktischen Wissensbasis im Verlauf der Ausbildung zu entwickeln. Hilfreich kann hier eine forschend-reflexive Perspektive auf Unterricht, eigenes Wissen und Handeln sein, wie es durch die forschenden Lernprozesse der Studierenden im untersuchten deutschen Lehrerausbildungsprogramm angestrebt und von den Lehrerausbildern in ihren Seminaren aktiv unterstützt wurde. Damit wäre ein Merkmal von Expertise, nämlich die reflexive Elaboration des Wissens, erfüllt.

Die Förderung von Reflexion muss also auch mit einem systematischen Wissensaufbau und dem Aufbau von Erfahrungswissen einhergehen, um die Entwicklung von Expertise zu ermöglichen. Inwieweit neben der Ausbildung von Reflexionsfähigkeit auch ein Wissenszuwachs in den untersuchten Lehrerausbildungsprogrammen stattgefunden hat, lässt sich aufgrund der vorliegenden Daten nicht bestimmen.

Insgesamt gesehen sollten die Ergebnisse dieser Arbeit nicht als Präferenz für eine einphasige Lehrerbildung gesehen werden. Stattdessen geht es um die hochschuldidaktische und organisatorische Ausgestaltung bestehender Lehrerausbildungsprogramme und die Bereitstellung von Reflexionsgelegenheiten.

Wie die Ergebnisse der studentischen Reflexionen gezeigt haben (vgl. Abschnitte 5.2 und 6.2), weisen die Studierenden zu einem bestimmten Zeitpunkt ihrer individuellen Professionalisierung verschiedene Reflexionsniveaus auf. Eine reflexiv-forschend ausgerichtete Lehrerbildung kann diesem Umstand durch individualisierte Fördermöglichkeiten studentischer Reflexionen über Unterricht und Forschung auf Seiten der Lehrerausbilder gerecht werden. Auf diese Zusammenhänge geht der folgende Abschnitt näher ein.

Wie im theoretischen Teil ausgeführt, gilt Reflexion in allen professiontheoretischen Ansätzen als ein Merkmal von Professionalität (vgl. Kapitel 3.1). Es liegen in diesem Zusammenhang empirische Ergebnisse vor (vgl. Abschnitt 3.2.3). Um die Ausbildung von Reflexionsfähigkeit als Teil der indidividuellen Professionalisierung zu ermöglichen (vgl. Abschnitt 3.2.4), müssen bereits in der universitären Ausbildung Reflexionsgelegenheiten geboten werden. Diese Reflexionsgelegenheiten sollen dazu führen, dass Studierende eine kritisch-distanzierte Perspektive auf fremdsprachlichen Unterricht entwickeln. Um studentische Reflexion durch unterschiedliche Reflexionsniveaus bestimmen zu können, ist eine theoretische und inhaltliche Füllung des Reflexionsbegriffs notwendig (vgl. Rahmenmodell der vorliegenden Untersuchung in Abbildung 3.2).

Zur Beantwortung der dritten Forschungsfrage in der hier vorliegenden Untersuchung, die sich auf das Niveau und die Inhalte der studentischen Reflexionen in schulischen Praxisphasen bezog, wurden studentische Reflexionen über Unterricht und Forschung auf verschiedenen inhaltlichen Dimensionen analysiert sowie Inhaltsbereiche studentischer Reflexionen identifiziert (vgl. Ergebnisse in Abschnitt 5.2 und 6.2). Dabei lassen sich auf der Basis der erstellten Profile der Studierenden empirisch entwickelte und theoretisch begründete Typen ausmachen, die sich durch unterschiedliche Reflexionsniveaus auszeichnen (vgl. Abbildung 7.1). Die Inhaltsbereiche studentischer Reflexionsprozesse hängen von entsprechenden Kontextbedingungen, den Lern- und Reflexionsgelegenheiten, ab. Diese sind jedoch nicht in Abhängigkeit vom empirisch ermittelten Reflexionsniveau der Studierenden zu betrachten.

Am auffälligsten ist, dass, im Vergleich zu den deutschen Studierenden, die US-Studierenden wenig Kritik an den von ihnen beobachteten Unterrichtsstunden äußern. Dies mag an der unterschiedlichen Studienstruktur (Praxissemester in den USA zu einem anderen Zeitpunkt als das Referendariat in Deutschland) oder an unterschiedlichen institutionellen Vorgaben (Funktion der Praxisphasen, Ausbildungsstruktur: Ein- bzw. Zweiphasigkeit der Lehrerbildung) liegen. Es handelt sich hier lediglich um eine Momentaufnahme, die nur Rückschlüsse auf die Reflexionsfähigkeit der Studierenden zu diesem Zeitpunkt zulässt. Genaue Gründe oder kausale Zusammenhänge lassen sich aufgrund der vorliegenden empirischen Daten nicht herleiten.

Die vorliegende Arbeit leistet durch die differenzierte Charakterisierung studentischer Reflexionen und der Identifikation von sechs möglichen Typen einen Beitrag zur Novizenforschung. Damit stellt die Arbeit eine auf empirischen Daten basierende Erweiterung der ersten beiden Stufen im Modell von Dreyfus & Dreyfus dar. Die Stufen „Novize" und „fortgeschrittener Anfänger" werden in ihren Charakteristika ausdifferenziert. Einige Charakteristika der höheren Stufen lassen sich auch im vorliegenden Sample finden, vor allem Varianten der antizipativen Planung und der Grad an Flexibilität (vgl. Abbildung 7.1). Die empirisch ermittelten Reflexionsniveaus entsprechen dabei in gewisser Weise Entwicklungsschritten der Studierenden. Ausgehend von der eigenen Rolle als angehender Lehrer, in der häufig eine Form der Fremdattribuierung stattfindet, durchlaufen sie Prozesse der Professionalisierung über Reflexion hin zu einer Perspektive, in der die SuS, ihre Lernprozesse und die Kooperation mit den Mentoren im Vordergrund stehen. Dies entspricht einem dynamisch-interaktionistischen Ansatz.

Hochschuldidaktische Empfehlungen

Eine reflexive Lehrerbildung fordert, vor allem im Kontext der noch immer andauernden bzw. erneut diskutierten Bologna-Reformen und der Berufsorientierung, auch die Hochschuldidaktik heraus. Czerwenka (2004) argumentiert:

> So muss das Wissen auch anders vermittelt werden, wozu es einer (neuen) Hochschuldidaktik bedarf, die vor allem das Leben, die Probleme des Alltags oder die Anforderungen an die Menschen in den Mittelpunkt stellt und nicht die Systematik der Theorien (Czerwenka 2004: 66).

Die Ergebnisse der vorliegenden Untersuchung deuten darauf hin, dass zunächst bestimmte organisatorische und inhaltliche Rahmenbedingungen gegeben sein müssen, damit die Studierenden über Unterricht und Forschung theoriegeleitet reflektieren können. Auch die Rolle der Lehrerausbilder als Lern- und Reflexionsbegleiter müsste entsprechend neu definiert werden. Diese Faktoren werden im Folgenden ausgeführt.

Eine reflexive Lehrerbildung, in der die universitären Lehrerausbilder Lern- und Reflexionsbegleiter sind, erfordert die Bereitstellung von Reflexionsgelegenheiten, im Sinne eines *teaching to reflect*. Indem die Lehrerausbilder ihre eigenen Erwartungen an die Studierenden transparent machen, mögliche Inhaltsbereiche von Reflexion erläutern und geeignete Rahmenbedingungen für Reflexionsprozesse schaffen, unterstützen und begleiten sie die Professionalisierung der Studierenden und die Ausbildung ihrer Reflexionsfähigkeit. Ward & McCotter (2004) argumentieren, dass Studierende diese Art der Bewusstmachung von Reflexionsprozessen und Reflexionsbereichen benötigen:

> Students do not automatically know what we mean by reflection; often they assume reflection is an introspective after-the-fact description of teaching. Reflection, meant to make teaching and learning understandable and open, has itself been an invisible process to many of our preservice teachers. The dimensions of Focus, Inquiry, and

> Change can be used as formative guides to help preserve teachers
> evaluate, understand, and improve their own reflections (Ward &
> McCotter 2004: 255).

Aus hochschuldidaktischer Sicht bieten sich zahlreiche Reflexionsaufgaben an,
die die Studierenden vor dem Hintergrund eigener subjektiven Erfahrungen,
beispielsweise der eigenen Sprachbiografie, durchlaufen können. Hier bieten
sich Varianten des *Microteaching* als „Training didaktischer Handlungsmus-
ter" (Wildt 2000: 179) an, aber auch der Einsatz von Logbüchern und Portfolios.
Mögliche Reflexionsfragen könnten sein: Was habe ich heute gelernt? Wie setze
ich dies in Bezug zu theoretisch-empirischen Erkenntnissen? Zur Identifikation
von eigenen Reflexionsmomenten a posteriori können *reflective journals* einen
idealen Ausgangspunkt für Reflexion darstellen, wie auch Hatton & Smith (vgl.
Hatton & Smith 1995: 17) argumentieren. Da Reflexionsprozesse individuell sind
und sich durchaus auch auf persönliche Aspekte beziehen können, sollten sie
nicht benotet werden. Stattdessen bietet sich eine inhaltsanalytische Untersuchung relevanter Reflexionskategorien während der schulpraktischen Studien
an, die die Studierenden selbst durchführen. Damit analysieren sie diejenigen
Reflexionsaspekte, die für sie individuell bedeutsam sind.

Eine Variante, längerfristig reflexive Prozesse auf Seiten der Studierenden zu
ermöglichen, liegt in der Verwendung von Portfolios, wie sie auch im US-Lehrerausbildungsprogramm verwendet wurden. Der Vorteil von Portfolios ist, dass sie
aufgrund ihrer gleichzeitigen Produkt- und Prozessorientierung sowohl für Prozesse der Selbsteinschätzung wie auch als Instrument der externen Begutachtung
eingesetzt werden können. Als Reflexionsinstrument stellen Portfolios also eine
Möglichkeit dar, die individuelle Professionalisierung der angehenden Lehrer zu
begleiten, und zwar nicht nur in der universitären Ausbildung, sondern auch in
der beruflichen Praxis, wie das Beispiel des Zertifizierungsprozesses durch das
National Board of Professional Teaching Standards zeigt (vgl. Abschnitt 2.2).

Im deutschen Kontext ist der Einsatz von Portfolios in Nordrhein-Westfalen
vor allem hinsichtlich des Praxissemesters im Rahmen des neuen Lehrerausbildungsgesetzes, das 2008 in Kraft trat und ab Wintersemester 2010/11 an ersten
Universitäten umgesetzt wird, relevant. Um die Reflexion des eigenen Handelns
in ersten Unterrichtsversuchen zu ermöglichen, bietet sich für das gesamte Studium ein Entwicklungsportfolio an (vgl. Häcker 2007: 132–133), das, je nach
Ausrichtung der Ausbildungsmodule, mit einem Bewertungsportfolio kombiniert

werden kann. Letzteres kann dann *Best-Practice*-Beispiele erfolgreicher Arbeiten
zu einem bestimmten Lerngegenstand beinhalten. In diesem Zusammenhang ist
es wichtig, vorab Bewertungskriterien für die Portfolios zu entwickeln und den
Studierenden transparent zu machen (Delett et al. 2001).

Ein Entwicklungsportfolio kann prozessorientiert sein und wird deshalb über
einen längeren Zeitraum eingesetzt. Eine mögliche Perspektive ist die inhalts-
bezogene Reflexion über fremdsprachlichen Unterricht, über Lerner und ihre
Lernprozesse und über fachbezogenes und forschungsmethodisches Wissen,
wie sie in dieser Studie vorgeschlagen wird. Darüber hinaus kann ein Entwicklungsportfolio durch die Kommunikation des eigenen Handelns die Fähigkeit
der Studierenden, begründete Entscheidungen zu treffen, unterstützen, da sie
über einen relativ langen Zeitraum gewohnt sind, für sie relevante Prozesse und
Schlüsselsituationen im Unterricht zu reflektieren. Dies gilt auch für die Kommunikation mit den Ausbildern.

Auf der Basis der Ergebnisse der hier vorliegenden Studie kann ein Portfolio
verschiedene Funktionen und folgende Bereiche abdecken erfüllen:

- Dokumentation und Reflexion des forschenden Lernprozesses der Studierenden über mehrere Semester hinweg
- Darstellung und Reflexion der Schwierigkeiten bei der Datenerhebung und
  -auswertung, Ergebnisse und Lernfortschritte
- Entwicklung von der studentischen Perspektive hin zu einer Lehrerperspek-
  tive (als Lerntagebuch, möglicherweise auch in elektronischer Form als
  Blog)
- besonders für angehende Sprachenlehrer: Darstellung und Reflexion der eigenen Sprachlehr- und -lernprozesse, z.B. durch das Europäische Portfolio
  der Sprachen (EPS) für Erwachsene. Denkbar sind in diesem Zusammenhang auch die Reflexion interkultureller Lehr-Lernprozesse
- Vorbereitung auf den Umgang, die Bewertung und Lernstandsermittlung
  mit Portfolios der SuS (Sprachenportfolio) (Legutke 2003)
- Dokumentation eigener Unterrichtsversuche und deren Reflexionen: Beschreibung und Reflexion einer Schlüsselsituation mit möglichen Handlungsalternativen
- Darstellung von *Best-Practice*-Arbeiten im Rahmen eines Präsentations-
  portfolios am Ende der gesamten Ausbildung und als optionaler Teil der

Bewerbungsmappe bei Schuleinstellungen. Dies kann auch die im US-Kontext bekanntere *Teaching Philosophy* beinhalten.

Um die Arbeit mit dem Portfolio stärker zu etablieren und institutionell in der Lehreraus- und -fortbildung zu verankern, ist mittelfristig die Evaluation und Beforschung dieses Instrumentes notwendig (vgl. Winter 2008: 9).

Ein Ziel der Reflexionsbegleitung und den damit verbundenen hochschuldidaktischen Entscheidungen ist der Aufbau eines reflexiven Dialogs zwischen Lehrerausbilder und Studierenden. Diese enge professionelle Beziehung zwischen Lehrerausbildern und Studierenden führe laut Wideen (1998) zu einer Veränderung der Überzeugungen der Studierenden (vgl. Wideen et al. 1998: 152). Durch die hochschuldidaktischen Entscheidungen, die die Lehrenden treffen, um eine Reflexionsbegleitung zu ermöglichen, „rekontextualisieren die Lehrpersonen", wie Fend es im Hinblick auf Lehrende in Schulen formuliert (vgl. Fend 2008: 236). Der situative und personale Handlungskontext, wie Fend es nennt, gehört zur Ebene der primären Rekontextualisierung (vgl. Fend 2008: 236–237). Die sekundäre Rekontextualisierung (vgl. Fend 2008: 263–264) bezieht sich auf institutionelle Vorgaben, wie beispielsweise einer Orientierung an Standards und Leistungsbeurteilung. In Analogie zu seiner Argumentation lässt sich also formulieren: Lehrerausbilder müssen über die jeweiligen dem Lehrerausbildungsprogramm zugrundeliegenden Anforderungen und die zu erreichenden Ziele Bescheid wissen und hochschuldidaktische Ansätze sowie Instrumente kennen, um die Ziele zu realisieren. Dazu ist theoretisches, methodisches und hochschuldidaktisches Wissen wichtig. Es geht also auch bei Lehrerausbildern darum, auf der einen Seite das persönliche Wissen und Können, auf der anderen Seite die institutionellen und organisatorischen Kontexte zu berücksichtigen, um erfolgreiches Lernen der Studierenden zu ermöglichen. Eysel geht einen Schritt weiter, indem sie fordert, dass jedes Lehrerausbildungsprogramm eine „übergreifende Leitvorstellungen zur Entwicklung pädagogischer Professionalität" (Eysel 2006: 209) entwickeln solle. Denkbar wäre hier auch eine enge Kooperation zwischen Erziehungswissenschaft und Fachdidaktik, um die Reflexionsfähigkeit der Studierenden zu fördern. Dabei wäre zu berücksichtigen, dass die Lehrerausbilder eigene Leitvorstellungen formulieren und somit aktiv zur Ausgestaltung des Lehrerausbildungsprogramms beitragen.

Grenzen eines reflexiven Ausbildungsmoduls

Studentische Forschungsprojekte durchzuführen kann sowohl aus theoretischer wie forschungsmethodischer Sicht eine Herausforderung für die Studierenden darstellen. Sie benötigen theoretische Kenntnisse, um eine Forschungsfrage zu entwickeln sowie fundierte Kenntnisse über Forschungsmethoden, um ein geeignetes Forschungsdesign zu erstellen.

Ein weiteres Problem, das vor allem die universitäre Lehrerbildung betrifft, ist die auf der Basis von Fallstudien (Valli 1993) gezogene vorsichtig formulierte Schlussfolgerung, dass eine zu frühe Reflexion Novizen überfordern könne, da die eigenen Vorstellungen von gutem Unterricht als Barrieren wirken könnten. Damit können Veränderungen in der Wahrnehmung nur mit großem Aufwand erreicht werden, beispielsweise durch zeitlich ausgedehnte Reflexionsgelegenheiten, um die für Reflexion erforderlichen metakognitiven Fähigkeiten zu entwickeln (vgl. auch Turner-Bisset 2001: 112). Weitere empirische Untersuchungen in der Lehrerausbildungsforschung werden hier nachhaltige Erkenntnisse bringen.

Eng mit der Frage einer möglichen kognitiven Überforderung verbunden sind die Überlegungen, ob zunächst alle vorhergehenden Phasen der Expertise durchlaufen werden müssen, bevor eine weitere Stufe erreicht wird und inwieweit alle Studierenden alle Stufen erreichen sollten. Dies ist ein grundsätzliches Problem eines Stufenmodells. Calderhead & Shorrock (1997: 17) werfen in diesem Zusammenhang die Frage auf, inwieweit erste Unterrichtskompetenz vorhanden sein sollte, bevor Reflexion schulischer Praxis überhaupt möglich und sinnvoll ist.

8.2 Reflexion der Ergebnisse, des methodischen Vorgehens und Forschungsdesiderata

Die folgenden Abschnitte beschäftigten sich zunächst mit einer Reflexion der Ergebnisse dieser Studie. Für die Untersuchung wurde eine explorative, qualitative Studie durchgeführt. Die Datenquellen dieser Untersuchung waren Dokumente zur Lehrerbildung, Experteninterviews und studentische Texte. Nach der Dokumentenanalyse erfolgte eine Inhaltsanalyse der Interviews und der studentischen Reflexionen, die in einer Typologie zusammengestellt wurden.

In dieser Untersuchung kam dem Konstrukt Reflexion ein besonderer Stellenwert zu. Deshalb wird in diesem Kapitel auch eine Diskussion zur Verfeinerung dieses Konstrukts für eine weitere empirische Überprüfung erfolgen. Anschließend werden forschungsmethodische Aspekte wie die Wahl der Stichprobe und die eingesetzten Erhebungsinstrumente reflektiert.

Die vergleichende Analyse der Novizentypen hat gezeigt, dass das Reflexionsniveau der US-Studierenden im Vergleich zu den deutschen Studierenden nicht höher ist, obschon Reflexion in den Dokumenten des Lehrerausbildungsprogramms und den Interviews mit den Lehrenden einen höheren Stellenwert einnimmt. Mögliche methodische Gründe liegen in der Samplegröße und der Auswahl der Stichprobe. Diese entspricht nicht den Anforderungen an eine Zufallsstichprobe, die neben standardisierten Erhebungsinstrumenten für empirisch fundierte Aussagen über Wirkungszusammenhänge notwendig gewesen wäre. Eine größere Stichprobe hätte weitere statistische Analysen ermöglicht.

Die nahezu gleichmäßige Verteilung der Studierenden auf die Novizentypen im Ländervergleich ist ein Hinweis darauf, dass auf Basis der Ergebnisse dieser Studie sich die Qualität der Lehrerbildung in Deutschland und den USA im Hinblick auf ihr Potenzial, Reflexionen der Studierenden zu fördern, nicht wesentlich unterscheidet. Für die deutsche Lehrerbildung ist in diesem Zusammenhang noch zu berücksichtigen, dass eine Überprüfung der Reflexionskompetenz auch das Referendariat als Erhebungszeitraum umfassen müsste. Eine relevante Fragestellung in diesem Zusammenhang ist, wie sich das Reflexionsniveau über einen längeren Zeitraum (von Studienbeginn bis Ende des Referendariats/Eintritt in das Berufsleben) verändert; zur Beantwortung einer solchen Frage wäre jedoch eine längsschnittlichen Untersuchung notwendig. In diesem Zusammenhang ist darauf hinzuweisen, dass die hier vorliegende Arbeit keine empirische Überprüfung eines Wirkungszusammenhanges zwischen studentischer Reflexion und studentischer Forschung angestrebt hat. Auch die Entwicklung der Reflexionskompetenz der Studierenden zu verschiedenen Zeitpunkten t1 und t2 war nicht Gegenstand der hier vorliegenden Arbeit. Dieses Vorgehen hätte standardisierte Erhebungsinstrumente, die zum Zeitpunkt der Datenerhebung nicht vorlagen, vorausgesetzt, die gleichzeitig in einem höheren Sample zu verschiedenen Messzeitpunkten den Lernprozess der Studierenden im Hinblick auf die Reflexionskompetenz hätten besser aufzeigen können.

Trotz dieser Einschränkungen im methodischen Vorgehen ist diese explorative Studie ein Ausgangspunkt für eine Ausdifferenzierung auf Konstrukt- wie auch Instrumentenebene. Dies ist Gegenstand der folgenden Abschnitte.

Verfeinerung des Konstrukts Reflexion

Dieser Untersuchung lag die heuristische Arbeitshypothese zugrunde, dass die inhaltsspezifische Reflexionskompetenz von Studierenden als integraler Bestandteil ihrer Professionalität unterschiedliche qualitative Niveaus aufweist. Aufgrund der empirischen Füllung dieser Arbeitshypothese kann eine präzisere Beschreibung des Konstruktes Reflexion erfolgen. Es ist festzustellen, dass die Inhaltsbereiche des Konstruktes Reflexion fachspezifisch ausdifferenziert sind und in der Konsequenz nicht inhaltsfrei reflektiert werden kann.

Deshalb sollte, wenn an die Studierenden der Anspruch an Ausbildung der Reflexionskompetenz formuliert wird, der Begriff an sich präzisiert werden, beispielsweise durch die Überlegung, in welchen Bereichen sie mit welchem Ziel reflektieren sollen. Es wurde in diesem Zusammenhang gezeigt, dass es möglich ist, das Reflexionsniveau der Studierenden in distinkte Kategorien zu fassen. Dies bietet Anknüpfungspunkte für eine psychometrische Testung. Die gefundenen Reflexionsdimensionen und Ausprägungsniveaus bieten Anschlussmöglichkeiten für die Itementwicklung und müssten durch weitere theoretische Bezüge und entsprechende Operationalisierungen der jeweiligen Konstrukte ergänzt werden.

Eine inhaltliche Präzisierung des Reflexionskonstruktes bietet auch die Möglichkeit, Trainingsprogramme zur Entwicklung von Reflexionsfähigkeit zu entwickeln. Da Reflexion zwar individuell unterschiedlich, aber trainierbar ist, handelt es sich nicht um eine individuelle Disposition, sondern eher um eine professionelle Disposition.

Das Konstrukt der fachdidaktisch-pädagogischen Reflexion erlaubt die Vorhersage, dass Reflexion nicht inhaltsfrei stattfindet. Die Typenbildung könnte in einem nächsten Schritt zur Konstruktüberprüfung genutzt werden, beispielsweise an einer größeren Stichprobe und/oder anderen Universitäten.

Reflexion des methodischen Vorgehens

Bei der Auswertung wurden, um die Inhaltsvalidität der Typologie studentischer Reflexionen zu gewährleisten, zwei Expertenratings zweier unabhängiger Rater vorgenommen (s. S. 191). Ein Grund für dieses Vorgehen lag darin, dass Typologien vor allem wegen ihres deskriptiven Charakters als Resultat unterschiedlicher Gruppierungsprozesse kritisch hinterfragt werden. Dies liegt darin begründet, dass eine Einteilung in einen Typus ein generalisierendes Moment in sich birgt. Wird das methodische Vorgehen nicht nachvollziehbar dargestellt und beispielsweise die Einordnung der Fälle in eine Typologie nicht abgesichert, könnte das

Resultat einer Typologie nur auf subjektiven Einschätzungen einzelner Forscher basieren. Deshalb wurden in der vorliegenden Untersuchung ein fachunspezifisches und ein fachspezifisches Expertenrating durchgeführt.

Eine Konsequenz eines Gruppierungsprozesses ist die Tatsache, dass ein Fall nicht in zwei Typen eingeordnet werden sollte. Im Fall der vorliegenden Typologie kann von einem Kontinuum studentischer Reflexionen ausgegangen werden: Die Studierenden befinden sich in einer bestimmten Phase ihres Professionalisierungsprozesses. Dadurch sind die Übergänge zwischen den einzelnen Stufen auf theoretischer Ebene als fließend zu betrachten.

Auch bei der Durchführung der Experteninterviews kann ein Verbesserungsvorschlag gemacht werden. Um die Reflexionsgelegenheiten, die die Studierenden erhalten, noch genauer zu explorieren, hätten die Lehrerausbilder vertieft hinsichtlich konkreter Situationen befragt werden können. Auch die Funktion studentischer Forschung hätte im Interview durch einen konkreten Anwendungsbezug im Studium, aber auch im beruflichen Handeln, noch stärker herausgearbeitet werden können.

Im Bereich der studentischen Reflexionen ergeben sich weitere forschungsmethodische Möglichkeiten. Der Einsatz standardisierter Erhebungsinstrumente hätte hierbei einen querschnittlichen Vergleich über verschiedene Erhebungszeiträume ermöglicht. Dieser war aufgrund des Fehlens solcher Instrumente zum Zeitpunkt der Datenerhebung nicht möglich.

Forschungsdesiderata

Durch die vorliegende explorative Arbeit ergeben sich Anschlussmöglichkeiten für zahlreiche weitere Forschungsfragen, sowohl in Bezug auf die Lehrerausbilder und die Studierenden als auch in Bezug auf die Strukturen erfolgreicher Lehrerausbildungsprogramme. Der letztgenannte Aspekt bezieht sich auch auf geeignete organisatorische und hochschuldidaktische Rahmenbedingungen für erfolgreiche Lehrerausbildungsprogramme. Dies könnte durch Wirksamkeitsstudien, die auch die Kompetenzentwicklung der Studierenden und ihren Lernzuwachs berücksichtigen, erfolgen. Es stellt sich jedoch die Frage, ob die Lernvoraussetzungen der Studierenden wichtiger sind als die curricularen Bedingungen und/oder die Lern- und Reflexionsgelegenheiten. Zu den Lernvoraussetzungen lassen sich z.B. das Erfahrungswissen der Studierenden oder ihre motivationale Ausgangslage zählen. Auch in diesem Bereich ist weitere Lehrerausbildungsforschung notwendig.

Auf Seiten der Lehrerausbilder könnten mit Hilfe weiterer Interviews Erkenntnisse über die Überzeugungen der jeweiligen Personen gewonnen werden. Es könnte die Fragestellung verfolgt werden, wie die Professionalierungsprozesse der Lehrerausbilder aussehen und wie sie zu Lehrerausbildern werden. Insgesamt gesehen weiß die Lehrerausbildungsforschung bislang nur wenig über die Personen, die die Studierenden ausbilden.

Bezüglich der Studierenden könnte untersucht werden, welche Rolle ihre sozioemotionale Flexibilität für die Entwicklung ihrer Lehrerrolle spielt. Hierbei wäre die Hypothese zu prüfen, ob Studierende leichter die Lehrerrolle übernehmen könnten, wenn sie vor oder während des Studiums bereits in pädagogischen Handlungsfeldern agiert haben. Dabei wäre auch zu klären, inwieweit unterschiedliche Studienstrukturen (Übergang BA/MA, altes Staatsexamen) eine Rolle spielen.

Weitere Fragen könnten sein: Inwiefern bildet Reflexionskompetenz Intelligenz ab? Gibt es einen Zusammenhang zwischen der Reflexionskompetenz der Studierenden und ihren Noten als einen Prädiktor für Studienerfolg? Ist die Sprachkompetenz der Studierenden in der Fremdsprache als Prädiktor für erfolgreiches unterrichtliches Handeln zu sehen? Eine Vermutung in diesem Zusammenhang könnte sein, dass Studierenden mit ausgeprägtem fachlichen und fachdidaktisch-pädagogischem Wissen eine höhere Reflexionskompetenz aufweisen und variantenreicher Unterricht analysieren und reflektieren. Allerdings sprechen die bisherigen Befunde der Expertenforschung dagegen, da die Leistungsvorteile der Experten nicht auf generellen Gedächtnisleistungen oder besonderen Intelligenzvorteilen beruhen, sondern auf ihren besonderen kognitiven Fertigkeiten, komplexe Situationen zu erfassen. Sie denken nicht mehr, sondern sehen mehr. Dies äußert sich in ihrer kategorialen Wahrnehmung (vgl. Bromme 1992: 42).

Ein weiteres Forschungsdesiderat bezieht sich auf den Bereich des Wissens der Studierenden. Sie benötigen, um inhaltsspezifisch über fremdsprachlichen Unterricht reflektieren zu können, fachwissenschaftliches und fachdidaktisch-pädagogisches Wissen. Dem Lehrerausbildungssystem in Deutschland wird allgemein eine gute fachwissenschaftliche Ausbildung unterstellt, die sich auch in den fachspezifischen Kompetenzen der Studierenden niederschlagen sollte. An dieser Stelle setzen einige empirischen Studie an, beispielsweise COAKTIV (Bereich Mathematik). Im Bereich Fachdidaktik Englisch ist hier außerdem die Studie TEDS-

LT zu nennen (Roters et al. 2011), die ebenso wie COAKTIV das professionelle Wissen angehender Mathematik-, Deutsch, und Englischlehrer empirisch überprüft. In Anlehnung an die Kompetenzdefinition von Weinert (Weinert 2002) und die bildungswissenschaftlichen sowie fachspezifischen Standards für die Lehrerbildung (KMK 2004, 2008) wurden im Wintersemester 2009/2010 Lehramtsstudierende an verschiedenen Universitäten in Deutschland in ihrem fünften Semester (Bachelor oder äquivalent) auf ihr fachliches, fachdidaktisches und pädagogisches Wissen hin getestet sowie über ihren Studienbedingungen befragt. Beide Studien, TEDS-LT und COAKTIV, gehen davon aus, dass fachdidaktisches Wissen in seiner Wirkung unterscheidbar ist von fachlichem Wissen. Welche weiteren Variablen und Kontextbedingungen erfolgreichen Fremdsprachenunterricht und erfolgreiches Lernen der SuS ausmachen, werden zukünftige Studien zeigen. Hier sind aus empirischer Sicht noch Forschungsdesiderata zu verzeichnen. Insofern ist Terharts Forderung (Terhart 2000b) nach einer forschenden Fachdidaktik durchaus zu entsprechen, vor allem, da in der Fremdsprachendidaktik eine Überprüfung der Wirksamkeit beispielsweise der Ausbildungsstrukturen noch aussteht. Die Arbeiten von Schocker-v. Ditfurth (2001) und Gabel (1997) sind hier sicherlich zu berücksichtigen.

Forschungsbedarf gibt es auch im Bereich des Lehrerhandelns. Idealerweise würde Expertise von Lehrenden direkt im Unterricht, also in der Handlung selbst, erfasst werden, jedoch ist dies nicht möglich, ohne die Zielsetzung und Funktion von Unterricht in der Situation selbst in Frage zu stellen. Deshalb werden für die empirische Erfassung von Lehrerhandeln andere methodische Ansätze gewählt: Retrospektives lautes Denken (Ericsson & Simon 1999) oder auch Videoaufnahmen eigenen Unterrichts, gedacht als Stimulus, um Kognition zu verbalisieren und über Handeln zu reflektieren. In jedem Fall sollten die Kognitionen möglichst kurz nach der Handlung erfasst werden (vgl. Leuchter et al. 2008: 170–171). Über fallorientierte Übung und Reflexion können unbewusst übernommene Regeln in das Können des Experten verwandelt werden und so eine Prozeduralisierung des Wissens erreicht werden (vgl. Bromme 1992: 149). Diese Zusammenhänge zwischen Regeln, Reflexion und Kognition machen die Entwicklung von Reflexionskompetenz in der Lehrerbildung so bedeutsam. Inwieweit die Reflexion eigener Unterrichtspraxis, wie sie zum Teil in Anlehnung an Schöns Konzept des reflektierenden Praktikers vorgeschlagen wird, Kognitionen verändern kann, müsste in längsschnittlichen Studien direkt im Unterricht erforscht werden, vor allem auch durch Übereinstimmungen mit den jeweiligen methodischen Verfahren, mit denen eben jene Kognitionen oder berufsbezogene Überzeugungen erhoben werden (vgl. Leuchter et al. 2008: 166).

8.3 Ausblick

Mit Blick auf Varianten des forschenden Lernens müssen die Lehrerausbilder sowie die Lehrer vor Ort über forschungsmethodische Kompetenzen verfügen, um Studierende dabei zu unterstützen, eine reflexiv-forschende Haltung zu entwickeln (vgl. Fried 2003: 21–22). Wichtig ist, die jeweiligen Rollen zu klären, damit die Studierenden adäquat auf ihrem Weg zum reflektierenden Praktiker begleitet werden. Als Vorbereitung auf eine spätere Lehrerforschung, die von Fueyo und Koorland als Synonym für Professionalisierung bezeichnet wird (Fueyo & Koorland 1997), sollen die Studierenden eine forschend-reflexive Grundhaltung gegenüber Unterricht und ihrer eigenen Tätigkeit entwickeln. Dabei soll die theoretisch begründete Argumentationsfähigkeit der Studierenden geschärft werden. Carle (2000) spricht in diesem Zusammenhang von der Notwendigkeit und der Ausgestaltung von „hochschuldidaktischen Wegmarken" (Carle 2000: 500–501): Durch forschende Lernprozesse, die hohe Freiheitsgrade bei der Entwicklung des studentischen Forschungsprojektes, Engagement und hohe Leistungsansprüche auf Seiten der Studierenden voraussetzen, sollen Theorieangebote mit persönlicher Erfahrung verbunden werden und Handlungskompetenz gewonnen werden.

Neben dem forschenden Lernen (vgl. Übersicht bei Roters et al. 2009) bieten sich auch andere hochschuldidaktische Ansätze wie das problembasierte Lernen an (Ricken et al. 2009), das durch seine Orientierung an beruflichen Kompetenzen besonders anschlussfähig ist an den skizzierten Professionalisierungsdiskurs in der Lehrerbildung. Erst wenn das „Ausbildungswissen zum Berufswissen passe" (Oelkers 2009c: 79), kann von einer professionsbasierten Lehrerbildung gesprochen werden. Auch die Ausbildung einer explorativ-erforschenden Haltung kann bereits in der ersten Phase erfolgen, beispielsweise durch forschende Lernprozesse.

Für die spätere Berufsphase und entsprechende Professionalisierungsprozesse ist auch das fachspezifisch-pädagogische Coaching (Staub 2001) interessant, dessen Ziel „die Entwicklung allgemeindidaktischer Reflexionsstrategien und des

fachspezifisch-pädagogischen Wissens als zentrale Elemente von Unterrichts-
expertise [ist]" (Staub 2001: 175). Dabei übernimmt der Lehrerausbilder, wie
Oelkers (2009b) argumentiert, die Rolle eines Coaches, der das zu erreichende
Anforderungsniveaus spiegelt:

> Ein Coach spiegelt einen Versuch direkt zum Anforderungsniveau,
> so jedoch, dass die Rückmeldung als hilfreich für die Entwicklung
> des Gecoachten wahrgenommen wird. In den Vereinigten Staaten ist
> bis heute von „Teacher Training" die Rede, der Ausdruck soll darauf
> hinweisen, dass professionelle Kompetenz in verlässlichen Übungssi-
> tuationen aufgebaut wird und nicht einfach die Folge einer wie immer
> angestrengten Reflexion ist (Oelkers 2009b).

Diese Argumentationslinie lässt sich wiederum mit dem von Schön vorgeschlagenen *reflection-after-action* (Schön 1983) in Einklang bringen, da eine professionelle Reflexionskultur entwickelt wird. In diesem Zusammenhang ist auch die
Rolle der Mentoren in den Schulen zu klären, da sie einen Teil der *Community of
Practice* (Feiman-Nemser & Buchmann 1986) darstellen.

Momentan geht der anglo-amerikanische Professionalisierungsdiskurs noch
einen Schritt weiter, und zwar im *Self-Study*-Ansatz: *Practice what you preach*
– in diesem Sinne haben Lehrerausbilder im anglo-amerikanischen Bereich begonnen, ihre eigene hochschuldidaktische Praxis an Universitäten systematisch
und zum Teil auch empirisch zu erforschen und die Befunde zu reflektieren.[91]
Dadurch werden die Lehrerausbilder selbst zu *Reflective Practitioners* (Schön
1983).

Abschließen möchte ich diese Arbeit mit einem Zitat eines Studenten, in dem
seine individuellen Professionalisierungs- und Reflexionsprozesse verdeutlicht
werden:

> In grand conclusion, I will offer some final thoughts for my future.
> Throughout my first round of post-secondary education preparati-
> on, I have learned the valuable lessons of persistence, fortitude, and
> wonder. There is always something new to encounter, whether from
> a new book, a new research study, or even from my own practice. The
> act of teaching may be tiring and the act of teaching may be annoying
> at some times, but it is truly never boring. On the topic of education,
> John Dewey is noted for having said the following: „Not perfection

---

91   Für eine ausführliche Darstellung sei an dieser Stelle auf die entsprechende Forschungsliteratur
     verwiesen (Kubler LaBoskey & Hamilton 2009, Loughran et al. 2004).

as a final goal, but the ever-enduring process of perfecting, matu-
ring, refining is the aim of living". Dewey was clearly concerned with
the journey and not with the destination. With my first jump into
the world of educational research a successful one, I am ready again.
There is much road to be traveled; in fact, I am already walking (FW2:
Pa115).

Abkürzungsverzeichnis

AACTE	*American Association of Colleges of Teacher Education*
ACTFL	*American Council on the Teaching of Foreign Languages*
ALACT	Prozessmodell Reflexion: *Action, Looking, Awareness, Creating, Trial*
BA/MA	*Bachelor/Master*
BMBF	Bundesministerium für Bildung und Forschung
COAKTIV	Kognitiv aktivierender Mathematikunterricht und die Entwicklung mathematischer Kompetenz
DESI	Deutsch-Englisch Schülerleistungen International (Forschungsprojekt)
DFG	Deutsche Forschungsgemeinschaft
DGfE	Deutsche Gesellschaft für Erziehungswissenschaft
DGFF	Deutsche Gesellschaft für Fremdsprachenforschung
EPS	Europäisches Portfolio der Sprachen
ETS	*Education Testing Service*
FD	Fachdidaktik
GebALL	Gemeinsam beschließender Ausschuss für die Lehrerinnen- und Lehrerbildung
HRK	Hochschulrektorenkonferenz
INTASC	*Interstate New Teacher Assessment and Support Consortium*
IQB	*Institut für Qualitätsentwicklung im Bildungswesen*
KMK	Kultusministerkonferenz
LABG	Lehrerausbildungsgesetz
LPO	Lehramtsprüfungsordnung

MIWFT	Ministerium für Innovation, Wissenschaft, Forschung und Technologie, Nordrhein-Westfalen
MSW	Ministerium für Schule und Weiterbildung, Nordrhein-Westfalen
NBPTS	*National Board of Professional Teaching Standards*
NCATE	*National Council for the Accreditation of Teacher Education*
NCLB-Act	*No Child Left Behind Act*
NCTM	*National Council of Teachers of Mathematics*
OCR	Texterkennung (*Optical Character Recognition*)
OECD	*Organisation for Economic Co-operation and Development*
Ofsted	*Office for Standards in Education, Children's Services and Skills*
PDS	*Professional Development School*
PEP	Pädagogisches Einführungspraktikum
PIRLS	*Progress in International Reading Literacy Study*
PISA	*Programme for International Student Assessment*
RStO	Rahmenstudienordnung
SuS	Schülerinnen und Schüler
SWS	Semesterwochenstunden
TEAC	*Teacher Education Accreditation Council*
TEDS-LT	*Teacher Education Development Study – Learning to Teach*
TIMSS	*Trends in International Mathematics and Science Study*
TN	Teilnehmer/in
TPM	Theorie-Praxis-Modul
WS/SoSe	Winter-/Sommersemester

Abbildungsverzeichnis

Tabellenverzeichnis

Literaturverzeichnis

Abbott, Andrew. 1988. *The system of professions: An essay on the division of expert labor.* nachgedr. Aufl. Chicago: Univ. of Chicago Press.

Abdal-Haqq, Ismat. 1998. *Professional development schools: weighing the evidence.* Thousand Oaks Calif.: Corwin Press.

Allemann-Ghionda, Cristina/ Terhart, Ewald, Hrsg. 2006. *Kompetenzen und Kompetenzentwicklung von Lehrerinnen und Lehrern: Ausbildung und Beruf.* 51. Beiheft. Weinheim und Basel: Beltz.

Altrichter, Herbert/ Posch, Peter. 2007. *Lehrerinnen und Lehrer erforschen ihren Unterricht: Unterrichtsentwicklung und Unterrichtsevaluation durch Aktionsforschung.* 4. Aufl. Bad Heilbrunn: Klinkhardt.

American Council on the Teaching of Foreign Languages. 1999. *Standards for foreign language learning in the 21st century: Including Chinese, classical languages, French, German, Italian, Japanese, Portuguese, Russian, and Spanish.* Lawrence, KS: National Standards in Foreign Language Education Project.

Amobi, Funmi A. 2006. „Beyond the Call: Preserving Reflection in the Preparation of 'Highly Qualified' Teachers". *Teacher Education Quarterly* 33(2), 23–35.

Anderson, Lorin W./ Krathwohl, David R. 2001. *A taxonomy for learning, teaching, and assessing: A revision of Bloom's taxonomy of educational objectives.* Abridged ed.,[4. print] Aufl. New York: Longman.

Andresen, Sabine. 2009. „Bildung". In: Andresen, Sabine/ Casale, Rita/ Gabriel, Thomas/ Horlacher, Rebekka/ Larcher Klee, Sabina/ Oelkers, Jürgen, Hrsg., *Handwörterbuch Erziehungswissenschaft.* Weinheim: Beltz, 76–90.

Angermann, Rainer. 2005. *Die Funktion der Unterrichtsevaluation im Kontext der Praxisforschung: Unterricht als Gegenstand forschend lernender Lehrerinnen und Lehrer am Arbeitsplatz Schule.* Kassel: Kassel University Press.

Arends, Richard I. 2006. „Performance Assessment in Perspective: History, Opportunities, and Challenges". In: Castle, Sharon/ Shaklee, Beverly D., Hrsg., *Assessing teacher performance.* Lanham Md.: Rowman & Littlefield Education, 3–22.

Arens, Barbara. 2004. „Die Theorie-Praxis-Phasen – Grundstein der neuen Lehrerausbildung in NRW und deren Umsetzung an der Universität Dortmund". In: Seipp, Bettina/ Ruschin, Sylvia, Hrsg., *Neuordnung der Lehrerbildung an* den Hochschulen Nordrhein-Westfalens, Dortmunder Beiträge zur Pädagogik, vol. 36. Bochum: Projektverlag, 71–76.

Ballstaedt, Steffen-Peter. 1982. „Dokumentenanalyse". In: Huber, G. L., Mandl, H., Hrsg., Verbale Daten. Basel: Weinheim, 165–176.

Bannink, Anne/ van Dam, Jet. 2007. „Bootstrapping Reflexion on Classroom Interactions: Discourse Contexts of Novice Teachers' Thinking". Evaluation and Research in Education 20(2), 81–99.

Bellmann, Johannes. 2007. John Deweys naturalistische Pädagogik: Argumentationskontexte, Traditionslinien. Paderborn: Schöningh.

Benner, Patricia E. 2001. From novice to expert: Excellence and power in clinical nursing practice. Commemorative ed. Aufl. Upper Saddle River, N.J: Prentice Hall.

Bereiter, Carl/ Scardamalia, Marlene. 1993. Surpassing ourselves: An inquiry into the nature and implications of expertise. Chicago: Open Court.

Bergheim, Andreas. 2007. „Anmerkungen zu Praxisphasen in der Ersten Phase der Nordrheinwestfälischen Lehrerbildung". In: Óhidy, Andrea/ Terhart, Ewald/ Zsolnai, József, Hrsg., Lehrerbild und Lehrerbildung. Wiesbaden: VS Verlag für Sozialwissenschaften, 187–201.

Berliner, David C. 1986. „In pursuit of the expert pedagogue". Educational Researcher 15(7), 5–13.

Berliner, David C. 1992. „Some perspectives on field systems research for the study of teaching expertise". Journal of Teaching in Physical Education 12, 96–103.

Berliner, David C. 2006. „The Dangers of Some New Pathways to Teacher Certification". In: Oser, Fritz K., Hrsg., Competence oriented teacher training. Rotterdam: Sense Publishers, 117–127.

Berner, Esther/ Stolz, Stefani. 2006. „Literaturanalayse zu Entwicklung, Anwendung und insbesondere Implementation von Standards in Schulsystemen: Nordamerika: Im Auftrag der Schweizerischen Konferenz der kantonalen Erziehungsdirektoren EDK". Zürich.

Bildungskommission des Deutschen Bildungsrates. 1973. „Strukturplan für das Bildungswesen". Stuttgart. http://www.gbv.de/dms/hebis-darmstadt/toc/5968763.pdf, Zugriff am 04.09.2009.

Bittner, Stefan. 2001. Learning by Dewey? John Dewey und die deutsche Pädagogik 1900–2000. 1. Aufl. Bad Heilbrunn/Obb.: Klinkhardt.

Blömeke, Sigrid. 2002. Universität und Lehrerausbildung. Klinkhardt Forschung. Bad Heilbrunn: Klinkhardt.

Bloom, Benjamin S. 1972. *Taxonomie von Lernzielen im kognitiven Bereich, Beltz Studienbuch*, vol. 35. übers. nach der 16. aufl. 1971. Aufl. Weinheim: Beltz.

Bogner, Alexander, Hrsg. 2005. *Das Experteninterview: Theorie, Methode, Anwendung.* Wiesbaden: VS Verlag für Sozialwissenschaften.

Bond, L./ Smith, T./ Baker, W./ Hattie, J. 2000. „The certification system of the National Board for Professional Teaching Standards: A construct and consequential validity study".

Borko, H./ Shavelson, R. J. 1990. „Teacher decision making". In: Jones, Beau Fly/ Idol, Lorna, Hrsg., *Dimensions of thinking and cognitive instruction.* Hillsdale, NJ: Erlbaum, 311–345.

Borko, Hilda/ Mayfield, Vicky. 1995. „The Roles of the Cooperating Teacher and University Supervisor in Learning to Teach". *Teaching and Teacher Education* 11(5), 501–518.

Bromme, Rainer. 1987. „Der Lehrer als Experte – Entwurf eines Forschungsansatzes. Denken und Wissen von Lehrern aus der Perspektive neuerer Forschung zum Problemlösen". In: Neber, Heinz, Hrsg., *Angewandte Problemlösepsychologie, Arbeiten zur sozialwissenschaftlichen Psychologie*, vol. 18. Münster: Aschendorff, 127–151.

Bromme, Rainer. 1992. *Der Lehrer als Experte: zur Psychologie des professionellen Wissens.* Huber-Psychologie-Forschung. Bern: Huber.

Bromme, Rainer/ Haag, Ludwig. 2008. „Forschung zur Lehrerpersönlichkeit". In: Helsper, Werner/ Böhme, Jeanette, Hrsg., *Handbuch der Schulforschung.* Wiesbaden: VS Verlag für Sozialwissenschaften / GWV Fachverlage GmbH Wiesbaden, 803–819.

Calderhead, James. 2006. „Reflective Teaching and Teacher Education". In: Hartley, David/ Whitehead, Maurice, Hrsg., *Professionalism, social justice and teacher education, Teacher education*, vol. 4. London: Routledge, 35–47.

Calderhead, James/ Shorrock, Susan B. 1997. *Understanding teacher education: Case studies in the professional development of beginning teachers.* London: Falmer Press.

Campbell, James. 1996. *Understanding John Dewey: Nature and cooperative intelligence.* 2. Aufl. Chicago: Open Court.

Carle, Ursula. 2000. *Was bewegt die Schule? Internationale Bilanz, praktische Erfahrungen, neue systemische Möglichkeiten für Schulreform, Lehrerbildung, Schulentwicklung und Qualitätssteigerung.* Baltmannsweiler: Schneider Verlag Hohengehren.

Carnegie Forum on Education and the Economy/ Task Force on Teaching as a Profession. 1986. *A Nation Prepared: Teachers for the 21st century. The report of the Task Force on Teaching as a Profession, Carnegie Forum on Education and the Economy, May 1986.* Washington D.C.: The Forum.

Caspari, Daniela/ Helbig, Beate/ Schmelter, Lars. 2003. „Forschungsmethoden: Explorativ-interpretatives Forschen". In: Bausch, Karl-Richard, Hrsg., *Handbuch Fremdsprachenunterricht*, UTB. Tübingen: Francke, 499–505.

Castle, Sharon/ Fox, Rebecca K./ O'Hanlan Souder, Kathleen. 2006. „Do Professional Development Schools (PDSs) make a difference? A Comparative Study of PDS and non-PDS teacher candidates". *Journal of Teacher Education* 57(1), 65–80.

Clarke, Anthony. 1995. „Professional Development in Practicum Settings: Reflective Practice under Scrutiny". *Teaching and Teacher Education* 11(3), 243–261.

Cochran-Smith, Marilyn. 2008. „The new teacher education in the United States: directions forward". *Teachers and Teaching: theory and practice* 14(4), 271–282.

Collins, Randall. 1990. „Changing conceptions in the sociology of the professions". In: Torstendahl, Rolf/ Burrage, Michael, Hrsg., *The formation of professions*. London: Sage Publications, 11–23.

Combe, Arno/ Helsper, Werner. 1997a. „Einleitung: Pädagogische Professionalität. Historische Hypotheken und aktuelle Entwicklungstendenzen". In: Combe, Arno/ Helsper, Werner, Hrsg., *Pädagogische Professionalität*. Frankfurt am Main: Suhrkamp, 9–48.

Combe, Arno/ Helsper, Werner, Hrsg. 1997b. *Pädagogische Professionalität: Untersuchungen zum Typus pädagogischen Handelns.* 2. Aufl. Frankfurt am Main: Suhrkamp.

Cornford, Ian R. 2002. „Reflective Teaching: empiriral research findings and some implications for teacher education." *Journal of Vocational Education and Training* 54(2), 219–235.

Czerwenka, Kurt. 2004. „Lehrerprofessionalität zwischen Theorie und Praxis". In: Beckmann, Udo/ Eckinger, Ludwig, Hrsg., *Ein neues Bild vom Lehrerberuf?*, Beltz-Pädagogik. Weinheim: Beltz, 56–71.

Daheim, HansJürgen. 1992. „Zum Stand der Professionssoziologie. Rekonstruktion machttheoretischer Modelle der Profession." In: Dewe, Bernd, Hrsg., *Erziehen als Profession*. Opladen: Leske + Budrich, 21–35.

Danielson, Lana. 2008. „Making Reflective Practice More Concrete Through Reflective Decision Making". *The Educational Forum* 72(2), 129–137.

Darling-Hammond, Linda. 2006. *Powerful teacher education: Lessons from exemplary programs.* 1. Aufl. San Francisco, Calif.: Jossey-Bass.

Davis, Elizabeth A. 2006. „Characterizing productive reflection among preservice elementary teachers: Seeing what matters". *Teaching and Teacher Education* 22, 281–301.

Davis, Jaqueline Faye. 1998. *A Descriptive Case Study of a Foreign Language Teaching Methods Course.* Dissertation, University of Georgia, Athens, Georgia.

de Groot, Adriaan D. 1978. *Thought and choice in chess, Psychological studies,* vol. 4. 2. Aufl. The Hague: Mouton.

Delandshere, Ginette/ Petrosky Anthony. 2004. „Political rationales and ideological stances of the standards-based reform of teacher education in the US". *Teaching and Teacher Education* 20, 1–15.

Delett, Jennifer S./ Barnhardt, Sarah/ Kevorkian, Jennifer A. 2001. „A framework for portfolio assessment in the foreign language classroom". *Foreign language annals* 34(6), 559–568.

Demmer, Marianne/ von Saldern, Matthias, Hrsg. 2010. *„Helden des Alltags": Erste Ergebnisse der Schulleitungs- und Lehrkräftebefragung (TALIS) in Deutschland.* Die deutsche Schule, 11. Beiheft. Münster: Waxmann.

Deutsche Gesellschaft für Erziehungswissenschaft. 2002. „Stellungnahme der DGfE zu den Empfehlungen des Wissenschaftsrats". http://dgfe.pleurone.de/bilpol/2002/Stellungnahme.Struktur.Lehrerbildung, Zugriff am 05.01.2010.

Deutsche Gesellschaft für Erziehungswissenschaft. 2010. *Kerncurriculum Erziehungswissenschaft: Empfehlungen der Deutschen Gesellschaft für Erziehungswissenschaft (DGfE).* Erziehungswissenschaft Sonderband, 21. Jahrgang 2010, 2. Aufl. Opladen: Budrich.

Dewey, John. 1929. *The Sources of a Science of Education.* New York: Horace Liveright.

Dewey, John. 1933. *How We Think: A Restatement of the Relation of Reflective Thinking to the Educative Process.* Boston: D.C. Heath.

Dewey, John. 1992. „Why reflective thinking must be an educational aim". In: Dewey, John/ Archambault, Reginald D., Hrsg., *On education.* Chicago: University of Chicago Press, 212228.

Dewey, John. 2002. *Wie wir denken [Herausgegeben von Rebekka Horlacher und Jürgen Oelkers].* Zürich: Verl. Pestalozzianum.

Dewey, John. 2008. *Demokratie und Erziehung: Eine Einleitung in die philosophische Pädagogik ; mit einer umfangreichen Auswahlbibliographie [Herausgegeben und mit einem Nachwort von Jürgen Oelkers, aus dem Amerikanischen von Erich Hylla], Beltz-Taschenbuch Essay,* vol. 57. Weinheim: Beltz.

Dewey, John/ Dewey, Evelyn. 2002. *Schools of tomorrow. [Nachdr. der Ausg.] London 1915, John Dewey and American education,* vol. 2. Bristol: Thoemmes.

Dick, Andreas. 1994. *Vom unterrichtlichen Wissen zur Praxisreflexion: Das praktische Wissen von Expertenlehrern im Dienste zukünftiger Junglehrer.* Bad Heilbrunn: Klinkhardt.

Dilger, Bernadette. 2007. *Der selbstreflektierende Lerner: Eine wirtschaftspädagogische Rekonstruktion zum Konstrukt der „Selbstreflexion".* Paderborn: Eusl.

Donato, Richard. 2009. „Teacher Education in the Age of Standards of Professional Practice". *The Modern Language Journal* 93(2), 267–270.

Dreyfus, Hubert L./ Dreyfus, Stuart E./ Athanasiou, Tom. 1986. *Mind over machine: The power of human intuition and expertise in the era of the computer.* New York, N.Y.: The Free Press.

Dubs, Rolf. 2008. „Lehrerbildung zwischen Theorie und Praxis". In: Lankes, Eva-Maria, Hrsg., *Pädagogische Professionalität als Gegenstand empirischer Forschung.* Münster: Waxmann, 11–28.

Ebert, Vince. 2008. *Denken Sie selbst! Sonst tun es andere für Sie.* 11. Aufl. Reinbek bei Hamburg: Rowohlt Taschenbuch Verlag.

Educational Testing Service. 2008. „Educational Testing Service". www.ets.org/gre, Zugriff am 14.11.2008.

Eliot, T. S. 1974. *The four quarters: collected poems, 1909-1962.* London: Faber and Faber.

Elmore, Richard F. 2003. „Change and Improvement in Educational Reform". In: Gordon, David T., Hrsg., *A nation reformed?* Cambridge, Mass.: Harvard Education Press, 23–38.

Ericsson, Karl Anders/ Simon, Herbert Alexander. 1999. *Protocol analysis: Verbal reports as data.* Rev. ed., 3. print. Aufl. Cambridge, Mass.: MIT Press.

Expertenkommission NRW. 2007. „Ausbildung von Lehrerinnen und Lehrern in Nordrhein-Westfalen: Empfehlungen der Expertenkommission zur Ersten Phase". Bonn.

Eysel, Claudia. 2006. *Interdisziplinäres Lehren und Lernen in der Lehrerbildung: Eine empirische Studie zum Kompetenzerwerb in einer komplexen Lernumgebung.* Studien zum Physik- und Chemielernen, Band 51. Berlin: Logos-Verlag.

Faust, Gabriele/ Heil, Stefan. 2004. „Wissenschafts- und/oder Berufsbezug? Eine empirische Studie zu typologischen Leitbildern der universitären Lehrerbildung bei Lehrenden". In: Beckmann, Udo/ Eckinger, Ludwig, Hrsg., *Ein neues Bild vom Lehrerberuf?*, Beltz-Pädagogik. Weinheim: Beltz, 121–130.

Feiman-Nemser, S./ Buchmann, M. 1986. „The first year of teacher preparation: Transition to pedagogical thinking." *Journal of curriculum studies* 18(3), 239–256.

Feindt, Andreas. 2007. *Studentische Forschung im Lehramtsstudium: Eine fallre-konstruktive Untersuchung studienbiografischer Verläufe und studentischer Forschungspraxen: Univ., Diss.–Oldenburg, 2006., Studien zur Bildungsgang-forschung,* vol. 15. Opladen: Budrich.

Feltes, Torsten/ Marc, Paysen. 2005. *Nationale Bildungsstandards: Von der Bildungs- zur Leistungspolitik.* Hamburg: VSA-Verlag.

Fend, Helmut. 2008. *Schule gestalten: Systemsteuerung, Schulentwicklung und Unterrichtsqualität.* Wiesbaden: VS Verlag für Sozialwissenschaften / GWV Fachverlage GmbH Wiesbaden.

Fichten, Wolfgang. 2010. „Forschendes Lernen in der Lehrerbildung". In: Sandten, Cecile/ Eberhardt, Ulrike, Hrsg., *Neue Impulse der Hochschuldidaktik.* Wiesbaden: VS Verlag für Sozialwissenschaften, 127–182.

Fishman, Stephen M. 1998. „Dewey's Educational Philosophy: Reconciling Nested Dualisms". In: Fishman, Stephen M./ McCarthy, Lucille Parkinson, Hrsg., *John Dewey and the challenge of classroom practice.* New York: Teachers College Press [u.a.], 14–28.

Flick, Uwe. 1995. *Qualitative Forschung: Theorie, Methoden, Anwendung in Psychologie und Sozialwissenschaften, Rowohlts Enzyklopädie,* vol. 546. Orig.-ausg. Aufl. Reinbek bei Hamburg: Rowohlt-Taschenbuch-Verlag.

Flick, Uwe. 2002. *Qualitative Sozialforschung: eine Einführung, Rowohlts Enzyklopädie,* vol. 55654. 6. Aufl. Reinbek bei Hamburg: Rowohlt-Taschenbuch-Verlag.

Flick, Uwe/ von Kardorff, Ernst/ Steinke, Ines, Hrsg. 2004. *Qualitative Forschung: ein Handbuch.* Rororo Rowohlts Enzyklopädie, 3. Aufl. Reinbek bei Hamburg: Rowohlt-Taschenbuch-Verlag.

Floden, Robert E./ Clark, Christopher M. 1988. „Preparing Teachers for Uncertainty". *Teachers College Record* 89(4), 505–524.

Freeman, Donald A. 1996. „The "unstudied problem": Research on teacher learning in language teaching". In: Freeman, Donald A./ Richards, Jack C., Hrsg., *Teacher learning in language teaching.* Cambridge: Cambridge University Press, 351–378.

Freidson, Eliot. 1986. *Professional powers: A study of the institutionalization of formal knowledge.* Chicago: University of Chicago Press.

Freidson, Eliot. 2001. *Professionalism: The third logic.* reprint Aufl. Cambridge: Polity Press.

Fried, Lilian. 2003. „Dimensionen pädagogischer Professionalität. Lehrerausbildungsforschung in internationaler Sicht." *Die Deutsche Schule* (7. Beiheft), 7–31.

Fueyo, Vivian/ Koorland, Mark A. 1997. „Teacher as Researcher: A Synonym for Professionalism". *Journal of Teacher Education* 48(5), 336–344.

Fuhrman, Susan H. 2003. „Riding Waves, Trading Horses: The Twenty-Year Effort to Reform Education". In: Gordon, David T., Hrsg., *A nation reformed?* Cambridge, Mass.: Harvard Education Press, 7–22.

Fuller, F./ Brown, O. 1975. „Becoming a teacher". In: Ryan, Kevin, Hrsg., *Teacher Education.* Chicago: University of Chicago Press, 25–52.

Fuller, Frances F. 1969. „Concerns of Teachers: A Developmental Approach". *American Educational Research Journal* 6(2), 207–226.

Gabel, Petra. 1997. *Lehren und Lernen im Fachpraktikum Englisch: Wunsch und Wirklichkeit.* Giessener Beiträge zur Fremdsprachdidaktik. Tübingen: Narr.

Gehrmann, Axel. 2006. „Beruf, Rolle und Professionalität von Lehrern". In: Arnold, Karl-Heinz/ Sandfuchs, Uwe/ Wiechmann, Jürgen, Hrsg., *Handbuch Unterricht.* Bad Heilbrunn: Klinkhardt, 609–617.

Gesellschaft für Fachdidaktik. 2004. „Kerncurriculum Fachdidaktik. Orientierungsrahmen für alle Fachdidaktiken".

Giegler, Helmut. 1992. „Zur computerunterstützten Analyse sozialwissenschaftlicher Textdaten: quantitative und qualitative Strategien". In: Hoffmeyer-Zlotnik, Jürgen H. P, Hrsg., *Analyse verbaler Daten*, ZUMA-Publikationen. Opladen: Westdt. Verlag, 335–388.

Goodlad, John I. 1991. *Teachers for our nation's schools.* The Jossey-Bass Higher Education Series, 2. Aufl. San Francisco: Jossey-Bass.

Goodlad, John I., Hrsg. 2008. *Education and the making of a democratic people.* Boulder, Colo.: Paradigm Publishers.

Gordon, David T. 2003. „Introduction". In: Gordon, David T., Hrsg., *A nation reformed?* Cambridge, Mass.: Harvard Education Press, 1–6.

Gore, J. M./ Zeichner, K. M. 1991. „Action research and reflective teaching in preservice teacher education: A case study from the United States". *Teaching and Teacher Education* 7(2), 119–136.

Grau, Maike. 2001. „Forschungsfeld Begegnung: Zum Entstehungsprozess einer qualitativen Fallstudie". In: Müller-Hartmann, Andreas, Hrsg., *Qualitative Forschung im Bereich Fremdsprachen lehren und lernen*, Giessener Beiträge zur Fremdsprachendidaktik. Tübingen: Narr, 62–83.

Grossman, Pam. 2003. „Teaching: From a Nation at Risk to a Profession at Risk?" In: Gordon, David T., Hrsg., *A nation reformed?* Cambridge, Mass.: Harvard Education Press, 69–80.

Gruber, Hans. 2004. „Kompetenzen von Lehrerinnen und Lehrern – Ein Blick aus der Expertenforschung". In: Hartinger, Andreas, Hrsg., *Lehrerkompetenzen für* den *Sachunterricht, Probleme und Perspektiven des Sachunterrichts*, vol. 14. Bad Heilbrunn/Obb.: Klinkhardt, 21–33.

Gruber, Hans/ Renkl, Alexander. 2000. „Die Kluft zwischen Wissen und Handeln: Das Problem des trägen Wissens". In: Neuweg, Georg Hans, Hrsg., *Wissen – Können – Reflexion*. Innsbruck: Studien-Verlag, 155–174.

Häcker, Thomas. 2007. *Portfolio: ein Entwicklungsinstrument für selbstbestimmtes Lernen: Eine explorative Studie zur Arbeit mit Portfolios in der Sekundarstufe I, Schul- und Unterrichtsforschung*, vol. 3. 2. Aufl. Baltmannsweiler: Schneider.

Häcker, Thomas/ Winter, Felix. 2009. „Portfolio – nicht um jeden Preis! Bedingungen und Voraussetzungen der Portfolioarbeit in der Lehrerbildung". In: Brunner, Ilse/ Häcker, Thomas/ Winter, Felix, Hrsg., *Das Handbuch Portfolioarbeit*. Seelze-Velber: Klett Kallmeyer, 227–233.

Hallinan, Maureen/ Khmelkov, Vladimir T. 2001. „Recent Developments in Teacher Education in the United States of America". *Journal of Education for Teaching* 27(2), 175–185.

Hamachek, D. 1999. „Effective teachers: What they do, how they do it, and the importance of self-knowledge". In: Lipka, R./ Brinthaupt, T., Hrsg., *The role of self in teacher development*. Albany, NY: State University of New York Press, 189–224.

Hamburger Kommission Lehrerbildung. 2009. „Reform der Lehrerbildung in Hamburg". http://www.zlh-hamburg.de/reform-der-lehrerbildung, Zugriff am 12.12.2009.

Hartmann, Heinz. 1972. „Arbeit, Beruf, Profession". In: Luckmann, Thomas/ Sprondel, Walter Michael, Hrsg., *Berufssoziologie, Neue wissenschaftliche Bibliothek Soziologie*, vol. 55. Köln: Kiepenheuer & Witsch, 36–52.

Hatton, Neville/ Smith, David. 1995. „Reflection in teacher education: Towards definition and implementation". *Teaching and Teacher Education* 11(1), 33–49.

Heil, Stefan/ Faust-Siehl, Gabriele. 2000. *Universitäre Lehrerausbildung und pädagogische Professionalität im Spiegel von Lehrenden: Eine qualitative empirische Untersuchung*. Weinheim: Dt. Studien-Verlag.

Heite, Catrin/ Kessl, Fabian. 2009. „Professionalisierung und Professionalität". In: Andresen, Sabine/ Casale, Rita/ Gabriel, Thomas/ Horlacher, Rebekka/ Larcher Klee, Sabina/ Oelkers, Jürgen, Hrsg., *Handwörterbuch Erziehungswissenschaft*. Weinheim: Beltz, 682–697.

Helmke, Andreas. 2009. *Unterrichtsqualität und Lehrerprofessionalität: Diagnose, Evaluation und Verbesserung des Unterrichts. Franz Emanuel Weinert gewidmet*. 1. Aufl. Seelze: Klett Kallmeyer.

Helmke, Tuyet/ Helmke, Andreas/ Schrader, Friedrich-Wilhelm/ Wagner, Wolfgang/ Nold, Günter/ Schröder, Konrad. 2008. „Die Videostudie des Englischunterrichts". In: Klieme, Eckhard, Hrsg., *Unterricht und Kompetenzerwerb in Deutsch und Englisch*, Beltz Pädagogik. Weinheim: Beltz, 345–363.

Helsper, Werner. 2004. „Antinomien, Widersprüche, Paradoxien: Lehrerarbeit – ein unmögliches Geschäft? Eine strukturtheoretisch-rekonstruktive Perspektive auf das Lehrerhandeln". In: Koch-Priewe, Barbara/ Kolbe, Fritz-Ulrich/ Wildt, Johannes, Hrsg., *Grundlagenforschung und mikrodidaktische Reformansätze zur Lehrerbildung*. Bad Heilbrunn: Klinkhardt, 49–98.

Helsper, Werner. 2007. „Eine Antwort auf Jürgen Baumerts und Mareike Kunters Kritik am strukturtheoretischen Professionsansatz". *Zeitschrift für Erziehungswissenschaft* 10(4), 567–579.

Helsper, Werner/ Breidenstein, Georg/ Kötters-König, Catrin. 2002. „Einleitung". In: Breidenstein, Georg, Hrsg., *Die Lehrerbildung der Zukunft, Studien zur Schul- und Bildungsforschung*, vol. 16. Opladen: Leske + Budrich, 7–14.

Helsper, Werner/ Krüger, Heinz-Hermann/ Rabe-Kleberg, Ursula. 2000. „Professionstheorie, Professions- und Biographieforschung. Einführung in den Themenschwerpunkt". *Zeitschrift für qualitative Bildungs-, Beratungs- und Sozialforschung* 1(1), 5–19.

Henniger, Michael L. 2004. *The teaching experience. An introduction to reflective practice*. Upper Saddle River, NJ: Pearson Merrill Prentice Hall.

Hess, Frederick M. 2005. „The Predictable, But Unpredictably Personal, Politics of Teacher Licensure". *Journal of Teacher Education* 56(5), 192–198.

Hesse, Hans Albrecht. 1972. *Berufe im Wandel: Ein Beitrag zur Soziologie des Berufs, der Berufspolitik und des Berufsrechts*. Flexibles Taschenbuchsoz, 2. Aufl. Stuttgart: Enke.

Hickman, Larry A. 2004. „John Dewey zwischen Pragmatismus und Konstruktivismus – eine Einführung". In: Hickman, Larry A./ Neubert, Stefan/ Reich, Kersten, Hrsg., *John Dewey*. Münster: Waxmann, 1–12.

Hildenbrand, Bruno. 1999. *Fallrekonstruktive Familienforschung: Anleitungen für die Praxis, Qualitative Sozialforschung*, vol. 6. Opladen: Leske + Budrich.

Hochschulrektorenkonferenz. 1998. „Empfehlungen zur Lehrerbildung". http://www.hrk.de/de/beschluesse/109_447.php, Zugriff am 22.12.2008.

Hochschulrektorenkonferenz. 2006. „Empfehlung zur Zukunft der Lehrerbildung in den Hochschulen: Entschließung des Plenums der HRK vom 21.02.2006". http://www.hrk.de/de/download/dateien/Beschluss_Lehrerbildung.pdf, Zugriff am 04.02.2010.

Hoel, Torlaug L./ Gudmundsdottir, Sigrun. 2000. „Using E-mail to Promote Reflection in Teacher Education". *Educational Research in Europe* , 173–183.

Holmes Group. 1990. *Tomorrow's Schools: Principles for the Design of Professional Development Schools: A Report of the Holmes Group.* East Lansing, MI:
Holmes Group.

Hörmann, Georg. 2006. „Deprofessionalisierung als Transprofessionalisierung
oder Qualifizierung als Strategie?" In: Rapold, Monika, Hrsg., *Pädagogische
Kompetenz, Identität und Professionalität.* Baltmannsweiler: Schneider-Verlag
Hohengehren, 93–130.

Horstkemper, Marianne. 2003. „Warum soll man im Lehramtsstudium forschen
lernen?" In: Obolenski, Alexandra/ Meyer, Hilbert, Hrsg., *Forschendes Lernen.*
Bad Heilbrunn/Obb.: Klinkhardt, 117–128.

Houle, Cyril Orvin. 1980. *Continuing learning in the professions.* Jossey-Bass
series in higher education, 1. Aufl. San Francisco, Calif.: Jossey-Bass Publishers.

Hoyle, Eric. 1982. „The Professionalization of Teachers: A Paradox". *British Journal
of Educational Studies* 30(2), 161–171.

Imig, David G./ Imig Scott R. 2006. „The Teacher Effectiveness Movement: How 80
Years of Essentialist Control Have Shaped the Teacher Education Profession".
Journal of Teacher Education 57(2), 167–180.

Jay, Joelle K./ Johnson, Kerri L. 2002. „Capturing complexity: a typology of reflective practice for teacher education". *Teaching and Teacher Education* 18,
73–85.

Johnson, Karen E. 1996. „The vision versus the reality: The tensions of the TESOL
practicum". In: Freeman, Donald A./ Richards, Jack C., Hrsg., *Teacher learning
in language teaching.* Cambridge: Cambridge University Press, 30–49.

Kansanen, Pertti, Hrsg. 2000. *Teachers' pedagogical thinking: Theoretical land-
scapes, practical challenges, American University StudiesSeries 14, Education,*
vol. 47. New York, NY: Lang.

Kansanen, Pertti. 2006. „Constructing a Research-Based Program in Teacher
Education". In: Oser, Fritz K., Hrsg., *Competence oriented teacher training.*
Rotterdam: Sense Publishers, 11–22.

Kelle, Udo/ Kluge, Susann. 1999. *Vom Einzelfall zum Typus: Fallvergleich und
Fallkontrastierung in der qualitativen Sozialforschung, Qualitative Sozialforschung,* vol. 4. Opladen: Leske + Budrich.

Keuffer, Josef/ Oelkers, Jürgen. 2001. *Reform der Lehrerbildung in Hamburg:
Abschlussbericht der von der Senatorin für Schule, Jugend und Berufsbildung
und der Senatorin für Wissenschaft und Forschung eingesetzten Hamburger
Kommission Lehrerbildung.* Beltz Pädagogik. Weinheim: Beltz.

Kincheloe, Joe L./ Weil, Danny, Hrsg. 2001. *Standards and Schooling in the United States: An Encyclopedia.* Santa Barbara Calif.: ABC-CLIO.

Klement, Karl/ Lobendanz, Alois/ Teml, Hubert. 2002. „Schulpraktische Studien als Feld ‚Forschenden Lernens'". In: Klement, Karl/ Lobendanz, Alois/ Teml, Hubert, Hrsg., *Schulpraktische Studien, Praxis der Lehrerbildung*, vol. 4. Innsbruck: Studien-Verlag, 111–130.

KMK. 2004. „Standards für die Lehrerbildung: Bildungswissenschaften". http://www.kmk.org/fileadmin/veroeffentlichungen_beschluesse/2004/2004_12_16-Standards-Lehrerbildung.pdf, Zugriff am 13.12.2009.

KMK. 2008. „Ländergemeinsame inhaltliche Anforderungen für die Fachwissenschaften und Fachdidaktiken in der Lehrerbildung". http://www.kmk.org/fileadmin/veroeffentlichungen_beschluesse/2008/2008_10_16-Fachprofile.pdf, Zugriff am 13.12.2009.

Koch-Priewe, Barbara. 2002. „Der routinierte Umgang mit Neuem. Wie die Professionalisierung von JunglehrerInnen gelingen kann." In: Beetz-Rahm, Sibylle/ Denner, Liselotte/ Riecke-Baulecke, Thomas, Hrsg., *Jahrbuch für Lehrerforschung und Bildungsarbeit*, vol. 3. Weinheim und München: Juventa, 311–324.

Koch-Priewe, Barbara/ Kolbe, Fritz-Ulrich/ Wildt, Johannes. 2004. „Einführung in den Band". In: Koch-Priewe, Barbara/ Kolbe, Fritz-Ulrich/ Wildt, Johannes, Hrsg., *Grundlagenforschung und mikrodidaktische Reformansätze zur Lehrerbildung.* Bad Heilbrunn: Klinkhardt, 7–21.

Korthagen, Fred A. J. 1995. „Teachers who teach teachers: Some final considerations." In: Russell, Tom/ Korthagen, Fred, Hrsg., *Teachers Who Teach Teachers: Reflections on Teacher Education.* Taylor & Francis Ltd, 187–192.

Korthagen, Fred A. J. 2001. *Linking practice and theory: The pedagogy of realistic teacher education.* Mahwah, NJ: Erlbaum.

Korthagen, Fred A. J. 2002. „Eine Reflexion über Reflexion". In: Korthagen, Fred A. J./ Kessels, Jos P. A. M./ Koster, Bob/ Lagerwerf, Bram/ Wubbels, Theo, Hrsg., *Schulwirklichkeit und Lehrerbildung.* Hamburg: EB-Verlag, 55–73.

Kraft, Nancy P. 2001. „A Critical Analysis of Standards in Teacher-Education Programs". In: Kincheloe, Joe L./ Weil, Danny, Hrsg., *Standards and Schooling in the United States.* Santa Barbara Calif.: ABC-CLIO, 203–227.

Kraimer, Klaus. 1995. „Einzelfallstudien". In: König, Eckard, Hrsg., *Methoden*, Bilanz qualitativer Forschung, Band 2. Weinheim: Dt. Studien-Verlag, 463–497.

Kraul, Margret/ Marotzki, Winfried. 2002. *Biographische Arbeit: [Perspektiven erziehungswissenschaftlicher Biographieforschung].* Opladen: Leske + Budrich.

Krippendorff, Klaus. 2005. *Content analysis: An introduction to its methodology.* 2. Aufl. Thousand Oaks: Sage.

Kubler LaBoskey, Vicki/ Hamilton, Mary Lynn. 2009. „‚Doing as I Do‘: The Role of Teacher Educator Self-Study in Educating for Reflective Inquiry". In: Lyons, Nona, Hrsg., *Handbook of reflection and reflective inquiry*. New York: Springer, 333–350.

Kuckartz, Udo. 2007. *Einführung in die computergestützte Analyse qualitativer Daten*. Lehrbuch, 2. Aufl. Wiesbaden: VS Verlag für Sozialwissenschaften.

Kuckartz, Udo. 2010. *Einführung in die computergestützte Analyse qualitativer Daten*. 3. Aufl. Wiesbaden: VS Verlag für Sozialwissenschaften.

Labaree, D. 1992. „Power, knowledge and the rationalization of teaching: A genealogy of the movement to professionalize teaching." *Harvard Educational Review* 62, 123–154.

LaBoskey, Vicki Kubler. 1994. *Development of reflective practice: A study of preservice teachers*. New York: Teachers College Press.

Lafayette, Robert C./ Draper, J. B. 1996. „Introduction. National standards: A catalyst for reform." In: American Council on the Teaching of Foreign Languages., Hrsg., *National standards*. Lincolnwood Ill.: National Textbook Co., 1–8.

Lamnek, Siegfried. 2005. *Qualitative Sozialforschung: Lehrbuch*. Beltz-PVU. Weinheim: Beltz.

Larcher, Sabina/ Oelkers, Jürgen. 2004. „Deutsche Lehrerbildung im internationalen Vergleich". In: Blömeke, Sigrid/ Reinhold, Peter/ Tulodziecki, Gerhard/ Wildt, Johannes, Hrsg., *Handbuch Lehrerbildung*. Braunschweig; Bad Heilbrunn: Westermann; Klinkhardt, 128–150.

Larson, Magali Sarfatti. 1977. *The rise of professionalism: A sociological analysis*. Berkeley: University of Califfornia Press.

Larson, Magali Sarfatti. 1990. „In the Matter of Experts and Professionals, or How Impossible It Is to Leave Nothing Unsaid". In: Torstendahl, Rolf/ Burrage, Michael, Hrsg., *The formation of professions*. London: Sage Publications, 24–50.

Law, Lai-Chong/ Mandl, Heinz/ Henninger, Michael. 1998. *Training of reflection: its geasibility and boundary conditions: Research Report No. 89*. München: Ludwig-Maximilians-Universität München, Institut für Pädagogische Psychologie und Empirische Pädagogik.

Lee, Icy. 2007. „Preparing pre-service English teachers for reflective practice". *ELT journal* 61(4), 321–329.

Legutke, Michael. 2003. „Portfolio der Sprachen. Eine erfolgversprechende Form der Lernstandsermittlung?" *Primary English* 1, 4–6.

Leinhardt, G./ Greeno, G. 1986. „The cognitive skill of teaching". *Journal of Educational Psychology* 78, 75–95.

Leuchter, Miriam/ Reusser, Kurt/ Pauli, Christine/ Klieme, Eckhard. 2008. „Zusammenhänge zwischen unterrichtsbezogenen Kognitionen und Handlungen von Lehrpersonen". In: Gläser-Zikuda, Michaela/ Seifried, Jürgen, Hrsg., *Lehrerexpertise*. Münster: Waxmann, 165–186.

Levine, Marsha, Hrsg. 1998. *Designing Standards That Work for Professional Development Schools: Commissioned Papers of the NCATE PDS Standards Project*. Washington, DC: National Council for the Accreditation of Teacher Education.

Lewin, Kurt. 1946. „Action research and minority problems". *Journal of Social Issues* 2, 34–46.

Lex, Theresia. 2006. *Die Reformpädagogen John Dewey und Adolf Reichwein, pädagogische Konzeptionen im Vergleich*. Dissertation, Universität Dortmund, Dortmund.

Lieberman, Myron. 1956. *Education as a profession*. Englewood Cliffs, NJ: Prentice-Hall, Inc.

Liston, Daniel P./ Zeichner, Kenneth M. 1996. *Culture and teaching, Reflective teaching and the social conditions of schooling*, vol. 2. Mahwah, NJ: Erlbaum.

Loughran, J. John. 1996. *Developing reflective practice. Learning about teaching and learning through modelling. 1. publ.* London u.a.: Falmer Press.

Loughran, J. John/ Hamilton, Mary Lynn/ LaBoskey, Vicki Kubler/ Russell, Tom L., Hrsg. 2004. *International handbook of self-study of teaching and teacher education practices, Kluwer international handbooks of education*, vol. 12. Dordrecht: Kluwer.

Luttenberg, Johan/ Bergen, Theo. 2008. „Teacher reflection: the development of a typology". *Teachers and Teaching: theory and practice* 14(5–6), 543–566.

MacKinnon, Allan M./ Erickson, Gaalen L. 1988. „Taking Schön's Ideas to a Science Teaching Practicum". In: Grimmett, Peter Philip/ Erickson, Gaalen L., Hrsg., *Reflection in teacher education*. New York: Teachers College Press. u.a., 113–137.

Mamede, Silvia/ Schmidt, Henk G. 2004. „The structure of reflective practice in medicine". *Medical Education* 38(12), 1302–1308.

Mansveler-Longayroux, Désirée D./ Beijaard, Douwe/ Verloop, Nico. 2007. „The portfolio as a tool for stimulating reflection by student teachers". *Teaching and Teacher Education* 23(1), 47–62.

Mayring, Philipp. 2003. *Qualitative Inhaltsanalyse: Grundlagen und Techniken, UTB für Wissenschaft Pädagogik*, vol. 8229. 8. Aufl. Weinheim: Beltz.

McLean, S. Vianne. 1999. „Becoming a teacher: the person in the process". In: Lipka, R./ Brinthaupt, T., Hrsg., *The role of self in teacher development*. Albany, NY: State University of New York Press, 55–91.

Meier, Deborah/ Wood, George Harrison, Hrsg. 2004. *Many children left behind: How the No Child Left Behind Act is damaging our children and our schools*. Boston: Beacon Press.

Merkens, Hans. 2004. „Auswahlverfahren, Sampling, Fallkonstruktion". In: Flick, Uwe/ von Kardorff, Ernst/ Steinke, Ines, Hrsg., *Qualitative Forschung*, Rororo Rowohlts Enzyklopädie. Reinbek bei Hamburg: Rowohlt-Taschenbuch-Verlag, 286–299.

Merriam, Sharan B. 1998. *Qualitative research and case study applications in education*. überarbeitete Aufl. San Francisco, Calif.: Jossey-Bass Publishers.

Merzyn, Gottfried. 2004. *Lehrerausbildung – Bilanz und Reformbedarf: Überblick über die Diskussion zur Gymnasiallehrerausbildung, basierend vor allem auf Stellungnahmen von Wissenschafts- und Bildungsgremien sowie auf Erfahrungen von Referendaren und Lehrern*. 2. Aufl. Baltmannsweiler: Schneider-Verlag Hohengehren.

Messner, Rudolf. 2001. „Szenarien zur Bearbeitung des Theorie-Praxis-Problems in der Lehrerbildung". *journal für lehrerinnen- und lehrerbildung* 2, 10–19.

Meuser, Michael/ Nagel, Ulrike. 1997. „Das Experteninterview – Wissenssoziologische Voraussetzungen und methodische Durchführung". In: Friebertshäuser, Barbara/ Prengel, Annedore, Hrsg., *Handbuch qualitative Forschungsmethoden in der Erziehungswissenschaft*. Weinheim: Juventa-Verlag, 481–491.

Meuser, Michael/ Nagel, Ulrike. 2005. „Vom Nutzen der Expertise. ExpertInneninterviews in der Sozialberichterstattung." In: Bogner, Alexander, Hrsg., *Das Experteninterview*. Wiesbaden: VS Verlag für Sozialwissenschaften, 257–272.

Mieg, Harald A. 2006. „System experts and decision making experts in transdisciplinary projects". *International Journal of Sustainability in Higher Education* 7(3), 341–351.

Ministerium für Schule, Jugend und Kinder des Landes Nordrhein-Westfalen. 2. Juli 2002. „Gesetz über die Ausbildung für Lehrämter an öffentlichen Schulen (Lehrerausbildungsgesetz - LABG)". http://www.schulministerium.nrw.de/BP/ Schulrecht/Lehrerausbildung/LABGAlt.pdf, Zugriff am April 18, 2009.

Ministerium für Schule, Jugend und Kinder des Landes Nordrhein-Westfalen. 2004a. „Entwicklung von Kerncurricula: Rahmenvorgaben Kerncurriculum". http://www.schulministerium.nrw.de/BP/Schulrecht/Lehrerausbildung/ Kerncurricula.pdf, Zugriff am April 18, 2009.

Ministerium für Schule, Jugend und Kinder des Landes Nordrhein-Westfalen. 2004b. „Praxisphasen in den Lehramtsstudiengängen".

http://www.schulministerium.nrw.de/BP/Schulrecht/Lehrerausbildung/ Praxisphasen.pdf, Zugriff am April 18, 2009.

Ministerium für Schule und Weiterbildung. 1994. „Lehramtsprüfungsordung 1994". http://www.uni-duisburg-essen.de/~qpb000/pfl/ius/lpo94nf/lpo94nf. php?anz=6, Zugriff am 18.04.2009.

Mintrop, Heinrich. 2006. „Einen qualifizierten Lehrer für jede Klasse – Neuere Ansätze der Lehrerausbildung in den Vereinigten Staaten von Amerika im Zuge der Standard-Bewegung". In: Hilligus, Annegret Helen/ Rinkens, Hans-Dieter, Hrsg., *Standards und Kompetenzen – neue Qualität in der Lehrerausbildung?, Paderborner Beiträge zur Unterrichtsforschung und Lehrerbildung*, vol. 11. Berlin: LIT-Verlag, 89–116.

Moore, Alex. 2004. *The good teacher: Dominant discourses in teaching and teacher education*. London, New York: Routledge Falmer.

Morey, Ann I./ Bezuk, N./ Chiero, R. 1997. „Preservice Teacher Preparation in the United States." *Peabody Journal of Education* 72(1), 4–24.

Moskowitz, Gertrude. 1976. „The Classroom Interaction of Outstanding Foreign Language Teachers". *Foreign language annals* 9(2), 135–157.

Mulder, Regina H./ Messmann, Gerhard/ Gruber, Hans. 2009. „Professionelle Entwicklung von Lehrenden als Verbindung von Professionalität und professionellem Handeln". In: Zlatkin-Troitschanskaia, Olga, Hrsg., *Lehrprofessionalität*. Weinheim: Beltz, 401–409.

National Board of Professional Teaching Standards. 2001. „NBPTS Standards for World Languages other than Englisch. For teachers of students ages 3–18."

National Board of Professional Teaching Standards. 2002. „Standards NBPTS". http://www.nbpts.org/UserFiles/File/what_teachers.pdf, Zugriff am 05.08.2006.

National Commission on Excellence in Education. 1983. „A Nation at Risk: The Imperative For Educational Reform". http://www.ed.gov/pubs/NatAtRisk/index. html, Zugriff am 02.03.2010.

National Council for Accreditation of Teacher Education, Hrsg. 1998. *Designing standards that work for professional development schools*. Washington DC: National Council for Accreditation of Teacher Education.

Neubert, Gloria A./ Binko James B. 1998. „Professional Development Schools – The Proof is Performance". *Education Leadership* 55(5), 44–46.

Neubert, Stefan. 2004. „Pragmatismus – thematische Vielfalt in Deweys Philosophie und in ihrer heutigen Rezeption". In: Hickman, Larry A./ Neubert, Stefan/ Reich, Kersten, Hrsg., *John Dewey*. Münster: Waxmann, 13–27.

Neuweg, Georg Hans. 1999. *Könnerschaft und implizites Wissen: Zur lehr-lerntheoretischen Bedeutung der Erkenntnis- und Wissenstheorie Michael Polanyis.* Münster: Waxmann.

Nicholls, Gill. 2001. *Professional development in higher education: New dimensions and directions.* London: Kogan Page.

Nittel, Dieter. 2000. *Von der Mission zur Profession? Stand und Perspektiven der Verberuflichung in der Erwachsenenbildung.* Theorie und Praxis der Erwachsenenbildung. Bielefeld: Bertelsmann.

Nold, Günter/ Roters, Bianca/ Timpe, Veronika. 2011. „Lehrerprofessionalität und Professionalisierung der Lehrerbildung – theoretische Zugänge und hochschuldidaktische Konsequenzen: Entwurf eines Positionspapieres der Deutschen Gesellschaft für Fremdsprachenforschung".

Norlander-Case, Kay A./ Reagan, Timothy G./ Case, Charles W. 1999. *The professional teacher: The preparation and nurturance of the reflective practitioner.* 1. Aufl. San Francisco: Jossey-Bass.

Oelkers, Jürgen. 2001. „Welche Zukunft hat die Lehrerbildung?" In: Oelkers, Jürgen, Hrsg., *Zukunftsfragen der Bildung.* Weinheim und Basel: Beltz, 151–164.

Oelkers, Jürgen. 2009a. *John Dewey und die Pädagogik.* 1. Aufl. Weinheim: Beltz.

Oelkers, Jürgen. 2009b. „Lehrerbildung an der Pädagogischen Hochschule zwischen Wissenschaft, Politik und Gesellschaft: Festvortrag anlässlich des Hochschultages der Pädagogischen Hochschule Weingarten am 20. November 2009." http://www.ife.uzh.ch/user_downloads/1012/Weingarten.pdf, Zugriff am 28.04.2010.

Oelkers, Jürgen. 2009c. „*I wanted to be a good teacher …*": zur Ausbildung von Lehrkräften in Deutschland. Netzwerk Bildung, 1. Aufl. Berlin: Friedrich-Ebert-Stiftung.

Oevermann, Ulrich. 1997. „Skizze einer revidierten Theorie professionalisierten Handelns". In: Combe, Arno/ Helsper, Werner, Hrsg., *Pädagogische Professionalität.* Frankfurt am Main: Suhrkamp, 70–182.

Óhidy, Andrea. 2007. „Das deutsche Bildungswesen". In: Óhidy, Andrea/ Terhart, Ewald/ Zsolnai, József, Hrsg., *Lehrerbild und Lehrerbildung.* Wiesbaden: VS Verlag für Sozialwissenschaften, 19–44.

Ophardt, Diemut. 2006. *Professionelle Orientierungen von Lehrerinnen und Lehrern unter den Bedingungen einer Infragestellung der Vermittlungsfunktion: Eine qualitativ-rekonstruktive Studie an einer Hauptschule im Reformprozess.* Dissertation, Freie Universität Berlin, Berlin.

Orfield, Gary/ Kornhaber, Mindy L., Hrsg. 2001. *Raising standards or raising barriers? Inequality and high-stakes testing in public education.* New York: Century Foundation Press.

Pakman, Marcelo. 2000. „Thematic Foreword: Reflective Practices: The Legacy Of Donald Schön". *Cybernetics & Human Knowing* 7(2-3), 5–8.

Papenberg, Stefan/ Roters, Bianca. 2010. „Bridging the gap – Kooperation von Fachdidaktik und Erziehungswissenschaften an der Universität Dortmund." In: Sandten, Cecile/ Eberhardt, Ulrike, Hrsg., *Neue Impulse der Hochschuldidaktik.* Wiesbaden: VS Verlag für Sozialwissenschaften, S.183–196.

Pennington, Martha C. 1992. „Second class or economy? The status of the English language teaching profession in tertiary education". *Prospect* 7(3), 7–19.

Pietsch, Susanne. 2010. *Begleiten und begleitet werden: Praxisnahe Fallarbeit – ein Beitrag zur Professionalisierung in der universitären Lehrerbildung.* Kassel: Kassel University Press.

Polanyi, Michael. 1967. *The tacit dimension.* New York: Doubleday Anchor.

Pressemitteilung Wissenschaftsrat. 2001. „Empfehlungen zur künftigen Struktur der Lehrerbildung". http://www.wissenschaftsrat.de/presse/pm_2001.htm, Zugriff am 27.12.2008.

Radtke, Frank-Olaf. 2004. „Der Eigensinn pädagogischer Professionalität jenseits von Innovationshoffnungen und Effizienzerwartungen: Übergangene Einsichten aus der Wissensverwendungsforschung für die Organisation der universitären Lehrerbildung". In: Koch-Priewe, Barbara/ Kolbe, Fritz-Ulrich/ Wildt, Johannes, Hrsg., *Grundlagenforschung und mikrodidaktische Reformansätze zur Lehrerbildung.* Bad Heilbrunn: Klinkhardt, 99–149.

Rapold, Monika. 2006. „Pädagogische Kompetenz, Identität und Professionalität. Die Konzeption eines universitären Seminars". In: Rapold, Monika, Hrsg., *Pädagogische Kompetenz, Identität und Professionalität.* Baltmannsweiler: Schneider-Verlag Hohengehren, 5–34.

Ravitch, Diane. 1995. *National standards in American education: A citizen's guide.* Washington DC: Brookings Inst. Press.

Reimann, Peter. 1998. „Novizen- und Expertenwissen". In: Klix, Friedhart/ Birbaumer, Niels/ Graumann, Carl Friedrich, Hrsg., *Wissen*, Kognition, Band 6. Göttingen: Hogrefe Verl. für Psychologie, 335–367.

Richards, Jack C. 1998. *Beyond training: Perspectives on language teacher education.* Cambridge language teaching library. Cambridge: Cambridge Univ. Press.

Richert, Anna. 1995. „Introduction: Learning to Teach Teachers". In: Russell, Tom/ Korthagen, Fred, Hrsg., *Teachers Who Teach Teachers: Reflections on Teacher Education*. Taylor & Francis Ltd, 1–7.

Ricken, J./ Roters B./ Scholkmann A. 2009. „Projekt PBL: Wirksamkeit problembasierten Lernens als hochschuldidaktische Methode". *Journal für Hochschuldidaktik* 20(1), 7–10.

Ridley, D. Scott/ Hurwitz, Sally/ Hackett, Mary Ruth Davis. 2005. „Comparing PDS and Campus-Based Preservice Teacher Preparation: Is PDS-Based Preparation Really Better?" *Journal of Teacher Education* 56(1), 46–56.

Rotberg, I. C./ Futrell, M. H./ Lieberman, J. M. 1998. „National Board Certification: Increasing Participation and Assessing Impacts." *Phi Delta Kappan* 79(6), 462–466.

Roters, Bianca. 2008. „Neue Lehrer braucht das Land? Lehrerausbildung in den USA zwischen professionsbasierter und marktwirtschaftlicher Steuerung." In: Kraler, Christian, Hrsg., *Wissen erwerben, Kompetenzen entwickeln*. Münster: Waxmann, 181–194.

Roters, Bianca/ Nold, Günter/ Haudeck, Helga/ Keßler, Jörg-U./ Stancel-Piatak, Agnes. 2011. „Professionelles Wissen von Studierenden des Lehramts Englisch". In: Blömeke, Sigrid/ Bremerich-Vos, Albert/ Haudeck, Helga/ Kaiser, Gabriele/ Nold, Günter/ Schwippert, Knut/ Willenberg, Heiner, Hrsg., *Kompetenzen von Lehramtsstudierenden in gering strukturierten Domänen. Erste Ergebnisse aus TEDS-LT*. Münster: Waxmann, 77–99.

Roters, Bianca/ Schneider, Ralf/ Koch-Priewe, Barbara/ Thiele, Jörg/ Wildt, Johannes, Hrsg. 2009. *Forschendes Lernen in Praxisstudien – Hochschuldidaktik. Professionalisierung. Kompetenzentwicklung*. Bad Heilbrunn: Klinkhardt.

Rottländer, Daniela. 2008. *Zwischen Pragmatismus und Professionalität. Beschreibungsweisen des Sportlehrerhandelns*. Dissertation, Universität Dortmund, Dortmund. http://hdl.handle.net/2003/25800, Zugriff am 02.09.2009.

Ryle, Gilbert. 1949. *The Concept of Mind*. Chicago: The University of Chicago Press.

Sachs, Judyth. 1997. „Reclaiming the Agenda of Teacher Professionalism: an Australian experience". *Journal of Education for Teaching* 23(3), 263–275.

Sandfuchs, Uwe. 2004. „Geschichte der Lehrerbildung in Deutschland". In: Blömeke, Sigrid/ Reinhold, Peter/ Tulodziecki, Gerhard/ Wildt, Johannes, Hrsg., *Handbuch Lehrerbildung*. Braunschweig; Bad Heilbrunn: Westermann; Klinkhardt, 14–37.

Schäfer, Karl-Hermann. 2005. *Kommunikation und Interaktion: Grundbegriffe einer Pädagogik des Pragmatismus*. 1. Aufl. Wiesbaden: VS Verlag für Sozialwissenschaften.

Schneider, Ralf. 2009. *Forschendes Lernen in der Lehrerausbildung. Entwicklung einer Neukonzeption von Praxisstudien am Beispiel des Curriculumbausteins „Schulentwicklung": eine empirisch-qualitative Untersuchung zur Ermittlung hochschuldidaktischer Potentiale.* Dissertation, TU Dortmund, Dortmund. http://hdl.handle.net/2003/26029.

Schocker-v. Ditfurth, Marita. 2001. *Forschendes Lernen in der fremdsprachlichen Lehrerbildung: Grundlagen, Erfahrungen, Perspektiven.* Giessener Beiträge zur Fremdsprachendidaktik. Tübingen: Narr.

Schön, Donald A. 1983. *The reflective practitioner: How professionals think in action.* New York: Basic Books.

Schön, Donald A. 1988. *Educating the Reflective Practitioner.* 3. Aufl. San Francisco: Jossey-Bass.

Schützenmeister, Jörn. 2002. *Professionalisierung und Polyvalenz in der Lehrerausbildung.* Marburg: Tectum-Verlag.

Schwänke, Ulf. 1988. *Der Beruf des Lehrers: Professionalisierung und Autonomie im historischen Prozeß.* Weinheim: Juventa-Verlag.

Seider, Susan N./ Lemma, Paulette. 2004. „Perceived Effects of Action Research on Teachers' Professional Efficacy, Inquiry Mindsets and the Support They Received While Conducting Projects to Intervene into Student Learning". *Educational Action Research* 12(2), 219–238.

Seipp, Bettina/ Ruschin, Sylvia. 2004. „Einleitung: Neuordnung der Lehrerbildung an den Hochschulen Nordrhein-Westfalens". In: Seipp, Bettina/ Ruschin, Sylvia, Hrsg., *Neuordnung der Lehrerbildung an den Hochschulen Nordrhein-Westfalens, Dortmunder Beiträge zur Pädagogik,* vol. 36. Bochum: Projektverlag, 13–20.

Senate and House of Representatives of the United States of America in Congress. 2001. „No Child Left Behind Act of 2001, Pub. L. No. 107-110, 115: NCLB-Act". http://www2.ed.gov/policy/elsec/leg/esea02/107-110.pdf, Zugriff am 10.12.2009.

Serafini, Frank. 2002. „Possibilities and Challenges. The National Board for Professional Teaching Standards". *Journal of Teacher Education* 53(4), 316–327.

Shirley, Dennis. 2009. „American Perspectives on German Educational Theory and Research – A Closer Look at Both the American Educational Context and the German Didaktik Tradition". In: Arnold, Karl-Heinz, Hrsg., *Allgemeine Didaktik und Lehr-Lernforschung.* Bad Heilbrunn: Klinkhardt, 195–209.

Shulman, Lee S. 1986. „Those who understand: knowledge growth in teaching". *Educational Researcher* 15(2), 4–14.

Shulman, Lee S. 1987. „Knowledge and teaching: foundations of the new reform". *Harvard Education Review* 57(1), 1–22.

Shulman, Lee S. 1988. „The Dangers of Dichotomous Thinking in Education". In: Grimmett, Peter Philip/ Erickson, Gaalen L., Hrsg., *Reflection in teacher education.* New York: Teachers College Press, 31–38.

Shulman, Lee S. 1992. „Research on teaching: A historical and personal perspective". In: Oser, Fritz K, Hrsg., *Effective and responsible teaching,* The Jossey-Bass education series. San Francisco: Jossey-Bass, 14–29.

Shulman, Lee S. 1999. „Knowledge and Teaching: Foundations of the New Reform". In: Leach, Jenny/ Moon, Bob, Hrsg., *Learners and pedagogy.* London: Paul Chapman, 61–77.

Smith, Kari. 2005. „Teacher educators' expertise: what do novice teachers and teacher educators say?" *Teaching and Teacher Education* 21, 177–192.

Spalding, Elizabeth/ Wilson, Angene. 2002. „Demystifiying Reflection: A Study of Pedagogical Strategies That Encourage Reflective Journal Writing". *Teachers College Record* 104(7), 1393–1421.

Spring, Joel H. 2008. *American education.* 13. Aufl. Boston: McGraw-Hill.

Stake, Robert E. 2005. „Qualitative Case Studies". In: Denzin, Norman K./ Lincoln, Yvonna S., Hrsg., *The Sage handbook of qualitative research.* Thousand Oaks: Sage Publications, 443–466.

Staub, Fritz C. 2001. „Fachspezifisch-pädagogisches Coaching: Theoriebezogene Unterrichtsentwicklung zur Förderung von Unterrichtsexpertise". *Beiträge zur Lehrerbildung* 19, 175–198.

Steinke, Ines. 2004. „Gütekriterien qualitativer Forschung". In: Flick, Uwe/ von Kardorff, Ernst/ Steinke, Ines, Hrsg., *Qualitative Forschung,* Rororo Rowohlts Enzyklopädie. Reinbek bei Hamburg: Rowohlt-Taschenbuch-Verlag, 319–331.

Stenhouse, Lawrence, Hrsg. 1975. *An introduction to curriculum research and development.* London: Heinemann.

Stern, H H. 1983. *Fundamental concepts of language teaching.* Oxford: Oxford Univ. Press.

Stichweh, Rudolf. 1992. „Professionen in Deutschland im 19. und 20. Jahrhundert". *Ius Commune* 19, 279–288.

Stichweh, Rudolf. 1997. „Professionen in einer funktional differenzierten Gesellschaft". In: Combe, Arno/ Helsper, Werner, Hrsg., *Pädagogische Professionalität.* Frankfurt am Main: Suhrkamp, 49–69.

Stichweh, Rudolf. 2005. „Wissen und die Professionen in einer Organisationsgesellschaft". In: Klatetzki, Thomas/ Tacke, Veronika, Hrsg., *Organisation und*

Profession, Organisation und Gesellschaft. Wiesbaden: VS Verlag für Sozialwissenschaften, 31–44.

Stoddart, Trish/ Floden, Robert. 1996. „Traditional and Alternate Routes to Teacher Certification: Issues, Assumptions, and Misconceptions". In: Zeichner, Kenneth M./ Melnick, Susan L./ Gomez, Mary Louise, Hrsg., *Currents of reform in preservice teacher education*. New York: Teachers College Press, 80–108.

Tatto, Maria Teresa. 2006. „Education reform and the global regulation of teachers' education, development and work: A cross-cultural analysis". *International Journal of Educational Research* 45, 231–241.

Teach for America. 2006. „Who we are looking for". http://www.teachforamerica. org/admissions/who_were_looking_for.htm, Zugriff am 15.11.2006.

Tedick, Diane J. 2009. „K-12 Language Teacher Preparation: Problems and Possibilities". *The Modern Language Journal* 93(2), 263–267.

Terhart, Ewald. 2000a. „Lehrerbildung und Professionalität. Strukturen, Probleme und aktuelle Reformtendenzen." In: Bastian, Johannes, Hrsg., *Professionalisierung im Lehrerberuf, Studien zur Schul- und Bildungsforschung*, vol. 12. Opladen: Leske + Budrich, 73–85.

Terhart, Ewald. 2000b. *Perspektiven der Lehrerbildung in Deutschland: Abschlussbericht der von der Kultusministerkonferenz eingesetzten Kommission*. Beltz-Pädagogik. Weinheim: Beltz.

Terhart, Ewald. 2001. *Lehrerberuf und Lehrerbildung: Forschungsbefunde, Problemanalysen, Reformkonzepte*. Beltz-Pädagogik. Weinheim: Beltz.

Terhart, Ewald. 2004. „Struktur und Organisation der Lehrerbildung in Deutschland". In: Blömeke, Sigrid/ Reinhold, Peter/ Tulodziecki, Gerhard/ Wildt, Johannes, Hrsg., *Handbuch Lehrerbildung*. Braunschweig; Bad Heilbrunn: Westermann; Klinkhardt, 37–59.

Testprepreview. 2008. „SAT Preparation". http://www.testprepreview.com/sat_ practice.htm, Zugriff am 31.10.2008.

Tiefel, Sandra. 2004. *Beratung und Reflexion: Eine qualitative Studie zu professionellem Beratungshandeln in der Moderne, Biographie und Profession*, vol. 3. 1. Aufl. Wiesbaden: VS Verlag für Sozialwissenschaften.

Timmerhaus, Winfried. 2001. *Fachdidaktik als konstitutives Element universitärer Lehrerbildung: Bestandsaufnahmen, Analysen und Konzeptionen aus erziehungswissenschaftlicher Perspektive*. Marburg: Tectum-Verlag.

Tsui, Amy B. M. 2003. *Understanding expertise in teaching: Case studies of second language teachers*. Cambridge applied linguistics. Cambridge: Cambridge University Press.

Turner-Bisset, Rosie. 2001. *Expert teaching: Knowledge and pedagogy to lead the profession*. London: David Fulton.

Ur, Penny. 2007. *A course in language teaching: Practice and theory*. 15. Aufl. Cambridge: Cambridge University Press.

Valli, Linda, Hrsg. 1992. *Reflective teacher education: Cases and critiques*. SUNY series, Teacher preparation and development. Albany N.Y: State University of New York Press.

Valli, Linda. 1993. „Reflective Teacher Education Programs: An Analysis of Case Studies". In: Calderhead, James/ Gates, Peter, Hrsg., *Conceptualizing reflection in teacher development*. London, Washington D.C.: Falmer Press, 11–22.

Valli, Linda. 1997. „Listening to Other Voices: A Description of Teacher Reflection in the United States". *Peabody Journal of Education* 72(1), 67–88.

Valli, Linda/ Rennert-Ariev, Peter. 2002. „New standards and assessments? Curriculum transformation in teacher education". *Journal of curriculum studies* 34(2), 201–225.

von Felten, Regula. 2005. *Lernen im reflexiven Praktikum: eine vergleichende Untersuchung*. Internationale Hochschulschriften, Band 441. Münster: Waxmann.

Wallace, Michael J. 1991. *Training foreign language teachers: A reflective approach*. Cambridge teacher training and development. Cambridge: Cambridge Univ. Press.

Ward, John R./ McCotter, Suzanne S. 2004. „Reflection as a visible outcome for preservice teachers". *Teaching and Teacher Education* 20, 243–257.

Warford, Mark K./ Reeves, Jenelle. 2003. „Falling into it: novice TESOL teacher thinking". *Teachers and Teaching: theory and practice* 9(1), 47–65.

Wayne, Andrew J. &. Young Peter. 2006. „Die Art der Ausbildung von Lehrern und die Lerngewinne ihrer Schüler. Eine Übersicht über aktuelle empirische Forschung." *Zeitschrift für Pädagogik* (51. Beiheft), 71–96.

Weber, Max. 1991. „Die ‚Objektivität' sozialwissenschaftlicher und sozialpolitischer Erkenntnis, in ders.: Schriften zur Wissenschaftslehre: [zuerst in: Archiv für Sozialwissenschaft und Sozialpolitik, 19, 1904, S. 22-87]." In: Weber, Max/ Sukale, Michael, Hrsg., *Schriften zur Wissenschaftslehre, Universal-Bibliothek*, vol. 8748. Stuttgart: Reclam, 21–101.

Weinert, Franz E. 2002. *Leistungsmessungen in Schulen*. Beltz Pädagogik, 2. Aufl. Weinheim: Beltz.

Weingart, Gail. 2003. „Die Lehrerbildung in den USA. Kritik und Ansätze der Reform." *Die Deutsche Schule* (7. Beiheft), 83–98.

Wideen, M./ Mayer-Smith, J./ Moon, B. 1998. „A critical analysis of the research on learning to teach: Making the case for an ecological perspective on inquiry". *Review of Educational Research* 68(2), 130–178.

Wildt, Johannes. 2000. „Ein hochschuldidaktischer Blick auf die Lehrerbildung: Hochschule als didaktisches Lern- und Handlungsfeld". In: Bayer, Manfred, Hrsg., *Lehrerin und Lehrer werden ohne Kompetenz?* Bad Heilbrunn/Obb.: Klinkhardt, 171–182.

Wineburg, Mona S. 2006. „Evidence in Teacher Preparation: Establishing a framework for accountability". *Journal of Teacher Education* 57(1), 51–64.

Winitzky, Nancy/ Arends, Richard. 1991. „Translating Research into Practice: The Effects of Various Forms of Training and Clinical Experience on Preservice Students' Knowledge, Skill, and Reflectiveness". *Journal of Teacher Education* 42(1), 52–65.

Winter, Felix. 2008. „Portfolios zur Individualisierung des Lernens und des Beurteilens: Vortrag zur Eröffnung der gleichnamigen Tagung der ÖFEB-Sektion „Schulforschung und Schulentwicklung" am 06.06.2008 in Linz." http://www.portfolio-schule.de/go/Material/doc/doc_download.cfm? 41229463F3C7493EB0FD86BCED5BDF09, Zugriff am 01.06.2010.

Wissenschaftsrat. 2001. „Empfehlungen zur künftigen Struktur der Lehrerbildung". Berlin.

Wolff, Stephan. 2004. „Dokumenten- und Aktenanalyse". In: Flick, Uwe/ von Kardorff, Ernst/ Steinke, Ines, Hrsg., *Qualitative Forschung*, Rororo Rowohlts Enzyklopädie. Reinbek bei Hamburg: Rowohlt-Taschenbuch-Verlag, 502–513.

Wubbels, Theo/ Korthagen, Fred A. J. 1990. „The effects of a pre-service teacher education program for the preparation of reflective teachers". *Journal of Education for Teaching* 16(1), 29–43.

Yin, Robert K. 2003. *Case study research: Design and methods, Applied social researchmethods series*, vol. 5. 3. Aufl. Thousand Oaks, Calif.: Sage.

Zeichner, Kenneth M. 1992. „Conceptions of Reflective Teaching in Contemporary U.S. Teacher Education Program Reforms". In: Valli, Linda, Hrsg., *Reflective teacher education*, SUNY series, Teacher preparation and development. Albany N.Y: State University of New York Press, 161–173.

Zeichner, Kenneth M. 2003. „The adequacies and inadequacies of three current strategies to recruit, prepare, and retain the best teachers for all students." *Teachers College Record* 105(3), 490–519.

Zeichner, Kenneth M./ Liston, Daniel P. 1996. *Reflective teaching. An introduction*. Reflective teaching and the social conditions of schooling. Mahwah, NJ: Erlbaum.

Zeichner, Kenneth M./ Tabachnick, Robert B. 1991. „Reflections on Reflective Teaching". In: Tabachnick, B. Robert/ Zeichner, Kenneth M., Hrsg., *Issues and practices in inquiry-oriented teacher education*, The Wisconsin series of teacher education. London: Falmer Press, 1–21.

Anhang

1. Interviewleitfäden

2. Eigene Einordnung der Studierenden in Typologie

3. Expertenrating I + II

Interviewleitfaden Experteninterview I (deutsches Lehrerausbildungsprogramm)

Übereinstimmung mit Zielsetzung

Inwieweit stimmt ihr den zentralen Zielsetzungen des TPM zu, nämlich dem Erwerb von schulrelevantem erziehungswissenschaftlichem und fachdidaktischem Basiswissen den hochschuldidaktischen Prinzipien des forschenden Lernens, des Fächerübergreifenden Lernens, dem biografischen Lernen dem Erwerb erster Unterrichtskompetenz

Verhältnis Fachdidaktik-Erziehungswissenschaft

Wie sieht die institutionelle und persönliche Zusammenarbeit aus? Wie werden die Aufgaben von Studien- und Unterrichtsskizze untereinander verteilt?

Werden Konzepte für Element 4 diskutiert, evtl. in Form eines gemeinsamen Seminarplans? Wie wird das Seminar und die Kooperation organisiert?

Welche neuen Erfahrungen habt ihr durch die Kooperation mit einer Lehrperson aus einer anderen Disziplin gemacht, sowohl inhaltlich als auch methodisch? Fühlt ihr euch durch EW bzw. FD vereinnahmt? Gibt es Konkurrenz um Inhalte?

Kennt ihr die wissenschaftstheoretischen Positionen eurer Kooperationspartner? Gibt es unterschiedliche didaktische Positionen?

Nennt bitte ein Beispiel aus einem TPM-Seminar, bei dem Studierende eine Situation aus unterschiedlichen Perspektiven (fachdidaktische und erziehungswissenschaftliche Ansätze) betrachteten und eine Integration der Disziplinen zu gelingen schien.

Institutionelle Rahmenbedingungen

Wie fördert das TPM die Auseinandersetzung mit dem pädagogischen und fachdidaktischem (Vor-)Wissen?

Was vermutet ihr: Besteht zwischen der Beurteilung der Zusammenarbeit zwischen Dozenten und Studierenden und der Wirkung des Praktikums ein Zusammenhang?

Forschendes Lernen

Nach den Rahmenvorgaben zur Gestaltung der Praxisphasen (LPO 2003) sollen die Studierenden in einen forschenden Lernprozess eintreten. Was bedeutet für euch forschendes Lernen? Welchen Ansatz verfolgen eure Disziplinen?

Fördert eurer Meinung nach das forschende Lernen in diesem Modul die Reflexionsfähigkeit und Entwicklung des eigenen unterrichtlichen Handelns stärker als das herkömmliche Blockpraktikum?

Gebt bitte eine Einschätzung über die Qualität der TPM-Berichte. Seid ihr mit den Ergebnissen der Studierenden zufrieden?

Standards und Kompetenzen

Welche Kompetenzen wollt ihr im Seminar anstreben? Auf welchem Niveau?

Habt ihr den Eindruck, dass die Studierenden die Standards und Kompetenzen kennen und sich daran orientieren? Werden sie ihm Seminar besprochen?

Verändern sich eurer Meinung nach durch die Kompetenzorientierung der Aufbau bzw. die Strukturen der Seminarveranstaltung?

Welche hochschuldidaktischen Konsequenzen habt ihr gezogen bzw. musstet ihr ziehen?

Lernen der Studierenden

Rückblickend auf zwei Semester, in welchen Bereichen haben die Studierenden Lernfortschritte gemacht? Woran wird dies festgemacht?

Welche Rolle spielen Online-Arrangements wie das BSCW oder Online-Journale für die Studierenden?

Welchen Einfluss hat das Planen und Durchführen von Studienprojekten auf das Lernen von Studierenden?

Nimmt eurer Meinung nach im studentischen Lernprozess die Bezugnahme auf Theorie bzw. Literatur- und Forschungsergebnisse zu?

Abschließende Fragen

Wie beurteilt ihr das Modul insgesamt? Wo liegen Schwierigkeiten? An die Anglisten: Wie beurteilen ihr die Domänenbildung in eurem Fach?

Welche Stärken oder strukturelle Verbesserungsmöglichkeiten seht ihr für das Programm?

Vielen Dank für eure Kooperation und eure Mithilfe!

Interviewleitfaden Experteninterview II (US-Lehrerausbildungsprogramm)

Goals of the Program

To what extent to you agree with the goal of the program that student need to be reflective practitioners?

What does that mean in the context of foreign language education and training?

Institutional Framework

Please describe the classes you teach. What are your learning goals?

Is there any cooperation between the Department of Education and the Foreign Language Departments? Are there classes that are taught in a team?

Relationship between education and respective subjects

How is the students' performance in the foreign language evaluated? By whom mainly?

Reflective Thinking

According to the Handbook that is given to the students, they should become reflective practitioners. All in all, do students reach this goal after their student teaching?

How do you grade the students' reflections?

Which role does research play in this framework?

Standards and competences

Which role do standards in the teacher education program play? By which standards is foreign language education at this university approved? (NCATE-Foreign Language Standards?)

Is the teacher education program competence-based? In which way? Which competences should students aquire in the classes?

In your opinion, are students familiar with the standards for foreign language teaching? How do you measure if students have applied the standards in their teaching?

How does a competency-based teacher training influence the seminars and their structure?

Is the portfolio based on standards?

Student Learning

Which role do the open portfolios play?

What is the purpose of the email communication between you and your students during student teaching? Does it relate to standards?

Does the portfolio correspond to any standards? INTASC core principles?

Please describe how students relate to research in foreign language education. Do they refer to it somehow?

Could you please describe the action research project students will do in the next term? What is its purpose?

Eigene Einordnung der Studierenden in Typologie

A1B1 (Typ I)	A1B2 (Typ II)	A2B1 (Typ III)	A2B2 (Typ IV)	A3B1 (Typ V)	A3B2 (Typ VI)
Petra	Erwin, Xaver, Valery, Nan, Gaby, Zelma	Heinz, Ian, Maddy, Rachel, Quinn	Maria, Yagiz, Helga, Torsten, Parker, Paige	Margret	– Nicht im Material aufzufinden –
Deskriptiv-pauschali-sierender Novize	*Selbst-fokussierter Novize*	*Instrumentell-reflexiver Novize*	*Dialogisch-reflexiver Novize*	*Transformativ-reflexiver Novize*	*Reflexiv-forschender Novize*

Expertenrating I und Abweichungen

A1B1 (Typ I)	A1B2 (Typ II)	A2B1 (Typ III)	A2B2 (Typ IV)	A3B1 (Typ V)	A3B2 (Typ VI)
Petra	Xaver, Erwin, Gaby	Helga, Torsten, Ian, Maddy, Nan, Paige, Quinn, Zelma, Valery, Rachel	Maria, Heinz, Yagiz, Parker	Margret	– Nicht im Material aufzufinden –
Deskriptiv-pauschali-sierender Novize	*Selbst-fokussierter Novize*	*Instrumentell-reflexiver Novize*	*Dialogisch-reflexiver Novize*	*Transformativ-reflexiver Novize*	*Reflexiv-forschender Novize*

- Typ II: Nan, Valery, Zelma ein Typ höher eingestuft
- Typ III: häufig Anordnung im Mittelfeld
- Typ IV: Torsten und Paige ein Typ niedriger eingestuft

Expertenrating II und Abweichungen

A1B1 (Typ I)	A1B2 (Typ II)	A2B1 (Typ III)	A2B2 (Typ IV)	A3B1 (Typ V)	A3B2 (Typ VI)
Petra	Erwin, Xaver, Gaby, Rachel, Valery	Heinz, Ian, Maddy, Paige, Quinn, Zelma	Helga, Maria, Thorsten, Yagiz, Nan, Parker	Margret	– Nicht im Material aufzufinden –
Deskriptiv-pauschali-sierender Novize	*Selbst-fokussierter Novize*	*Instrumentell-reflexiver Novize*	*Dialogisch-reflexiver Novize*	*Transformativ-reflexiver Novize*	*Reflexiv-forschender Novize*

- Typ II: Rachel, sehr auffällig: Nan
- Typ III: Paige